东方文化范式下的管理哲学

黄民国学及其运用

黄德华—黄清诚—徐敏◎著

浙江大学出版社
ZHEJIANG UNIVERSITY PRESS
·杭州·

图书在版编目（CIP）数据

东方文化范式下的管理哲学 ：黄氏国学及其运用 /
黄德华等著. — 杭州 ：浙江大学出版社，2024.1
　ISBN 978-7-308-24343-8

　Ⅰ．①东… Ⅱ．①黄… Ⅲ．①管理学－哲学－中国
Ⅳ．①C93-02

中国国家版本馆CIP数据核字(2023)第206234号

东方文化范式下的管理哲学：黄氏国学及其运用

黄德华　黄清诚　徐　敏　著

责任编辑	顾　翔
责任校对	陈　欣
封面设计	VIOLET
出版发行	浙江大学出版社
	（杭州市天目山路148号　　邮政编码　310007）
	（网址：http：//www.zjupress.com）
排　　版	杭州林智广告有限公司
印　　刷	浙江新华印刷技术有限公司
开　　本	787mm×1092mm　1/16
印　　张	21
字　　数	436千
版 印 次	2024年1月第1版　2024年1月第1次印刷
书　　号	ISBN 978-7-308-24343-8
定　　价	108.00元

前　言

　　人与动物的区别，是人类创造性地发明了"文字"，这是人类乃地球上最为高级、最具智慧的动物的原因所在。文字的出现，让人类拥有了文化和文明。文化和文明的发展，又促进了人类更进一步的发展。人类不仅仅拥有物质的自然世界，也拥有了精神的社会世界。人类由此从被动地适应自然世界，走上了积极主动适应和改造自然世界的发展道路。人类在"天人和谐"的环境中发展前进，不断书写人类命运共同体的新篇章。

　　正如硬币具有正反两面一样，文字带给人类积极的一面的同时，也带给了人类消极的一面。人类对自然世界和社会世界的不同解读和判断，导致了人类之间的精神冲突。以"文"化人，但不同的"文"所化的"人"，拥有不同的精神世界和思维方式。文化的不同，一方面会带来文化的多样性，让我们人类世界美美与共；另一方面，也会导致人类精神世界的结构性冲突。不对结构性冲突加以引导，人类之间就会发生武力冲突，从而酿成人类自身的悲剧——战争不断。人类的文化，不仅没有化成天下，反而会消灭人类本身，这是我们有良知的人要共同面对的挑战。

　　文化具有传承性、创造性和发展性。有消亡的文化，有新生的文化，有连续发展的文化。每种文化都有自己的独特结构，这些结构的变化，决定了它们的独特性和先进性。我们中华文化，源远流长，是一脉相承且连续发展的灿烂无比的文化，是地球上唯一没有中断过的迄今依然蓬勃发展的文化。我们中华文化追求的是"文以教化，求同存异，各美不争，天人和谐"，就如《周易·贲卦·彖辞》所说的："文明以止，人文也。观乎天文，以察时变；观乎人文，以化成天下。"

　　据文字记载，中华文化上下1万年。中华文化，依据《中国历史大系表》，相传经历了有巢氏、燧人氏、伏羲氏、神农氏（炎帝）、轩辕氏（黄帝）、尧舜禹、夏商周、秦汉三国、两晋南北朝、隋唐五代、宋辽金元、明清民国到新中国。中国学者认为，中国开化之迹，可征者始于巢、燧、羲、农。中国人喜欢讲"三皇五帝"，并称自己是"龙的传人"，而三皇中的"人皇伏羲"是龙族的首领，他的部落以"龙"作为图腾。

　　中国旧石器时代的文化包括：西侯度文化（180万年、中国人用火的证据）、元谋人文化、匼河文化、蓝田人文化、东谷坨文化。距今 100 万年以后的旧石器文化更多，在北方以周口店北京人文化为代表，在南方以贵州黔西观音洞的观音洞文化为代表。新石器时代的文化包括：大地湾文化、上山文化、裴李岗文化、贾湖文化、南庄头文化、河姆渡文化、仰韶文化、大汶口文化（大汶口陶符文字）、良渚文化（良渚文化距今 5300—4300 年，大体与古埃及文明、苏美尔文明、哈拉帕文明同处一个时代）、屈家岭文化、草鞋山文化、马家浜文化、龙山文化等。

文明起源于文化，按照当今通俗的说法，文明包括城市、文字、冶金术（包括玉雕业）和礼仪中心（包括祭祀与墓葬）四个基本要素。据文字记载，中华文化上下 1 万年，中华文明上下 5000 年。迄今，我们中华文化（文明）依然具有强大的生命力。中华文明从仰韶文化和良渚文化开始。

浙江义乌的桥头文化的彩陶，距今 8000 多年，彩陶上有由 6 个爻组成的卦，这 6 个爻分为阳爻和阴爻。这个卦，黄德华解读为豫卦，意为"由豫大得，和乐祭祖"。河南贾湖文化的契刻符号（刻在龟甲上的文字）距今 7000 多年，17 个契刻符号中有一个符号是十字圆（"田"字的源头），黄德华团队视其为伏羲先生的"四象圆图"。山东大汶口文化的象牙梳，距今 6000 多年，由 15 个乾经卦（15 组的三个阳爻）组成"8"字形。结合考古成果和史学记载，本书从三皇五帝中的"人皇伏羲"开始讲述中华文化，从 8000 多年的中华伏羲文化中提炼中国国学。

"国学"一词，古已有之。在中国古代，"国学"的本义是国家一级的学校，与汉代的"太学"相当。此后朝代更替，国学的性质和作用也有所变化。如《周礼·春官宗伯·乐师》言："乐师掌国学之政，以教国子小舞。"如《礼记·学记》曰："古之教者，家有塾，党有庠，术有序，国有学。"唐代贞元中，李勃隐居读书于庐山白鹿洞。至南唐时，南唐人在其遗址建学馆，以授生徒，字馆号为"庐山国学"（亦称"白鹿洞国学""庐山国子监""庐山书堂"等），首次使用了"国学"这一概念。到宋代，"庐山国学"又改称"白鹿洞书院"，为藏书与讲学之所。宋代书院兴盛，涌现出白鹿洞、石鼓（一说嵩阳）、睢阳和岳麓四大书院。庐山国学是一所既藏书又讲学的"学馆"，亦即后来的"书院"。在当时的情况下，所藏之书和所讲之学，自然是中国的传统学术文化。

真正把"国学"同诸多"外学"相提并论，即作为一门统揽中国学术的概念提出来，则是在西学东渐、我国社会和学术文化处于空前转型期的清末民初。1905 年，邓实、黄节等人在上海成立了国学保存会。国学保存会以"研究国学，保存国粹"为宗旨。他们发行了《政艺通报》《国粹学报》，这标志着"国学"在国内的立足。邓实在《国学讲习记》中说："国学者何？一国所自有之学也。有地而人生其上，因以成国焉。有其国者有其学，学也者，学其一国之学以为国用，而自治其一国者也。国学者，与有国以俱来，本乎地理，根之民性，而不可须臾离也。君子生是国，则通是学，知爱其国，无不知爱其学。"之后，梁启超想办《国学报》；黄遵宪想办《国学史》；张之洞提出"中学为体，西学为用"；胡适提出"国学即国故学"……章太炎亦举办过国学讲习会、国学振兴社，1934年，章太炎在苏州创办章氏国学讲习会，所讲内容最为丰富、系统，能够体现其晚年的学术成就。他认为，国学是一国固有之学，中国传统的学术文化，是以易学为根基发展出来的华夏诸子百家学术。吴宓认为："所谓国学者，乃指中国学术文化之全体而言。"

当今"国学"是指一国固有的文化与学术，是从古至今无数代人的智慧与汗水的结晶，经受历史的锤炼打磨与自然的甄选淘汰，终成世界文化史上的瑰宝。"中国国学"是"中国学术"或"中华学术"的国内简称，是研究中国即中华民族之传统学术文化之源流及其发展的基本规律的科学。中华汉学和古代三皇五帝（包括炎帝、黄帝、蚩尤帝）所有后裔之优秀学问，均为"中国国学"。中国国学是中华民族的根和魂，是中华民族的精神命脉，是当代中国的源头活水，是马克思主义中国化的文化沃土，是马克思主义中国化的第二个结合点。

本书的"黄氏国学"，是指黄庭坚裔孙黄德华运用其曾祖父黄时财家族传承近千年的双井黄氏研究方法和视角，和黄清诚及徐敏（本名董敏，明朝书画家董其昌的后裔）共同研究和阐述的中国国学。他们研究中华文化的角度具有黄庭坚家族传承特色，更为关键的是，研究方法和视角非常独特且直观有效。本团队坚持使用毛泽东主席教导的"取其精华，去其糟粕"的根本原则来提炼中国国学，把中国国学定义为中华民族祖先们创造，并经过中国人实践检验证明，至今依然优秀，且将来还将保持优秀的中华传统文化。本团队旨在运用中国国学创造性地揭示管理学规律，创造性地解决现代管理问题。

作为团队成员的我，在研究中国文化、提炼黄氏国学的过程中，虽有黄庭坚家族的家学背景，但更为关键的是，遇到了伟大的新时代。我是龙的传人、伏羲后裔、华夏儿女，出生在新中国。我深爱着我们的同胞，深爱着我们的祖先，深爱着我们的国家，深爱着我们中华民族。中华文化，上下万年，是世界上包容性最强和生命力最持久的原住民的文化。经过70多年的团结自强和蓬勃发展，我们中华民族将再创辉煌，成为引领世界大同和人类命运共同体的健康的强大力量。

我的出生地翰溪村，是具有678年历史的世家大族聚居的村落，自古就是高安的文化大族。古翰溪，"一左都三进士，五锦衣九大夫"。太华有诗云："牢记莫断诗书种，携书持室居新地。读书家规双井来，翰溪代代无穷已。无日不闻读书声，万卷藏书来教子。文章书画当富贵，接续读书创奇迹。"

我自小就受到中国古代士族文化的沐浴，我的祖母范翠英是黄沙岗镇长沙范氏20世（北宋范仲淹后裔），我的大祖母傅秋英是珠湖傅氏27世（商朝宰相傅说后裔、新中国大数学家傅种孙的族姑），她们都是出身书香世家的大家闺秀。我的外祖父吴起金为延陵匡溪吴氏17世，外祖母左先英是荷岭左氏望族的小家碧玉，他们也都是书香世家的达礼后裔。我的母亲吴有梅和中国大科学家吴有训同宗同辈分。尽管民国时期，祖父、祖母、外祖父和外祖母的家境跌入低谷，但新中国给予了他们新的希望。我沐浴在黄氏、范氏、吴氏和左氏的书香家风中，茁壮成长。他们经常给我讲述家族祖先"绳权抓周、诗祖牧童、鲁直读书、涤亲溺器、奏补给侄、黔让然补、归田冲和、辞官尽孝、天颜在望、坡谷对弈、郎官流芳、竹虾探花、山谷精舍、智救朱牟、韶冲书声、季札三让、有训实验、仲孙数学"等故事，我的祖父和我的母亲给我讲的家族故事最多。外祖母自小就学《论语》，在送客方面很有"孔子遗风"。她每次在匡溪村口樟树下送别我回翰溪村的场景，至今历历在目，只要一送客，我就会想起我的外祖母。因为她每次送别我，都是看不见我的背影才回去的。这正如《论语·乡党》所记载的，孔子送客"宾不顾矣"。孔子送客人，站在送别的地方，目送客人消失在视线范围，才会离开去复命。

我天生喜欢听历史故事，与读书似乎有缘分。自我上学读书直到2008年在浙江大学管理学院硕士毕业期间，我读的都是新式书籍，其中60%左右是西式书籍。这之后我有12年时间在外资企业工作，接受西式管理，从事西式管理，对中西文化有了深刻的亲身体验。

自小我就受到老师们的喜欢，考试成绩总是名列前茅。只是我写的现代作文，很少能拿到高分，故我不是语文老师最喜欢的学生。印象最深的是小学四五年级的涂老师，他是知青，到翰溪小学教语文。他曾经是大学物理系老师，经常在课外给我们上一些生物和物理课，带我们做些物理实验，我很喜欢他。他说：你小小年龄，写个古诗和春联像模像样，为什么白话文作文拿不到90分以上？他鼓励我放开手脚创作现代文，多阅读现代作品。可是我还是喜欢看古典书籍，听祖先的故事。

在灰埠中学读高二年级分文理科时，我很想读文科，因为我喜欢历史，喜欢古典著作。但那是"学好数理化，走遍天下都不怕"的时代，家族的叔伯们又把"考上清华大学"的使命交付给我，叮嘱我将来做个科学家，我母亲和外公家族都希望我做"吴有训第二"。我只好顺从他们的要求，选择了理科。高二时，我的化学和生物考试成绩总是拔尖的，化学和生物老师很喜欢我，他们经常鼓励我进入重点大学读化学或生物专业，将来拿诺贝尔奖，为祖国争光。遗憾的是，我当年高考发挥失常，未能实现家族的梦想，但也考进了武汉大学化学系学习深造。

武汉大学是文理综合性大学，它的图书馆有大量的文科书籍，我泡图书馆基本上都是看非化学类的古今中外的社科人文书籍，如中国"二十五史"、先秦诸子著作及《资本论》《国富论》等。我看到这些书就兴奋，看化学类书籍就打瞌睡。其间，我还选修了很多文学、历史、哲学、艺术、心理、经济和管理等学科的课程。我在武汉大学找到了自我，发现了自己有潜能的地方，重新树立了新的人生之梦。我的中国文化底蕴在珞珈山得到了升华和巩固，我的国际视野得到了拓宽，我融合古今中外人文社会科学的能力得到了提升。从武汉大学毕业后，我来到中国文化底蕴厚实的杭州。在杭州市级企业工作三年期间，我创作了不少古典诗词。在工作的第三年，"干部下海"，我去了外资企业从事销售工作。这家外资企业的中国营销部融合了日本、新加坡、美国和中国的文化，在这里，我进行了四国文化的"冲和"实践，对四国文化的优缺点以及它们冲和所带来的奥妙有着深刻的感悟。1997 年 7 月去美国和日本的学习，让我深入他国体验他国文化，亲身体验提升了我的眼界，宽广了我的胸怀。尤其在美国进修学习期间，我能够体验到美国文化和中国文化的优缺点、美式思维和中式思维的异同。

经过 12 年的四国文化的熏陶，我对中国文化有了更强大的自信和创新性探索。2008 年，我离开了外企，一边潜心研究国学，一边从事管理培训，从事 MBA 教学，在浙江高校陆续开设了"销售队伍管理""创业搭档管理""管理与中国文化"课程，并在浙江大学各类党政干部培训班和总裁班讲授"国学智慧"系列课程。2011 年，我参加了《钱江晚报》举办的"民间国学达人"比赛，获得"杭城十大国学达人"称号。2008 年 6 月，我和黄清诚（我和黄清诚均是黄庭坚的直系后裔）共同创新发展了黄庭坚家族世代口传（黄氏祖先代代口传，我祖父黄征洪亲自口传）的双井黄氏四象性格模型，创造性地提出了黄氏 TOPK 理论，建立了杭州黄氏 TOPK 模型。2010 年 12 月，我们一起运用祖传的"两仪生四象"法探究先祖黄庭坚的《归田乐引·暮雨濛阶砌》中的两对矛盾（怨与恋、恨与惜）所组成的状态，创新性地提出了四象圆思维。我们以四象圆思维品读《归田乐引·暮雨蒙阶砌》，发现先祖黄庭坚诗中的"怨你又恋你"是以"怨你"与"恋你"为两仪而演绎的四象——"A 怨你恋你、B 怨你不恋你、C 恋你不怨你、D 不怨你也不恋你"中的 A 情形，"恨你惜你"是以"恨你"与"惜你"为两仪演绎出的四象"A 恨你惜你、B 恨你不惜你、C 不恨你惜你、D 不恨你也不惜你"中的 A 情形。先祖黄庭坚在《胡宗元诗集序》中提出的诗文要有"不怨之怨"的精神境界，这个境界就是以"怨"与"之怨"为两仪演绎出的四象"A 怨之怨、B 怨之不怨、C 不怨之怨、D 不怨之不怨"中的 C 情形。文中的"能春能秋"是以"能春""能秋"为两仪演绎出的四象中的A情形，"能雨能旸"是以"能雨""能旸"为两仪演绎出的四象中的A情形。《答洪驹父书》提倡散文要"有宗有趣"，"有宗有趣"是以"宗之有无"与"趣之有无"为两仪演绎出的四象"A有宗有趣、B有宗无趣、C有趣无宗、D无宗无趣"中的A情形。《跋元圣庚〈清水岩记〉》讲"奇与常，相倚也。险与易，相乘也"，以及"彼险而我易""彼易而我险"，这里面有"奇险、奇易、常险、常易""我易彼也易、我易而彼难、我难而彼易、我难彼也难"这样两个四象情形。这些都让我们对黄氏祖传的"阴阳四象、处其环上"的思维和四象性格的理论更加深信不疑。2013年6月，我们在研究我国传统伏羲四象与道家阴阳鱼太极图的基础上，提出了四象圆思维模型，开始了四象圆思维的国学研究。我和黄清诚共同提出了四象圆思维理论，建立了中华文化五指结构模型。黄清诚在2013年9月创作发明的杭州黄氏TOPK性格圆图于2014年5月获得了浙江省著作权，并在2014年12月成功获得了中国外观实用专利号。2014年12月，杭州黄氏TOPK性格圆图进入清华大学出版社出版的《销售队伍管理》MBA教材。

基于以上研究历程和成果，我和黄清诚、徐敏于2015年6月组建了"黄氏国学及其运用"创作团队。2020年4月，四象圆思维的定义及其运用进入清华大学出版社出版的《创业搭档管理》MBA教材。2022年11月，杭州黄氏TOPK性格圆图进入了浙江大学出版社出版的《二十五史与家国兴衰》著作。在创作本书的八年期间，我们得到了浙江大学MBA、浙江工业大学MBA、浙江财经大学MBA、浙江工商大学MBA、杭州电子科技大学MBA、宁波大学MBA、武汉大学经济管理学院、浙江中医药大学、浙江大学继续教育学院及浙江大学各学院继续教育中心等给予的授课平台和探讨机会，本书的内容也在授课过程中得到了检验和完善。

本书极具原创性，首章回答了什么是国学、国学和文化载体的区别，以众人皆知的两对夫妻的故事阐述了中国国学和美国国学的差异，探讨了中国国学的优越性所在，并探析了黄氏国学的渊源及其内涵。第二章"中国人独特的思维"探讨了中国人的独特的七大思维方式：无极思维、太极圆思维、两仪圆思维、四象圆思维、八卦圆思维、五行圆思维和九州圆思维。第三章"中国国学的七部经典"阐述了中华七部古代经典中的国学，这七部经典是《山海经》《周易》《道德经》《尚书》《诗经》《礼记》《春秋》。在《山海经》《道德经》《周易》等经典中，本团队找到了马克思主义辩证法和中国人思维的结合点，用中华民族的语言阐述了马克思主义辩证法。第四章"中华文化的核心结构"，创新地提炼了中华文化五指结构模型，并阐述它在历史长河中和国际竞争中的价值意义。第五章"四象圆思维与中国古代哲学"，首次运用四象圆思维解读中国古代哲学命题。第六章"用四象圆思维读中华经典"，首次运用四象圆思维解读先秦诸子经典。第七章"四象圆思维的现代运用",聚焦并探讨了四象圆思维在修身、齐家、职场工作、企业管理和治国理政中的具体运用。第八章"四象圆思维在性格领域中的运用",阐述了黄氏TOPK性格圆图的四象圆思维理论基础,侧重探讨了黄氏TOPK性格圆图在创业搭档选择、接班人管理、销售技巧策略、市场营销和销售队伍管理等领域的具体运用。

　　本书的读者,首先是成年的中国人,尤其是进入社会参加工作或者读研究生的中国人,当然也能帮助到中国的家长们指导和训练未成年人提升中国式思维;其次是从事中国文化研究和教学的老师们;再次是从事中西文化交流的学者和文化使者。本书也可作为中国文化与管理领域的本科生、研究生、MBA、EMBA的参考书或课外书。

黄德华

2023 年 3 月于杭州老和山下

目录

第1章

国学概述

1.1 什么是国学？

本书认为，国学是一国之固有的学问，指国魂之学，即代表一个国家灵魂的学问。这里的国魂，包括国人独特的思维和价值观。通俗地讲，国学就是国人自古就有的独特的精气神、魂魄和思维方式。

何为精？何为神？何为气？何为魂？何为魄？《黄帝内经》云："生之来谓之精，两精相搏谓之神，随神往来者谓之魂，并精而出入者谓之魄。"《礼记·祭义》云："气也者，神之盛也。"《墨子·辞过》云："足以增气充虚。"《庄子·庚桑楚》云："欲静则平气。"《左传·昭公七年》云："用物精多，则魂魄强，是以有精爽，至于神明。"《吕氏春秋·本生》云："精通乎天地，神覆乎宇宙。"《吕氏春秋·先己》云："精气日新。"《道德经》云："载营魄抱一，能无离乎？"

何为魂魄？《左传·昭公二十五年》云："心之精爽，是谓魂魄。"人的心之精爽，是人的魂魄，是人的精气神。国学探讨国人的优秀的精气神，探讨国人的优秀思想及其骨架。

"精神"一词，自古有之，中国人很重视精神及其文明的探究，如《庄子·刻意》云："精神四达并流，无所不极，上际于天，下蟠于地，化育万物，不可为象。其名为同帝。"如《吕氏春秋·尽数》云："圣人察阴阳之宜，辨万物之利，以便生，故精神安乎形，而年寿得长焉。"如《黄帝内经》云："恬淡虚无，真气从之，精神内守，病安从来。"黄庭坚的《题子瞻墨竹》诗云："眼入毫端写竹真，枝掀叶举是精神。"

韩非子认为，魂魄和精神是有相关性的，他在《韩非子·解老》中说："魂魄不去而精神不乱，精神不乱之谓有德。"鬼谷子在《鬼谷子·本经阴符七篇》云："六腑精神魂魄固守不动，乃能内视反听，定志思之。"

1.2 美国有国学吗？

按照本书对国学的定义，每个国家都有自己的国学，不同国家的国学存在一定的重叠。如图1-1所示。中国国学，就是中国固有的代表其灵魂的学问。中国国学历久弥新，它融入了中华民族的血液，是中国人的文化基因的关键，且是重要的具有决定性的片段。

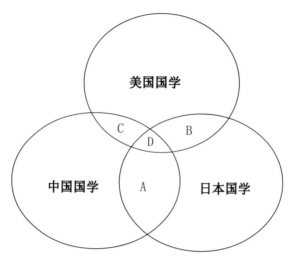

图 1-1　中国、美国、日本三国的国学关系示意图

1.3　两对夫妻的故事

美国人说他们是亚当夏娃夫妇的后代，中国人说他们是伏羲女娲夫妇的后代。东西方都讲述了相似的故事。

中国人讲，伏羲女娲或是兄妹，或是两大部落首领，他们遇到洪水，把葫芦挖空并躲进葫芦（自创葫芦船）里才得以生存。他俩依天意而结婚，生育了四个孩子。他们用的火是靠自己钻木取来的（钻木取火）。

美国人讲，夏娃是亚当的肋骨变成的，他俩结婚但不知男女之别，偷吃禁果方知男女有别，被赶出伊甸园，生育了三个孩子。他俩的后裔诺亚在上帝教导下制造方舟（诺亚方舟），洪水来了，他们通过方舟而得以生存。他们用的火种是盗来的（偷盗天火）。

伏羲女娲的故事虽有很多版本，但这些版本大同小异。具体来说，中国这对夫妇的故事是这样讲的。七八千年前，西北有个部落兴起，这个部落的首领叫伏羲，他率领部落成员兼合天下，他的部落联盟以龙为图腾。女娲是东夷族部落联盟首领，这个部落联盟的图腾为凤凰。伏羲东征，女娲迎战，两个部落联盟在相互攻打的过程中，滔天洪水袭来，不得不放弃纷争，停止厮杀，共同想办法渡过难关。慌乱之中，他俩发现一个大葫芦，同心协力把葫芦挖空，两人躲进葫芦里。葫芦沿着太行山（一说昆仑山）在洪水中漂荡，一直漂到邯郸（邯郸境内至今还有娲皇宫）附近。洪水退去，两人从葫芦里钻出来，环顾四周，满目凄凉，毫无人烟。世上之人除了他俩，尽数葬身鱼腹。伏羲提出和女娲成婚以延续人类香火，女娲坚决不从。伏羲晓以大义，女娲也不答应。争执过程中，天边飘来两股青烟，女娲灵机一动，对伏羲说：如果这两股青烟在一天之内合二为一，那就表明天同意我俩成婚；如果两股青烟没有在一天之内合二为一，那就表明天不允许我俩结婚。伏羲答应遵从天意，并在心里祈祷青烟聚集在一起。这之后，两股青烟逐渐聚集到一起，不久就合为一股。女娲和伏羲指天为证，拜天成婚。（一说：滚磨成亲。另外，伏羲为龙族首领，女娲为风族首领，龙、凤两大部落首领结婚，称"龙凤呈祥"。8000 年来，中国人一直将男女结婚称为龙凤呈祥。）

唐李亢的《独异志》卷下记载了伏羲女娲结婚的故事。"昔宇宙初开之时，只有女娲兄妹二人在昆仑山，而天下未有人民，议以为夫妇，又自羞耻。兄即与妹上昆仑山，兄曰：'天若遣我兄妹二人为夫妇而烟悉合；若不使，烟散。'于是烟即合，其妹即来就兄，乃结草为扇，以障其面。今时取妇执扇，象其事也。"

中国人是伏羲女娲的后代，《三家注史记·三皇本纪》记载：伏羲和女娲兄妹俩居住在昆仑山上，为了繁衍后代，兄妹两人结为夫妻，缔造了人类。1942 年出土的长沙子弹库楚帛书记载，伏羲娶妻女娲，生有四子，守四方。伏羲取蟒蛇的身，鳄鱼的头，雄鹿的角，猛虎的眼，红鲤的鳞，巨蜥的腿，苍鹰的爪，白鲨的尾，长须鲸的须，创造了中华民族的图腾——龙（有一说，伏羲把九大部落的图腾组成新图腾——龙），其后裔被称为龙的传人。

1.4 中国国学对平等、独立、自主的强调

从这两对夫妇的故事来看：中国国学要比西方国学更强调人的平等、独立、自主。

中华文化更具平等性。中国的伏羲和女娲是两大部落的首领，两者是独立的个体，地位平等。《风俗通义》把女娲列为三皇之一，称为"娲皇"，伏羲死后，她被尊为皇，是龙、凤两族的首领。西方的亚当和夏娃，是整体和局部的关系，是从属关系：夏娃来自亚当的一根肋骨，夏娃属于亚当所有，肋骨属于整个躯体的一部分。平等是中华民族的核心精神，更是中华民族强大不息的历史基因。

中华文化更强调同舟共济，更强调通力合作，一方有难，八方支援。在大自然发生大灾大难时，伏羲和女娲没有犹豫，没有内斗，而是立即想方设法，共渡难关。东方文化传达的是自力更生，同心奋斗，夫妇同心，其利断金。

中华文化更强调独立自主，世上没有救世主，只有自己救自己。在西方的故事里，西方人的火，是偷来的。在希腊神话里，他们的火（种）是普罗米修斯从宙斯那里盗来的。而伏羲、女娲用的火，是中国人自己（伏羲、女娲的祖先燧人氏）用人工的方式（或人自身的智慧）获得的，无论是钻木取火还是钻（击）石取火。西方文化，传达的是世上有救世主，发生灾难之时，不要慌乱，上帝会来救他们，上帝会提前告诉他们该怎么办，就如上帝教导他们造诺亚方舟。西方文化具有"等、靠、要"的元素，人类要依靠上帝的眷顾和拯救，诺亚方舟事件就是上帝对人类作恶和从善进行现场处罚和

奖赏。而中国人认为，人类不仅要适应自然，还要与自然抗争，改造自然，让自然更有利于人类的生存，人类要通过自力更生和团结进取来创造美好的家园。只有中国人，才敢和神（自然）进行较量，与神（自然）抗争。遇到自然灾难，中国人会团结、敢抗争、知错能改，并能再团结、再抗争，直至成功。抗争失败了，也不后悔，誓将奋斗进行到底。中国人不是回避困难，而是直面困难，直接把困难解决掉。他们的核心灵魂是：可以失败，但不服输。如女娲补天、后羿射日、夸父逐日、精卫填海、刑天舞斧、大禹治水、愚公移山等都是这种精气神的体现。

中国人相信自己和自己的祖先，远胜于相信天神或天帝。中国人信仰祖先，其背后是感恩与感谢，是继承与奋斗。祖先崇拜，让中国人具有守望和奋斗的两种特质：一边守护祖先的荣誉，一边奋进争取更大的荣誉。显扬祖先，光耀祖先，超越祖先。祖籍，就是祖先安息之地，祖先埋在哪里，我们中国人的根就在哪里。中国人的天神或天帝，就是由生前能干的祖先演变而成的。只有自己可以含蓄地批评自己的祖先，而不允许他人说自己祖先的坏话。在天神面前，中国人主张人能够有所作为。祖先会有失误，神灵也会有失误，既然他们都会有失误，那么就要靠自己团结奋斗，有所作为，纠正错误，渡过难关。

西方的夫妻故事体现的国学为：从属；不平等；等、靠、要、偷；听话，服从；上帝是世上的救世主；等等。中国的夫妻故事体现的国学是：独立、平等、自主、同心合作、团结抗争、世上没有救世主、自力更生等。中国国学更强调人的平等、独立、自主。

1.5　太极拳是国学吗?

太极拳不是国学，是中国国学的像（表现形式），是中国国学的载体，即中国国学的艺术表现形式。太极拳和国学是形式和内容的关系。京剧、武术、麻将、唐装、兵马俑、徽派建筑、书法、国画等，都是中国国学的表现形式和载体。学习中国国学，不仅要学它的艺术表现形式和载体，更要学习国学内容，如此才能实现国学的创造性转化和创新性发展。只有形式和内容真正体现了国魂时，这种形式才能被称为国粹（经典）。

1.6　传统文化是国学吗?

传统文化不光包括国学，国学是传统文化的重要组成部分。它们的关系是大圆和小圆的关系，如图 1-2 所示。

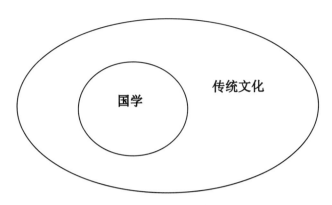

图 1-2　传统文化和国学的关系图

中国国学是中华民族的优秀的传统文化，是中华民族传统文化的精华。这个优秀（或精华所在）由谁来定夺呢？谁说了算？孔子说了算？秦始皇说了算？唐太宗说了算？本书认为均不是！是历史实践说了算。历史实践会判断哪些是精华，哪些是糟粕。对待历史文化，毛泽东主席教导我们：取其精华，去其糟粕。如果以前优秀，现在不优秀了，那这样的传统文化是不是国学？本书认为，不是。如果以前不优秀，现在优秀了，这样的传统文化是不是国学？本书认为，也不是。只有以前是优秀的，现在也是优秀的，按照人类的发展方向，将来还是优秀的，才是传统文化的精华，才是国学。

1.7　什么是黄氏国学？

黄氏国学，就是北宋黄庭坚第 29 世孙黄德华及其家族理解和传播的中国国学，是黄德华及其家族所继承、阐述和弘扬的中华优秀传统文化，是黄德华及其家族对中华民族的精神魂魄之学的研究成果。

黄氏国学从三皇中的泰皇伏羲讲起，以考古文物为依据，讲述中国的国魂之学。核心讲述伏羲四象圆思维、黄帝五行圆思维、大禹九州圆思维等中国人特有的思维方式，讲述中华民族的 7 部经典所记载的中华民族的优秀的价值共识和精神追求，讲述春秋战国时期由诸子理念组成的中华文化的精华智慧，以及中华民族成功的历史实践。黄氏国学具有科学性、人民性、历史实践性和开放性等特质，其开放性是指黄氏国学力求找到包括马克思主义在内的世界其他优秀文化和中华优秀传统文化的契合点和相融相通处。

"三皇"最早出自司马迁的《史记·秦始皇本纪》："古有天皇，有地皇，有泰皇，泰皇最贵。"关于"三皇"有多种说法，无论哪种说法，伏羲均在其中。如三国时东吴的太常卿徐整的《三五历》以"天皇、地皇、人皇"为三皇，唐朝司马贞的《三皇本纪》，伏羲为三皇之首。

伏羲，是 8000 多年前华夏地区龙族的首领，他统一了华夏地区的 9 个部落，建立了华夏帝国（华夏第一帝国），班固在《汉书》中称他"为百王先"，即我国上古时代称王的第一人。伏羲又称太昊、太皞、伏戏、炮牺、宓羲、虙羲，宓羲、包牺、牺皇、皇羲等，《左传》《管子》《周易》《庄子》《商君书》《荀子》《国语》等先秦典籍中都有关于伏羲的记述，《周易·系辞下》说："古者包牺氏之王天下也，仰则观象于天，俯则观法于地，观鸟兽之文与地之宜，近取诸身，远取诸物，于是始作八卦，以通神明之德，以类万物之情。"在正史中，司马迁在《史记·太史公自序》中说："伏羲至纯厚，作《易·八卦》。"《汉书·律历志》引刘歆《世经》言："炮牺继天而王，为百王先，首德始于木，故帝为太昊。"

　　伏羲是中华民族的人文初祖，炎帝和黄帝是华夏族的杰出代表。伏羲作为"有大智"的思考者和发明创造者，寻求生存与发展的历史象征，对中华民族的文明进步和发展起到了不可估量的作用。他创立八卦、始造文字，发明结网而渔、教民驯养野兽、发展畜牧业，创制陶埙、琴、瑟等乐器和创作乐曲歌谣，变革婚姻习俗，倡导男聘女嫁的婚俗礼节，使血缘婚改为族外婚等。本书重点梳理和探究伏羲四象圆思维及其运用。

第 2 章

中国人独特的思维

《周易·系辞上》："是故易有太极，是生两仪，两仪生四象，四象生八卦，八卦定吉凶，吉凶生大业。"北宋周敦颐《太极图说》："无极而太极。"北宋人云："无极生太极，太极生两仪，两仪生四象，四象生八卦，八卦定大业。"黄氏国学认为，这是伏羲的智慧，也是中国人独特的思维。合起来为无极，太极把无极分开就形成了两仪、四象、八卦等。两仪太极圆图就是一分为二，二合一体（圆）。四象太极圆图，就是一分为四，四合一体（圆）。八卦太极圆图，就是一分为八，八合一体（圆）。

2.1 无极思维

《道德经》云："复归于无极。"《列子·汤问》云："物之终始，初无极已……无则无极，有则有尽。"《庄子·逍遥游》云："犹河汉而无极也。"北宋陈抟有《无极图》传世，据明末清初的黄宗炎的记载，陈抟的《无极图》有圆。明清之际的王夫之认为："无极，无有一极也，无有不及也……无极者，无声无臭无象无名。"

黄氏国学认为，无极，为混沌，无极为某个事物的全貌，某个问题的整体，矛盾的统一体。如图 2-1 所示。黄氏国学，把具有圆的思维定义为无极圆思维，简称无极思维。遇到事情，首先站在圆上进行思考和判断。无极思维，也称圆上思维、圆周思维、圆形思维。如图 2-2 所示。

《周易·系辞上》云："德圆而神。"庄子和鬼谷子把圆说成环。庄子在《庄子·齐物论》中云："得其环中，以应无穷。"在《庄子·则阳》中云："得其环中以随成。"《庄子·盗跖》云："执而圆机。"庄子认为，人们应该站在环上（圆上）以随机应变。鬼谷子说："环转因化""化转环属"。曾子和吕不韦云：天道圆。唐代诗人司空图在《二十四诗品·雄浑》中云："超以象外，得其环中。持之非强，来之无穷。"他们主张：不分你我，浑然一体；圆道周流，螺旋循环；天地无极，人事转圆。

无极思维是全局思维，是整体思维，是和合思维，是模糊思维。站在圆外来思考圆及圆内的思维，也是无极思维中的一种，称"局外思维"。它是以局外人的角度来看待问题的思维，做到"横看成岭侧成峰，远近高低各不同"，从而更好地界定问题并解决问题。如果只站在圆内或者太极上，就会遭遇苏轼所说的情形："不识庐山真面目，只缘身在此山中。"

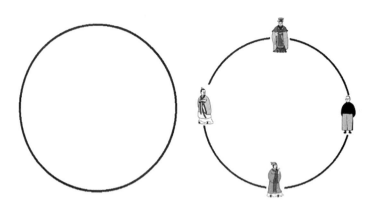

图 2-1 黄氏无极图　　　　图 2-2 黄氏无极思维图

黄氏国学认为，圆会变大变小，无极会发生变化，具有无极思维的人，会根据问题的变化而调适自己的视野，这叫作"变通"。每个人的无极思维可大可小，随着年龄的增长，他/她的无极会增大，也就是人们所说的他/她的胸怀越来越宽广。

无极会运动，吕不韦在《吕氏春秋》中对此有过论述。他说圆是运动的，宇宙和万物永恒地循着周而复始的环周运动，即循环运转。作为领导者，要执圆。领导者无常处，处在无极，处在圆上，见机行事。无极思维，圆而灵动，开放而整体。无极思维，不是静态思维，而是在运转过程中变大变小的思维，呈"螺旋式"。对人类发展而言，即"波浪式前进""螺旋式上升"。

混沌，是指圆内状态。在我国古代传说中，混沌是指世界开辟前元气未分、模糊一团的状态。无极思维，与混沌思维有本质区别。无极思维是指处在圆上或圆外，看圆内的变化或圆本身的变化。古人云：以不变应万变。不变，是指站在圆上或圆外；应万变，是指观察圆内或圆上的千变万化。其本质是变。因为圆本身进行着螺旋式运动，观察螺旋式运动而做出选择，这也就是变，具有无极思维。而混沌思维，是指在圆内，模糊不分。

2.2　太极圆思维

"太极"一词，最早出现在我国春秋战国时期的《周易·系辞上》《墨子·非攻》及《庄子·大宗师》等古籍中。《周易·系辞上》云："易有太极，是生两仪。"《墨子·非攻》："禹既已克有三苗，焉磨为山川，别物上下，卿制大极。"《庄子·大宗师》："夫道……在太极之上而不为高，在六极之下而不为深。"

无极生太极，太极为一，称为太一。《吕氏春秋·大乐》云："太一出两仪，两仪出阴阳……万物所出，造于太一，化于阴阳。"古人云："（伏羲）一画开天辟地。"太极（一画）能够把无极（圆）一分为二。著名文人黄庭坚在诗《次韵高子勉十首》第八首云:"凿开混沌窍,窥见伏羲心。"著名文人陆游对伏羲开天的评价为:"无端凿破乾坤秘,始自羲皇一画时。"古人云:伏羲以一拟太极,然后一画开天。《道德经》:"道生一,一生二,二生三,三生万物。"无极生太极,源于周敦颐的《太极图说》中的"无极而太极"。他的这一思想来自陈抟的《无极图》。本书认为,太极就是阴阳(矛盾)运动变化的平衡点及其组成的轨迹。

道家和儒家的太极有什么区别?儒家把太极理解为直线,儒家擅长直线思维。如图 2-3 所示。道家把太极理解为曲线,理解为波浪,道家擅长曲线思维。陈抟把太极理解为S曲线。如图 2-4 所示。无论道家的太极思维,还是儒家的太极思维,都是积极思维、主动思维、挺躬入局的思维。人们不能老是停留在无极思维上,如果只待在圆上或者圆外,则成为旁观者或永远的局外人,也称"出世者"。《庄子·人间世》云:"吾行郤曲,无伤吾足。"

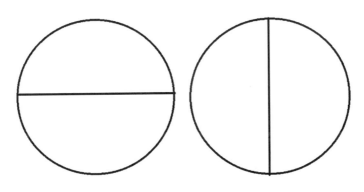

图 2-3　儒家的太极圆思维图

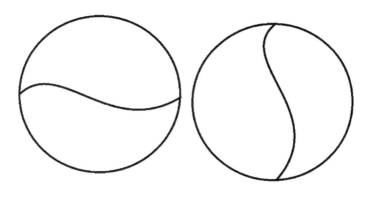

图 2-4　道家的太极圆思维图

在数学领域,人们把无极理解为"0"。2 的 0 次方就是"1"(太极),2 的 1 次方就是"2"(两仪),2 的 2 次方就是"4"(四象),2 的 3 次方就是"8"(八卦)。《周易》有六十四卦,每卦 6 个爻。本书称之为伏羲的数学智慧。当无极被理解为点时,人们就把无极理解为粒子,理解为"有";当无极被理解为"0"时,人们就把无极理解为"无"。有无一体,有无相生。当人们把"0"理解为无极,把"1"理解为太极,那么无极和太极就是两仪，无极和太极就能组成二进制。

人们应该采取道家的太极思维还是儒家的太极思维？其实，道家的太极思维为常态。因为道家主张：人法地，地法天，天法道，道法自然。地球上的河流都是曲折的、弯弯的，黄河有"九曲"之称。水之性，遇刚密硬就绕着流，往柔松软的地方流，俗称"欺软怕硬"。从山底下到山顶，走直线很难成功，基本上都是弯弯曲曲地爬山。昼夜的变化轨迹也呈S曲线，有时候白天时间长，有时候晚上时间长。秋分开始，北半球昼短夜长，冬至时黑夜时间最长。春分过后，北半球昼长夜短，夏至时白昼最长，夜晚最短。春分到夏至，夏至到秋分，走的是S曲线的上部分的一个来回；秋分到冬至，冬至到春分，走的是S曲线的下部分的一个来回。一年的昼夜，就是沿S曲线走了一个来回：从夏至到秋分再到冬至是来的S曲线；从冬至到春分再到夏至，是回的S曲线。爱因斯坦发现了光行曲线，光以粒子形式出现时，它是沿直线传播的，但会因受到引力场影响而弯曲！但当它以波的形式出现时，相波走的明显就不是直线。图2-5是法国科学家路易·维克多·德布罗意的相波图，此人是物质波理论的创立者，量子力学的奠基人之一。曲线无所不在，尤其在那些不受人力影响的地方，宇宙的发展亦呈现波形曲线。

图2-5　相波图

儒家的太极思维，多半可被理解为中庸思维，朱熹把"中"理解为不偏不倚，把"中庸"理解为不偏不倚或者恰到好处的准则。中庸就是无极图中的圆心或者穿过圆心的直线。待人接物、齐家治国等要站在圆心或者穿过圆心的直线上，这样才会恰到好处，不偏不倚，不会过犹不及。但这也很容易变成各打五十大板，容易变成平均主义。孔子在《中庸》云，"执其两端，用其中于民……中立而不倚"，这里的"用其中"在实际操作时容易变成折中主义，"用其中"容易变成直线形的"太极"。如图2-3所示。孔子在《论语·季氏》说："丘也闻有国有家者，不患寡而患不均，不患贫而患不安。盖均无贫，和无寡，安无倾。"这就成了儒家平均主义的指导思想。从一年365天的昼夜变化来看，只有秋分和春分这两天是由昼夜平分的。由此可见，直线思维，平均或中庸，不是常态，但也不是没有，不能消除直线思维，不能消除平均的存在。比如机会均等；比如同等情况下的平均；比如在审判的时刻，力求站在中心圆点，与原告、被告保持情感的等距离，不偏不倚。

黄氏国学，把站在圆上，用"一"来思考和判断的思维定义为"黄氏太极圆思维"，简称"太极圆思维"。太极圆思维讲求站在问题的全局，给问题定下一个标准或一个解决方案。这个"一"既可以为直线，也可以为曲线或S曲线。他既站在圆上，也即站在太极上，统筹两种思维。大部分中国人擅长无极思维（圆周式思维），大部分西方人擅长太极思维（直线思维），而睿智的中国人或睿智的西方人，能做到将无极思维和太极思维融于一身。他们擅长太极圆思维。如图 2-6 所示。

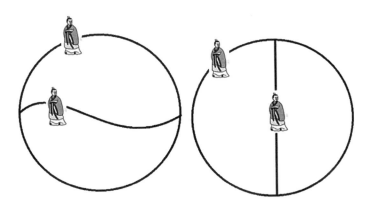

图 2-6　黄氏太极圆思维图

发散思维也属于无极思维，当他/她在进行思维发散时，能够去做选择时，他/她能够找到选择标准时，他/她就进入了太极思维。当他处在"有时候，有时候"状态，并做出选择时，他就进入了两仪圆思维。

2.3　两仪圆思维

无极生太极，太极生两仪，两仪为阴阳。这两句连在一起就是：合中有分，或圆中有分，用太极（一画）将其分成阴阳两部分。太极如何生两仪呢？或一画开天地，如图 2-7 所示；或一画分左右，如图 2-8 所示。

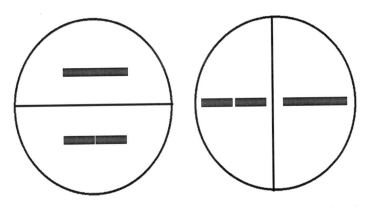

图 2-7　一画开天地图（两仪图）　图 2-8　一画分左右图（两仪图）

在图 2-7 中，上为天，下为地。天为阳，地为阴。天用阳爻━来表示，地用阴爻━━来表示。在图 2-8 中，左为阳，右为阴（古人的"左"相当于现在的"右"）。左为男，右为女，男左女右为中华民族的传统。"━"性刚属阳，"━━"性柔属阴。有学者认为，"━"代表男性生殖器，"━━"代表女性生殖器。姓氏文化，实际上就是阴阳文化。

为什么阳爻代表天，阴爻代表地？关于这个问题，我问过我的祖父黄征洪。在晴朗的某一天，碧空万里无云，他指着天说：从左往右，在天空中画的一根线，会不会断？我说，不会。祖父说，一根线，不断的横，就代表天。他带我到翰溪村前的田野，来到溪水边，指着溪边的那一头说：田野平地被溪水分开，从这边画一根线到那边，这根线遇到溪水，就断了。一根断了的线，就代表地。我又好奇地追问：那为什么左边用阳爻，右边用阴爻来表示？他说，中国地形是东边为海，西边为山地：海一望无际，就如天空一样，从眼前到天边，一根线不会断，用阳爻来表示；西边的山地坑坑洼洼，很难画出不断的平直的线，遇江河溪渠则断。不断为阳，断的为阴。我似懂非懂，点点头。祖父的比喻直观形象，简洁明了，至今记在心上。

两仪圆思维从哪里来？中国人认为是先祖们通过"仰观天文，俯察地理，取类比象"而来。太阳照在一棵古老的大树上，被照到的一面热而暖和，不被照到的一面冷而寒凉。如图2-9所示。向日为阳，背日为阴。山之南为阳，山之北为阴。山阴是指山的北面，如山阴县，即会稽县（今浙江绍兴一带），在会稽山的北面。水之南为阴，水之北为阳。江阴，在长江南岸；洛阳，在洛水北岸。那么水之南为什么称为阴，水之北为什么称为阳呢？因为总体来讲，中国地势北高南低，水多半是向东南方向流去，南岸相对潮湿，北岸相对干燥，干燥为阳，潮湿为阴。

诸多先秦文献中对阴阳都有记载，但论述最精深的要算《周易》。虽然《周易·本经》中没有"阴""阳"两字，但已有阴阳双方对立的概念。《周易》中的"▬""- -"两个符号，后来称为"阳爻"和"阴爻"。《周易·易传》有多处提到阴与阳，如"一阴一阳之谓道""阴阳之义配日月""阳卦奇，阴卦偶""乾，阳物也；坤，阴物也""阴阳合德，而刚柔有体""观变于阴阳而立卦""是以立天之道，曰阴与阳""分阴分阳，迭用柔刚""言阴阳相薄也"等。《诗经·公刘》："相其阴阳，观其流泉。"《管子》一书用阴阳说明某些自然现象："春秋冬夏，阴阳之推移也……时之短长，阴阳之利用也。日夜之易，阴阳之化也。"《庄子·杂篇·天下》："《易》以道阴阳。"

图 2-9 大树在太阳照耀下呈现的两种情况

太极把无极（事物）一分为二，产生阴和阳。一体两面，一体可以理解为无极，阴阳就是一体之两面。阴阳有同一性，也有斗争性。阴阳的同一性表现为两者相互依存、相互联系、相互吸引、相互贯通或相互渗透。阴阳的斗争性表现为两者相互排斥、相互限制、相互否定、相互分离或相互批评。阴阳对立统一于无极之中。既要看到阴，也要看到阳，阴阳对立互补和互化统一，这就是辩证的两点论。老子云：“万物负阴而抱阳，冲气以为和。”北宋黄庭坚遗训云：“吾侪所以衣冠而仕宦者，岂己力哉？皆自高曾以来积累，偶然冲和之气。”这里的冲，就是运动、对立、交融、相摩、激荡、相推、化合等。《荀子·礼论》云：“天地合而万物生，阴阳合而变化起。”这里的和、合，都是指统一于无极（圆）中，如果破坏了无极（圆），双方就不存在了。

古人云：“一阴一阳之谓道。”太极生两仪，两仪为阴阳。两仪文化，也被称为“阴阳文化”。《中庸》云：“执其两端。”《论语·子罕》亦云：“我叩其两端而竭焉。”这里的两端都是指事情的阴阳两端（正反两面或终始两端）。在“过犹不及”中，如果把“过”理解为阳，把“知者”也归纳为“阳”；那么“不及”就可以被理解为阴，愚者就可以被归纳为“阴”。“过”和“不及”是两端，是阳与阴。执其两端，就是运用两仪圆思维。中国古人主张“齐二”。商鞅在《商君书·壹言》中说：“明君知齐二者，其国强；不知齐二者，其国削。”这里的“二”可以理解为两仪、两个方面、两件事、两个政策等；“齐”，本书理解为统筹；故本书把“齐二”理解为调剂两个方面，在两个方面进行统筹兼顾，两手一起抓等。《商君书·错法》云：“人情而有好恶，故民可治也。人君不可以不审好恶。好恶者，赏罚之本也。夫人情好爵禄而恶刑罚，人君设二者以御民之志，而立所欲焉。"这里的"二"就是指两仪：赏和罚。《商君书·徕民》云："此富强两成之效也。"这里的"两"就是两仪：富和强。富强两成，就是我们通常所说的"富与强，两全其美"或"富强双丰收"。《荀子·不苟》云："君子两进，小人两废。"这里的"两"也是指相对的两种情况，即两仪。《荀子·正论》云："是荣辱之两端也。"

两仪圆思维，也就是阴阳圆思维。古代的阴阳学说，认为宇宙间任何事物都具有既对立又统一的阴阳两个方面，这两个方面不断地运动和经常相互作用。这种运动和相互作用，是一切事物运动变化的根源。古人把这种不断的运动变化，叫作"生化不息"。《黄帝内经·阴阳应象大论》说："阴阳者天地之道也（对立统一的存在，是一切事物的根本法则），万物之纲纪也（一切事物都不能违背这个法则而存在），变化之父母（事物的变化是由事物本身阴阳两个方面，不断运动和相互作用形成的），生杀之本始（事物的生成和毁灭都来自这个根本法则），神明之府也（这就是自然一切奥妙的所在）。"

《管子·乘马》云："春秋冬夏，阴阳之推移也；时之短长，阴阳之利用也；日夜之易，阴阳之化也。然则阴阳正矣，虽不正，有余不可损，不足不可益也。"《管子·四时》云："阴阳者，天地之大理也；四时者，阴阳之大经也。"《吕氏春秋·大乐》云："阴阳变化，一上一下，合而成章。浑浑沌沌，离则复合，合则复离，是谓天常。"《吕氏春秋·谕大》云："小大贵贱，交相为恃。"孔子认为，知道两仪变化的人具有神性，《周易·系辞上》记载："子曰：'知变化之道者，其知神之所为乎。'"

任何事物均可以用阴阳来划分，凡是运动着的、外向的、上升的、温热的、明亮的、兴奋的、外延的、主动的、刚性的、方的都属于阳；相对静止的、内守的、下降的、寒冷的、晦暗的、抑制的、内敛的、被动的、柔性的、圆的都属于阴。我们把对人体具有推进、温煦、兴奋等作用的物质和功能统归于阳，把对人体具有凝聚、滋润、抑制等作用的物质和功能统归于阴，阴阳是相互关联的一种事物或是一个事物的两个方面。阴阳之间的对立制约、互根互用，并不是处于静止和不变的状态，而是始终处于不断的运动变化之中。寒为阴暑为阳，左为阳右为阴，文为阴武为阳，如《管子·版法解》云："版法者，法天地之位，象四时之行，以治天下。四时之行，有寒有暑，圣人法之，故有文有武。天地之位，有前有后，有左有右，圣人法之，以建经纪。春生于左，秋杀于右，夏长于前，冬藏于后。生长之事，文也；收藏之事，武也。是故文事在左，武事在右。圣人法之，以行法令，以治事理。"

在战国时期，阴阳家学派以战国时期齐国邹衍为主要代表。他们实际上是阴阳思维和五行思维的信仰者，他们的阴阳思维，不包括无极思维，他们属于黄老派，把黄帝的五行学和道家的阴阳学进行融合。两仪思维在中国也称阴阳二元思维，简称阴阳思维。以阴阳二元观念去把握事物，是古代大多数中国人的思维方法。两仪思维和两仪圆思维，是有区别的。两仪思维是二选一，两仪圆思维是三选一。无极之中，一分为二、二合为一，就是两仪圆思维的形象表达。两仪思维是静态的，两仪圆思维是动态的。两仪圆思维不仅将事物一分为两仪，而且还包括两仪的转化，它要求人处于圆上，统揽全局，具体问题具体分析，待时而动。

道家把白理解为阳，把黑理解为阴，于是产生了道家太极两仪圆图，也称道家两仪太极圆图，以下简称简化太极图，如图 2-10 所示。韩国的国旗里就有道家简化太极图，如图 2-11 所示。

图 2-10　道家的简化太极图　　　　图 2-11　韩国国旗的图案

美国管理学家吉姆·柯林斯、杰里·波拉斯在《基业长青》一书中运用了 7 次的"太极生两仪"图，就是道家的简化太极图，如图 2-12 所示。他认为高瞻远瞩的公司不受二分法的限制，而是采取兼容并蓄的融合方法。它们不在非此即彼，不在非黑即白之间做选择，而是想出方法，兼容黑白。不做二选一，而做二合一。他说高瞻远瞩的公司具有这样的特质（基因）：保持使命和核心的价值观，在头脑中同时存在两种相反的想法，但仍保持行动，创新方法并刺激公司进步。用造时钟的导向（经营一家公司，需使公司在经历多位领袖领导，经历多次产品生命周期之后，仍然欣欣向荣。经营一家公司，就好比造时钟。企业管理者要花更多的时间扮演造钟师，而不是报时员）+两仪圆思维就可以把公司经营成高瞻远瞩的公司。既抓战略，又抓战术，战略与战术做到高度统一（即战略与战术统一于道家的简化太极图中）。既要弘扬核心的理念，又要勇于追求宏大的目标，理念和目标不冲突，不在理念和目标中二选一，而是用太极让理念和目标实现高度融合。既要控制，又要自主，实现自主和控制的高度融合。固守根本和刺激进步，完全融合在道家的简化太极图中，融合在人的大脑中，行为正常。这样看来，柯林斯他们具有中华民族的道家两仪圆思维。

成熟的人或成功的人，拥有道家的两仪圆思维。守正创新就是这一思维的最好表达，守住正确的价值观，创造新的方式方法。两仪太极圆，就是一对矛盾的统一体，一对阴阳的统一体。中国人擅长两仪兼顾，兼容并蓄，协调和合。

图 2-12　美国柯林斯的《基业长青》中的简化太极图

　　矛为阳，盾为阴，矛盾论，就是阴阳论。矛盾无处不在，矛盾无时不有。阴阳也无处不在，无时不有。无极是矛盾组合体，在简化太极图中，S曲线图的右边的下部分为次要矛盾，图的左边下部分为主要矛盾，图的右边的上部分为主要矛盾，图的左边的上部分为次要矛盾，如图 2-13 所示。主为阳，次为阴，主次就是阳阴。主要矛盾和次要矛盾是相互对立又相互转化的，主要矛盾变成次要矛盾，次要矛盾变成主要矛盾，它们的运动轨迹是曲线形的、是波浪式的。矛盾的运动轨迹就是曲线，西方的矛盾论也认为，矛盾双方的运动轨迹是曲线形的，这与我们道家的两仪圆思维异曲同工。马克思主义辩证法的对立统一规律同样可以被理解为道家的两仪圆思维，阴阳会相互对立和转化并统一于变化的无极，其运动轨迹亦呈现出S曲线特征。这是马克思主义辩证法能够在中国扎根的文化源头和内在因缘。

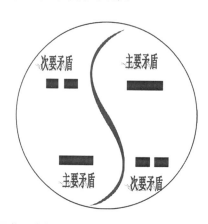

图 2-13　用黄氏太极图解读矛盾论（矛盾的对立互化运动统一）

　　黄氏两仪太极圆思维，简称黄氏两仪圆思维。它是指人们既要有在圆上的思维，又要有在S曲线上的思维，还要有选择两仪中的某仪的思维。如图 2-14 所示。它和二分法有什么区别呢？二分法是二选一，黄氏两仪圆思维是三选一。举个例子，今天的会议，你参不参加？参加与不参加，属于二分，即属于阴阳。持二分法思维的人，他/她会二选一：参加或者不参加。他/她要么选择参加会议，要么选择不参加会议。而持黄氏两仪圆思维的人，他/她会做三选一。他/她的回答是："很难说，不好说，一般来说有三种情况——参加、不参加、到时候再说。就目前情况而言，还是到时候再说吧。"到时候再说，就是站在无极上的回答。这就是中国台湾学者曾仕强先生说的"二变成三"，也就是中国式的"三"思维。黄氏两仪圆思维，可以帮助大家跳出二分法的陷阱，因为有"阴阳+无极（圆周）"的思维，所以能从容地在"阳、阴、到时候再说"三种情形中做出选择。阴阳二选一，变成了"阴阳圆"三选一。《管子·枢言》云："凡万物，阴阳两生而参视。"

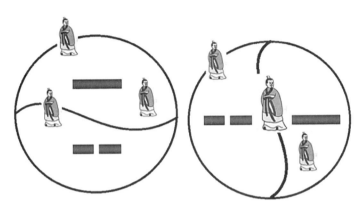

图 2-14　黄氏两仪圆思维图

8000 多年前的伏羲他们能否画出阳爻和阴爻呢？2019 年 8 月 10 日，人们在浙江义乌的桥头遗址发现了一座完整墓葬，墓中出土了一位"义乌人"。他拥有完整的男人骨架，高 1.73 米，侧身屈肢，怀里抱着一个红衣彩陶罐，如图 2-15 所示。目前的测年结果是，义乌男性先民距今 8000 多年，而陶器则是 9000 多年。陶器上刻有萃卦，有 6 个爻，4 个阴爻和 2 个阳爻。这证实了 8000 多年前，伏羲他们不仅会画阴爻阳爻，而且创作了以阴爻阳爻为基础的六十四卦，来表达他们当时想表达的东西。本书认为，阳爻和阴爻是中华民族最早的文字。

图 2-15　浙江省义乌市桥头遗址出土的距今 9000 多年的陶瓷器（上刻由阴阳爻组成的萃卦）

　　近代的人们，把阴爻视为数学中的"0"，把阳爻视为数学中的"1"，从而发现了二进制。德国数学家、哲学家戈特弗里德·威廉·莱布尼茨在1716年《致德雷蒙先生的信——论中国的自然神教》中谈到二进制源于《周易》的过程。法国汉学大师若阿基姆·布韦（中文名白晋）向莱布尼茨介绍了《周易》和八卦的系统。在莱布尼茨眼中，"阴"与"阳"基本上就是他的二进制的中国版。他曾断言：二进制乃是具有世界普遍性的、最完美的逻辑语言。如今在德国图林根，著名的郭塔王宫图书馆内仍保存着一份莱氏的手稿，标题写着"1与0，一切数字的神奇渊源"。用二进制计数，只用0和1两个符号，无须其他符号。他说：伏羲氏掌握了文字、数字与科学方法的钥匙。

　　两仪圆思维，让中国人有这样的特质：在圆中分是非，在无极中分是非。是为阳，非为阴。在中国文化里，两仪思维比比皆是。如两个字组成的词：悲欢、离合、开关、纵横、春秋、天地、乾坤、动静、长短、褒贬、南北、东西、疏密、敌我、爱憎、厚薄、功过、是非、来去、方圆、盛衰、对错、强弱、取舍、多少、粗细、进退、升降、奇偶等。《鬼谷子·捭阖》云："捭之者，开也，言也，阳也；阖之者，闭也，默也，阴也。阴阳其和，终始其义。故言长生、安乐、富贵、尊荣、显名、爱好、财利、得意、喜欲为阳，曰'始'。故言亡、忧患、贫贱、苦辱、弃损、亡利、失意、有害、刑戮、诛罚为阴，曰'终'。诸言法阳之类，皆曰'始'，言善以始其事；诸言法阴之类，皆曰'终'，言恶以终其谋。捭阖之道，以阴阳试之，故与阳言者依崇高，与阴言者依卑小。"

　　如四字成语：外柔内刚、外圆内方、先礼后兵、先斩后奏、患得患失、来龙去脉、前因后果、有来有往、起死回生、顶天立地、羊质虎皮、祸福相依、刚柔并济、宽猛相济、一张一弛等。如数学里的奇偶规则，1、3、5、7、9……为奇数、为阳数，0、2、4、6、8……为偶数、为阴数。黄庭坚认为，日与月为两仪，他在《次韵答黄与迪》中云"日月转两仪"。黄庭坚认为日月两仪是运动变化的，他的《次元明韵寄子由》诗云："日月相催雪满颠。"

　　如诗词对联的平仄。平仄，是中国诗词中用字的声调。"平"指平直，"仄"指曲折。若以平为阳，曲为阴，平仄文化，就是阴阳文化。当今普通话声调分为四种——阴平、阳平、阴仄（上声）、阳仄（去声），实际上就是平仄两仪所推演而生的平仄四象。中国人写诗作词讲究平仄，对联也要求平仄对仗。对平仄的运用有一定格式要求的诗词，称为格律诗词。平仄在本句中是交替的，在对句中是对立的。如毛泽东主席《长征》诗的第五、六两句："金沙水拍云崖暖，大渡桥横铁索寒。"这两句诗的平仄是：平平|仄仄|平平|仄，仄仄|平平|仄仄|平。就本句来说，每两个字一个节奏。平起句平平后面跟着的是仄仄，仄仄后面跟着的是平平，最后一个又是仄。仄起句仄仄后面跟着的是平平，平平后面跟着的是仄仄，最后一个又是平。这就是交替。就对句来说："金沙"对"大渡"，是平平对仄仄；"水拍"对"桥横"，是仄仄对平平；"云崖"对"铁索"，是平平对仄仄；"暖"对"寒"，是仄对平。这就是对立。两句连在一起就达到

了平仄和谐（平仄对立统一于无极）。对联对仗工整，平仄协调，是一字一音的汉语独特的艺术形式。对联要求联尾：上仄下平。故《周易·系辞上》云："（阴阳之道）百姓日用而不知。"

2.4 四象圆思维

古人云：两仪生四象。那怎么生呢？本人的家学传曰：在无极之中，一画分左右，二画分天地，四象生矣。前三句话，就形成了十字圆，如图 2-16 所示；全部四句话就形成了黄氏四象十字圆图，简称黄氏四象圆图，如图 2-17 所示。严谨的说法是：在无极之中，第一个 S 曲线分左右，第二个 S 曲线分天地，四象生焉。为了简化，黄氏四象圆图把站在圆上、S 曲线上的人像去掉，同时把 S 曲线简化为直线。

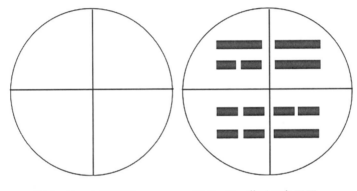

图 2-16　十字圆图　　　　图 2-17　黄氏四象圆图

何谓四象？孔子在《周易·系辞上》说过："《易》有四象，所以示也。"他也说过："象其物宜，是故谓之象。"他又说过："圣人立象以尽意。"他还说过："揲之以四以象四时。"本书认为，这里的"四时"，是指春、夏、秋、冬四季。四时有性格：春性、夏性、秋性和冬性。孔子在《周易·系辞下》曰："象也者，像也。"他还说："始作八卦，以通神明之德，以类万物之情。"本书就此认为，两仪四象，也是类万物之情。即把万物分为两大类（阴阳），分为四大类（四象）。四象，俗称四相。四象就是四种现象、四类事物、四类事务、四种阶段、四种状态、四种情况等。看到四象的人，会比看到两仪的人，更具全局观。动态地看待四象的人，会比静态地看待四象的人，更具战略性和前瞻性。四象变化，周而复始；总揽全局，协调各方；统筹创新，成功自来。

在古代中国，"田"的写法有方的，也有圆的，还有方圆结合的，如图 2-18 所示。十字圆，可以被理解为"田"字；十字圆的思维，可以被理解为田字智慧。它把无极（圆）通过两个太极分为四个部分。

图 2-18 中国古代"田"字的各种写法

杭州西湖有个小瀛洲，被称作"田字小瀛洲"。如图 2-19 所示。聪明的杭州人，用心把"田"字写在西湖中，变成千年盛景，传递田字智慧。

图 2-19 杭州西湖小瀛洲（田字形）

我们人的心脏如图 2-20 所示，也是田字形，或者十字圆形。见龙在田，是指人生发展到能用"田"字观察人和事，这样才能利己、利人、利于组织。

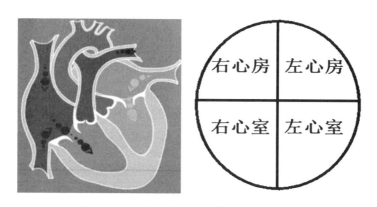

图 2-20 人的心脏图与简化的心脏示意图

那么我们的老祖宗伏羲他们能否画出十字圆呢？考古证据如图 2-21 所示，图中就有十字圆的刻符。殷商的"天黿"青铜器中也有"十字圆"或"田"字形刻符，如图2-22 所示。

图 2-21　7800—9000 年前的河南贾湖契刻符号（契刻在龟甲上的文字）

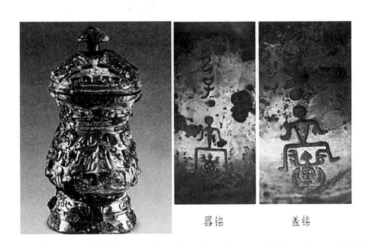

图 2-22　酒务头墓地出土的殷商"天黿"中的"十字圆"或"田"字形符号

"田"字，或者十字圆，实质上是四分法，它把事物分为四个部分，这四个部分是对立、互化、运动、统一于无极之中的。在中国古代，这四个部分用四象来表示。四象即为太阳、太阴、少阴、少阳，又名老阳、老阴、少阴、少阳。如图 2-23 所示。

若以 x 代表阴爻，以 y 代表阳爻，那么四象就是（$x+y$）的两次方所呈现的四种情形，$(x+y)^2=xx+xy+yx+yy$，如图 2-24 所示。在数学模型里，xy 等于 yx，$(x+y)^2=x^2+2xy+y^2$。在人文社科领域，xy 不等于 yx：xy 是指先 x 再 y，先阴爻再阳爻，先阴后阳；而 yx 刚好相反，先阳后阴。

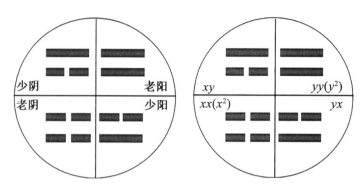

图 2-23　黄氏四象名称图　　　图 2-24　黄氏四象与二次函数

从目前的中国文献和考古证据当中，未能找到四象和$(x+y)^2$之间相关联的证据，但不能否定中国人的远古祖先没有想到这个数学模型。目前的文献里，在《周易·系辞下》里留下了孔子的一句话："君子知微、知彰、知刚、知柔，万夫之望。"君子"四知"和"四象"有什么关系呢？如图 2-25 所示。本书认为，"君子四知，万夫之望"，是指孔子借用"四知"来对人的性格进行四分：微的性格、彰的性格、柔的性格、刚的性格。对应我们传统文化意义上的少阴性格、少阳性格、老阴性格和老阳性格。老阳的性格，刚硬也；少阴的性格，细微也；少阳的性格，彰显也；老阴的性格，柔软也。孔子用"四知"，把人分为细微之人、彰显之人、刚强之人，柔弱之人。本书认为，孔子的君子"四知"，来自伏羲四象。

中国古代把细小的东西称为"微"，比如沙子，体积很小，但里面很硬，伏羲用 ⚏ 表示；把硬的东西称为"刚"，比如石头，体积很大，里面也很硬，伏羲用 ⚌ 表示；把软的东西称为"柔"，比如液态的水，表面很软，里面也很软，伏羲用 ⚏ 表示；把往上飘的东西称为"彰"，比如烟火，先大后小，伏羲用 ⚎ 表示。伏羲用四象（老阳、老阴、少阳、少阴）观察万物，把世界上的东西按照属性分为四大类。刚为老阳，柔为老阴，彰为少阳，微为少阴。本书称之为：圣贤四知，万物之望也。如图 2-26 所示。

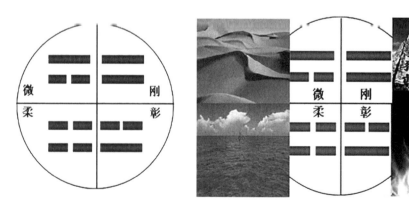

图 2-25　君子四知与黄氏四象关系图　　　图 2-26　伏羲四象与黄氏四象关系图

在中国古代，四象的少阳、太阳、少阴、太阴，分别代表春、夏、秋、冬，生、长、老、死等被分成的四个阶段、四种事物，以及它们之间互相联系的情况。天有四象，对天空四象及天时季节而言，本人的家学传曰：在无极之中，一画分天地，二画分左右，顺时针转45度，天之四象生矣，如图2-27所示。古代中国人，把天空用十字圆划分为四个区域。在夜晚，天空就被分成东南西北四大星区。把每一个方位的七宿联系起来加以想象形成四种动物的形象，东方的星象如一条龙，西方的星象如一只虎，南方的星象如一只大鸟，北方的星象如龟和蛇。于是四个区域就用四个动物来表示：青龙、朱雀、白虎、玄武（龟蛇合体为玄武）。这四个动物就成了天空四星象，简称天空四象。青龙在东区，朱雀在南区，白虎在西区，玄武在北区。故有"左青龙右白虎，南朱雀北玄武"之说，如图2-28所示。古代中国人还发现：天空的星象也随着季节转换。每到冬春之交的傍晚，苍龙显现；春夏之交，朱雀升起；夏秋之交，白虎露头；秋冬之交，玄武上升。天空四象是运动变化的。中国古人把这四象运用于行军布阵，《礼记·曲礼上》云："行，前朱鸟而后玄武，左青龙而右白虎。"

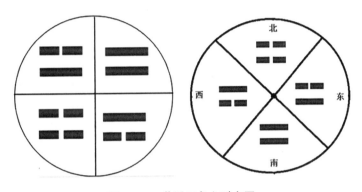

图2-27　黄氏四象之时空图

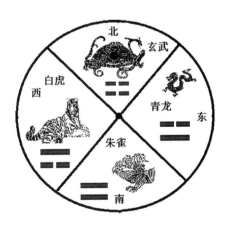

图2-28　杭州黄氏四象之天空图

黄清诚认为，四象圆思维是以事件/问题的两个关键要素作为横纵坐标，将事件/问题分成四种情况并且统筹兼顾，因时因地因人采取最佳选择的思维方式。具体来说，找到两个关键要素（两仪），一个横坐标，一个纵坐标，这样就会产生四个象限，外套一个圆（无极），平时处在圆上，具体问题具体分析，这就是本书所称"黄氏国学四象圆思维"。黄氏国学四象圆，其实质是四分法，即用四分法观察万事万物，用四分法分析世界。它用两仪（两个维度、两个关键指标）把无极（人、事、物）分为四种情形，关注四种情形的变化，从而做出判断，并采取行动，把我们从"非此即彼"的静态中解放出来。黄氏国学四象圆思维简称四象圆思维，它把二变成五。四象+无极，即4+1=5。无极之中，一分为四、四合为一，这就是四象圆思维的形象表达。四象圆思维和西方四象限思维有本质的区别：前者是十字圆，是分合统一，四象和合（冲和）于无极；后者是十字架，是$(x+y)^2$法则，是四个象限法则，侧重于分。四象圆思维，它是五选一；而西方四象限思维是四选一。四象圆思维是动态的，而四象限思维是静态的。动态地看待四象（拥有四象圆思维）的人，会比静态地看待四象（拥有西方四象限思维）的人，更具战略性和前瞻性。四象变化，尽在圆中。四象圆的神奇之处在于，它将人、事、物分为四象后，使人、事、物像轮盘一样转动起来。故四象圆思维不仅将事物分为四象，还包括四象转化（运转），并要求人处于圆上，总揽全局，协调各方，具体问题具体分析，待时而动。

比如：明天的会议参不参加？以参不参加为横坐标，你说我说为纵坐标，会演绎出四种情形：我说参加、我说不参加、你说参加、你说不参加。还有第五种情形：到时候再说，这样回答的人站在无极上。如图2-29所示。A问B：明天的会议，你参不参加？B的回答有四种情形：参加、不参加、你说呢、到时候再说。B反问A（或者征求A的意见）：你说呢？A的回答有四种情形：参加、不参加、到时候再说、你自己决定。这样就有五种情形供B面对：我说参加你也说参加、我说参加你说不参加、我说不参加你也说不参加、我说不参加你说参加、到时候再说。

图2-29 黄氏四象把二变成五示意图

道家阴阳鱼太极图，也称道家的标准太极图，或称道家的正宗太极图，如图2-30所示。它的特点是黑白分无极：黑中有白，俗称黑鱼有白眼，阴中有阳；白中有黑，俗称白鱼有黑眼，阳中有阴。实际上，道家阴阳鱼太极图描述的是四种情形：黑、黑中有白、白、白中有黑。如果用它来看人的刚柔，则有四种人：刚性之人、刚中有柔之人、柔性之人、柔中有刚之人。道家阴阳鱼太极思维，实际是四象圆思维。它既来自道家对自然的观察体悟，如图 2-31 所示，又来自对伏羲四象的理解，如图 2-32 所示。图 2-30 比图 2-32 要好看，美观而形象。据古典文献，道家的阴阳鱼太极图始由北宋陈抟和周敦颐所画，发展于南宋，经明初赵撝谦改造简化，定形于明末赵仲全。现存文献中最早的阴阳鱼太极图出自南宋张行成的《翼玄》。其源头就是伏羲四象图。

　　无论是人，还是物，在地球上，少阴、少阳的数量均比老阴、老阳要少得多。比如地球是由海洋和陆地组成的：把海洋类象为老阴；把陆地类象为老阳（海洋中有岛屿，就属于阴中有阳）；海洋中有岛屿，这属于阴中有阳，在地球上岛屿比陆地少得多，可类比为少阴；陆地上有湖泊、江河，但湖泊、江河相对陆地来说少得多，就可把湖泊、江河类比为少阳。沙子碎石也是少数，称为少阴。火在陆地上也是少数，称为少阳。一般而言，外向性人和内向性人很多，那些外向中有内向、内向中有外向的人，相对来说是少数。内向的外向，好比阴阳鱼太极图中的"黑中的白"；外向的内向，好比阴阳鱼太极图中的"白中的黑"。道家的阴阳鱼太极图提示我们，不要只追求纯白或纯黑，不能只看到白或者黑，不能用纯白或纯黑看待世界，要注意到白中的差异或黑中的差异，要看到白中的黑或黑中的白。要用差异化的眼光看世界，而不是用同质化的眼光看世界。做一只有眼睛的活鱼，而不是没有眼睛的死鱼。古人云：合中有分，分中有合。这句话可以这样理解：合中有分，是指无极（合）之中有分，分成阴阳；分中有合，既可以理解为所分的阴阳合在无极之中，也可以理解为所分的阳中有合的黑圈（小黑圆），以及所分的阴中有合的白圈（小白圆）。

图 2-30　道家的阴阳鱼太极图

图 2-31　云南大理云龙县天然简化太极图

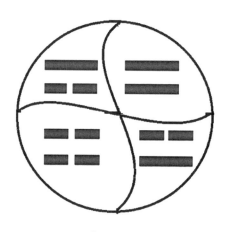

图 2-32　黄氏认为的伏羲四象

　　在中国文化里，四象圆思维的表达形式数不胜数，如词语：经纬、纵横、阴盛阳衰等。以"纵横"为例。在无极圆中，以纵的有无为纵坐标，以横的有无为横坐标，那么就有四种情形：有横有纵或有纵有横、有横无纵、有纵无横、无纵无横。如图 2-32所示。中国古人从两点（横的有无、纵的有无）抓重点（A象），作为重点的A象"有横有纵或有纵有横"可被简化成"纵横"一词，这就是中国古人智慧中的"两点论中有重点"（见图 2-33）。这种智慧实际上表示了两仪演绎的四象中有重点。阴盛阳衰，可以理解为阴阳和盛衰两仪演绎的四象中的一象，我们以阴的盛衰为横坐标，阳的盛衰为纵坐标，就会演绎出四种情形：阴阳两盛、阴阳两衰、阴盛阳衰、阳盛阴衰。如图2-34所示。成语"阴盛阳衰"只是阴之盛衰和阳之盛衰演绎成的四种情形中的一种，即图中的B象。

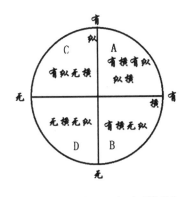 

图2-33　用黄氏四象圆图解读"纵横"　　　图2-34　用黄氏四象圆图解读阴阳盛衰

本书运用两仪四象研读中华先秦诸子五家道、儒、兵、墨、法的经典，归纳整理了他们面对"二选（两仪）情形"时所展现的智慧选择数据，如表2-1所示。从表数据中，我们可以发现道家在二选一的话题上，能看到四种情形的比例最高，高达10.4%；其次是法家，3.6%；再次是墨家，3.0%；复次是兵家，1.8%；最后是儒家，0.2%。这个数据也解释了道家为什么最豁达，因为他们看到四种情形的比例最高。而儒家看问题、解决问题比较偏激，他们二选一的情形高达81.9%，能看到或想到三种情形的情况也仅占0.4%。由此可知，道家擅长四象圆思维，其次是法家，再次是墨家。

表2-1　道、儒、兵、墨、法五家经典所展现的各种情形对照研究

学派	诸子五家道儒兵墨法的二选情形对比									
	两仪数	占比	一种情形	占比	两种情形	占比	三种情形	占比	四种情形	占比
道家	222	100%	173	77.9%	24	10.8%	2	0.9%	23	10.4%
儒家	447	100%	366	81.9%	78	17.4%	2	0.4%	1	0.2%
兵家	171	100%	140	81.9%	23	13.5%	5	2.9%	3	1.8%
墨家	333	100%	239	71.8%	79	23.7%	5	1.5%	10	3.0%
法家	466	100%	328	70.4%	111	23.8%	10	2.1%	17	3.6%

2.5　八卦圆思维

四象生八卦，何谓八卦？八卦就是八个经卦，代表8种自然现象。八卦是我们中国最早的文字表述符号。伏羲画卦，原意在造字。如图2-35所示。

为什么☰代表天？为什么☱代表云泽？为什么☲代表火？为什么☳代表雷？为什么☴代表风？为什么☵代表水？为什么☶代表山？为什么☷代表地？本人的家学是这么解释的。

━代表天；╍代表地或地上的东西，如火、水、声音。☰：天上有天，天上还有天，天很高，天有九层。万里高空为天，用"乾"来表示。☱：天上有天，天上有地上的东西——水。两万里天空有水，这就是云，连成一片的云，就是水泽。白云悠

悠，人们喜悦而轻松，用"兑"来表示。乌云密布，大雨倾盆而下，水多如大泽。当我们来到一个有很多水聚集的地方：眼睛往下看，就看见了天；视线逐渐往上移动，看见的还是天；再往上移，看见的是岸或水面，这就是☱，它代表泽，在泽中经常看到天在水中的倒影。☲：天上有地上的东西，它的上面还有天，这是什么呀？自然界里什么现象符合这种情形呢？这就是天上的火烧云，这就是黎明或日落时的天空，表示太阳离开了地平线，升起来了是黎明，落下去了是傍晚。☲就是火。☳：天上有地，地上还有地。天上有地上的东西，比如火；地上也有地上的东西，比如声音。这就是闪电打雷声，一万里高空闪电打雷，称为雷，也称为震卦。☴的本意就是地上有天，天上还有天。在海边，在沙滩上，这种情形就会显现，站（或坐）在沙滩上，遥望大海，海风徐来。沙滩为地，地上有海水，海中有天，海天一色，一望无垠的天边还是天，海边时时有风，☴就称作风，用"巽"来表示，称作巽卦。☵的本意是地上有天，天上有地。这种情形，在小湖、小河、小溪里常见，能看见的水底为地，地上的东西里有天，天上的东西是岸，岸为地。☵称作水，用"坎"来表示。☶的本意是：地上有地，地上为天。这体现在自然界为山，☶称作山，用"艮"来表示。☷的本意是地下有地，地下还有地。地很深厚，深厚的地，用"坤"来表示。具体见图2-35。

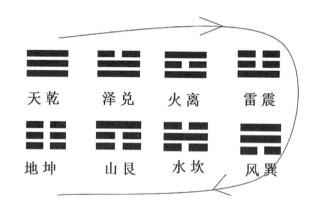

图2-35　八个纾卦（八卦）符号及其代表的文字与自然现象

　　四象如何生八卦呢？本人家学传曰：一画分左右，二画分天地，三画分一三，四画分二四，八卦生矣。"三画分一三"，是指第三画过圆点分"一三（象限）"。"四画分二四"，是指第四画过圆点分二四（象限）。如图2-36、图2-37、图2-38、图2-39所示。

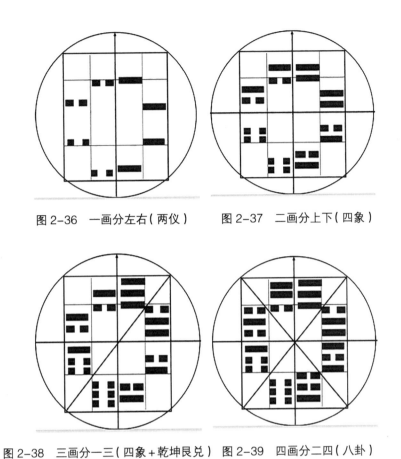

图 2-36　一画分左右（两仪）　　图 2-37　二画分上下（四象）

图 2-38　三画分一三（四象+乾坤艮兑）　图 2-39　四画分二四（八卦）

无极与四画就组成了圆内米字形，本人的家学称之为"米字圆"，如图 2-40 所示。

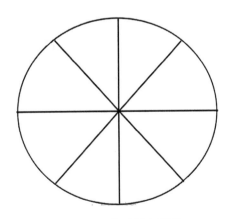

图 2-40　黄氏米字圆图

我们的祖先能否画出米字圆呢？在目前的材料里，我们可以看到秦宣太后墓里出土的"米字圆"瓦当。如图 2-41 所示。

图 2-41　秦宣太后芈月墓出土的瓦当（米字圆形瓦当）

　　我们杭州有个景点叫八卦田，它是南宋皇家籍田的遗址，如图 2-42 所示。目前看不出八卦田里有八卦（八个经卦）：☰乾卦、☱兑卦、☲离卦、☳震卦、☴巽卦、☵坎卦、☶艮卦、☷坤卦。有人说：八卦田里无八卦。这是真的吗？本书认为，只要田呈米字圆形状，我们就可以称之为"八卦田"，因为米字圆是划分八卦的内在方法。如果把三个田垄看成☰乾卦，那么杭州八卦田里就有八个乾卦。杭州八个乾卦田，简称为杭州八卦田。本书认为，八卦田没有经典八卦，但有八个乾卦，杭州八卦田由"米字圆+简化太极图+八个乾卦（☰）"组成，杭州八卦田名副其实。

图 2-42　杭州八卦田

　　那我们的祖先能否画出由三个爻组成的图文呢？ 5500 年前的大汶口遗址 26 号墓出土了一把透雕象牙梳，如图 2-43 所示，它为伏羲八卦的存在提供了佐证。一说是梳上"S"图案是由 11 组乾卦组成，再由 2 组坤卦填在两个缺口处组成"8"字，"S"形内的"—|"（上）与"|—"（下）就是阴阳鱼的鱼眼形。本书认为"8"字图案是由 15 个乾卦组成。远古的中国人，既然可以画出这么美丽的由乾卦组成的图案，那么画出 3 根由阴爻组成坤卦是很自然的事情。

图 2-43　大汶口象牙八卦梳

先天八卦图最早由伏羲所创的八卦排列组合而成，如图 2-44 所示。目前所看到的先天八卦图为北宋陈转和邵雍等人所作。

图 2-44　伏羲的先天八卦图

先天八卦图的主要依据是《周易·说卦传》的一段话："天地定位，山泽通气，雷风相薄，水火不相射。八卦相错，数往者顺，知来者逆，是故易逆数也。"北宋邵雍在《皇极经世》中记载了这种排列图，并把它称为先天八卦图和伏羲八卦图。先天八卦图的卦序在图中呈倒S走向：从乾卦到震卦是逆时针，从震卦到巽卦再到坤卦是顺时针，从坤卦到巽卦再到震卦是逆时针，从震卦到乾卦是顺时针。乾坤天地定位为直线，倒S就变成了倒"8"字。如图 2-45 所示。

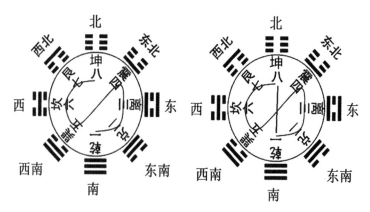

图 2-45　黄德华画的伏羲先天八卦图（含倒 S 和倒 8）

北宋五子（北宋周敦颐、邵雍、张载、程颢、程颐）以后的好事者，把先天八卦图和阴阳鱼太极图合在一起，组成先天八卦太极图，此图在民间大受欢迎，图 2-46 为北宋先天八卦太极图，也称"古太极八卦图"；图 2-47 是米字图解古太极八卦图。这两个图直观形象地用阴爻顺序多少和阳爻顺序多少与太极的黑白顺序多少进行了有效的匹配。图 2-48 是本团队齐心协力改造的先天八卦太极图。其最大的特点在于，它将太极图内的黑白面积和太极图外的八卦阴阳的多少进行匹配，同时更圆润、顺畅，亦更美观对称些。

图 2-46　古太极八卦图　　　图 2-47　米字图解古太极八卦图

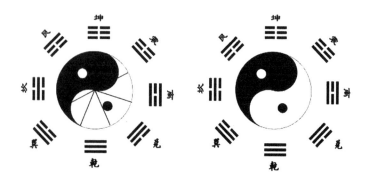

图 2-48　黄氏先天八卦太极图

我们的文化认为，八卦为伏羲所创。伏羲是怎样创作八卦的呢？"龙马负图来，伏羲作八卦。"我们的祖先认为是伏羲得河图而作八卦。《汉书·五行上》记载："刘歆以为虑羲氏继天而王，受河图，则而画之，八卦是也。"西汉经学家孔安国说："河图者，伏羲氏王天下，龙马出河，遂则其文以画八卦。"

上古时期，伏羲对日月星辰、季节气候、草木兴衰等，有一番深入的观察。不过，他并未将其理出个所以然来。为了定时令、辨天气，他在黄河边苦思冥想，突然黄河里出现了一匹神马（龙为头，马为身，称作"龙马"）。马背上画着图，伏羲就照着此图，画出了以八卦"乾、兑、离、震、巽、坎、艮、坤"为内容的卦图，后人称为"伏羲八卦图"。如图2-49所示。闻一多《书信·给梁实秋先生》云："河图则取义于河马负图，伏羲得之演为八卦，作为文字，更进而为绘画，等等，所以代表中华文化之所由始也。"

图2-49　龙马负图的传说：伏羲得河图而画八卦

河图是中国先民心灵思维的结晶，是中国古代文明的第一个里程碑。河图最早出自哪里呢？《尚书·顾命》记载："大玉、夷玉、天球、河图，在东序。"《周易·系辞上》记载："河出图，洛出书，圣人则之。"《礼记·礼运》记载："天降膏露，地出醴泉，山出器车，河出马图。"《管子·匡君小匡》记载："昔人之受命者，龙龟假，河出图，雒出书，地出乘黄，今三祥未见有者。"《论语·子罕》记载："凤鸟不至，河不出图，吾已矣夫！"

那什么是河图呢？目前所看到的河图是北宋陈抟所创。如图2-50所示，这个图呈现内方外圆的思维。元朝吴澄和明朝章潢认为，河图是由龙马身上的旋毛因呈现有规则的状态而形成的，如图2-51所示。

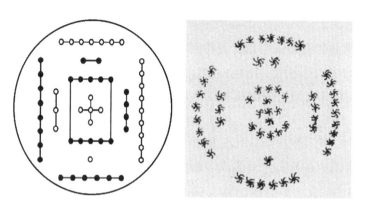

图 2-50　北宋陈抟所创作的河图　图 2-51　吴澄和章潢所创作的旋毛河图

　　伏羲是怎样根据河图画出先天八卦图的呢？本书认为，也是根据米字图画出来的：一画分左右，二画分天地，三画分一三，四画分二四。如图 2-52、图 2-53、图 2-54、图 2-55 所示。图 2-52 为河图两仪图，图 2-53 为河图四象图。1987 年河南濮阳西水坡出土的形意墓距今 6500 多年，墓中用贝壳摆绘的青龙、白虎图象栩栩如生，与近代几无差别。该墓河图四象、二十八宿俱全。其布置形意，上合天星，下合地理，且主人埋葬时已知其墓必被发掘。图 2-55 为河图八卦图。

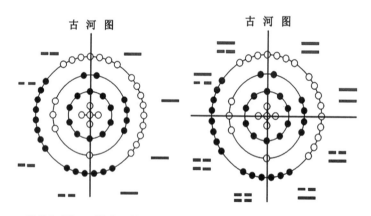

图 2-52　伏羲根据河图推演八卦图（一）　图 2-53　伏羲根据河图推演八卦图（二）

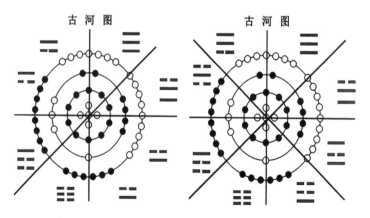

图 2-54　伏羲根据河图推演八卦图（三）　图 2-55　伏羲根据河图推演八卦图（四）

那么伏羲画八卦的目的是什么呢？我的祖父说，双井黄氏家学传下来的说法是，伏羲画八卦用于划分方位，用于指导出行。八卦，八方也。四象八卦，四面八方也。如图 2-56 所示。双井黄氏八卦方位图体现了中华民族的"天南地北、左东右西"等传统，又同时符合中国的地理形势和自然现象：西北多高山，东南多水泽，东北多雷，西南多风。此图还可被用于四季八节的划分和天气预报。四象八卦，四时八节也。如图 2-57 所示。

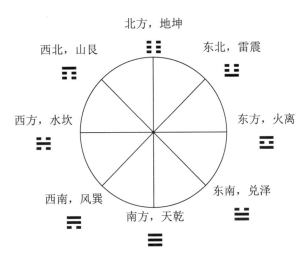

图 2-56　双井黄氏八卦方位图

图 2-57　双井黄氏八卦方位时令图

八卦圆思维，也称米字圆思维，它是指一种一分为八的思维，即把一个事物或现象，用"米"字或 4 个坐标分为 8 个部分，站在圆（无极）上，观察它们的运动情况，并根据实际情况选择其一，具体问题具体分析，继而做出具体选择。八卦思维和八卦圆思维是有区别的。八卦思维是八选一，而八卦圆思维是九选一。无极之中，一分为八、八合为一，就是八卦圆思维的形象表达。八卦思维是静态的，而八卦圆思维是动态的。八卦圆思维不仅将事物一分为八，而且还包括八卦的转化（运转），并要求人处于圆上，统揽全局，具体问题具体分析，待时而动。

姜祖桐教授根据四象八卦和《周易》提出四象八卦人格学说，他把人的性格分为四大类八种亚型。控制型（太阳象）：理想控制型人格8种乾族，现实控制型人格8种震族。表现特征为：独裁果断，支配别人干什么。理智型（少阳象）：理想理智型人格8种兑族，现实理智型人格8种坎族。表现特征为：拥有理性逻辑，询问这是为什么。支持型（太阴象）：理想支持型人格8种艮族，现实支持型人格8种坤族。表现特征为：支持包容，征询此事怎么办。热情型（少阴象）：理想热情型人格8种离族，现实热情型人格8种巽族。表现特征为：热情表白，告知我要做什么。他主要将这个四分模型用来选拔人才、培训人格、矫治人格等。本书认为：姜祖桐教授的少阳象，应该是少阴象；姜祖桐教授的少阴象，应该是少阳象。这样姜祖桐教授的观点就和本书双井黄氏的观点表述一致而无疑义。

英国管理专家梅雷迪思·贝尔宾博士根据八卦圆思维，把团队角色分为8种，经过大量的实践研究，提出了贝尔宾的团队角色理论：一支结构合理的团队应该由八种角色（实干者、推进者、监督者、精确者、创新者、凝聚者、协调者、信息者）组成，高效的团队工作有赖于默契协作。团队成员必须清楚其他人所扮演的角色，了解如何相互弥补不足，发挥优势。成功的团队协作可以提高生产力，鼓舞士气，激励创新。如果一个角色由一个人扮演的话，一个完美的团队，一个高效的团队，一个战无不胜、攻无不克的团队要由8个扮演不同角色的人组成。他被誉为"现代团队角色理论之父"。

2.6　五行圆思维

众所周知，古巴比伦、古埃及、古印度和古中国是地球上的四大文明古国，我们中国是世界上唯一将文化传承至今的国家。在五大古文明（古巴比伦文明、古埃及文明、古印度文明、古中国文明、古希腊文明）中，我们中国文明是唯一没有中断的文明。在伏羲时代，我们中国文明和两河文明（苏美尔文明）、古埃及文明齐头并进。到了黄帝时期，我们中国文明开始领跑其他几大古文明（古印度文明的产生与黄帝再造华夏文明差不多同期），直到明清两朝。原因在于黄帝再次统一华夏民族，通过武文并举再造华夏帝国，在这个时期，仓颉创造了文字，黄帝创立了五行，华夏民族从此拥有了五行圆思维。《史记·历书》记载："盖黄帝考定星历，建立五行。"《史记·天官书》云："分阴阳，建四时，均五行，移节度，定诸纪……天则有日月，地则有阴阳。天有五星，地有五行。"

《黄帝内经》又称《内经》，是中国最早的医学典籍之一，也是中国传统医学四大经典之首，体现了中国古代医家的集体智慧。《黄帝内经》以五行为框架，以人体为主要研究对象，形成医学家所特有的天人合一的思想体系。《黄帝内经》是对中国上古医学的第一次总结，是仅存的战国以前医学研究的集大成之作。《尚书·甘誓》记载五行："威侮五行，怠弃三正。"《尚书·洪范》记载五行："初一曰五行，次二曰敬用五事，次三曰农用八政，次四曰协用五纪，次五曰建用皇极，次六曰乂用三德，次七曰明用稽疑，次八曰念用庶徵，次九曰向用五福，威用六极……五行：一曰水，二曰火，三曰木，四曰金，五曰土。水曰润下，火曰炎上，木曰曲直，金曰从革，土爰稼穑。润下作咸，炎上作苦，曲直作酸，从革作辛，稼穑作甘。"《孙子兵法》记载五行："五行无常胜，四时无常位。"《墨子·经下》记载："五行毋常胜，说在宜。"

何谓五行？金、水、木、火、土。《礼记·月令》虽然没有"五行"二字，但有"木、火、土、金、水"五个字，对应有五色"青、赤（红）、黄、白、黑"。五行是谁发明的？在中国文化里，五行是黄帝发明的。黄帝发明五行做什么用？为什么要发明五行？很多人认为，黄帝发明五行作医疗使用。因为《黄帝内经》有大量关于五行的记载，如："天有四时五行，以生长收藏，以生寒暑燥湿风。"

本书认为，五行不是用来算命的，也不是用来看病的。当时的人们用五行回答地球是由哪些要素组成的，这些要素之间有什么关系。这些智慧结晶由黄帝归纳整理。

黄帝认为，地球是由金、水、木、火和土组成。《国语·郑语》记载："先主以土与金木水火杂，以成百物。"而同期的西方认为，地球是由地、水、火、风四元素组成，简称"四元素说""四根说"。五行和四根的区别有二。第一，数量和内容不同。五行是五，四根是四。我们中国的五行比他们的四根多一个元素，多了"金"元素。此外有一个元素不同，西方有"风"元素，我们中国有"木"元素。我们的祖先认为风从天上来，不属于地球组成元素。五行不仅仅是物质元素，还包括物质运动的状态。第二，内部的结构和关系不同。西方的四根之间的关系比较简单，恩培多克勒并没有说明四根的顺序，反而强调四根各自独立，既不相互产生，也不相互转化，它们只是按照一定的量混合起来构成万物。而我们的五行之间的关系复杂，五行存在相生相克的关系，五行是一个有机的系统，五行之间有严谨的顺序。如图2-58所示。

图 2-58　中国五行圆图

在图 2-58 中，顺时针，从金开始，一直到土，再回到金，即五角星圆上诸要素相生，金生水、水生木、木生火、火生土、土生金。顺时针五角星线上诸要素相克，金克木、木克土、土克水、水克火、火克金。金水木火土为什么相生相克呢？我的家学是这样说的。在远古时期，人们住在石洞里，发现水从石洞的石头里涌出来，河流、山泉的水皆来自大山的石洞或石缝里，来自冰封的大山（冰化成水），道法自然，水是由金（石头和冰）生的。人们发现有水的地方，就有草木生长，没有水的地方，草木枯死。这就是水生木。钻木能生火，木遇到火就会燃烧，这就是木生火。木被火燃烧后，变成了灰土，人们就认为火生土。山的表面是土，里面有石头，石头里有金矿，人们就认为土生金。有石头的地方，树木花草很少，金克木。树木长在土壤中，木克土。水来土挡，土克水。火来水灭，水克火。火可以融化金石，金遇到火，就变成流动的液体（水一样的东西），冰遇到火，就变成水，所以说火克金。

五行比四象多了个"木"，并且四象未能阐述它们之间的关系，而五行阐述了它们之间的复杂关系。在黄帝时期，中国人的大脑更加复杂，智力得到大幅度提升。四象是我们的祖先在回答世界上的东西按照属性分为几大类。四象是物性分类。刚硬的石头、金属、木头、硬土等都归在老阳象，用▬▬来表示；细小的沙子、碎石和松土等归在少阴象，用▬▬来表示；火、烟、雾、云等归在少阳象，用▬▬来表示；水、油等归在老阴象，用▬▬来表示。

在中国文化里，金、水、木、火、土，是自然界最初的五种基本物质，后来人们又把与这五种基本物质相近的其他万事万物通过类比取象法归入相应的五行，逐渐发展出了五行学说。五行学说认为宇宙万物，都是由金、水、木、火、土五种基本要素运行和循环生克的变化所构成的。五行学说的实质是，世界是由木、火、土、金、水五种最基本的物质构成的，自然界各种事物和现象的发展、变化，都是这五种物质在不同的条件下不断运动和相互作用的结果。人们不仅用五行观察天象，观察大地，还用五行来观察人，观察由人组成的社会，用它来解读宇宙万物万事。如把五行理解为五种基本动态：金代表敛聚，木代表生长，水代表浸润，火代表破灭，土代表融合。五行既是物质组成、物质要素（或元素）、物质原质，又是物质的基本状态或基本运动。五行学说和四象学说的出发点和用途不一样。

五行圆思维，它是全局思维、整体思维、战略思维、关联思维、系统思维。它和四象圆思维不同的地方是，它的侧重点是关联性、联系性、运动性。一个地方出了问题，比如金出了问题，就会影响全局，其他四个要素就会受到影响。金、水、木、火、土是相关者，是利益相关者，它们之间不是独立的，是相互关联的。这种思维方式，要求人们遇到问题时，要想到所有的关联者，平衡所有的利益相关者，至少要想到其他四个。不能就问题解决问题，不能头痛医头、脚痛医脚，要全盘考虑，要找到问题的根源，并考虑已经受到影响的相关者。

美国哈佛大学教授迈克尔·波特被誉为"现代竞争战略之父"，他认为企业受到五种形式的竞争的影响：行业中同业竞争者的竞争程度、市场中新生力量的威胁、替代性商品或服务的威胁、供应商的议价能力及消费者的议价能力。这简称竞争的五力理论，也被称为波特五力分析理论，如图 2-59 所示。这个模型可以视为五行圆思维在竞争领域中的运用，它们是互通的。如图 2-60 所示。

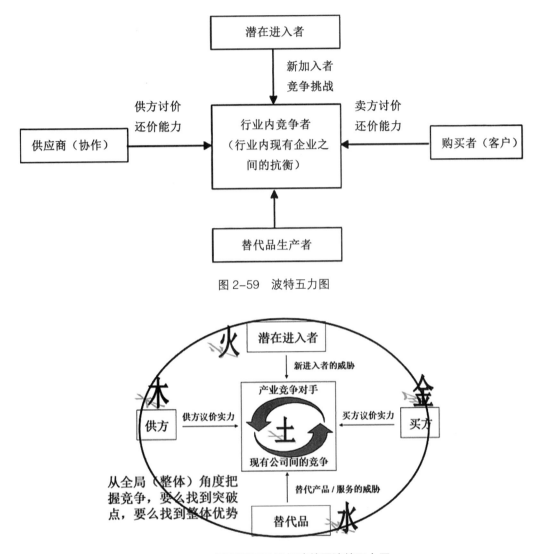

图 2-59　波特五力图

图 2-60　用五行圆思维解读美国波特五力图

2.7　九州圆思维

九州，在中国古籍里，最早出自《尚书·禹贡》。《尚书·禹贡》云："九州攸同，四隩既宅。"自战国以来，"九州"就是古代中国的代称。《离骚》曰："思九州之博大兮。"黄庭坚有《摩诘画》诗云："丹青王右辖，诗句妙九州。"陆游在《示儿》诗中道："死去元知万事空，但悲不见九州同。"

古中国有哪九州？说法不一，《尚书·禹贡》中的九州是指冀州、兖州、青州、徐州、扬州、荆州、豫州、梁州、雍州，此为"禹贡九州"。《吕氏春秋·有始览·有始》曰："何谓九州？河汉之间为豫州，周也；两河之间为冀州，晋也；河济之间为兖州，卫也；东方为青州，齐也；泗上为徐州，鲁也；东南为扬州，越也；南方为荆州，楚也；西方为雍州，秦也；北方为幽州，燕也。"邹衍提出"大九州""中九州""小九州"的地理说，他认为：儒家所谓的九州，是就中国的国土而言的，但这只是小九州；事实上，中国只不过是一个叫作"赤县神州"的大州，像中国这样的大州，还有8个，合起来共九州，谓"中九州"；而像"中九州"这样的大州，地球上还有8个，合起来共九州，谓"大九州"。

九州是谁划分的？在中国的文化里，大禹划九州。《山海经·海内经》记载："帝乃命禹卒布土以定九州。"《左传·襄公四年》云："茫茫禹迹，画为九州。"大禹为什么要把中国大地划为九州？划分九州有什么好处？划为九州，是为了更好地治理，是为了收赋税。《尚书·禹贡》云："禹别九州，随山浚川，任土作贡。"按照《尚书·禹贡》中所说，大禹根据山川形势、物产状况及风俗习惯等，将天下划分为九州，主要是为了征税。所谓"贡"，就是"纳税"，四面八方归一统，定期进贡，受到九州制度管理。

大禹的九州思维是怎样来的？在中国文化里，说是大禹得洛书而定九州，大禹的九州思维来自洛书。洛书从何而来？神龟负图而来？神龟背负的图是什么样的？

相传大禹在治水过程中，走遍了祖国的山川河流，大江南北。治水即将成功，大禹开始为这么大的国家如何治理而苦思冥想。有一天，他来到洛河边，依然在思考这个为国为民的大事，突然洛河中浮出神龟，背驮洛书。大禹大喜，灵感迸发，依照洛书图案，划天下为九州。如图2-61所示。

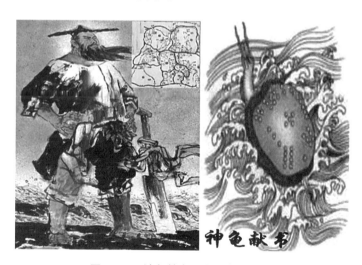

图2-61　神龟献书，大禹定九州图

什么是洛书？大禹治水之时，洛河里浮出一只神龟，神龟的背上长有纹、圈、点，这些纹、圈、点自列成组，这就是"洛书"。洛书和河图一样，体现了中华传统文化的根源。它们是中国古代流传下来的两幅神秘图案，是中国古代文明图案，蕴含了深奥的宇宙星象之理，被誉为"宇宙魔方"。洛书上的图案是什么样的呢？在目前的古典文献里，洛书图案为北宋陈抟所画，如图 2-62 所示，这个图已呈现内方外圆的思维。元朝吴澄和明朝章潢认为洛书是神龟背上的裂纹呈现的有规则的状态，如图 2-63 所示。

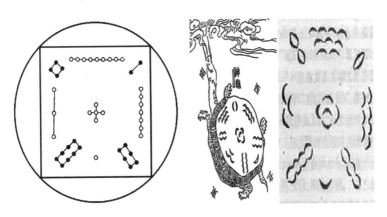

图 2-62　北宋陈抟所画的洛书　图 2-63　吴澄与章潢所画的神龟裂纹洛书图

那大禹看到神龟背上的裂纹，为什么会想到"九"而不是其他？因为神龟背上的裂纹呈九组排列。他是怎么样画出九州的？神龟背上的九组裂纹有一定的规律，九组裂纹横分为三个等级，纵分为三个等级，3×3=9。于是他把土壤肥沃度分为三个等级，赋税分为三个等级，九种收赋税的情形就产生了。九种赋税对应九个地方，于是九州就产生了。本书根据《尚书·禹贡》对土壤和赋税的描述，大致做了些调整。本书理解的禹贡九州赋税政策如图 2-64 所示。

赋税	上	3 土下赋上 荆州	6 土中赋上 冀州	9 土上赋上 青州
	中	2 土下赋中 梁州	5 土中赋中 豫州	8 土上赋中 徐州
	下	1 土下赋下 扬州	4 土中赋下 兖州	7 土上赋下 雍州
		下	中	上
			土壤	

图 2-64　用黄氏九州思维解读的禹贡九州赋税政策

由洛书图案画出九州，再将九州演变成九宫图，如图 2-65 所示。九州思维是指，找到两个关键要素，将每个要素都划分为 3 个等级，用一个横坐标、一个纵坐标分成 9 种情况。九州思维，也可被称为"九宫图思维""九格思维"。用九州思维进行分析的方法，就被称为"九宫图分析法""九格分析法"。如果在这个基础上，外加一个无极圆，自己站在圆上进行决策，就产生了"黄氏九州圆思维"。黄氏九州圆思维又称"黄氏九格圆思维"，简称"九州圆思维""九格圆思维""九州圆分析法""九格圆分析法"。如图 2-66 所示。九州圆思维要求管理者拟定问题，用无极圆来表示，再找到两个指标，并把这两个指标作为横纵坐标且将其各分为 3 个等级，从而得到 9 种情形，关注 9 种情形的变化，并根据 9 种情形采取 9 种对策。九州圆思维的精确度和效率都要高于黄氏四象圆思维，适合解决大公司、大家族乃至整个国家的复杂问题。九州思维和九州圆思维是有区别的。九州思维是九选一，九州圆思维是十选一。无极之中，一分为九，九合为一，就是九州圆思维的形象表达。九州思维是静态的，而九州圆思维是动态的。九州圆思维不仅将事物一分为九，而且还包括了九格转化（运转），并要求人处于圆上统揽全局，具体问题具体分析，待时而动。

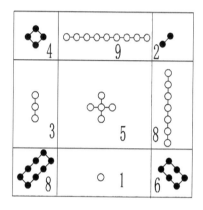

图 2-65　洛书与九宫图

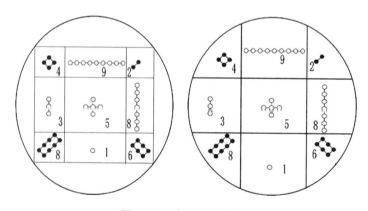

图 2-66　九州圆思维图

《孙子兵法》第 11 篇，叫"九地"。孙子曰："用兵之法，有散地，有轻地，有争地，有交地，有衢地，有重地，有圮地，有围地，有死地。诸侯自战其地者，为散地；入人之地而不深者，为轻地；我得则利，彼得亦利者，为争地；我可以往，彼可以来者，为交地；诸侯之地三属，先至而得天下之众者，为衢地；入人之地深，背城邑多者，为重地；山林、险阻、沮泽，凡难行之道者，为圮地；所由入者隘，所从归者迂，彼寡可以击吾之众者，为围地；疾战则存，不疾战则亡者，为死地。是故散地则无战，轻地则无止，争地则无攻，交地则无绝，衢地则合交，重地则掠，圮地则行，围地则谋，死地则战。"孙子说：按用兵的规律，战地可分为散地、轻地、争地、交地、衢地、重地、圮地、围地、死地九类。诸侯在自己的领地上与敌作战，这样的地区叫作散地；进入敌境不深的地区，叫作轻地；我先占领对我有利的地区，敌先占领对敌有利的地区，叫作争地；我军可以去，敌军可以来的地区，叫作交地；和其他诸侯国接壤的地区，敌我双方只要先到就可以结交诸侯国并取得多数支援的，叫作衢地；深入敌境，越过许多敌人城邑的地区，叫作重地；山林、险阻、沼泽等道路难行的地区，叫作圮地；进入的道路狭隘，退出的道路迂远，敌人以少数兵力就能击败我方众多兵力的地区，叫作围地；迅速奋战则能生存，不迅速奋战就会被消灭的地区，叫作死地。因此，在散地不宜作战；在轻地不可停留；遇争地应先敌占领，如敌人已先占领，则不可强攻；在交地，军队部署应互相连接，防敌阻绝；在衢地则应结交邻国；在重地则应夺取物资，就地补给；在圮地则应迅速通过；陷入围地则应巧设奇谋；在死地要迅猛奋战，死里求生。

孙子的九地分析及其谋略，也可以用九州思维来解读，如图 2-67 所示。《孙子兵法》有九州思维的大智慧。

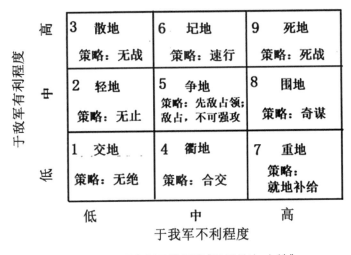

图 2-67 用九州思维解读《孙子兵法·九地》

我们中国有个成语典故——田忌赛马，这是一个积极竞争战略选择的典范，故事出自《史记·孙子吴起列传》。齐威王和田忌赛马，田忌老是输，找到孙膑后，孙膑给他出了一个点子，随后田忌就以 2：1 取胜。如图 2-68 所示。

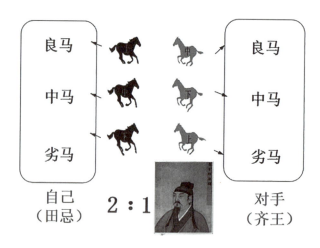

图 2-68　田忌赛马 2∶1 取胜图

那么，孙膑为什么能够想到这个点子或策略呢？本书认为，可能因为孙膑的祖先原姓田，他们的家学里有"田"字智慧，或者四象圆的智慧，而由四象圆思维到两维九格，是比较容易的。也可能他们直接拥有九州思维。以田忌的马为横坐标，齐威王的马为纵坐标，分为 3 个等级，比赛就会有 9 种情形，如图 2-69 所示。根据比赛规则，比赛共设 3 局，一匹马只能参加一次比赛，胜两次及以上的为赢家。田忌只能选择用下马对齐王的上马，让齐王赢一局。

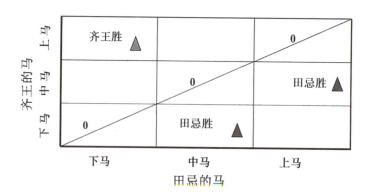

图 2-69　九州思维定赛马策略图

注：图中三角符号表示赛马策略经孙膑调整后，赛马比赛的实际胜负。斜线表示赛马策略未经孙膑调整，赛马比赛的实际比拼。0 表示因赛马策略调整，斜线所示情况未发生，无人胜亦无人负。

我们中国很多企业，受田忌赛马启发，他们把员工的价值观认可度作为横坐标，把工作绩效作为纵坐标，将态度和业绩各自分为三个等级，用于评估和指导员工。如图 2-70。也有以潜力为横坐标、以能力为纵坐标，将潜力和能力各分三个等级，从而把员工分为九大类的情况，如图 2-71 所示。管理者站在圆上，对九种不同的员工，采取因人而异的指导实践和管理措施。

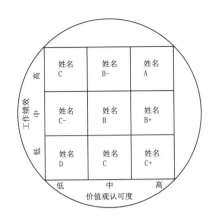 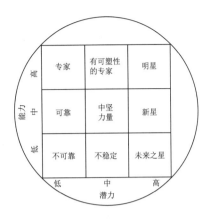

图 2-70 按价值观认可度－工作绩效分类　　　图 2-71 按能力－潜力分类

荷兰皇家壳牌集团公司采取 3×3 的矩阵分析法，为公司多个产品做出不同的战略选择，如图 2-72 所示。本人在外企工作期间，公司有 A、B、C、D、E、F、G、H 八个产品，我们要求各产品经理把他们负责的产品标注在图 2-72 中。而市场销售总监拥有一张如图 2-73 的战略图，进行资源分配和督战。

图 2-72 荷兰皇家壳牌公司的产品分析图

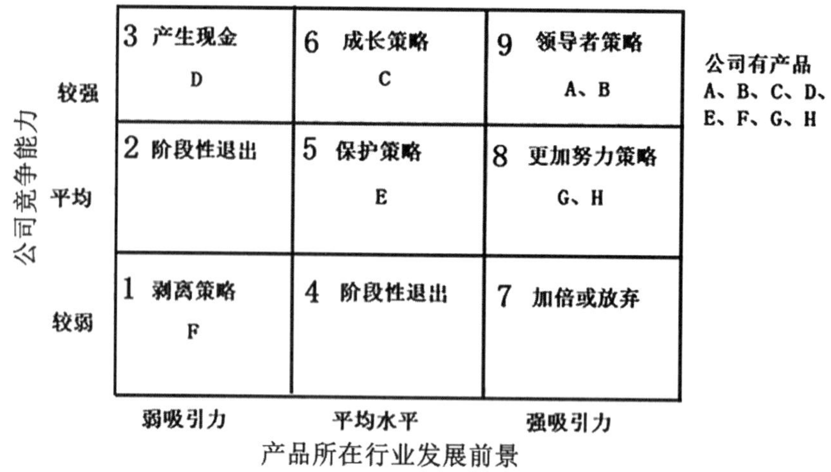

图 2-73　荷兰皇家壳牌公司的产品战略图

　　高位优先发展，中位谨慎发展，低位捞它一把。要实现这个投资策略，就必须使用两维九格的思维模式。通用矩阵法又称行业吸引力矩阵、九象限评价法，是美国通用电气公司设计的一种投资组合分析方法。相对于四象限评价法（以下简称波士顿矩阵，具体本书会在第 7 章进行说明），通用矩阵法有较大的改进，在两个坐标轴上增加了中间等级，增加了分析考虑因素。它运用加权评分方法分别对产品吸引力（包括市场增长率、市场容量、市场价格、利润率、竞争强度等因素）和公司竞争力（包括生产能力、技术能力、管理能力、产品差别化、竞争能力等因素）进行评价，划分出大（强）、中、小（弱），从而形成 9 种组合方格。如图 2-74 所示。象限 9、8、6 属于第一区域，应采取增长与发展战略，优先分配资源。象限 7、5、3 属于第二区域，应采取维持或有选择的发展战略，保护规模，调整发展方向。象限 1、2、4 属于第三区域，应采取停止、转移、撤退战略。也可以这样理解：象限 3、5、7 组成的对角线上方，属于应加大投资的区域；象限 3、5、7 组成的对角线下方，属于应减少投资的区域。

　　在图 2-72、图 2-73、图 2-74 外加一个圆，就得到了中国式的 3×3 矩阵分析图，即九州圆思维分析法，具体图示与 2-71 类似，本团队在这里就不再展示了。它们要求管理者站在圆上，通盘考虑，九种情形，九种对策，因情形施策。

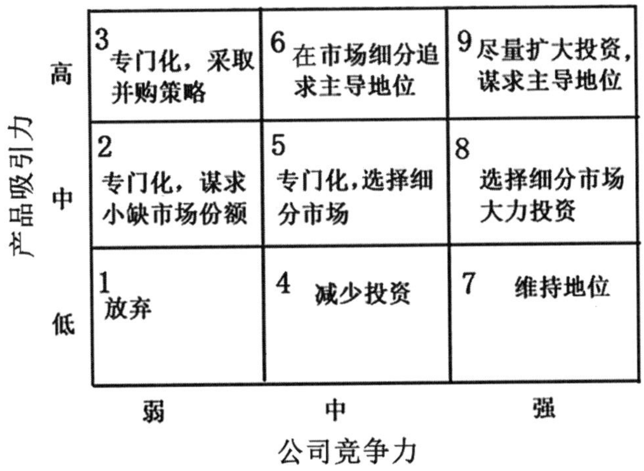

	弱	中	强
高	3 专门化,采取 并购策略	6 在市场细分追 求主导地位	9 尽量扩大投资, 谋求主导地位
中	2 专门化,谋求 小缺市场份额	5 专门化,选择细 分市场	8 选择细分市场 大力投资
低	1 放弃	4 减少投资	7 维持地位

产品吸引力

公司竞争力

图 2-74　美国通用电气公司投资策略的矩阵选择图

第 3 章

中国国学的 7 部经典

本书认为，《山海经》《连山》《归藏》《周易》《道德经》《尚书》《礼经》《诗经》《乐经》《春秋》都是中华民族的经典。但遗憾的是，10 部经典里，《连山》《归藏》和《乐经》已经失传。只剩下 7 部经典传承至今。本书就以这 7 部经典为载体，阐述中国的国学。

《连山》《归藏》《周易》合称"三易"，它们的共同名字为《易经》，《易经》是阐述天地世间万象变化的古老经典，是中华民族 5000 年智慧的结晶。它们的共同点是：由 8 个经卦重叠出的 64 个别卦（也称复卦）组成。而"三易"的区别在于，卦的顺序不一样，《连山》以艮卦为首卦，《归藏》以坤卦为首卦。至于每卦的爻辞是否一样，则难以稽考。《归藏》也称《坤乾》。孔子在《礼记·礼运》云："我欲观殷道，是故之宋，而不足征。吾得《坤乾》。"

《连山》《归藏》产生于何时，至今没有统一的说法。本书认为：《连山》是记载夏朝及其之前社会的书，为夏朝所作，简称《夏易》；《归藏》是记载商朝及其之前社会的书，为商朝作品，简称《殷易》《商易》；《周易》是记载西周及其之前社会的书，为周朝的作品，是周朝的易学，因孔子的整理而传承。

《乐经》是记载中国人在战国之前的声音、心理、智慧的书。

3.1 《山海经》中的国学

《山海经》是一部早期的、以地理为主要内容的、有价值的百科全书，全书记载了约 40 个邦国、550 座山、300 条水道、100 多位历史人物、400 多种动物。它具有重要的文献价值，对中国古代历史、地理、文化、民俗、科技等的研究，均有参考意义。它还是世界上最早的有矿物记录的文献。在古代，《山海经》被当作历史书看待，是中国各代史家的必备参考书。由于该书成书年代久远，连司马迁写《史记》时也认为："至《禹本纪》《山海经》所有怪物，余不敢言之也。"相传《山海经》的作者是尧舜时期的伯益，现可见的《山海经》最早版本是郭璞的《山海经注》。这本书对孔子、庄子、屈原、吕不韦、东方朔、陶渊明、李白、苏轼、鲁迅等人产生了很大的影响，培养了中华民族浪漫主义情怀，培养了中华民族的丰富的想象力和创新力，被誉为"中华文明之根"。

3.1.1 《山海经》与两仪思维

《山海经》体现了大量的包括两仪思维在内的中华民族的独特思维。中华民族的祖先在 4000 多年前就有了上下、阴阳的概念，以及一分为二的思维。《山海经》中共有44 对两仪，如表 3-1 和图 3-1 所示。它是马克思主义唯物辩证法的中国文化沃土，也是马克思主义唯物辩证法中国化的根基所在。

《山海经》的山经部分：出现上下（山上、山下）的地方有 122 处；出现阴阳（山之阳，山之阴）的地方有 71 处。如："枏阳之山，其阳多赤金，其阴多白金。"又如："黄帝乃取峚山之玉荣，而投之钟山之阳。瑾瑜之玉为良，坚粟精密，浊泽有而光。五色发作，以和柔刚。"

一名两物，一害一益，是中华民族两仪思维的见证。西山两肥遗，一蛇一鸟，一地一天，一害一益，一爬一飞，先人用心良苦，无处不在地传递两仪思维。《山海经》云："太华之山，削成而四方，其高五千仞，其广十里，鸟兽莫居。有蛇焉，名曰肥𧐨，六足四翼，见则天下大旱……英山，……有鸟焉，其状如鹑，黄身而赤喙，其名曰肥遗，食之已疠，可以杀虫。"

表 3-1 《山海经》中蕴含两仪思维的字词

《山海经》中的 44 对矛盾				
山与海	少与多	出与入	成与败	柔与刚
内与外	方与圆	升与降	雄与雌	吉与凶
上与下	启与闭	日与月	美与丑	干与湿
阴与阳	得与失	天与地	文与武	实与虚
黑与白	夭与寿	前与后	竭与盈	寒与暑
有与无	左与右	长与短	实与空	能者与拙者
大与小	昼与夜	荣与枯	分与合	有余与不足
牝与牡	视与暝	晦与明	首与尾	大旱与洪水
东与西	南与北	东北与西南	西北与东南	

图 3-1 《山海经》中的部分两仪思维的简化太极图图示

《山海经》记载了中华民族的阴阳五行一体的智慧。五采鸹鹕，雌雄合体。"南山经"云："其名曰类，自为牝牡。""北山经"云："有鸟焉，其状如乌，五采而赤文，名曰鸹鹕，是自为牝牡，食之不疽。"本书认为，五采，五色，五行也；牝牡，雌雄，阴阳也。牝牡一体，就是阴阳一体，牝牡一体于无极之中。这里的无极是指某个事物，这再次证实了两仪思维来自中国先人对自然界万事万物的睿智观察。《山海经》共有18处提到"五"：五色3次、五味1次、五尾1次、五残1次、五采12次。共有12处提到"五采"：五采鸟10次，五采马（駮吾）1次，五采玉璧1次。这说明，中华民族的先民对"五"情有独钟。

《山海经》蕴含两仪运动变化，即两仪圆思维的思维雏形。钦䲹和鼓是生前作恶，死后也会作恶的代表，"西山经"记载："西北四百二十里，曰钟山。其子曰鼓，其状人面而龙身，是与钦䲹杀葆江于昆仑之阳，帝乃戮之钟山之东曰崤崖。钦䲹化为大鹗，其状如雕，而黑文白首，赤喙而虎爪，其音如晨鹄，见则有大兵；鼓亦化作鵔鸟，其状如鸱，赤足而直喙，黄文而白首，其音如鹄，见则其邑大旱。"这段文字是说，钦䲹和鼓，合谋杀死葆江，被（黄）帝诛杀，他们死后变成凶鸟，继续作恶。太华居士《沁园春·读西山经》云：正钦䲹与鼓，生前作恶；死变鹗鵔，被少昊杀。

生前善良，冤杀救活，却变恶。这就是窫窳。他在《山海经》中的记载有五处。第一，"北山经"记载："有兽焉，其状如牛而赤身，人面马足，名曰窫窳，其音如婴儿，是食人。"这个记载说明窫窳是凶恶的猛兽。第二，"海内南经"记载："窫窳龙首，居弱水中，在狌狌知人名之西，其状如龙首，食人。"这个记载再次说明窫窳是凶恶的猛兽。第三，"海内西经"记载："开明东有巫彭、巫抵、巫阳、巫履、巫凡、巫相，夹窫窳之尸，皆操不死之药以距之。窫窳者，蛇身人面，贰负臣所杀也。"这个记载说明，窫窳被贰负的臣子所杀，巫师们以不死药救活他。第四，"海内北经"记载："贰负之臣曰危，危与贰负杀窫窳。帝乃梏之疏属之山，桎其右足，反缚两手，系之山上木。"这个记载说明，帝惩罚了杀窫窳的"危"和"贰负"。第五，"海内经"记载："有窫窳，龙首，是食人。"这个记载说明窫窳变成了凶恶的猛兽。《淮南子·本经训》记载，猰貐（窫窳）作恶危害百姓，被羿射杀。于是关于窫窳的故事被我们先民演绎成性善却被冤杀，被救活后为恶，因为恶被惩杀的故事。这个故事告诫人们，面对善良的人，不能去伤害他。伤害了他，他会变成恶人来伤害包括自己在内的所有人。尽管他的冤杀被平反了，但善良的他的命已经没有了。

生前被杀，死后继续奋斗，不服输。这就是刑天。"海外西经"记载："刑天与帝至此争神，帝断其首，葬之常羊之山。乃以乳为目，以脐为口，操干戚以舞。"晋朝的大诗人陶渊明写诗对刑天的这种精神大加赞颂，诗中云："刑天舞干戚，猛志固常在。"

生前渴死，死后造福自己的同胞，这就是夸父。"海外北经"记载："夸父与日逐走，入日。渴，欲得饮，饮于河渭，河渭不足，北饮大泽。未至，道渴而死。弃其杖，化为邓林。"陶渊明赞曰："夸父诞宏志，乃与日竞走。俱至虞渊下，似若无胜负。神力既殊妙，倾河焉足有？余迹寄邓林，功竟在身后。"太华居士赞曰："杖化邓林数千里，造福人类至如今。"

生前被水溺死，死后造福人类，这就是精卫。"北山经"记载："发鸠之山，其上多柘木。有鸟焉，其状如乌，文首、白喙、赤足，名曰精卫，其鸣自詨。是炎帝之少女名曰女娃。女娃游于东海，溺而不返，故为精卫，常衔西山之木石，以堙于东海。"陶渊明赞曰："精卫衔微木，将以填沧海。"

好的名字，一般会有好的结果。好"名"一般会有好"实"。但《山海经》告诉我们，好的名字，也会有坏的结果。人世间存在"名"与"实"不匹配的现象。《山海经·中次十一经》记载丰山："有兽焉，其状如猿，赤目、赤喙、黄身，名曰雍和，见则国有大恐。神耕父处之，常游清泠之渊，出入有光，见则其国为败。"其中"雍和"乃吉祥之名称，《山海经》反言其"见则国有大恐"；"耕父"之名有勤劳为民之意，《山海经》却称"见则其国为败"。变化的思想，还体现在以下几处。第一，鲧化埤渚。"中山经"云："南望埤渚，禹父之所化。"第二，枸桔化枫。"大荒南经"云："蚩尤所弃其桎梏，是为枫木。"第三，肠化为人。"大荒西经"云："有神十人，名曰女娲之肠，化为神。"第四，蛇化为鱼。"大荒西经"云："蛇乃化为鱼，是为鱼妇。颛顼死即复苏。"

《山海经》的文字运用了否定之否定（双重否定）的组词智慧，无和不，都是否定词，组合在一起成"无不"，意思是没有不，双重否定变成了肯定。如"西山经"云："万物无不有焉。"这种思维在《周易》《尚书》《道德经》中也常见，如《周易·坤·六二》之"无不利"、《周易·泰·九三》之"无平不陂，无往不复"等，如《尚书·汤誓》之"尔无不信"、《尚书·康诰》之"汝亦罔不克敬典"、《尚书·召诰》之"王敬作所，不可不敬德"、《尚书·洛诰》之"不敢不敬天之休"等，如《道德经》之"无不治""不可不畏""无不为""莫不尊道而贵德""重积德则无不克""希有不"等，如《诗经》之"非车不东""莫不静好""以莫不庶""馨无不宜""无不尔或承""莫不令德""民莫不谷"等，如《礼记》之"毋不敬"。

3.1.2 《山海经》与共产主义

马克思认为，共产主义阶段，社会产品极为丰富，人民具有高度的思想觉悟，劳动成为生活的第一需要，工农、城乡、脑力劳动和体力劳动三大差别已被消灭，采取"各尽所能，按需分配"的分配原则。《山海经》描述的中国远古社会和马克思主义者追求的共产主义社会高度一致。因此，《山海经》是马克思主义成功扎根中华大地的文化养分和厚土，是中国特色社会主义发展的沃土。创造性转化和创新性发展《山海经》是建设中国特色社会主义事业的实践需要。

"海外西经"云："此诸夭之野，鸾鸟自歌，凤鸟自舞。凤皇卵，民食之；甘露，民饮之，所欲自从也。百兽相与群居。"这个肥沃的地方，鸾鸟自由自在地歌唱，凤鸟自由自在地舞蹈。凤凰生下的蛋，那里的居民食用它；苍天降下的甘露，那里的居民饮用它。凡是他们所想要的，都能遂心如意。那里的各种野兽与人一起居住。这个沃野的世界，生态极好，环境优美，物产丰富，天人合一。这个居住着沃民的社会，各取所需，一片祥和，无忧无虑，自由平等。"大荒南经"云："有载民之国……不绩不经服也，不稼不穑食也。爰有歌舞之鸟，鸾鸟自歌，凤鸟自舞。爰有百兽，相群爰处。百谷所聚。"大荒西经"云："有沃之国，沃民是处。沃之野，凤鸟之卵是食，甘露是饮。凡其所欲，其味尽存。爰有甘华、甘柤、白柳、视肉、三骓、璇瑰、瑶碧、白木、琅玕、白丹、青丹，多银铁。鸾鸟自歌，凤鸟自舞，爰有百兽，相群是处，是谓沃之野。"海内经"云："都广之野……百谷自生，冬夏播琴。鸾鸟自歌，凤鸟自舞，灵寿实华，草木所聚。爰有百兽，相群爰处。"海内经"云："又有淮山，好水出焉。"《诗经》中也有这种天人合一的描述，如《诗经·鹤鸣》中的"鹤鸣于九皋，声闻于野。鱼潜在渊，或在于渚。乐彼之园，爰有树檀，其下维萚"。

远古的中国不仅富有，不仅天人合一，还充满爱。"海内经"云："其人水居，偎人爱之。"海内经"又云："南方有赣巨人……见人则笑。"海外东经"云："君子国在其北，衣冠带剑……其人好让不争。"海内西经"云："海内昆仑之虚……面有九门，门有开明兽守之……非仁羿莫能上冈之岩。"太华居士赞曰："昆仑开明，仁者可进。"这是有爱的国度，这是一个笑脸相迎的国度，这是谦让的国度，这是开明有仁的国度。它被后人称为上古的大同社会、桃花源、人间天堂，今称"东方的伊甸园"。

在远古中国，和平盛世均有五采的凤凰自舞。"南山经"记载："有鸟焉，其状如鸡，五采而文，名曰凤皇。首文曰德，翼文曰义，背文曰礼，膺文曰仁，腹文曰信。是鸟也，饮食自然，自歌自舞，见则天下安宁。"海内经"也说："有鸾鸟自歌，凤鸟自舞。凤鸟首文曰德，翼文曰顺，膺文曰仁，背文曰义，见则天下和。"

读过《山海经》的老子，读出了"安居乐业"的世界；读过《山海经》的孔子，读出了大同社会、小康社会。这两个社会都充满了爱，孔子在《礼记·哀公问》中云："古之为政，爱人为大。"读过《山海经》的管子在《管子·治国》中云："凡治国之道，必先富民。"读过《山海经》的陶渊明，读出了中国人心中的桃花源，创作了《桃花源记》。这些作品一脉相承地描写了中国人向往的富有而平等的社会。陶渊明的"桃花源"介于大同和小康之间，对中国人影响巨大。古人常以桃花源激励自我："心中若有桃花源，何处不是水云间？"

3.2 《周易》中的国学

《周易》是目前中国人能够看到的中国人的第一部人文社会书，记载的是西周及其之前的中国政治、经济、文化、社会、伦理等领域的历史实践及智慧。《周易》由《周古经》（也称《周本经》《周易经》）和《周易传》两部分组成：《周古经》也称"经卦文"，是《易经》的原始部分，传说是商朝姬昌和周朝初期的周公所作；《周易传》是孔门学者对《易经》经文的解释和补充，它包含解释卦辞和爻辞的7种文辞《周易传》共10篇——"象"上下、"象"上下、"系辞"上下及"文言""说卦""序卦""杂卦"，并称"十翼"。

3.2.1 《周易》独特的六爻思维

《周易》的每一个卦（每篇文章）至少都分为三个部分：两个卦名（远古时期的卦名和黄帝造字后的卦名）、卦辞、爻辞（六爻题、六爻辞）。有的有第四部分，即再加一个结论。比如乾卦的结尾"用九：见群龙无首，吉"。

北宋程颐认为，六十四卦代表64种境遇。本书认为，《周易》六十四卦，就是记载远古时期的重大事件的64篇文章，每篇文章都由题目、主题摘要、正文（6个段落）组成。有的文章，在正文之后，还有结论。六十四卦的卦象，也称"卦画"，它由6个爻组成。孔子说："六画而成卦。"爻有"阳爻"和"阴爻"两种。所以六十四卦，就是2的6次方。也可理解为"阴阳"的6次方。每一爻都有爻题和爻辞，故孔子说："六位而成章。"

传统对《周易》六十四卦有两种解读。第一，以八个经卦为基础。把六爻理解为三爻（内卦、下卦）+三爻（外卦、上卦），即由两个经典卦象组合成新象。比如，井卦由三爻的巽卦和三爻的坎卦组成，称"下巽上坎"。其卦象为水下面有风或风上面有流动的水。第二，以四个象为基础。把六爻理解为地象（初爻、二爻组合）+人象（三爻、四爻组合）+天象（五爻、六爻组合），这里的象是指四象里"老阳、少阳、老阴、少阴"。前者以两段论解读，后者以三段论（地、人、天）解读。

本书认为：六爻既可以被理解为文章的6个段落，这6个段落之间或许有逻辑；也可以被理解为它们代表了事物的不同阶段。初爻，代表事物开始；二爻，代表事物崭露头角；三爻，代表事物大成；四爻，代表事物进入更高层次；五爻，代表事物成功；六爻，代表事物终结。乾卦、坤卦比较典型。它们讲述了一个事物由始到末的发展演变的全过程（六个阶段）。《易经》曰："大明终始，六位时成，时乘六龙以御天。"

《易经》的第一卦是乾卦。卦画：☰。卦名（文章题目）：乾。卦辞（文章中心思想）：元、亨、利、贞。爻辞（正文，六个段落）：初九（爻题），潜龙勿用（爻辞）；九二，见龙在田，利见大人；九三，君子终日乾乾，夕惕若厉，无咎；九四，或跃在渊，无咎；九五，飞龙在天，利见大人；上九，亢龙有悔。用九（结论或结尾），见群龙无首，吉。

卦辞：创新、通达（规矩、有序）、收获（获利）、守贞（守正）。初九：时机没有成熟时，才德不足的人应该努力学习，埋头苦干，不可冒进。九二：才德足以被他人所赏识，可以有所作为。利于受到大人重用。九三：有才德的人整天勤奋努力，夜晚警惕反省，虽然处境艰难，但终究没有灾难。九四：有才德的人或跃上天空，或停留在深渊，只要根据形势的需要而前进，就不会有错误。（进退有据，潜跃由心，处境从容。）九五：有才德的人（君子）身居高位，实施天道，大有作为，更易受到人民的爱戴和上天的保佑。上九：有才德的人（君子），如果亢奋（高傲）过头，就会有灾祸或后悔之事。用九：有才德的人（君子）聚集，却不知首领在哪儿，大家都是平等的，这是吉利的兆头。

乾卦的正文，本书把它理解为人生或职场的六个阶段。如图 3-2 所示。

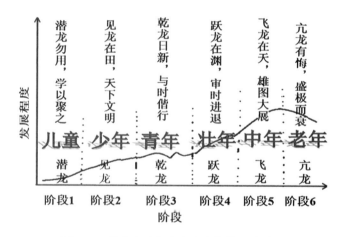

图 3-2　乾卦六爻与人生六阶段管理关联图

一个企业要实现基业长青，其产品组合要符合六爻思维，每个阶段都至少要有一个产品。不同的产品处在不同的阶段，其战略战术也要有所不同。如图 3-3 所示。

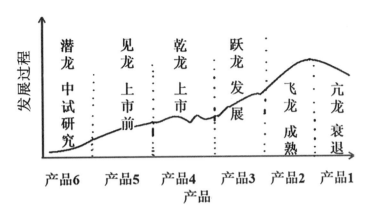

图 3-3　乾卦六爻与企业产品战略管理关联图

《周易·坤》还可以理解为：周人祖先迁居到狄戎后，受尽欺压，古公亶父率领跟随者从豳地迁到了岐山，并愿意归入商朝麾下，君恩臣拜，互利共赢。

初六：（周人）踩着寒霜，从坚冰上往下滑走。六二：（他们）用木头做了一艘很大的舫船划下去，而不是飞落下去，即使不熟悉地形，也不会有危险。六三：（他们）在神前唱歌祈祷、问卜，问卜的结果是包含美质（隐藏能力）以适应未来的征兆。作为周人，跟着商王从政，即使没有什么功绩成就，结果也是美好的。六四：（他们）归顺商王朝，没有过错，也没有美名。六五：（他们）得到黄色的衣裳，这是吉利的开始。（迁至岐山后，周人的祖先放弃游牧民族的习俗，改变穿着，从事农耕。）上六：（他们）周人与山戎在郊野打仗打得很激烈，双方都有死伤。用六：（周人）从长远看（定居在西岐，跟随商朝）是有利的征兆。

本书把《周易·坤》理解为创业的卦，坤卦的六爻讲述的是创业的 6 个阶段：创业初期要如履薄冰（履霜防冰），创业靠品德成长（直方大），靠能力推进（含章可贞），靠志向做大（括囊四海之志），创业进入鼎盛时期（君临天下），创业失败（得意忘形）。创业要让大家获利，才能基业长青。坤卦的六爻，还可以被类比为二把手的六个智慧，如图 3-4 所示。

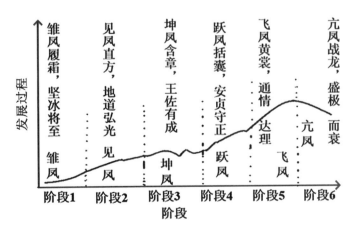

图 3-4　坤卦六爻与二把手智慧的关联图

革卦的六爻，可以理解为革命（或改革，或变革）的不同阶段。如图 3-5 所示。

☲☱革：已日乃孚，元亨，利贞，悔亡。初九：巩用黄牛之革。六二：已日乃革之，征吉，无咎。九三：征凶，贞厉；革言三就，有孚。九四：悔亡，有孚改命，吉。九五：大人虎变，未占有孚。上六：君子豹变，小人革面；征凶，居贞吉。

卦辞：变革经过一段时间后为民众所信服，前景极为亨通，利于坚持正道，如此悔恨就会消失。初九：变革之初，用黄牛皮牢牢地拴住变革方案。六二：时机成熟了再进行变革，这样行动就会吉祥，没有祸殃。九三：急于变革，必有凶险；等候时机以防风险，变革的意见多次得到民众的响应，表明变革已为民众所信任。九四：当民众对变革的悔恨消除了，民众就会满怀诚信地执行变革（或有诚信地进行变革），这样就会吉祥。九五：有公心的变革领导人，果敢地（有老虎般的胆略）推动变革前行，即使不用占卜，也会获得民众的信任。上六：有公心而明智的变革领导人，会因时制宜（有豹子般的灵活性）进行变革；而不明智的变革领导人，只会从表面上推进变革，如果这样推进变革，变革就有危险。要守正，并使变革新规进入民众心中，这样才会吉祥。

《周易》第四十九卦的革卦，就是中国古代讲革故管理的文章，讲述的是改革或革命的六个阶段的管理智慧。革卦的卦辞是变革的总原则，变革要选择好时间，并获得信任（或认同），变革者做到仁礼利信，参与者做到创新、参与、获利和贞固，这样的变革即使失败也没有什么可后悔的。

初九（变革的第一阶段）：变革要选择最好的方案，用最好的方案把大家凝聚在一起。

六二（第二阶段）：有了最好的方案后，不要马上实施，只有选择合适的时机实施，变革才会顺利进行。

九三（第三阶段）：要反复听取成员对变革的建议，反复宣讲变革的愿景和目标、变革的好处与变革的措施。多次宣讲容易获得成员的信任与认同，否则变革容易失败。守正变革的使命是为大家谋福，只有这样的变革才会获得大家的支持。

九四（第四阶段）：放弃原有的习惯的后悔消失了，只要取得大家的信任，就可以实施变革方案，这样的变革会有好结果的。

九五（第五阶段）：在变革过程中要以大家的利益为原则，坚持天下为公，这是减弱变革阻力和增强变革推力的最好方法。

上六（第六阶段）：支持变革的人，既革面又革心，从思想上、从行为上进行变革；而那些反对变革或对变革持消极态度的人，经常是革面不革心。如果不停地改变，变革就危险了，朝令夕改的变革是要不得的。需要巩固变革的好成果，把变革相对稳定下来，对于那些革面不革心的成员，要继续做思想工作，让他们从内心遵守变革后的规范。

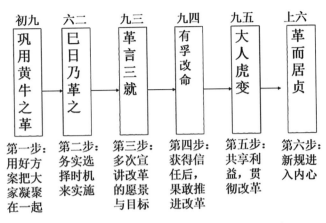

图 3-5 《周易·革》的中国式的组织变革管理示意图

3.2.2 《周易》中的精神魂魄

《周易·周古经》记载了中国人的魂魄。如"乾·九三":"君子终日乾乾。""坤·六三":"含章可贞。""师·初六":"师出以律。""比·初六":"有孚比之。""比·六二":"比之自内。""小蓄·九五":"有孚挛如,富以其邻。""履·九二":"履道坦坦。""履·九五":"视履考祥,其旋元吉。""蛊":"先甲三日,后甲三日(事前准备、事后跟进)。""革·九三":"革言三就。""革·九四":"有孚改命。""节"(卦辞):"苦节不可贞。"

《周易·周易传》记载了中国人的很多精神,这些精神与价值取向均经过孔子及其弟子的认同,继而被传承下来。

如"乾·象":"天行健,君子以自强不息。"老子在《道德经》中说,"自胜者强";商鞅在《商君书·画策》云,"自恃者,得天下。得天下者,先自得者也;能胜强敌者,先自胜者也"。

如"坤·象":"地势坤,君子以厚德载物。"诸如,山泉蒙,君子以果行育德。水天讼,君子以作事谋始。水地师,君子以容民畜众。天地泰,君子以财成天地之道。地天否,君子以俭德辟难。天火大有,君子以遏恶扬善。山上平地,谦之象,君子以裒多益寡。(老子李聃读之,提出:"天之道,损有余而补不足。")山下有风,蛊之象,君子以振民育德。

坎坎之水,君子以常德行习教事(水行坎,君子以修德习教)。离离之火,大人以继明四方。火上来风,家人之卦象,君子以言有物而行有恒。海上太阳升,暌之卦象,君子以同而异(求同存异、珍同惜异)。海上有山,损之象,损之有孚,君子以惩忿窒欲。山上有河流,蹇之象,君子以反身修德。火上水,既济之象也,君子以思患而豫防之。

"损·象":"损益盈虚,与时偕行。"风地升,君子以小积大。"艮·象":"动静不失其时，其道光明。""丰·彖"："天地盈虚，与时消息。""兑·彖"："说（之）以利贞，是以顺乎天而应乎人。""节·彖"："天地节而四时成。"人欲节而事业成。

《周易·系辞上》："知周乎万物，而道济天下，故不过；旁行而不流，乐天知命，故不忧；安土敦乎仁，故能爱。"

《周易·系辞上》："二人同心，其利断金。同心之言，其臭如兰。"

《周易·系辞上》："天之所助者，顺也；人之所助者，信也。"

孔子在《周易·系辞下》提出，聚人的方法是财，理财是君子之大义。而孟子却主张不言利，他选择性地忽视了孔子的原话："何以聚人？曰财。理财正辞，禁民为非，曰义。"君子不言利，自孟子始，成为儒家的传统，以至于司马光坚决反对王安石以理财为特色的变法。而曾子在《大学》中关于财与聚人有一段论述，其论述非常接近孔子的思想，他说："财散则民聚。"

3.3 《道德经》中的国学

3.3.1 《道德经》与马克思主义唯物辩证法

《道德经》，春秋时期老子的哲学作品，又称《道德真经》《老子》《五千言》《老子五千文》，是中国古代先秦诸子分家前的一部著作，是中国哲学思想的重要来源，是中国历史上最伟大的著作之一，被誉为"万经之王"。

《道德经》的总字数因为版本不同而有所差异：古本，马王堆帛书，甲本为 5344字，乙本为 5342 字（外加重文 124 字）；今本，河上公《道德经章句》为 5201 字（外加重文 94 字），王弼《老子道德经注》为 5162 字（外加重文 106 字），傅奕《道德经古本》为 5450 字（外加重文 106 字）。现代《道德经》通行本，是由王弼所注，字数为5162 字。

《道德经》与《山海经》《周易》《尚书》的不同之处在于，它不仅仅阐述阴阳现象，还阐述阴阳的运动变化及其结果。本书认为，《道德经》可以被理解为"无极生太极，太极生两仪"在自然社会领域中的运用，可以被理解为：李耳就伏羲布置的一篇博士论文，洋洋洒洒写了 5000 多个字。为什么这样认为呢？《道德经》开篇就说："道，可道，非常道；名，可名，非常名。无名，天地始；有名，万物母。常无，欲观其妙；常有，欲观其徼。此两者同出而异名，同谓之玄，玄之又玄，众妙之门。"如果将这里的"有"和"无"理解为两仪，那"异名"就是划而别之，可被理解为"分"，进一步可被理解为"一划而别之"，即为"太极生两仪"。再将"玄"理解为无极，理解为圆，理解为合。《道德经》开篇诠释了两仪圆思维，阐述了物质世界的"正、反、合"原则，用中国古代语言表达了唯物辩证法。

《道德经》一文有很多阴阳的字词，如实与虚、正与反等，其中提到矛盾双方之间关系的如表 3-2 所示。

表3-2 《道德经》中的两仪思维

两仪		《道德经》原句	备注
有	无	有无相生	恒也
		有生于无	无为无极
		为之于未有	未有，理解为无
易	难	难易相成	
		图难于其易	
		天下难事，必作于易	
		多易必多难	
长	短	长短相形	
高	下	高下相倾	
		高以下为基	
		江海所以能为百谷王，以其善下之	百谷王善下
		善用人者，为之下	
		高者抑之，下者举之	天之道
前	后	前后相随	
强	弱	柔弱胜刚强	
		骨弱筋柔而握固，精之至	因果关系
		人之生也柔弱，其死也坚强	
		天下柔弱莫过于水，而攻坚；强莫之能先	
		弱之胜强，柔之胜刚	
无私（公）	私	以其无私，故能成其私	以其公成其私
古	今	执古之道，以御今之有	执古御今
浊	清	孰能浊以静之？徐清	
旧	新	蔽而新成	去故更新
有余	不足	众人皆有余……我独若遗	逆向思维
		有余者损之，不足者与之	天之道
熙熙	淡泊	众人熙熙……我独泊兮	差异化思维
重	轻	重为轻根	
躁	静	静为躁君	
张	翕	将欲翕之，必故张之	微明
举	废	将欲废之，必故兴之	对方放松警惕
给	取	将欲夺之，必故与之	对方自骄自满
厚	薄	大丈夫处其厚不处其薄	
实	华	居其实不居其华	取彼去此
贵	贱	贵以贱为本	
阳	阴	万物负阴而抱阳，冲气以为和	
益	损	故物或损之而益，或益之而损	对立转化
至柔	至坚	天下之至柔，驰骋天下之至坚	水在岩石间穿行

续表

两仪		《道德经》原句	备注
身	名	名与身孰亲？	
身	货	身与货孰多？	
得	亡	得与亡孰病？	
热	寒	寒胜热	
正	奇	以正治国，以奇用兵	
		政复为奇	
福	祸	祸，福之所倚；福，祸之所伏	相互依存
善	妖	善复为妖	妖，恶
大	小	治大国，若烹小鲜	
		为大于其细	细，细微、细小
		天下大事，必作于细	
		合抱之木，生于毫末	发展观
牝	牡	牡常以静胜牝，以静为下	雌柔以静胜雄刚
始	终	慎终如始，则无败事	
重敌	轻敌	祸莫大于轻敌	
畏危	不畏危	民不畏威，大威至	物极则反

　　李耳创造了一个以辩证思维为核心的哲学体系，他的《道德经》主要论述"道"与"德"："道"不仅是宇宙之道、自然之道，也是个体修行（修道）的方法；"德"不是通常以为的道德或德行，而是修道者所应必备的特殊的世界观、方法论及为人处世之方法。"道"生成了万物，又内涵于万物之中，"道"在物中，物在"道"中，万事万物殊途而同归，都通向了"道"。"道"是有物质基础的，李耳说："有物混成……强字之曰道。"这与马克思主义唯物辩证法相通。

　　我们知道马克思的对立统一规律，也就是矛盾规律，是指对立面的统一和斗争的规律。它揭示了，无论在什么领域，任何事物内部及事物之间都包含着矛盾。矛盾双方的统一与斗争，推动着事物的运动、变化和发展。矛盾规律的基本内涵可被概括为矛盾的三对特性：矛盾的同一性与斗争性；矛盾的普遍性与特殊性；矛盾的不平衡性，即主要矛盾与次要矛盾，矛盾的主要方面与次要方面。在《道德经》中，"有无同出"是指"有""无"的同一性，"有无相生"就是指"有""无"的相互依存和相互转化，这两句话揭示了同一性和斗争性。"曲则全，枉则正；洼则盈，弊则新……弱之胜强，柔之胜刚"表达了对立面可以互相转化的思想和对立面的相互作用可以引起发展变化的思想。"常无、常有"和"有无相生，恒也"是指有无的普遍性；"三十辐共一毂，当其无，有车之用。埏埴以为器，当其无，有器之用。凿户牖以为室，当其无，有室之用。故有之以为利，无之以为用"，是指"有无"的特殊性。

3.3.2 《道德经》的精神魂魄

规律者，道也；通晓规律者，德也。道家"道生一，一生二，二生三，三生万物"的宇宙论体系，与《易经》所提出的"易有太极，是生两仪，两仪生四象，四象生八卦"相类。老子认为是三生万物；孔子认为是阴阳、四象（老阴、老阳、少阴、少阳）生万物。孔子的观点可以概括为两仪生万物，或者四象生万物。

《道德经》云："天地不仁，以万物为刍狗；圣人不仁，以百姓为刍狗。"这句话有三个精神内涵。第一，天地无私，圣人无私；天地没有偏爱，圣人没有偏爱。为官服务民众，要无私，要没有偏爱。第二，世界是平等的。万物与刍狗，百姓与刍狗无贵贱之分。第三，人要自立自强。天地不是救世主，圣人也不是救世主，人民要自己救自己，自己靠自己。《道德经》云："自胜者强。"《道德经》云："上德不德。"这与"天地不仁""圣人不仁""圣人无心，以百姓心为心""天道无亲"等一以贯之，都是强调公正、无私和平等。"孔得之容，唯道是从"，上德者，唯道是从。上德若谷水长流。

《道德经》云："上善若水，水善利万物而不争。"这句话有两个精神内涵：第一，利他的思想；第二，不争的情怀。利他而不争，是水的特性，最高的善行就是利他而不争。为人为官要具备这种秉性。

为官者，受托之人，需要有贵他人如贵己、爱他人如爱己的素质。《道德经》云："故贵身于天下，若可托天下；爱以身为天下者，若可寄天下。"把天下看得和自己的生命一样宝贵的人，才可以把天下的重担交付于他；爱天下和爱自己的生命一样的人，才可以把天下的责任托付于他。以贵己之心去贵（天下）人，以爱己之心去爱（天下）人，这是为官受托的准则。本书称之为"老子法则"。将其用在人际交往中，就是以待己的方式去待人。《左传》亦云："君子贵其身而后能及人。"

为官者，受托之人，要谦下，要善待同事，善待下属，善待人民。《道德经》云，"大者宜为下"；《道德经》云，"江海所以能为百谷王，以其善下之，故能为百谷王"。这与《周易·泰》的卦象所表达的思想一脉相承。泰卦（☷☰）的卦象是下乾（☰）上坤（☷），天（☰）在地（☷）下。如果把天理解为管理者，把地理解为被管理者，泰的卦象就是管理者在下，被管理者在上，这与"大""王"为下的思维一致。"泰卦·卦辞"云，"吉，亨"；"泰卦·象"云，"天地交而万物通也，上下交而其志同也"；"泰卦·象"云，"天地交泰，后以财成天地之道，辅相天地之宜，以左右民"。大王者，或大国者，有泰之智慧也。

大禹说："知人则哲。"老子说："知人者智，自知者明。"老子还说："知常则明。"管理者要掌握（自然和社会）的规律，从而提高包容性，做到公正秉事。《道德经》云："知常曰明，不知常，忘作，凶。知常容，容能公。"认识了规律就叫作聪明，不认识规律而轻举妄动，往往会出乱子和灾祸；认识规律的人有包容心，具有包容心的人容易做到坦然公正。

管理者有四个层次（层级）或境界。第四级是太上，第四级管理者用"道"来管理。第三级的管理者，用"德"来管理。第二级管理者，用"礼法"来管理，用制度管理。大制不伤民，老子云："大制无割。"第一级管理者，用"欲"（脾气）来管理。对于这四种管理者，百姓持什么态度呢？《道德经》云："太上，下知有之；其次，亲而誉之；其次，畏之；其次，侮之。"只有太上，才能达到"无为而治"的境界。

管理者要尊重人的多样性，不能用极端的方法进行管理。《道德经》云："夫物或行或随，或嘘或吹，或强或羸，或接或隳。是以圣人去甚，去奢，去泰。"世人秉性不一。有的前行，有的后退；有的气缓，有的气急；有的刚强，有的羸弱；有的安定，有的危险。因此，有道的人要去除那种极端的、奢侈的、过度的措施。

3.3.3 《道德经》与社会主义

《道德经》和《山海经》均是马克思主义中国化的文化沃土，也是中国特色社会主义的文化源泉。

《道德经》云："甘其食，美其服，安其居，乐其俗，邻国相望，鸡犬之声相闻。"这是一个有美食、有美服、能安居、有快乐、邻里守望、鸡犬相闻的世界，生活在这个世界的人民吃得饱（实其腹）、身体强健（强其骨），大家都做事但不争利，大家都利他而不相害。这是民安、民富、民乐的世界。庄子在《庄子·胠箧》引用了这段话。这也是庄子式的桃花源世界。庄子在"马蹄"中描述了他心中的桃花源："彼民有常性，织而衣，耕而食，是谓同德；一而不党，命曰天放。故至德之世，其行填填，其视颠颠。当是时也，山无蹊隧，泽无舟梁；万物群生，连属其乡；禽兽成群，草木遂长。是故禽兽可系羁而游，鸟鹊之巢可攀援而窥。夫至德之世，同与禽兽居，族与万物并。恶乎知君子小人哉！同乎无知，其德不离；同乎无欲，是谓素朴。素朴而民性得矣。"这更是陶渊明式的桃花源世界，这是中华民族8000多年的梦想追求和奋斗目标。

除此之外，老子的社会还有以下四个特点。

第一，社会的首领是人民推选出来的，他有尊道贵德的能力素质。《道德经》云"立天子"，这是民立的思想。《道德经》云："圣人欲上人，必以言下之；欲先人，必以身后之。是以圣人处上而人不重，处前而人不害，是以天下乐推而不厌。"圣君是人民推选出来的，这是民选的思想。首领有"爱民""爱以身为天下""利而不害""为而不争"等能力素质。

第二，有为和无为的统筹机制。本书把政府干预（计划，有为）理解为有形之手，把市场理解为无形之手。在正常的社会，有形之手和无形之手是相互依存、相互转化的，需要政府统筹并举。政府要有所为（唯道是从），为而不争，政府要像水一样善利万物而不争。政府也要有所不为，只要人民不违背道与德，不违背法律制度，就无为。政府既要有为，又要无为。这样的国家既有计划经济，又有市场经济。该计划的计划，该市场的市场，两者并蓄而不分贵贱，两者并蓄而不相害，各用其长，各避其短。"侯王若能守，万物将自宾。""侯王若能守，万物将自化。"

政府的法令要做到简练而有效，而不是繁密而令人窒息。《道德经》云："天下多忌讳，而民弥贫。人多利器，国家滋昏。人多伎巧，奇物滋起。法令滋彰，盗贼多有。"《道德经》云："其政闷闷，其人淳淳；其政察察，其人缺缺。"政治宽厚包容，百姓就会淳朴忠诚；政治严厉苛刻，百姓就会狡黠和抱怨。《道德经》云："治大国，若烹小鲜。"治理国家就如同煎烹小鱼一样讲究，不能频繁翻动，国策法令不可朝令夕改。《道德经》云："我无为，人自化；我好静，人自正；我无事，人自富；我无欲，人自朴。"

第三，平等少税的玄同世界。《道德经》云："和其光，同其尘，是谓玄同。"《道德经》云："无狎其所居，无厌其所生。"由此可见，老子心中的社会是玄同的社会，人人平等，天人合一，民胞物与，齐物大同，没有逼迫，没有压榨。政府要少收税，让利于民；税少，政府也就要精简，政府也要小。人民贫困或遭饥饿，有时候是由政府收税太多造成的。《道德经》云："民之饥，以其上食税之多，是以饥。"收税的目的，不仅仅是养活政府官吏，还要去调节人民的贫富差距，实现二次分配，让人民的贫富差距不要太大。《道德经》云："有余者损之，不足者与之。"老子认为，官民收入要不相上下，官富民贫的社会是无道的。《道德经》云："朝甚除，田甚芜，仓甚虚，服文采，带利剑，厌饮食，财货有余，是谓盗夸。非道也哉！"朝廷装饰非常豪华，农田非常荒芜，仓库十分空虚，而他们穿着锦绣华服，佩戴锋利的宝剑，饱餐精美的饮食，拥有充裕的财物，他们就是盗魁贼首。真是无道啊！孟子也主张少税，主张让利于民。孟子在《孟子·公孙丑》里说：在市场上，出租房屋而不征税，遇上货物滞销按法定价格征购，不让它们长期积压在货栈中，那么天下的商人都会高兴，愿意把货物存放到这样的市场上；在关卡上，仅是查问而不征税，那么天下的旅客都会很高兴，从而愿意取道于这样的国家；从事农业的人，只需助耕井田制中的公田而不必另外交租税，那么天下的农民都会很高兴，从而愿意耕种这样的土地；人们居住的地方，没有劳役税和额外的地税，那么天下百姓都会很高兴，都愿意来这里居住。孟子在《孟子·尽心》中还说："薄其税敛，民可使富也。"

第四，专一则勇强的治军思想。很多人批判《道德经·第三章》的观点，此处我们把文中的"民"改成"兵"，把原文变成："不上贤，使兵不争；不贵难得之货，使兵不盗；不见可欲，使心不乱。圣人治，虚其心，实其腹，弱其志，强其骨。常使兵无知无欲，使知者不敢为，则无不知。"本书把"不上贤"理解为无差别、平等，把"不见可欲"理解为"不多见可欲"，把"虚其心""弱其志"理解为"抟其心""抟其志"。利出一孔，而力出一孔。这是集中目标、集中精力、集中力量的治军策略。只有士兵一心一意地练好打仗本领，专心一志地打仗，军队才会有战无不胜、攻无不克的基础。

3.4 《尚书》中的国学

《尚书》又称《书经》，被誉为中国"政书之祖""史学之源"。它是中国古人对治国理政的记述，是多体裁治国文献的汇编，是中国上古皇家档案文件的汇编，是我国古代历代统治者治理国家的"政治课本"和理论依据。清华大学收藏的竹简版《尚书》经过了汉朝学者的整理编辑，不是原版。传统《尚书》（又称《今文尚书》）由伏生传下来。其内容主要是君王任命官员或赏赐诸侯时发布的政令，蕴含有治国理政的国学智慧。

3.4.1 "尧典"中的国学智慧

"尧典"开篇的"克明俊德，以亲九族。九族既睦，平章百姓。百姓昭明，协和万邦，黎民于变时雍"，就是指修身（克明俊德）、齐家（九族亲睦）、治国（平章百姓）、平天下（百姓昭明、协和万邦）。理想的社会是黎民时雍。这与《道德经》的"修之身，其德乃真；修之家，其德有余；修之乡，其德乃长；修之于国，其德乃丰；修之于天下，其德乃普。故以身观身，以家观家，以乡观乡，以国观国，以天下观天下"异曲同工。

接着，讲述尧作为最高管理者，任四人到四方，观察日月星辰运行规律，制定历法节令，指导人们的出行和农耕（为农耕经济发展创造条件）。

最后，讲述尧通过民主协商，选择和培养接班人。接班人不问出处，不唯亲（有人推荐尧的儿子朱启，被尧因"嚚讼"而否决，按照黄氏TOPK性格圆图，朱启具备孔雀型特质）、不唯能（有人推荐有功绩的共工，被尧因"静言庸违，象恭滔天"而否决。按照黄氏TOPK性格圆图，共工具备孔雀型特质），唯能且贤。有人推荐贤能的虞舜，他把女儿嫁给了虞舜，虞舜便成了他的女婿。他用了三年时间进行传帮带，最后考核虞舜三年所作所为，认为虞舜可以胜任帝位。之后尧帝退休，虞舜接班。唐尧开启了女婿接班之先河。他的做法，被日本企业学会。日本家族企业的养子制起源于这里，只是日本招女婿接班，会让女婿改姓变成养子。而中国相对大气些，只要不是上门女婿，便不必改姓。唐尧选择和培养接班人的做法，被称作"禅让制"，民主协商选择贤能之士接班，成为中国人，尤其是士大夫们心中认可甚至向往的良俗。

3.4.2 "舜典"中的国学智慧

虞舜是接班成功的典范，"舜典"记载了他执政时的重大事件。接班的第一件事是主持祭祀；第二件事是更换百官的任命书；第三件事是进行走动式管理，每五年一次到全国各地进行民情考察，宣讲新礼仪（"同律度量衡，修五礼五玉"）；第四件事是划分新的州界，把全国划为12州；第五件事是制定新刑法，流放四凶（四位考核不合格的大官）；第六件事是为退休多年的唐尧（唐尧当了25年的太上皇）举行隆重的丧礼；第七件事是为唐尧守孝 3 年后，在自己先祖庙进行祭祀；第八件事是任命重要官员，并给予他们嘱托。他任命大禹为百揆（类似秦朝时期的丞相）兼司空、弃为司农（主管农业）、契为司徒（主管教育宣传）、皋陶为司士（主管公检法，类似秦朝的御史大夫）、伯益为司虞（主管林牧渔）、垂为司工（主管工业）、伯夷主管祭祀和宗室、夔主管音乐、龙为纳言（主管帝命的传达和信息收集），又任命了 12 州州长，虞舜实施的是"中央九官（秦朝九卿起源于此）+地方 12 州州长（也称"州牧"，秦朝郡起源于此）"的管理体制。

虞舜的新刑法被中国人继承，原文是："象以典刑，流宥五刑，鞭作官刑，扑作教刑，金作赎刑。眚灾肆赦，怙终贼刑。钦哉，钦哉，惟刑之恤哉！"舜又在器物上刻画五种常用的刑罚（中国的法律公开起源于此）。用流放的办法宽恕犯了五刑的罪人，用鞭打作为官的刑罚，用木条打作为学校的刑罚，用铜作为赎罪的刑罚。因过失犯罪，就赦免他；有所依仗不知悔改，就要施加刑罚。谨慎啊，谨慎啊，刑罚要慎重啊！

虞舜任命皋陶为"司士"，嘱咐皋陶要慎明，他说："汝作士，五刑有服，五服三就。五流有宅，五宅三居。惟明克允！"你做狱官之长吧，五刑各有使用的方法，五种用法分别在野外、市、朝三处执行。五种流放各有场所，分别住在三个远近不同的地方。要明察案情，处理公允！

3.4.3 "皋陶谟"中的国学智慧

"皋陶谟"开篇的"慎厥身，修思永。惇叙九族，庶明励翼，迩可远"，就是在阐述修身（慎厥身，修思永）、齐家（惇叙九族）、治国（庶明励翼）、平天下（迩可远）。

皋陶在这篇文章里，阐述了作为君王（帝）如果要实现"修身齐家治国平天下"，就必须做到知人安民。要有知人的本领，要有安民之术。大禹也赞同皋陶的知人安民的观点，并提出知人是善任的前提，他说："知人则哲，能官人。"

中国对管理者的首要要求，除了德，就是知人善任的能力。"尧典"和"舜典"通篇记载了尧、舜关于任用人才（尧侧重接班人的选拔与培养，舜侧重执政团队的组建）的重大事件就是很好的例证。

如何知人呢？皋陶提出了九德：每天能做到三德的，就是齐家之人；每天能做到六德的，就是治国之人；每天能做到九德的，就是平天下之人。

如何安民呢？他提出要正确处理天与民的关系。第一，天意来自民意，民就是天。民就是大多数人的集合。原文是："天聪明，自我民聪明。天明畏，自我民明威。达于上下，敬哉有土！"上天的视听依从臣民的视听。上天的赏罚依从臣民的赏罚。天意和民意是相通的，要谨慎啊，有国土的君王！以民为天的思想，在司马迁的《史记》里也得到了传承和宣讲，《史记·郦生陆贾列传》云："王者以民人为天，而民人以食为天。"社会领域的"天"，与自然界的"天"是有所区别的。社会领域的"天"，就是大多数人，天由"二"和"人"组成，也可以被理解为"集体"，理解为"公"，理解为"人的普遍性"。"民人"，与人民是同一个意思。"人民"一词，在先秦时代就有，如《诗经·抑》"质尔人民"，如《孟子·尽心》"土地、人民、政事"，如《荀子·非十二子》"长养人民，兼利天下"。

春秋时期随国的季梁和宋国的子鱼都认为，民为神灵，人民（百姓）是神灵的主人，神灵都要听从人民的。忠于人民，就是要有利于人民，为人民谋求幸福是为官为君的使命。《左传·桓公六年》云："忠于民而信于神也。上思利民，忠也……夫民，神之主也。是以圣王先成民而后致力于神。"《左传·僖公十九年》云："民，神之主也。"《左传·庄公三十二年》亦云："国将兴，听于民。"那些成功的圣王都是先人民，后神灵的。

把老百姓称为官员的父母，最早的记载有两处。其一是《左传》。《左传·昭公三年》云："其爱之如父母。"他（田无宇，也称田桓子，齐国大夫）爱护百姓如同父母。其二是《礼记》，在《礼记·表记》中，孔子也提到民如父母。原文是："君天下，生无私，死不厚其子；子民如父母，有憯怛之爱，有忠利之教。"但很多儒家经典又说，官员（包括君王）是民之父母，如"岂弟君子，民之父母"。由此看来，目前所看到的儒家经典，对于官员和人民的关系的认识是自相矛盾的。北宋黄庭坚提倡爱民如父，《送权郡孙承议归宜春》云："诸公鞭朴立威名，公独爱民如父兄。"

那么国君或天子和人民是什么关系呢？孟子认为民贵君轻，他在"尽心"中说："民为贵，社稷次之，君为轻。"荀子认为民水君舟，他在"王制"和"哀公"中说："君者，舟也；庶人者，水也；水则载舟，水则覆舟。"韩非子认为君视民为父母，他在"五蠹"中云："今儒、墨皆称先王兼爱天下，则视民如父母。"

今人云：民如父母，父母如天，父母恩德大如天。爱民如父，爱民如天。爱民者，民恒爱之。本书认为，为官者，要忠于人民。人民是官员（公务员）的天，人民是官员（公务员）的父母，官员（公务员）是人民的勤务员、人民的公仆。是人民养活公务员，而不是公务员养活人民。

管理者要执行天意（执行大多数人的意见）。古人认为，执行民意，就是执行天意；执行天意，就是执行民意。原文是："天工，人其代之。天叙有典，敕我五典五惇哉！天秩有礼，自我五礼有庸哉！同寅协恭和衷哉！天命有德，五服五章哉！天讨有罪，五刑五用哉！"（人民任命有德的人，人民讨伐有罪的人。）

管理者要以兢兢业业和奋斗的状态来执行民意。原文是："无教逸欲有邦，兢兢业业，一日二日万几。无旷庶官……政事懋哉懋哉！"治理国家的人不要贪图安逸和私欲，要兢兢业业，因为情况天天变化万端。不要虚设百官……政务要努力啊！要努力啊！

3.4.4 "盘庚"中的国学智慧

"盘庚"是商朝第19任帝盘庚在迁都前后的3次演讲(或政治讲话)。这3篇讲话有浓厚的德治主义和祖先主义特色。德治主义主要体现在以下方面。

第一,管理者要为民服务,为民的长远利益谋未来全局。诸如"重我民""罔不惟民之承保""视民利用迁""予迓续乃命于天,予岂汝威,用奉畜汝众""恭承民命""敢恭生生"等。

第二,管理者要积德。何谓积德呢?他说:"施实德于民,至于婚友,丕乃敢大言汝有积德。"管理者施行实在的德惠时要先民后亲人,这才是管理者的德政。《道德经》云:"重积德则无不克。"多积德,事业才会长久。

第三,管理者要宣吉言于百姓。

第四,任用和奖赏为民生谋福利的管理者。他说:"予其懋简相尔,念敬我众。朕不肩好货,敢恭生生,鞠人谋人之保居,叙钦。今我既羞告尔于朕志若否,罔有弗钦。无总于货宝,生生自庸,式敷民德,永肩一心。"我将要尽力考察你们惦念尊重我们民众的情况。我不会任用贪财的人,只任用经营民生的人。对于那些能养育民众并能为他们谋求安居的人,我将依次敬重他们。现在我已经把我心里的好恶告诉你们了,不要有不顺从的!不要聚敛财宝,要经营民生以自立功勋!要把恩惠施给民众,永远能够与民众同心!

盘庚作为一把手,其担责胸怀是中华治国理政的精髓所在。他说:"邦之臧,惟汝众;邦之不臧,惟予一人有佚罚。"其言下之意是:邦兴靠大家,邦难责在我。这与现代所说的"成功是大家的,失败是我的"或"成功靠大家推进,失败由我一人承担"异曲同工。

中国人信仰祖先,孝亲敬祖是中国人独特的文化习俗。如管子云:"敬祖祢,尊始也。"荀子云:"先祖者,类之本也……尊先祖,而隆君师。""盘庚"中的祖先主义主要体现在以下方面。

第一,回顾祖先们和衷共济的奋斗历史。他说:"古我先王,暨乃祖乃父,胥及逸勤;予敢动用非罚?世选尔劳,予不掩尔善。"从前,我们的先王跟你们的祖先父辈是一起休息和劳动、休戚与共的,我怎么敢对你们施行不合理的刑罚呢?我们世世代代都会记住你们的功劳,我不会掩盖你们的善言懿行。

第二,祭祀先王,也祭祀大臣的祖先。他说:"兹予大享于先王,尔祖其从与享之。作福作灾,予亦不敢动用非德。"现在我要隆重祭祀我们的先王,你们的祖先也一起来享受祭祀。赐福降灾(全凭先王和你们祖先的意旨),我也不敢动用不恰当的赏赐或惩罚。

第三,祖先会惩罚不团结的子孙。他说:"予念我先神后之劳尔先,予丕克羞尔,用怀尔,然。失于政,陈于兹,高后丕乃崇降罪疾,曰:'曷虐朕民?'汝万民乃不生生，暨予一人猷同心，先后丕降与汝罪疾，曰：'曷不暨朕幼孙有比？'故有爽德，自上其罚汝，汝罔能迪。古我先后既劳乃祖乃父，汝共作我畜民，汝有戕则在乃心！我先后绥乃祖乃父，乃祖乃父乃断弃汝，不救乃死。兹予有乱政同位，具乃贝玉。乃祖先父丕乃告我高后：'作丕刑于朕孙！'迪高后丕乃崇降弗祥。"我想到我们神圣的先王曾经烦劳你们的祖先，我才把使你们安定的意见贡献给你们；然而如果耽误了事，长久居住在这里，先王就会重重地降下罪责，问道："为什么虐待我的臣民？"你们万民如果不去谋生，不和我同心同德，先王也会对你们降下罪责，问道："为什么不同我的幼孙亲近友好？"因此，有了过错，祖先就将惩罚你们，你们不能长久。从前我们的先王已经劳烦你们的祖先和父辈，你们都作为我养育的臣民，你们内心却又怀着恶念！我们的先王将会告诉你们的祖先和父辈，你们的祖先和父辈就会断然抛弃你们，不会挽救你们。现在我有乱事的大臣，聚集财物。你们的祖先和父辈就会告诉我们的先王说："对我们的子孙用大刑吧！"于是，先王就会重重地降下刑罚。

3.4.5 "洪范"中的国学智慧

"洪范"是商朝治国理政的实践性总结，它以商朝箕子（帝辛子受的叔父）口述的形式展开。文中的"洪范九畴"，亦称"为君九畴"，今称"一把手的管理九畴"，我们可以用表对其进行归纳，如表3-3所示。

表3-3 "洪范"中的九畴管理表

第几畴	畴之内容	内容解读	现代属性
第一畴	遵循五行	水、火、木、金、土	分类与关联思维
第二畴	敬做五事	貌、言、视、听、思	个人管理
		恭敬、正当、明亮、清晰、通达	自我管理
第三畴	施行八政	粮食、财货、祭祀、住行	国家治理
		教育、法律、外交、军事	组织管理
第四畴	协用五纪	年、月、日、时、历数	天文历法
		王为年考察、卿士月考察、师尹日考察	考核期限
第五畴	建用皇极	建章立制（皇建其有极）	最高准则的执行
		五福励民，民从皇极	侧重在疏导
		三凡一不，执行王道、宣讲皇极	
第六畴	治理三德	正直、刚克、柔克	三种方法因人事而异
		正人的曲直、以刚取胜、以柔取胜	适应性领导艺术
第七畴	明用稽疑	占卜	决策原则
		①决策五方：自己、卿士、庶民、龟卜、蓍筮	
		②通常采取少数服从多数	民主集中制
		③五方赞同，称大同	
		④龟卜、蓍筮赞同，三人不赞同，听龟筮	

第几畴	畴之内容	内容解读	现代属性
第八畴	念用庶征	天有五种现象：雨、旸、燠、寒、风	五者备而序、吉
	审查征兆	人有五种好行为：肃、乂、晰、谋、圣	休征则时五种天象
		人有五种坏行为：狂、僭、豫、急、蒙	咎征则恒五种天象
第九畴	享用五福	五福：寿、富、康宁、好德、善终	恩威并用
	威用六极	六极：夭折、多病	恩为疏导
		忧愁、贫穷、丑恶、懦弱	威为堵止

中国古人决策虽然采取民主集中制，通常采取少数服从多数原则，但也存在多数尊重或者服从少数的情形。"洪范"的决策原则，具体如下。

三个人占卜，就听从两个人的说法。若有重大的疑难，你自己要考虑，再与卿士商量，再与庶民商量，再与卜筮官员商量。你自己同意，龟卜同意，蓍筮同意，卿士同意，庶民同意，这就叫大同。采取五同的决策，自己的身体会健康强壮，子孙后代也会兴旺大吉。你赞同，龟卜赞同，蓍筮赞同，而卿士反对，庶民反对（3：2的决策），那么是吉利的。卿士赞同，龟卜赞同，蓍筮赞同，你反对，庶民反对（3：2的决策），那么是吉利的。庶民赞同，龟卜赞同，蓍筮赞同，你反对，卿士反对（3：2的决策），那么也是吉利的。你赞同，龟卜赞同，蓍筮反对，卿士反对，庶民反对（2：3的决策），在国内行事就吉利，在国外行事就不吉利。如若龟卜、蓍筮都与人意相违（卜筮：人意为2：3的决策），那么不做事就吉利，做事就凶险。

《左传》也记载了多数服从少数的成功决策实例，如果少数是公认的德高望重的人，决策者会采取以少数为准的决策。《左传·成公六年》记载，晋国救援郑国，和楚军在绕角相遇。晋军赵同、赵括想要出战，向主帅栾氏请求，栾氏打算答应。知庄子、范文子、韩献子劝谏说："不行。我们来救援郑国，楚军离开我们，我们就到了这里，这是把杀戮转移到别人头上。杀戮不停止，又激怒楚军，战争一定不能得胜。即便战胜，也不是好事。整顿军队出国，仅仅打败楚国两个县的军队，有什么光荣的呢？如果不能打败他们，受到的耻辱就太过分了。不如回去。"主帅同意他们三人的建议，率领晋军回去。但军官中要作战的很多，有人对主帅说："圣人的愿望和大众相同，所以能成功。您何不听从大家的意见？您是执政大臣，应当斟酌百姓的意见。您的辅佐者有11个人，不想作战的仅有3个人。想要作战的人可以说是大多数。《尚书》（《尚书·洪范》）说：'三个人占卜，听从两个人的。'是少数服从多数的缘故。"主帅回答说："如果双方各有道理，的确该听从多数一方。但合理性法则优先于多数法则。知庄子、范文子、韩献子三个人的主张更合理。所以择善而从之！"

3.4.6 "立政"的国学智慧

"立政"是夏商周三代君王建立长官制的历史文献。君王的管理之道有以下五点值得借鉴。

第一，德才兼备的用人任官原则。除了九德识人外，对官吏还要从三个方面进行考察，评价其政绩优劣，"立政"的"三宅"：宅其事（考察他所做的政事）、宅其牧（考察他所管辖的百姓）、宅其准（考察他对法度准则的遵守）。黄庭坚有诗《送徐景道尉武宁》云："当官莫避事，为吏要清心。"元好问云："当官避事平生耻。""立政"的"三俊"，一说是拥有"洪范"的"三德"——正直、刚克、柔克之人，一说是拥有"皋陶谟"中的"九德"的三种才俊。"立政"强调了"三宅三俊"的用人为官的原则，这个原则就是"德才兼备""贤能并举""贤绩并举"。春秋战国时期的"举贤任能""尚贤使能""举贤官能"等就源于此。

第二，政治立场的用人任官原则。西周文王和武王在三宅三俊的基础上，增加了"从心"（从思想上来考察人），也就是从政治的意识形态（价值观）的角度来考察人，提出"三有宅心，三有俊心"的用人任官原则。

第三，信任和授权的用人任官原则。以严标准和高标准选拔和任用官吏，一旦任用他们后，就充分信任和大胆授权，并根据"三宅"来考核他们。"立政"云："文王罔攸兼于庶言。"文王不兼管各种教令。"立政"云："则克宅之，克由绎之，兹乃俾乂，国则罔有。"

第四，日常司法的相对独立原则。司法的日常执行，授权给法官狱官去做，君王不越俎代庖，尊重司法官员秉公执法的决定，不会轻易过问案子的审判。"立政"云："庶狱庶慎，惟有司之牧夫是训用违。庶狱庶慎，文王罔敢知于兹。"至于司法的日常执行，为君者，不要以言（或权）代法。"立政"云："时则勿有间之，自一话一言……其勿误于庶狱庶慎，惟正是乂……其勿误于庶狱，惟有司之牧夫。"

第五，立政在军的治国原则。君王的精力是有限的，要学会抓大放小，君王除了知人善任，还要亲自重点抓军事及其战略。"立政"云："其克诘尔戎兵以陟禹之迹，方行天下，至于海表，罔有不服。"

3.4.7　《尚书》其余篇章中的国学智慧

管理者要加强自身的修炼。"益稷"提出管理者要做到以下几点。第一，"慎乃在位"。谨慎地对待自己的职位，要对职位担起责任。第二，"慎乃宪"。谨慎地遵守规章制度。第三，屡省。经常反思或反省。第四，不能丛脞。要抓大放小，明于用人和授权。

管理者要尊重人格平等。"高宗肜日"云："王司敬民，罔非天胤。"祖己认为王（管理者）与民（群众）都是天的后代，在人格上是平等的，只是分工和职责不同。法官犯五过，其罪与罪犯同。《尚书·吕刑》云："五过之疵：惟官，惟反，惟内，惟货，惟来。其罪惟均，其审克之。"五过的弊端是，法官畏权势，报恩怨，诌媚内亲，索取贿赂，受人请求。发现上述弊端，法官的罪就与罪犯相同，你们必须详细查实。《尚书·吕刑》

还云："狱货非宝，惟府辜功，报以庶尤。"狱讼接受贿赂（或私吞罚金）不是好事，那是获罪的事，我将以众人犯罪来论处这些人。

管理者的变革要名正言顺。《尚书》有四篇兴兵讨伐的军前动员令，以"甘誓"和"汤誓"最为著名。这两篇军事动员令，文字精练，"甘誓"共88个字，"汤誓"共144个字。主要有两个论点：第一，对方有罪，（我们要）行天之罚（造反有理、出师有名，阐述为什么要攻打对方）。第二，申明军纪，宣布赏罚（公布恩威并举的激励措施）。如"甘誓"中的"用命，赏于祖；弗用命，戮于社，予则孥戮汝"。夏朝行赏在祖庙中进行，功劳受赏之事，向祖宗报告，让祖宗知道，光宗耀祖，这是中国人祖先信仰的见证。

盘庚的德治主义被周成王他们所继承，如《尚书·康诰》"明德慎罚"、《尚书·多方》"罔不明德慎罚""用康保民"等。

《尚书·君奭》中提到"时我""天难谌""天不可信"。"时我"的译文是依靠我们自己，被孔子理解为"自强不息"。"天难谌"的译文是不能相信天。事在人为，天靠不住。这种思想源自伏羲女娲时期的价值观：世上没有救世主，人要强大和团结奋斗。《尚书·吕刑》也云："一日非终惟终，在人。"即成与不成，完全在人。

《尚书·吕刑》认为，刑罚（典狱）以造福于民众为目标。"吕刑"云："典狱非讫于威（民），惟讫于富（民）。"施行刑罚，动用刑狱，并不是为了惩罚民众，而是要造福（富）民众。

法治国家，一要有善法（良法），二要有良官。良官的秉公执法是刑罚造福民众的关键之一。刑罚来自蚩尤，但他们没能以刑罚安民，是因为他们"罔择吉人"为狱官。作为君王要慎选狱官，要做到"非佞折狱，惟良折狱"。

执法时要公平公正且适当。治国治刑，不隐于亲。（被告、原告）双方到庭，法官要公正地聆听双方诉讼。"吕刑"云："两造具备，师听五辞……惟察惟法，其审克之……察辞于差……明清于单辞，民之乱，罔不中听狱之两辞，无或私家于狱之两辞……非德于民之中，尚明听之哉。"

《尚书·秦誓》是中国历史上有全文记载的第一篇君王罪己改过的公开文献。秦穆公向众人宣告新的用人准则，他今后要亲近"番番良士"，尽管他们已经"旅力既愆"。他今后要重用"人之有技，若己有之；人之彦圣，其心好之"的介臣，远离"人之有技，冒嫉以恶之；人之彦圣而违之，俾不达"的勇夫。一国之危难，在于君王用人不当；一国之荣安，在于君王用人得当。

3.5 《诗经》中的国学

3.5.1 《诗经》与中国人情感的表达

科学求真，伦理求善，艺术求美，诗歌是中国人情感世界的文学表达。《诗经》是中国第一部诗歌总集，是中国最古老的诗选，内有中国式的"美"。《诗经》又名《诗三百》，相传由西周尹吉甫采集成册，传到春秋时期有 3000 多首，经孔子删减编订为 305 首。孔子编纂的《诗经》由子夏传承，因为他对诗的领悟力最强。汉初，说诗的有鲁人申培公、齐人辕固生和燕人韩婴，合称"三家诗"。齐诗（齐人所传的《诗经》）亡于魏，鲁诗（鲁人所传的《诗经》）亡于西晋，韩诗（韩氏所传的《诗经》）到唐时还在流传，而今只剩外传 10 卷。现今流传的《诗经》，是赵人毛亨（毛遂的侄儿）所传的毛诗（毛氏所传的《诗经》）。梁启超评《诗经》说："现存先秦古籍，真赝杂糅，几乎无一书无问题，其真金美玉，字字可信者，《诗经》其首也。"

《诗经》的艺术技法被总结成"赋""比""兴"。"赋"就是铺陈直叙，即诗人把思想感情及其有关的事物平铺直叙地表达出来。"比"就是比方（包括比喻和象征），以彼物比此物，诗人有本事或情感，借一个事物来做比喻。"兴"是触物兴词，客观事物触发了诗人的情感，引起诗人歌唱，所以大多在诗歌的发端。一般而言，凡与当时情景之描述有关联者，都应归于赋，如《卷耳》《黍离》《蒹葭》《七月》；凡有比喻、象征意义者，都应归于比，如《关雎》《桃夭》《谷风》《无衣》；只有无法与诗本义联系的，才是兴，如《黄鸟》《采薇》等。赋、比、兴三种手法，在诗歌创作中，往往交相使用，共同创造了诗歌的艺术形象，抒发了诗人的情感。

《诗经》在内容上分为风（160 首）、雅（105 首）、颂（40 首）三个部分。整体而言，《诗经》是对周王朝由盛而衰 500 年间中国社会生活面貌的形象反映。其中有商周先祖创业的颂歌，祭祀神鬼的乐章；也有贵族之间的宴饮交往、劳逸不均的怨愤；更有反映劳动、打猎，以及大量恋爱、婚姻、社会习俗方面的动人篇章。《诗经·国风》是中国现实主义诗歌的源头。先秦诸子中，引用《诗经》者颇多，如墨子、庄子、孟子、荀子、韩非子等人在说理论证时，多引述《诗经》中的句子以增强说服力。

3.5.2　《诗经》与齐家智慧

中国式的齐家智慧，最早出现在《周易·周古经》的"家人"卦。其卦象为火上风。"利女贞。初九：闲有家，悔亡。六二：无攸遂，在中馈，贞吉。九三：家人嗃嗃，悔厉吉；妇子嘻嘻，终吝。六四：富家，大吉。九五：王假有家，勿恤，吉。上九：有孚威如，终吉。"齐家要做到六个方面：把时间给家人、为家人服务、宽严并举、使家富足、宽容和信任。"家人·彖"曰："男女正，天地之大义也……而家道正。"

《诗经》体现了很多齐家的智慧，这些智慧有的是整首诗所表达的，有的是被后人摘录出来的某句所表达的。如《关雎》的男女平等、君子提高自身能力以获得淑女的芳心，如《葛覃》的女性孝敬父母，如《卷耳》的男女相互思念，如《樛木》的男女相互扶持，如《螽斯》的子孙振振而家族绵绵不绝，如《桃夭》的美女宜其室家，如《击鼓》的忠贞守信，如《凯风》的孝慰母心，如《谷风》的夫妻要"黾勉同心"，如《北风》的夫妻携手同行，如《木瓜》的夫妻之间相互答谢，如《大车》的夫妻生死不离，如《缁衣》

的男外女内分工持家，如《扬之水》的夫妻团结信任与忠贞，如《出其东门》的夫妻感情专一不二，如《常棣》的夫妻和谐，如《菁菁者莪》的夫妻同舟共济，如《隰桑》的夫妻感情刻骨铭心……

中国文化，强调夫妻为家庭之根本。《礼记·婚义》认为，婚礼为人之礼的根本，人之所以为人，是因为人知道礼仪。中国式礼仪，始于冠礼，强调人要承担成年人的责任；本于婚礼，强调夫妻好合，共同祭祀祖先，共同延续后代；重于丧祭礼，强调感恩祖先，不辱祖先。

3.5.3 《诗经》与祖先信仰

中国式祭祀，源远流长。祭祀是中国的一种信仰活动，源于天地和谐共生的信仰理念。中国人最原始的两种信仰：一是天地信仰，二是祖先信仰。天地信仰和祖先信仰产生于中国人对自然界及对祖先的感恩、敬畏和崇拜。"祭祀"二字：祭侧重的是向祖先、向天地汇报工作；祀侧重的是，希望天地祖先对自己未来的新工作给予新的指导、教诲和启发。

《山海经》有40个动词性质的"祠"字，均是祭祀山神或葬在山中被神化的祖先。"祠"之本义为祭祀祖先的建筑。《山海经·海外西经》和《山海经·大荒西经》各出现一处"女祭"。女祭者，负责祭祀的女人也。甲骨文《殷契佚存》："其祀多先祖。"《周易·豫·象》云："先王以作乐崇德，殷荐之上帝，以配祖考。"上古圣明的君主，根据大自然欢乐愉快时雷鸣地震的情景创造了音乐，并用音乐来崇尚推广伟大的功德。他们以盛大隆重的礼仪，把音乐献给天帝，并用它来祭祀自己的祖先。《周易·萃》云："亨，王假有庙，利见大人，亨，利贞。用大牲吉，利有攸往。"《周易·萃·六二》云："引吉，无咎，孚乃利用禴。"《周易·萃·象》曰："王假有庙，致孝享也。"《周易·升·九二》云："孚乃利用禴，无咎。"《周易·困·九二》云："困于酒食，朱绂方来，利用享祀，征凶，无咎……九五：劓刖，困于赤绂，乃徐有说，利用祭祀。"《周易·涣》云："亨，王假有庙，利涉大川，利贞。"《周易·涣·象》曰："先王以享于帝，立庙。"《周易·既济·九五》曰："东邻杀牛，不如西邻之禴祭，实受其福。""高宗肜日"云："典祀无丰于昵。"祭祀不在祭品的丰厚，而在于德馨香祀，在于明德恤祀。《尚书·洪范》云："八政：一曰食，二曰货，三曰祀。"《道德经》云："子孙祭祀不辍。"

《采蘩》是描述为了祭祀而采蘩和日夜助祭的诗。《采蘋》是叙述女子采办祭品以奉祭祀的诗，描述了女子采摘蘋草、水藻等，置办祭品以祭祀祖先的活动，翔实地记载了祭品、祭器、祭地、祭人。《采蘋》诗云："于以采蘋？南涧之滨。于以采藻？于彼行潦。于以盛之？维筐及筥。于以湘之？维锜及釜。于以奠之？宗室牖下。谁其尸之？有齐季女。"中国式的祭祀，需要夫妻共同参与。《礼记·祭统》云："夫祭也者，必夫妇亲之。"黄庭坚在《和答莘老见赠》诗中也表达了女子为人妻担当祭祀的责任，他说："仍许归息女，采蘋助春秋。"

《小宛》的作者叙述了教育儿孙继承祖先的美德，日夜奋斗，不辱先人英名的家风传承。其有诗句云："教诲尔子，式谷似之。题彼脊令，载飞载鸣。我日斯迈，而月斯征。夙兴夜寐，毋忝尔所生。"

《蓼莪》抒发了一位孝子不能终养父母的痛极之情，其感动千古的是："父兮生我，母兮鞠我。抚我畜我，长我育我，顾我复我，出入腹我。欲报之德。"诗人用了9个动词和9个"我"字歌颂了父母的养育大德。安祯有诗云："为子须当诵蓼莪，哀哀父母德如何。"牟融有诗云："伤心独有黄堂客，几度临风咏蓼莪。"张栻有诗云："嗟予力未胜，永抱蓼莪意。"谢直有诗云："哀哀蓼莪泪，洒洒坟树枝。"杨浣芬有诗云："此后亲颜悲永隔，蓼莪兴感涕滂沱。"

《云汉》告诫人民，即使是周王，如果他不修德进业，如果他不自强不息，只是一味地用丰富的物质祭祀祖先，不思进取地用丰富的祭祀物品向逝世的父母和祖先索取福运，遇到的大旱等灾难也是无法自行消除的。《礼记·礼器》云："祭祀不祈。"祭祀祖先，不是祈福，不是索取，而是思念先人，是向祖先述职，是向祖先发誓不辱祖先，继承祖先的精神力量，想方设法解决现实中遇到的难题。先人之思，励己奋进。成功的人，包括周王，都是通过祭祀祖先来激发和振奋自己，通过祭祀来告诫和反思自己。诸如周武王在《我将》中云："伊嘏文王，既右飨之。我其夙夜，畏天之威，于时保之。"周成王在《烈文》中云："于乎，前王不忘！"周成王在《天作》中云："彼徂矣，岐有夷之行。子孙保之。"周成王在《闵予小子》中云："维予小子，夙夜敬止。于乎皇王，继序思不忘。"周康王在《维天之命》中云："假以溢我，我其收之。骏惠我文王，曾孙笃之。"周康王在《昊天有成命》中云："夙夜基命宥密。"而失败的人，包括周王，会通过祭祀来逃避责任，通过祭祀来祈求祖先保佑而不思进取，如周幽王愚蠢至极，竟然在诗中云："圭璧既卒，宁莫我听？""父母先祖，胡宁忍予？"太华居士诗《九读〈诗经·云汉〉偶感》云："云汉一首王自丑，不问苍生求鬼神。奢侈祭祀去求雨，不思己过怒良臣。天天忧叹神不助，抗旱现场不见身。祈雨为官不为民，上天不助偏心人。"

《礼记》里有很多祭祀礼仪，都是中国古人祖先信仰的实践记载，无论是丧礼，还是祭祀礼，都强调内心对先人的尊重和感恩，使人不背弃先人。祭从内心开始，祭的关键是有颗尊重和感恩先人的心。《礼记·祭统》云："（祭）自中出生于心也……祭则观其敬而时也。"《礼记·檀弓》云："（祭）礼不忘其本。"《礼记·郊特性》云："人本乎祖。"祭祖，"报本反始也"。"思念和感恩先人"是中国人的精神信仰，"述事和励志"是中国人的尊祖行为，"不给祖先蒙羞"是中国人的奋斗目标！《礼记·祭义》云："思终身弗辱也。"祭祀者思考并立志：终生不给先祖抹黑。"祭义"进一步云："父母既没，慎行其身，不遗父母恶名，可谓能终矣。"祭祖，要端正自己的貌。《礼记·玉藻》云："容貌颜色，如见所祭者。"《礼记·祭义》云："（祭）事死者如事生……不忘其所由生也，是以致其敬，发其情，竭力从事，以报其亲，不敢弗尽也。"《礼记·檀弓》云："丧礼，哀戚之至也。节哀，顺变也；君子念始之者也。"爱先祖，可以做三件事——写（墓志）铭文、写传记、录其进家谱；尊敬先祖，就要继其善志，扬其优点。《礼记·檀弓》云："爱之，斯录之矣；敬之，斯尽其道焉耳。"

3.5.4 《诗经》与激励智慧

妻子要丈夫做某事，丈夫不愿意做，作为妻子的，该怎么做呢？《诗经》里的《女曰鸡鸣》和《鸡鸣》给我们展示了两种做法。

郑国女子运用了激励的方式，而齐国女子运用了指令的方式。齐国女子的口气疾急决然，连声催促，警夫早起，莫误公事；男的却一再推托搪塞，淹恋枕衾而纹丝不动。其原文是："鸡既鸣矣，朝既盈矣。匪鸡则鸣，苍蝇之声。东方明矣，朝既昌矣。匪东方则明，月出之光。虫飞薨薨，甘与子同梦。会且归矣，无庶予子憎。"

夫妻在家庭里是平等的，不存在上下级关系，有时他们之间遇到分歧，运用命令式的沟通方式是无效的，需要的是激励性的沟通方式。《女曰鸡鸣》是体现中国式激励大智慧的千古诗篇，内有中国2000多年前的激励艺术。其原文是："女曰鸡鸣，士曰昧旦。子兴视夜，明星有烂。将翱将翔，弋凫与雁。弋言加之，与子宜之。宜言饮酒，与子偕老。琴瑟在御，莫不静好。知子之来之，杂佩以赠之。知子之顺之，杂佩以问之。知子之好之，杂佩以报之。"

女子说："鸡叫了。"男子说："天还没有亮。不信，你推窗看天上，明星灿烂在闪光。"女子继续说："宿巢鸟儿快要飞出来，去射野鸭和大雁来做饭。你能射中野鸭和大雁，我给你做精致爽口的美餐，和你共享佳肴、共饮美酒。与你盟誓恩爱到白头。我将弹琴鼓瑟来助你的酒兴，我将无不恩爱你，无不淑静陪伴你。我知你对我真关怀呀，送你杂佩答你爱呀。知你对我真体贴呀，送你杂佩表谢意呀。知你爱我是真情呀，送你杂佩表同心呀。"

按照西方的马斯洛的需要层次论，人的需要有五个层次，分别为生理需要、安全需要、归属和爱的需要、尊重的需要和自我实现的需要。我们的先民，《女曰鸡鸣》中的女子的几句话就满足了其丈夫五个层次的需要。第一个层次，生理需要："与子宜之。宜言饮酒。"即做美餐和美酒。第二个层次，安全需要："与子偕老。"第三个层次，感情的需要："琴瑟在御。"第四个层次，尊重的需要："莫不静好。"第五个层次，自我实现的需要："杂佩以赠之。"那个杂佩是女子亲自劳动所得、心爱之物，将其赠送丈夫，既可以作为极其珍贵的爱情信物，又可以让丈夫扬名。比如，丈夫带着杂佩走出去，大家看到了，一定会夸："好漂亮啊！谁给你做的？"丈夫肯定会自豪地回答："我媳妇！"大家赞叹："你媳妇手真巧啊！"可见，郑国女子是激励高手，她在2000多年前运用的激励手段就吻合了美国心理学家马斯洛先生在1943年出版的《人类激励理论》中的五个需求层级。如图3-6所示。

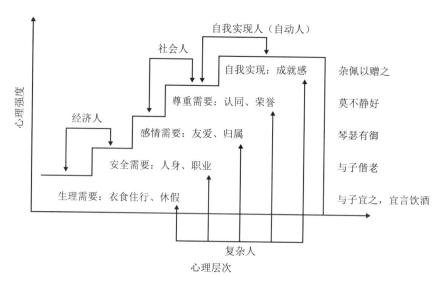

图 3-6 《女曰鸡鸣》的激励艺术与马斯洛激励模型

按照西方的弗雷德里克·赫茨伯格双因素理论，人之所以工作有两个原因：保健与激励。一般而言，保健与激励就好比我们东方的"物质激励和精神激励"：物质激励的保健作用多，归于保健因素；而精神激励的非保健作用多（激励作用多），归于激励因素。《女曰鸡鸣》中的佳肴、美酒、跳舞、弹奏、杂佩属于物质激励，是保健因素；而爱、尊重、淑静等属于精神激励，是激励因素。《女曰鸡鸣》中的郑国女子在 2000 多年前，就做到了保健与激励要两手都要抓，做到物质激励和精神激励并举。如图 3-7所示。

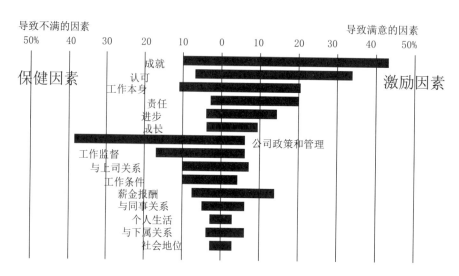

图 3-7 赫茨伯格激励理论模型

按照西方的艾瑞克·弗洛姆的期望理论和埃德温·洛克的目标理论，人们对努力付出、业绩目标、收益回报及它们之间的关系的预期与认知，会影响激励效果。激励力量的大小取决于目标价值与期望概率的乘积。工作动机＝激励力量＝目标价值 × 期望概率。也就是把达到了一个条件后会实现的一个美好的前景描述给被激励者。《女曰鸡鸣》的女子给年轻丈夫描绘了"弋言加之"（实现目标，弋凫雁是具体目标）以后，夫妻恩爱饮酒和欢的美好画面。按照现代的话说，就是给予丈夫一个美好的看得见的梦想，以美好的未来来激励丈夫。同时，按照西方J.S.亚当斯的公平理论，我赠送给佳肴、琴瑟、恩爱和杂佩，那你要回赠我凫雁，这样被激励的年轻丈夫就觉得公平。此外，女子把这些都归因于丈夫爱她，归因于"来之""顺之"和"好之"，这又符合西方的伯纳德·韦纳的归因激励理论。当个人将成功归因于能力和努力等内部因素时，他就会感到骄傲、满意、信心十足，就会努力。郑国女子知道他会努力，并以杂佩相赠，不仅给予了其丈夫很强的激励归因，又给予了他充分的信任。士为知己者死也，这是极为高明的激励技巧！

按照我们东方激励理论：佳肴美酒和奏乐助兴，属于短期激励；而恩爱到老，属于长期激励。同时：杂佩相赠，属于事前激励；而佳肴美酒和奏乐助兴等属于事后激励。事前赠佩是一种先给予的智慧，吻合东方的先舍后得的阴阳智慧。

遥想几千年前的一个凌晨，年轻的女主人醒了，看了看边上那个打呼噜的丈夫，推了他一下，温柔地轻声说道："鸡叫了。"这句话，细究起来是大有学问的。首先，女主人并没有直接地吆喝老公"起床"，而是很委婉地说"鸡叫了"。其中的暗示有二：第一，天快亮了，该起床了；第二，不是我在催你起床，我也是被那只不识相的大公鸡给吵醒的，顺便告诉你一声。这样，既达到了催促丈夫起床的目的，又避免了给丈夫一种"你归我管"的印象。何其睿智也！睿智的女主人并没有责骂丈夫懒惰，只是很耐心地和他摆事实讲道理：这时候，夜宿的禽鸟都快要起飞了，想要射野鸭、大雁就得快点去芦苇荡了。接着向他软语温存地描绘出如此美妙而温馨美好的生活画面：把野鸭子啊大雁啊射下来，我才能给你做出美味的下酒菜呀。喝着酒吃着野味，多爽啊！吃饱喝足了，我们再来一下精神文明建设：你弹琴我鼓瑟，一起歌颂美好生活。这多浪漫啊，哪个男人听了心中不充满活力，不对生活充满激情？尤为关键的是，女主人亲自做成一个叫"杂佩"（人家在家也没闲着，理一根丝线，串几颗漂亮的小石头）的小玩意给丈夫挂上，还给丈夫灌了满满一大碗"迷魂汤"：知道你关怀我呀，体贴我呀，真心爱我呀。本书认为，这是基于人性心理激励艺术的美好的小康家庭画面。太华居士赞曰："女曰鸡鸣，士曰昧旦。奈其何兮？看我先民：女用激励，士力行兮。"

3.6 《礼记》中的国学

3.6.1 礼的起源及其本质

自古中华，礼仪之邦。礼的本字为"豊"，其甲骨文的本义为击鼓献玉以祭祀祖先。礼之起，起于祭祖，其后扩展出吉、凶、军、宾、嘉等多种仪制。礼是发于人性之自然，合乎人生之需要的行为规范。古人有言，夫礼者，尊人也。礼者，敬人也。

曾子在《礼记·檀弓》说："晏子可谓知礼也已,恭敬之有焉。"礼的本质为尊重他人。尊重他人的意愿,体谅别人的需要和禁忌,不能强人所难。尊重他人,要从尊重祖先开始。《礼记·礼器》云："礼也者,反本修古,不忘其初者也。"《礼记·乐记》云："而礼反其所自始……礼报情,返始也。"礼,人为之节,节人心,人伦之序也。故礼为伦理范畴,它让人的伦理关系更有序、更和谐。

仪的本义是人的外表或举动,引申义为人按程序进行的关于外表与举动的活动。礼仪者,人之秩序规范。礼仪是一种用来确定人与人或者人与事物关系的一种行为方式,往往传达了一种情绪,如信任、尊重、祝贺等。礼仪是人们约定俗成的,对人,对己,对祖先,对大自然,表示尊重、敬畏等思想意识的各种惯用形式和行为规范。中国古人,主张人要有序地对待祖先,人要有序地交往和发展,社会、国家、家庭要有序地运行。

中国古人非常重视礼仪,因为他们认为这是人和动植物的本质区别所在。"礼"是制度、规则和一种社会意识观念。《诗经·相鼠》云："人而无礼,胡不遄死?""仪"是"礼"的具体表现形式,它是依据"礼"的规定和内容形成的一套系统而完整的程序。《诗经·相鼠》云："人而无仪,不死何为?"古人有言,人知礼仪,自别于禽兽。

人是自由平等的,人有自主性、发展性和社会性。中国古代对人的定义是:有历史典籍,能把历史典籍当作镜子以自省的动物。人的生命是有限的,人的时间是有限的,人需要自我管理,洪范九畴的第二畴就是讲述人的个人管理。箕子认为,人的自我管理,就是要"敬用五事",即人要管理自己的容貌、语言、观察方式、听取方式和思考方式。《礼记·曲礼上》认为,积极的自我管理,是人的一种善行。其原话是"修身践言,谓之善行"。礼,是人要管理好自己的心态、行为、人际关系的一种社会方式。礼的现代要求就是:人要加强自我管理,成功地适应社会。

3.6.2 《礼》的典籍及其关系

《礼》包含三部典籍——《礼经》《周礼》《礼记》,史称"三礼"。

《礼经》又名《仪礼》《士礼》,是中国春秋战国时期的礼制汇编,记述了中国古人有关冠、婚、丧、祭、乡、射、朝、聘的等各种礼仪制度,以记载士大夫的礼仪为主。成书于东周时代,为礼学大师孔子所编辑,今版为汉初高堂生编辑版,秦之前篇目不详。

《周礼》又称《周官》,讲中国古代官制和政治制度。成书于战国时期,乃至于汉初。其作者至今仍有争议,传统说法为周公根据殷商礼制改编而成,但先秦文献并没有提到此书。它是一部通过官制来表达治国方案的著作,内容极为丰富,涉及社会生活的所有方面。它所记载的礼的体系最为系统,既有祭祀、朝觐、封国、巡狩、丧葬等的国家大典,也有用鼎制度、乐悬制度、车骑制度、服饰制度、礼玉制度等的具体规范，还有各种礼器的等级、组合、形制、度数的记载。

"礼"虽然不属于哪一学派，属于中华民族的集体智慧，但《礼记》是"五经"或"六经"里最能体现儒家思想的著作。《礼记》又名《小戴礼记》《小戴记》，是西汉礼学家戴圣对秦汉以前各种礼仪著作加以辑录编纂而成的典章制度书，是中国古人礼俗的文字表达，是中国古人的人际交往的指南，是中国古代一部重要的典章制度选集，是战国至秦汉年间孔学弟子们解释说明《礼经》的文章选集，是一部先秦至秦汉时期的礼学文献选编，既有对礼仪制度的记述，又有关于礼的理论及伦理道德、学术思想的论述。在唐代《礼记》被尊为"经"，宋代以后，位居"三礼"之首。

三部《礼》记录和保存了许多周代的礼仪，《周礼》偏重政治制度，《礼经》偏重行为规范，而《礼记》则偏重对具体礼仪的解释、论述。它们所涉及的各种礼制的总和，也就是"礼"的全部内容。"三礼"是我国古代的三部礼仪经典，是中国古代礼仪制度的蓝本和百科全书。

3.6.3　《礼记》与组织管理

《礼记·王制》讲述了西周治理天下的规章制度，内容涉及封国、职官、爵禄、祭祀、葬丧、刑罚、建立城邑、选拔官吏及学校教育等方面的制度，给我们留下了周朝关于组织管理和数据管理的实践经验，本书将以唯物辩证法来看待这些实践。图3-8是《礼记·王制》中所记载的西周的组织管理方案。从这个组织结构图中，我们可以看出西周推翻殷商的组织动力所在，也明白了300年后进入春秋战国时期的缘由所在。西周之所以能够推翻殷商，是因为在这个组织设计里，有大量的管理岗位需要人才来担任，新兴的组织有很多"官位"空缺，那些想当官的人才就会努力为它奋斗。等到这些"官位"都被填满了，这个组织就失去了发展人才的动力，特别是在世袭的情形下，这些人才没有了发展空间，组织危机也就随之而来。从现代管理学的角度来看，西周的组织设计存在两大管理学问题（或组织学问题）。第一，管理幅度过窄。诸如一个连帅只有两个属长向他直接汇报。第二，管理层次过长。地方行政管理的层级多达6级。周朝治理中华，管理层次过长，管理幅度过窄，机构臃肿，人浮于事，坐等诸侯国做大，于是春秋战国，百姓遭殃。秦始皇对地方行政管理采取二级的郡县制，这是秦始皇吸取西周组织设计教训进行的伟大创新。

管理幅度也称管理宽度、管理跨度，是指一名领导者直接领导的下属人员数。管理幅度有最佳人数的限制，尽管每个组织的最佳管理幅度是不一样的。1861年，法国农业工程师马克西米利安·林格尔曼在著名的"拉绳子"实验中发现，拉绳子的人越多，人均出力越少。这种现象被世人称为"林格尔曼效应"。为什么越来越多的人参与拉绳时，尽管总体拉力增加，每个成员施加的平均拉力却在减小？林格尔曼将其归因于当时所谓的"社会惰性"，即一个群体或团队往往会"隐藏着"缺少个人努力的现象。

沃顿商学院管理学教授珍妮弗·S.缪勒说：偷懒（社会惰性）指的是在群体背景下

个人努力的减少，而搭便车则是理性的利己主义行为。如果一个人得不到什么激励，他会说"我要搭便车"，即不会积极参与。一般来说，在传统社会，直接汇报对象为 5～10 位为常见的管理幅度。在互联网时代，一个领导者的直接汇报对象为 15～20 位是有效管理幅度。决定有效管理幅度的因素很多，其中管理者的个人能力、管理手段和组织内外环境是三大关键因素。管理效率和组织一样也存在边际递减效应。三个和尚没水喝，讲的就是这个道理。

管理幅度和管理层次要遵循适度和动态原则。管理层次是从组织的最高主管到作业人员之间所设置的管理职位层级数。当组织规模的扩大导致管理工作量超出一个人所能负责的范围时，为了保证组织的正常运转，管理者就会委托他人来分担自己的一部分管理工作，这使管理层次增加到两个；随着组织规模的进一步扩大，受托者也会委托其他的人来分担他的工作，依此类推，就形成了组织的等级制或层次性管理结构。管理层次的副作用是：层次多意味着费用也多，沟通的难度和复杂性加大；随着层次和管理者人数的增多，控制活动会更加困难，也更为重要。当组织规模一定时，管理层次与管理幅度之间存在反比例关系。管理幅度越大，管理层次就越少；管理幅度越小，管理层次就越多。

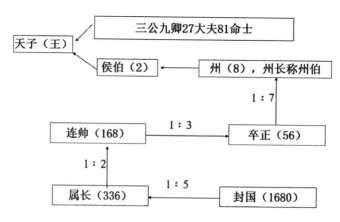

图 3-8　西周中初期的周朝组织图
注：王畿内有 93 个封国，整个西周有 1773 个封国。

"王制"提到平民为官的程序，原文是："凡官民材，必先论之。论辨然后使之，任事然后爵之，位定然后禄之。爵人于朝，与士共之。"对于平民中有才能的人，先要进行讨论，通过讨论辨别认为确实有才能的，进行试用，试用合格，给予爵与位，最后给他俸禄，让他进入朝廷和士人共事。当官，除了世袭和获取军功外，还有哪些方式？周朝有造官制度，造官制度遵循下举上选和学习再造原则，共有三个阶段：教育部造士，组织部考察，周王定夺谁当官。教育部造士有四阶段：秀士—选士—俊士—进士。乡长官评出乡学优秀者（秀士），并把他们推荐给司徒，中选者为选士；司徒再从选士中推荐优秀者进入大学，中选者为俊士；俊士进入大学和贵族后裔一起学习，他们学习《诗经》《尚书》《礼经》《乐经》，评定的优秀者向周王汇报，并被推荐给司马，这些优秀毕业生被称为进士。进士是否当官，采取"司马辨论官材，论进士之贤者以告于王，而（王）定其论"的方式。

3.6.4 《礼记》与共产主义

《礼记·礼运》记载了两种社会：一是大同社会，二是小康社会。共产主义社会好比大同社会，社会主义社会好比小康社会。

《礼记·礼运》所描述的大同社会是："大道之行也，天下为公。选贤与能，讲信修睦，故人不独亲其亲，不独子其子，使老有所终，壮有所用，幼有所长，矜寡孤独废疾者，皆有所养。男有分，女有归。货恶其弃于地也，不必藏于己；力恶其不出于身也，不必为己。是故谋闭而不兴，盗窃乱贼而不作，故外户而不闭，是谓大同。"

大道施行的时代，天下是人们所共有的，大家推选有道德、有才能的人来治理国家，彼此之间讲诚信，和睦相处。所以人们不只敬奉自己的亲人，也不只慈爱自己的子女，使老年人都能安度晚年，壮年人都有工作可做，幼年人都能健康成长，鳏寡孤独和残废有病的人都能得到照顾，男子都有职业，女子都适时而嫁。对于财物，人们只是不愿让它被遗弃在地上，倒不一定非藏到自己家里不可；对于气力，人们生怕不是出在自己身上，倒不一定是为了自己。所以钩心斗角的事没有市场，明抢暗偷作乱害人的现象绝迹。所以，门户只须从外面关上而无须上锁。这就叫"大同"。

"礼运"的大同世界，是中国古代的大同世界，是"天下为公"的共产主义社会，是中华民族命运共同体的社会，是中华民族自己的共产主义社会。毛泽东思想和中国的马克思主义是中华民族自己的共产主义的种子，在马克思主义的阳光雨露下，茁壮成长。毛泽东说："大同者，吾人之鹄也。"周恩来说："其达于大同之境、和平之途，宜矣。"恽代英认为，大同社会是无贫贱富贵之阶级的社会，人类文明日益发达，可以造福全世。

"小康"一词最早见于《诗经·民劳》："民亦劳止，汔可小康。"黄庭坚的《赠别李次翁》直接引用了"汔可小康"，他说："日问月学，旅人念乡。能如斯莲，汔可小康。"南宋陈普的《拟古八首》诗云："先我二百年，世道犹小康。"《礼记·礼运》中的小康社会是："天下为家。各亲其亲，各子其子。货力为己，人人世及以为礼，城郭沟池以为固。礼义以为纪，以正君臣，以笃父子，以睦兄弟，以和夫妇，以设制度，以立田里，以贤勇知，以功为己。故谋用是作而兵由此起。禹汤文武成王周公，由此其选也。此六君子者，未有不谨于礼者也。以著其义，以考其信，著有过，刑仁讲让，示民有常。如有不由此者，在势者去，众以为殃，是谓小康。"

天下以家为单元，人们各自亲其双亲，各自爱其子女，财物生怕不归自己所有，气力则唯恐出于己身。天子、诸侯的宝座，时兴父传于子，兄传于弟。内城外城加上护城河，这被当作防御设施。把礼义作为根本大法，用来规范君臣关系，用来使父子关系亲密，用来使兄弟和睦，用来使夫妇和谐，用来设立制度，用来确立田地和住宅，用来表彰有勇有智的人，用来把功劳写到自己的账本上。因此，钩心斗角的事就随之发生，兵戎相见的事也因此而起。夏禹、商汤、姬昌、武王、成王、周公，就是在这种情况下产生的君主。这6名君子，没有一个不把礼当作法宝，不用礼来表彰正义，他们考察诚信，指明过错，效法仁爱，讲究礼让，向百姓展示一切都有规可循。如有不按礼办事的，当官的要被撤职，民众都把他看作祸害。这就是小康。

《礼记·礼运》的小康社会具有大顺的特征："四体既正，肤革充盈，人之肥也。父子笃，兄弟睦，夫妇和，家之肥也。大臣法，小臣廉，官职相序，君臣相正，国之肥也。天子以德为车、以乐为御，诸侯以礼相与，大夫以法相序，士以信相考，百姓以睦相守，天下之肥也。是谓大顺。"

四肢健全，肌肤丰满，就是富足的人。父子情笃，兄弟和睦，夫妇和谐，就是富足的家庭。大臣守法，小臣廉洁，百官各守其职而同心协力，君臣互相勉励匡正，就是富足的诸侯国。天子把道德当作车辆，把音乐当作驾车者，诸侯礼尚往来，大夫按照法度排列次序，士人根据信用互相考察，百姓根据睦邻的原则维持关系，就是富足的社会。四个层面富足，就是大顺。

在大顺小康社会里，强者更强，弱者公养，无人饿死，死而有葬，各司其职，各尽所能，法规平等，公正有序。当个人、家庭、所在区域、所在国家四个层面都富足时，这个小康就是高级的小康，就是大顺的小康。

3.6.5 《礼记》中的其他国学智慧

中国古人，重视预算（俗称国用）管理。国家采用预算制度，每年的年终提出下年度国家财政预算。根据国土大小和年成好坏，用30年收入的平均数作为依据制定预算，根据收入的多少预算开支。西周采取量入为出的财政原则。"王制"原文是："用地小大，视年之丰耗。以三十年之通制国用，量入以为出。""王制"认为，国家有9年积蓄才能称得上富足，九年的农耕，要有三年的余粮。

在执法过程中，法大还是国君大？自汉朝以后，这个话题一直困扰着中国人，从汉朝到清朝，儒家人士不敢正面回答这个提问，他们的实践表明是国君大，权力大。而事实上，在古代中国，在汉朝以前，中国古人明确地回答：法官大，法大。这个说法，在《礼记·文王世子》中有记载，原文是："（公族）狱成，有司谳于公。其死罪，则曰'某之罪在大辟'。其刑罪，则曰'某之罪在小辟'。公曰'宥之'，有司又曰'在辟'。公又曰'宥之'，有司又曰'在辟'。及三宥，不对，走出，致刑于甸人。公又使人追之，曰：'虽然，必赦之。'有司对曰：'无及也。'反命于公。"

（公族）案件判决之后，有关官吏向国君请示。如果所犯是死罪，就说："族人某某所犯之罪属于大辟。"如果所犯是刑罪，就说："族人某某所犯之罪属于小辟。"国君说："饶了他吧。"有关官吏则回答："法不容恕。"国君又说："饶了他吧。"有关官吏又照旧回答："法不容恕。"等到国君第三次求情时，有关官员就不再回答，径自走出，将犯人交付甸人行刑。国君再派人追来，传命说："即使有罪，也一定要赦免他。"有关官员回答说："已经来不及了。"行刑之后，报告国君。

北宋苏轼据此进行了发挥，他在《省试刑赏忠厚之至论》说："当尧之时，皋陶为士。将杀人，皋陶曰：'杀之三。'尧曰：'宥之三。'故天下畏皋陶执法之坚，而乐尧用刑之宽。"苏轼的这段文字被世人提炼为"三杀三宥"。本书认为"四宥五杀"更符合《礼记·文王世子》的原文，太华居士云："三罚三宥，最终仍罚，法大于权也。国君在法之下也，自古有之。""文王世子"说这种做法是正术，其原文是："公族之罪，虽亲不以犯有司，正术也。"国君的族人犯罪，尽管他与国君有亲属关系，国君也不能因此而干扰司法部门公正执行法令。以此表明公族犯法，与庶民同罪。

3.7 《春秋》中的国学

从东周开始，诸侯国纷纷设立史官，史官以本国纪年记载以本国为主体的历史事件。"春秋"本来是春秋时代各诸侯国史书的统称，那时不少诸侯国都有自己按年代记录下来的国史。《墨子·明鬼》谈到周之《春秋》、宋之《春秋》、齐之《春秋》等。最著名的史官有晋国的董狐、齐国的南太史。从目前文献来看，最早设立本国史官的诸侯国是秦国。《史记·秦本纪》记载，公元前753年，秦国秦文公设史官记事教化百姓，秦国的第一位史官是史敦。鲁国《春秋》是从公元前722年开始的，秦国记事要比鲁国记事早30多年。

到了战国末期，各诸侯国的史书先后失传，只有鲁国的《春秋》流传下来了。它是迄今能够看到原版面貌的最早的诸侯国史书，是我国现存的第一部编年体政治史书，既是历史学著作，也是政治学著作。它的作者是鲁国历代的史官们，按传统说法，《春秋》经过了孔子的整理或者讲授。它又称《春秋经》《麟经》《麟史》等，是中国现存的最为原始的史书，其语言极为简练而质朴，大约1.7万字。所记史事仅具纲目，而不具过程，犹如一份大事表。每一事件只记结果和结论，而史事的本来经过则不详。《左传》认为，《春秋》的言辞不多但意义显明，记载史实清晰且意义深远，婉转而顺理成章，警戒邪恶而不歪曲。但王安石说《春秋》是"断烂朝报"，梁启超说它是"流水账簿"。黄庭坚却说"后世无春秋"，黄庭坚还云："至仁虽爱物，用舍如春秋。"因为《春秋》的作者对字词的运用讲究准而真，力求逼近心志和客观事实。它虽然使用的是鲁国的纪年，却也记录了其他诸侯国的主要史事，可以说是一部通史，上至鲁隐公元年（公元前722年），下至鲁哀公十四年（公元前481年），共记叙了242年的历史。其内容主要是国家和国家间的要事、会盟、君臣活动及弑君等事件，也记载了68次自然灾难和火灾、5次彗星和37次日食天象。

《春秋》作为鲁国官方史料，极少采用有价值观取向的字词，多采取至今被判断为中性的字词。形容词极少，主要为大、多、恒、新等，"狂"字仅于一处出现，《春秋·隐公十四年》云："莒子狂卒。"《春秋》中有大量的动词，单音动词146个，复音动词16个。与战争相关的动词有伐（219次）、会（193次）、帅（120次）、盟（97次）、侵（63次）、出奔（63次）、杀（62次）、执（31次）、围（46次）、入（45次）、败（32次）、灭（32次）、取（27次）、弑（25次）、战（24次）、救（23次）、次（16次）、迁（11次）、平（讲和平，5次）、叛（5次）、盗杀（4次）、放（放逐3次）、逃（3次）、乱（2次）、追（2次）、降（2次）、溃（2次）、诱（2次）、盗窃（1次）、克（1次）、大阅（1次）、焚（1次）、治兵（1次）、歼（1次）、弃（1次）、亡（1次）、释（1次）、刺（1次）、袭（1次）、舍（1次）、毁（1次）、戕（1次）等。

"伐"是《春秋》里出现频率最高的动词，其次是"会""帅"等。在中国古代汉语中，"征"是褒义词，一般指上进攻下，有道进攻无道。"伐"是中性词，指一种正式的战争，师出有名，大张旗鼓，以示自己的行动是公开的。"侵"指金鼓不鸣，直截了当地进行军事进犯。"袭"指不宣而战，搞突然袭击。在这些动词里，带有价值观倾向的动词有：侵、杀、灭、弑、救、叛、盗、乱、诱、袭、戕等。"袭"字出现在《春秋·襄公二十三年》："齐侯袭莒。"这表明在公元前550年，齐国首次采取袭击的战争方式。"诱"字出现在公元前531年和公元前526年，两次都是楚国使用的，这表明楚国首次采取欺骗的战术。《春秋·昭公十一年》云："楚子虔诱蔡侯般杀之于申。"《春秋·昭公十六年》云："楚子诱戎蛮子杀之。"从公元前550年开始，中国大地上的战争进入了奇谋诡计和不择手段时期，战争变得更加残酷，如楚成王在公元前654年采取的"围许救郑"战术，300年之后，孙膑采取了类似的战术"围魏救赵"。智力与谋术的较量，促进了道德观的觉醒和王道与霸道的争鸣。这些带有"欺骗性"的动词出现的频率不高，个数也少。具有正能量的动词少之又少，仅有"渝平"，讲的是鲁隐公六年（公元前717年），郑国主动来鲁国捐弃旧怨，言归于好。解怨结好，追求和平，是人民大众的愿望。

大多数动词至今仍是中性动词，比如"取"字。《春秋·桓公二年》记载了鲁国国君桓公把受贿的东西置于太庙一事，《春秋》的作者并没有做出任何判断，仅是记事，而且用"取"代替"受贿"，让后人自行判断其是非。原文是："夏四月，取郜大鼎于宋。戊申，纳于大庙。"《左传·桓公二年》直接把郜大鼎说成赂器，并讲述了两个故事：宋华督以郜鼎贿赂鲁国和臧哀伯谏桓公纳郜鼎。周代诸侯国郜国制作的祭器，后来落入宋国。宋国的华督杀国君殇公，立庄公，自己做了太宰（宰相）。为了得到诸侯国的承认，华督分别向邻近的鲁国、齐国、陈国、郑国行贿。鲁桓公约请齐侯、陈侯、郑伯在稷（地）会见，承认了宋庄公执政和华督做宋国的太宰，宋国便把郜鼎送给了鲁国，鲁桓公把郜鼎放置在祭祀鲁国祖先的太庙中。《左传》认为华督弑君，鲁桓公收受他的贿赂，这是不符合周礼的，不符合社会行为规范。纯洁的太庙怎么可能放受贿得到的器物呢？在太庙里彰显贿赂，是鼓励百官和百姓行贿受贿，也是国家衰败的开始。于是郜鼎成了不法之人行贿以求得支持和承认的象征性器物。《左传》云："国家之败，由官邪也，官之失德，宠赂彰也。"来路不正的东西，不能放于太庙。若放，彰显来路不正，官邪也，国败也。人邪也，族败也。

相对其他《山海经》《道德经》《周易》《尚书》《诗经》而言，《春秋》中没有出现爱、君子、民、德、忠等正能量的词语。孟子说："春秋无义战。"尽管如此，对于我们熟悉的大国齐、晋、楚、鲁、宋、卫、陈、秦、吴等诸侯国而言，只有秦国与那些贬义性动词关联较少，在记事长达242年的《春秋》中，秦国与弑、杀、乱、焚、袭、诱、盗无缘。而楚国则有较多这类记载。楚灵王在公元前531年诱杀了蔡国国君，足见楚王善用诡计阴谋。如表3-4所示。

为了政治权力，各国纷纷采取血腥弑杀等野蛮手段。《春秋》出现25次弑，与齐国有关的多达6次，占24%。出现8次"杀"君王及其接班人，1次周王杀胞。《春秋》记载"弑"君的国家有12个，记载"杀"君和接班人的国家有5个，鲁国均不在其列，因为这部《春秋》是鲁国史官创作的。

在《左传》里，隐公实际上是被弑杀的，是羽父弑君。《左传》记载羽父请杀桓公，隐公不同意，结果羽父编造谣言，说是隐公要杀没有即位的桓公，并自告奋勇帮桓公杀掉执政的隐公。《左传》记载了《春秋》没有记载的弑君事件。按照《左传》，鲁国有多次弑君事件，如鲁桓公被杀、鲁君姬般被杀、鲁闵公被弑杀等。襄仲杀死鲁文公的世子（接班人），在《春秋》里，被记载为"冬十月，子卒"，《左传》记载为"冬十月，仲杀恶及视而立宣公"。《春秋》并没有记载周敬王姬匄的即位事件，却记载了姬朝被大臣拥立为周王的事件。《春秋·昭公二十三年》记载"尹氏立王子朝"，是指尹氏立周景王的长庶子王子朝（姬朝）为周天子，从而导致两王并立。《春秋》对姬朝的死没有记载，而《左传》记载了姬朝在鲁定公五年（公元前505年）被周朝人所杀。《春秋》记载姬朝被立为周王，是对历史的公正记载，没有记载姬朝被周人所杀，是对周敬王的"恶"进行隐瞒。在真实历史和隐含历史之间取得平衡，这是《春秋》的一大特色。

表3-4　《春秋》记载的贬义词的研究数据

贬义性动词	次数	国家	性质	备注
克	1	郑国	兄弟相残	隐公元年：郑伯克段于鄢
弑	2	卫国	杀死君王	隐公四年、襄公二十六年
	3	宋国		桓公二年、庄公十二年、文公十六年
	6	齐国		庄公八年，文公十四年、十八年，襄公二十五年，哀公六年、十四年
	3	晋国		僖公十年、宣公二年、成公十八年

续表

贬义性动词	次数	国家	性质	备注
弑	2	楚国	杀死君王	文公元年、昭公十三年
	2	莒国		文公十八年、襄公三十一年
	1	郑国		宣公四年：郑公子归生弑其君夷
	1	陈国		宣公十年：陈夏徵舒弑其君平国
	2	吴国		襄公二十九年、昭公二十七年
	1	蔡国		襄公三十年：蔡世子般弑其君固
	1	薛国		定公十三年：薛弑其君比
	1	许国	储君杀国君	昭公十九年：许世子止弑其君买
杀	1	晋国	国君杀接班人	僖公五年：晋侯杀其世子申生
	1	宋国		襄公二十六年：宋公杀其世子痤
	1	周朝	天子杀胞弟	襄公三十年：天王杀其弟佞夫
	1	晋国	大臣杀幼君	僖公九年：晋里克杀其君之子奚齐
	1	卫国	臣杀不义君	隐公四年
	1	陈国		桓公六年：蔡人杀陈佗（陈废公）
	1	齐国		庄公九年
	1	陈国	国君杀接班人	庄公二十二年：陈人杀其公子御寇
	1	陈国	弟杀储君	昭公八年：陈侯之弟招杀陈世子偃师
出奔	2	郑国	国君出逃	桓公十一年、十五年
	1	卫国		桓公十六年
袭	1	齐国	出其不意地进攻	襄公二十三年：齐侯袭莒
诱	2	楚国	以欺骗方式杀害	昭公十一年、十三年
乱	1	宋国		桓公二年
	1	周朝		昭公二十二年：王室乱
叛	1	卫国		襄公二十六年
	2	宋国		定公十一年、哀公十四年
	2	晋国		定公十三年
戕	1	邾国		宣公十八年

　　《春秋》关于秦国的记载有 39 次，第一次出现在《春秋·僖公十五年》，公元前 645年，秦国战胜晋国并俘获晋国国君。原文是："晋侯及秦伯战于韩。获晋侯。"这是秦国以战胜晋国身份首次出场于《春秋》。《春秋》记载了 6 位秦国国君"卒"，5 位秦君"葬"，涉及秦国的动词有：战、盟、围、入、败、伐、灭和出奔。其中，战 4 次、伐12 次（7 次被他国伐）、灭 1 次、出奔 1 次，远远低于其他诸侯国。这从一个侧面反映出秦国并没有关东诸侯国那么野蛮和残暴。秦国的胜出，也许是道义的必然。

第4章

中华文化的核心结构

4.1　中华文化的五指结构

人的文化是有结构的，健康的人拥有健康的文化结构；组织的文化也是有结构的，健康的组织拥有健康且具有竞争优势的文化结构。中华文化是中华民族的灵魂，是推动中华民族发展的不竭动力。它包含着非常丰富的内容，其核心是中华民族的精神和价值观，即中国国学。中华文化也是有结构的。中华文化是地球上迄今唯一没有中断的绵延万年的文化，之所以绵延至今是因为中华文化结构具有竞争力和复兴力。

据《汉书·艺文志》的记载，先秦诸子数得上名字的一共有189家，4324篇著作，史称"诸子百家"。西汉司马谈把先秦诸子百家提炼概括为6家，他认为中华文化结构由6家组成。司马谈是中国历史上分析春秋战国重要学术流派的第一人，他对先秦各学派的思想特点做了深入的分析和评价，把先秦诸子提炼为阴阳、儒、墨、名、法、道6家，并留下了《论六家要旨》一文。这篇文章被其子司马迁收录于《史记·太史公自序》。他说，阴阳家、儒家、墨家、名家、法家和道家都是致力于达到太平治世的学派，只是他们所遵循依从的学说不是一个路子，有的显明，有的不显明罢了。他认为儒家学说广博，但殊少抓住要领，花费了气力，功效却很少，对该学派的主张难以完全遵从，然而它所序列的君臣父子之礼、夫妇长幼之别则是不可改变的。墨家俭啬而难以依遵，对该派的主张不能全部遵循，但它关于强本节用的主张，则是不可废弃的。法家主张严刑峻法，却刻薄寡恩，但它辨正君臣上下名分的主张，则是不可更改的。道家使人精神专一，行动合乎无形之道，使万物丰足。道家之术依据阴阳家四时运行顺序之说而来，吸收儒、墨两家之长，撷取名、法两家之精要，随着时势的发展而发展，顺应事物的变化而变化，树立良好风俗，将其应用于人事，无不适宜，意旨简约扼要而容易掌握，用力少而功效多。本书认为，司马谈把前后顺序搞反了，应是儒、墨、阴阳、名、法家读《道德经》而各取所需，发展其各自观点，也就是说道家思想是儒、墨、阴阳、名、法等诸家思想的源头，而不是道家采纳百家而自成一体。司马谈认为"变"是道家最大的特色，他说道家"与时迁移，应物变化"。这个"变"，就是当下说的运动和发展，就是与时俱进。

西汉刘歆在《七略》中，在司马谈六分法的基础上，增纵横、杂、农、小说等，共10家。西汉去古未远，诸子书保存颇多，而西汉后期虽尊儒学，但对诸家学说基本上还是兼收并蓄的，不像后世那样极端。班固在《汉书·艺文志》中沿袭刘歆，并认为："诸子十家，其可观者九家而已。"后来，人们去掉"小说家"，将剩下的9家称为"九流"。自此，中国古代学术界都依从班固，"百家"就成了"九流"。其后的《隋书·经籍志》等书则记载"诸子百家"实有上千家，但流传较广、影响较大、最为著名的不过几十家而已。今人吕思勉在《先秦学术概论》一书中再增兵、医，他认为："故论先秦学术，实可分为阴阳、儒、墨、名、法、道、纵横、杂、农、小说、兵、医十二家也。"这种划分很不妥。首先，标准不统一。这里的百家，有的是按政治思想划分的，如儒、墨、法等；有的是按哲学思想划分的，如阴阳、道等；有的则是按学科性质划分的，如名、纵横、农、小说、兵、医等；还有的简直说不出标准，如杂家。

黄氏国学认为，从治国理政角度而言，中华民族的文化结构由三个层次组成：伏羲、黄帝、大禹的图像文化、中华10部经典阐述的文化和先秦诸子五家文化。中华民族的文化内核是伏羲、黄帝、大禹的图像文化；中华10部经典所载的文化是中华文化的第二层，处在中华文化结构的中间层；先秦诸子五家道家、儒家、兵家、墨家和法家是中华民族文化的显性部分，也称表象文化或者第三层文化。如图4-1所示。

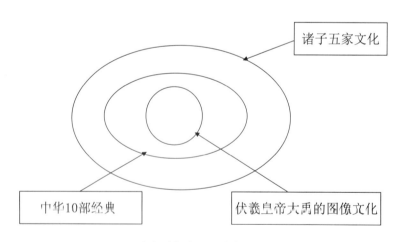

图4-1　先秦时期中华民族文化结构示意图

道家、儒家、墨家和法家，组成中华民族对内的显性的组织文化结构。兵家是中华民族对外的武文化，是中华民族的以戈止武的智慧。纵横家相当于如今的外交家，负责中华民族对外的交流，侧重于文，它和兵家在核心思想上是一致的，本书把纵横家作为广义兵家的一部分，当然也可以把兵家和纵横家并立合称为"兵纵横"。

如果把伏羲、黄帝、大禹的图像文化和中华10部经典比喻为一只手的手掌，诸子五家就像5根手指，每家把自己认为重要的那一块发扬光大，阐述精深，自成一家。他们依据的资源是同一的，如三皇五帝、尧舜禹汤等。他们引用的经典是同一的，都是包含《山海经》在内的10部经典。他们使用的概念基本一致，如道、德、法、兵、爱、义、圣人、君子等。他们所思考的问题也是统一的，都是以人事为中心，探讨治国理政的理论和方略。

庄子在《庄子·天下》说，天下钻研学术的人很多，他们都认为自己的学问到达了顶峰。天下的学者多是各得一偏而自以为是，就像耳口鼻都有它的知觉功能，而不能相互通用。他们虽各有所长，时有所用，但他们并不完备，是片面地看问题的人。他们各尽所欲而自以为是，他们各行其道而不知返，他们不能看到天地的纯美，不能看到中华古人智慧的全貌而硬将天下割裂。庄子说，不以奢侈教育后世，不浪费万物，不炫耀礼法，用规矩自我勉励，以应对社会的危难，这是我们中国古代学术的优秀内涵之一。墨翟、禽滑厘听到这种学术，就喜欢它们，并把它们发扬光大。庄子认为墨学有其优点，也有其缺点，但他对墨子本人称赞不已，他在《庄子·天下》里说："墨子真天下之好也，将求之不得也，虽枯槁不舍也，才士也夫！"本书认为，百家争鸣虽是好事情，但可悲的是他们逐渐滑向了相互攻击，争鸣变成内耗，这在西汉中后期尤其明显。

如果把五家文化组成的组织文化结构形象比喻为一个人的一只手的五指，那么健康有力的组织文化结构如图 4-2 所示。五家文化各有所长，各有所爱，各就其位，各安其责，并序冲和。一只五指协调的手，一只因五指握紧变成有力的拳头的手，对外打出去时，便可捍卫自身生存和发展的权利。本书把道家比喻为大拇指，把儒家比喻为食指，把墨家比喻为中指，把法家比喻为无名指，把兵家比喻为小指（尾指）。将五指合拢变成拳头，进行捶打，小指是唯一接触被捶打的对象的指头，而兵家是诸子五家中对外最多的学说，故本书把兵家喻为小指。兵家虽为小指，但它是组织生存的两大支柱之一。左丘明说："国之大事，在祀与戎。"孙子说："兵者，国之大事，死生之地，存亡之道，不可不察也。"道家和其他任四家都可以融合，也就是其他四家都会受到道家辩证思想的影响，就好比人要想握住东西，要想用手提起重物，都不能少了大拇指。它可以和其他四个指头一起完成几乎所有的事，故本书把道家喻为大拇指。食指是人类生活、工作中最常用的一个手指，它与大拇指相配合，可以用来完成握笔、翻书、解纽扣、拧螺丝等动作。而儒家是诸子五家中涉及人类生活和工作最多的学说，重点关注人与人之间的关系，它和道家相配合，可以保障一个人或者组织的基本生存，故本书把儒家喻为食指。中指是五指中最长的，墨家不仅仅涉及政治、经济、文化、军事，还涉及科技，故本书把墨家喻为中指。无名指是人类最不灵活的手指，而法家最具备这个特点，故本书把法家喻为无名指。

我们也可以这样理解：把以老子为代表的道家比喻为经先生（市场经济），把以孔孟为代表的儒家比喻为德先生（指民主，这里的民主，东西方有差异：儒家认为民主，是为民做主；西方的民主是少数服从多数），把以墨子为代表的墨家比喻为赛先生（科学），把以商韩为代表的法家比喻为法先生（法治），把以孙武、孙膑为代表的兵家比喻为军先生（军事）。

诸子五家争鸣就好比五指争斗。一天，五个手指头聚在一起讨论谁的本领大。大拇指首先站起来，趾高气昂地说："这个问题很简单，当然是我的本领最大，要不怎么我排在第一呢？"食指不干了，急忙说："我最了不起，人们不论干什么，都是用我来指指点点的，哪儿有你们什么事？"中指没等食指说完，就站起来分辩说："快看快看，伸直五个手指头，比比谁最高。"无名指、小指也不甘示弱，都拿出自己的看家本领，与他们争论。他们的争吵声被角落里的花皮球听见了，花皮球给五个指头提了个建议：看谁能拿动它，谁的本领就最大。五个手指头互相看了看，都觉得这个建议可行，于是它们个个摩拳擦掌挨个试，可它们谁都没能拿起来。花皮球又提了一个建议：如果你们五个手指头一起来拿，会怎么样？五个手指头齐上阵，果然轻轻一拿就拿起来了。五个手指头你看我，我看你，都不好意思地笑了。它们终于明白了"团结就是力量"。

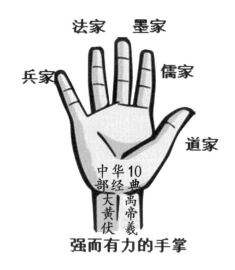

图 4-2　中华文化的健康手掌结构图

如果五家争主导地位，一家去打压另一家，那么一只健康有力的手，就会变成残缺不全的手，组织文化结构就开始演变成图 4-3 中的样子。残缺的五指难成拳，即使成拳，拳头打出去也会因力量不足而被打败。

在战国时期的秦国和秦朝，诸子五家文化，虽有争鸣，但没有争斗，它们和合共荣，诸子五家达成最佳的组合。"和合"一词，源自《墨子·尚同》中的"相和合"，源自《管子·兵法》的"和合故能谐"，源自《国语·郑语》的"和合五教"，源自《吕氏春秋·有始》的"天地合和，生之大经也"。相对其他民族和文化而言，中华民族的和合能力更强，中华文化的调和力量更强。中华文化的伟大之处，乃在最能调和，使冲突之各方兼容并包，共存并处，相互调剂。

在五四运动之前，中华文化五指结构极不协调，中指的墨家非常短，无名指的法家和小指的兵家也变短了。五四运动和苏联的一声炮响给中国送来了马列主义，中华文化的五指结构正式踏上复兴之路：道家文化和儒家文化进行转型，墨家文化得到了极大的重视、取得了长足的发展，法家文化和兵家文化也不断吸取外国文化的先进之处。本书认为，马克思主义的到来和中国化，带给我们中华文明再次复兴的机会和动力，我们中国人从此走上了不断完善中华文化五指结构的道路。中华人民共和国成立以后，我们中国人合力建设中华民族现代文明，我们文化的"五指和合"气象更是蓬勃，竞争力也越来越强，我们中国人踏上了伟大的复兴之路。

图 4-3　不健康的手掌结构图

伏羲、黄帝、大禹等远古先贤，包括《连山》在内的中华 10 部经典，是中华诸子学说的共同源泉。我们把伏羲智慧、黄帝智慧和大禹智慧比喻为手臂，把中华民族 10 部经典（目前只能看到 7 部）比喻为手掌心，把道、儒、墨、法、兵比喻为手指，把道儒、儒墨、墨法、法兵、道儒墨、道儒法、道儒兵、儒墨法、儒法兵、墨法兵、道儒墨法、道儒墨兵、儒墨法兵等杂家视为靠近 5 个指头的手掌心部分，把能够整合道、儒、墨、法、兵优势于一身的称为整合家，将其视为"中华文化的顶级大师"。（《吕氏春秋》是整合道、儒、墨、法、兵、纵横等各家思想的第一部著作，吕不韦可以被视为整合家。）同时，如果把伏羲、黄帝、大禹等远古先人视为树根，那包括《连山》在内的中华 10 部经典就是树干，诸子学说就是树枝，道、儒、墨、法、兵就是中华文化树的 5 根主枝，兵这根枝条又分出纵横分枝。庄子在《庄子·天下》中认为，中国古时候的学术和法规制度，很多还保存在传世的史书中。保存在《诗经》《尚书》《礼经》《乐经》中的，邹鲁一带的学者和缙绅先生们大都知晓。《诗经》用来表达志，《尚书》用来记载事情，《礼经》用来规范行为，《乐经》用来调和，《易经》用来说明阴阳，《春秋》用来正名分。这些经典散布于天下而设立于中国，百家之学还常常引用它们。

先秦的顶级诸子出生年月顺序如下：管子（？—前 645 年）、老子（公元前 571—前 471 年）、孔子（公元前 551—前 479 年）、孙子（公元前 545—前 470 年）、墨子（公元前 468—前 376 年）、鬼谷子（公元前 400—前 320 年）、孙膑（生卒年不详）、商鞅（公元前 390—前 338 年）、张仪（？—公元前 309 年）、孟子（公元前 372—前 289 年）、庄子（公元前 369—前 286 年）、荀子（公元前 313—前 238 年）、韩非子（公元前 280—前 233 年）。按照其创始人的出生顺序来排列五家顺序，得到：道家、儒家、兵家、墨家、法家。治国理政，有了道家的辩证并向自然学习的思维方式，有了儒家的五伦和仁、义、礼、信的社会规范，接下来就是如何和其他国家相处了。只有采取兵家实现军事自主和纵横家的外交自主，一个国家才可以创立起来并得到生存保证。一个站立起来的国家，要成为强国，就必须加上墨家的科技创新和法家的法律保障。

对诸子五家的共同部分，如富强、文明等，包括其中任意两家、三家、四家的组合或融合的，本书不展开专门阐述。至于医家、农家等，它们属于这五家在某个领域的应用，本书也不展开阐述。

本书作者黄德华在 2010—2022 年的 MBA 教学期间，对 1200 名 MBA 学生展开问卷调查，收回有效问卷 998 份，数据如表 4-1 所示。图 4-4 更好地显示了战国七雄的国家文化结构，它直观地告诉我们：秦国文化具有很强的竞争力。

表 4-1　战国七雄的文化结构研究[①]

学派	标准分	秦国	楚国	魏国	赵国	韩国	燕国	齐国
道家	6	3.5	3	2	2	3	3	3
儒家	6	2.5	2	4	3	3	4	5
墨家	6	5	4	3	3	3	3	4
法家	6	6	4	3	4	3	3	3
兵家	6	6	5	3	5	3	3	4
纵横家	6	6	3	3	3	3	3	3

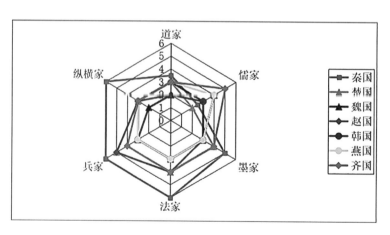

图 4-4　战国时期战国七雄的国家文化结构图

诸子五家，各有其所长。本书只阐述道、儒、墨、法、兵五家的各自独特的优秀

① 问卷中，6 分表示极其重视，5 分表示很重视，4 分表示重视，3 分表示一般，2 分表示不重视，1 分表示很不重视，0 分表示极不重视。表 4-1 与图 4-4 都体现了此次问卷调查的结果。

基因，诸如：道家主张自由、平等、相对论；儒家主张友善、敬业、有序；兵家主张正合奇胜、仁诡并举；墨家主张兼爱、非攻、民主、科技、创新；法家主张五公（公心、公义、公开、公正、公平）和法治。

当代中国，正在积极培育和践行社会主义核心价值观：富强、民主、文明、和谐，自由、平等、公正、法治，爱国、敬业、诚信、友善。社会主义核心价值观和中华民族手指文化结构存在一定的对应关系（墨家思想还包括对科技、创新的强调），如图4-5所示。要实现中华文化的创造性转化和创新性发展，就要兼用五家之长，解决当代或未来中华民族遇到的问题，引领中华民族健康发展。中华文化的五指结构模型，也可被用于企业文化的打造。那些基业长青的卓越企业，其文化之所以具有持续的竞争力，是因为其文化结构也如同中华文化五指结构一样和合协调。

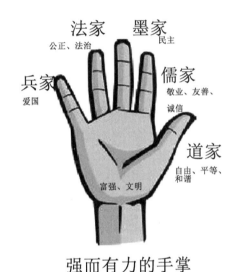

图4-5　社会主义核心价值观与中华文化五指结构

4.2　道家的国学

道家以道为世界的本原，以道为宇宙的普遍规律，其创始人为老子。先秦道家创始于老子，发展于列子，而大成于庄子。主要代表人物为老子、关尹、杨朱、子华子、列子、庄子、彭蒙、田骈等，主要著作有《道德经》《列子》《庄子》等。黄帝、老子、庄子是道家传统中最重要的三个符号，从广义上来说，道家主要分为老庄、黄老、杨朱三派，老庄派以老子、列子、庄子为代表，黄老派以彭蒙、田骈等为代表。子华子是世界上最早提出"生命在于运动"的哲学家，他的"动以养生"比古希腊思想家亚里士多德的"生命需要运动"要早300多年。列子用质量互变规律解释老子的柔弱胜刚强，他在《列子·黄帝》一文中表示，柔积蓄到一定程度必定刚，弱积蓄到一定程度必定强。观测它们所积蓄的，就可以知道祸福的趋向了。靠刚强胜过不如自己的，等到对方与自己相当就会遭殃；靠柔弱胜过超过自己的，力量便不可估量。列子还为我们留下了很多富有精气神的寓言故事，如两小儿辩日、愚公移山、多歧亡羊等。《庄子·至乐》借列子的话，认为万物是普遍联系的，万物是运动变化的。

道家的核心主张是辩证思维，唯道是从，道法自然，以道治国。另外，道家还流传下来自由、平等和相对论等优秀文化。

第一，自由。相对而言，庄子更关注心学，是道家心学的开创者，他更关注个人精神和心灵的超越，他把老子的"自化、自正、自为、自生"等创新发展为"自由"，追求精神自由畅达，自由逍遥于内在的精神家园。这一思想体现在他的名篇《庄子·逍遥游》中，"逍遥游"是生命自由的最佳境界。庄子认为，身躯是有形的，心灵（或精神）是无形的，有形的东西难以自由，而无形的东西可以自由，人可以乘物游心。万物都有自由：小虫小鸟，诸如蜩、鸠、朝菌、斥鴳有自由；大鸟，诸如鲲鹏、冥灵有自由；大树，诸如大椿有自由；长寿者，诸如彭祖有自由；知识分子，诸如列子也有自由。以上的自由都是有所待的，是有形之游，是有限度之游，是相对之游。大舟靠着积水才能航行，大鹏只有培风才能翱翔，列子只有御风才能漫游。真正的自由是"逍遥游"，是无形之游，是超脱万物、无所依赖、绝对自由的精神之游，他们无所待而游无穷。黄庭坚在《致政王殿丞逍遥亭》诗中云："漆园著书五十二，致意最在逍遥游。"《庄子·秋水》和《史记·老庄申韩列传》记载，庄子为身心的自由，拒绝楚威王，像自由自在生活在泥中的乌龟。庄子在濮水边垂钓，楚威王派遣两位大臣先行前往致意，说："楚王愿将国内政事委托给你。"庄子手把钓竿，头也不回地说："我听说楚国有一神龟，被杀死的时候已经活了3000年了，楚王用竹箱装着它，用巾饰覆盖着它，将它珍藏在宗庙里。这只神龟，是愿意为了留下骨骸显示尊贵而死去呢，还是愿意活着在泥水里拖着尾巴呢？"两位大臣说："宁愿拖着尾巴活在泥水里。"庄子说："你们走吧！我仍将拖着尾巴生活在泥水中。"做自由的乌龟，做冲天的大鹏，均不影响他人的自由。自古以来，我们中国人的自由观念是，在不侵害他人和社会的前提下实现自己的自由。

晚清学者严复认为，道家的自由与西方的自由主义有相通之处。他说，治国宜顺自然，听其自由，不可多做干涉。这与西方的"小政府大市场"的治国理念异曲同工。美国自由至上主义者穆瑞·罗斯巴德称老子与其他道家学派代表人物为"世界上第一批古典自由主义者"，英国哲学家J.J.克拉克认为道家思想是西方自由主义的直接源头，他们认为近代重农学派的代表人物弗朗斯瓦·魁奈将"无为"翻译为"自由放任"是正确的，并认为道家思想对亚当·斯密的自由经济思想产生了直接影响。

第二，平等。人与人是平等的，人与他物也是平等的。《道德经》第五章云："天地不仁，以万物为刍狗；圣人不仁，以百姓为刍狗。"老子认为，天地父母无所偏爱，无所偏心，以平等大爱的慈悲心对待所有的人类、动物、植物，连用草扎成的狗也得到了平等对待，因为一切万物都是天地父母所化育。得道抱一的圣人一样也没有偏心，没有偏爱，用平等心对待所有的百姓、动物、植物，认为他们没有尊贱之分，把动物、植物都视同人民百姓而平等善待之。物我同胞，和光同尘，众生平等。庄子发展了老子的平等思想，他说："以道观之，物无贵贱。道在万物，万物平等。"庄子在《庄子·齐物论》中提出了"天地与我并生，而万物与我为一"的平等观点，主张人应突破自我形躯的局限而对万物加以整体性把握。庄子的齐一，不是同一，也不是消除差异，而是物我同胞的辩证统一，是世间万物的物质属性的平等。《庄子·齐物论》中有两个寓言：一为"三籁"，说明事物间天然的差异性的永存；二是王倪的"正处""正色""正味"之辩，说明万物各自价值标准的差异性和相对性。庄子重视事物天然的本性，认为天然的本性都合乎性命之常情，天然的差异也是合理的。这对个性和差异的尊重，正是庄子平等观念的深刻之处。《庄子·德充符》云："自其异者视之，肝胆楚越也；自其同者视之，万物皆一也。"《庄子·天地》云："万物一府，死生同状。"

《庄子·齐物论》记载了"庄周梦蝶"故事。庄周梦见自己变成蝴蝶，欣然自得地飞舞着，这是多么愉快和惬意啊！突然间醒来，惊慌不定之间方知原来是我庄周。不知是庄周梦中变成蝴蝶，还是蝴蝶梦见自己变成庄周。庄周与蝴蝶必定是有区别的，所以"庄周梦蝶"体现了物、我的交合与变化。这个故事说明了庄周和蝴蝶是平等的，没有贵贱之分，庄周是蝴蝶，蝴蝶是庄周，他们都齐一于物。庄周与蝴蝶是平等而互化的。唐代著名诗人李白在《古风》中所写的首联"庄周梦蝴蝶，蝴蝶为庄周"，李商隐的"庄生晓梦迷蝴蝶"等，都是例证。

第三，相对。庄子把老子的辩证思维，创新发展为相对思维。老子认为，人类不但要认识到我、有、无私、强、贵、高、善、美、好、福、大等"阳"的方面的价值，还要认识到无我、无、私、弱、贱、低、恶、丑、坏、祸、小等"阴"的方面的价值，更重要的是，要认识"道"，认识到有无、贵贱、美丑、好坏、昼夜、寒暑之间是变化、发展的。大小可以转化，贵贱可以转化，是非可以转化。庄子把辩证思维的内容扩展为两仪本身也是相对的。有用和无用、大与小、有与无、强与弱、刚与柔、彼与此、是与非等都是相对的。同一物品，在甲为无用，在乙为有用，何也？相对也，用途异也。

《庄子·逍遥游》记载，惠施认为大葫芦空而无用，庄子却认为将大葫芦制成舟可游江河。惠施认为樗虽大但无用，庄子却认为人们在夏日可在大樗下乘凉休息。没有绝对的有用，也没有绝对的无用，大葫芦的有用和无用取决于使用它们的方法和场合等。《逍遥游》还认为，小知和大知、小年和大年，是相对的。作为人不要嘲弄小知（蜩鸠），也不要嫉妒大知（大鹏），小知和大知都有各自的自由。小年（短寿）和大年（长寿）是相对的：800岁的彭祖相对普通人来说，是大年的；但相对大椿树而言，彭祖就成了小年。作为人要心胸宽广而高远，不可执着不化，有无和大小都是相对的，不是绝对的。《庄子·天运》认为，用草扎成的狗还没有用于祭祀，一定会用竹制的箱笼来装，用绣有图纹的饰物来装饰，祭祀斋戒后迎送着。等到它已用于祭祀，行路人就踩踏它的头颅和脊背，拾草的人会将它捡回去用于烧火煮饭。刍狗，好比现代的花圈，在祭祀结束之前是很受人们重视的祭品（尊），但用过以后即被丢弃（贱）。同一个东西，因所处的位置不同而有尊贱之分，尊贱一体，故尊贱是相对和互化的。

《庄子·秋水》是庄子相对论体现得较为集中的文章。《庄子·秋水》开篇就写黄河悟道，河伯（黄河）自以为大，遇到北海，它才知道自己小。北海把自己放在天地之间看待，认为自己是小的。它知晓天地虽大，但比起更大的东西来也如小小的米粒；它知晓毫毛之末虽小，但比起更小的东西来也如高大的山丘。小的不以为小，大的不以为大，大与小具有相对性。

大与小，美与丑都要有参照物，面对不同的参照物，其结论是不同的。杭州是大城市还是小城市？选择上海作为参照物，杭州是小城市；选择金华作为参照物，杭州是大城市。"则阳"一篇云："生而美者，人与之鉴，不告则不知其美于人也。"在不同人的眼里，其大与小，其美与丑也是不同的。自己认为美的，他人就可能认为丑；自己认为丑的，他人也可能认为美。"山木"云："其美者自美，吾不知其美也；其恶者自恶，吾不知其恶也。"

4.3 儒家的国学

大约从公元前 7 世纪起，周朝的封建统治开始衰落，皇族子弟的教师，以及有些皇室成员本人都散落在民间，以教授经书为生，有的因谙习礼仪而成为人家婚丧嫁娶、祭祀或其他礼仪的襄礼（司仪），这些人被称为"儒"。从孔子开始，"儒"的概念发生了变化，渐渐地脱离了巫的范围。孔子是中国历史上首开私学的教育家之一，号称"弟子三千，贤人七十二"，他和他的学生们把古代为贵族所垄断的礼仪和各种知识传播到民间，逐渐形成儒家学派。儒家思想，又称儒学、孔孟思想、孔儒思想，为历代儒客所尊崇和传播。他们特别注重人与人之间的伦理关系，并将之运用到政治实践中，使其成为指导性的原则。在先秦时，儒家和墨家并称"显学"。先秦儒家创始于孔子，发展于曾子、子夏和子思等，集大成于孟子。先秦儒家主要代表人物有孔子、颜回、曾子、子思、子夏、孟子等。孔子逝世以后，儒家分派，百年之后，孟子的理论成为儒家正统，儒家得到了新生。庄子后学在《庄子·渔父》中评论儒家云："性服忠信，身行仁义，饰礼乐，选人伦，上以忠于世主，下以化于齐民，将以利天下。"但孔子因主张"述而不作"而没有留下他个人的著作，先秦儒家的主要著作有曾子的《大学》、子思的《中庸》、孔子的弟子们集体创作的《论语》和孟子的弟子们的集体著作《孟子》。

在西汉中后期，道儒两家各自都有个明显的趋势就是：道家往下层社会发展成民间道教，而儒家则在上层社会发展成了庙堂儒教。先秦儒家有很多优秀的文化基因，有些基因是他们所特有的，如友善、有序和尊敬等。

第一，友善。

友善，友好向善之意，出自《汉书》"相友善"，是中国人处理人际关系的基本准则。善，最早见于金文。其本义是像羊一样说话，"良""好""驯善"，引申为友好、擅长、赞许、容易、喜爱等。如《左传·襄公三十一年》云："其所善者，吾则行之；其所恶者，吾则改之。"如《管子·宙合》云："民之兴善也如此，汤武之功是也。"如《管子·枢言》云："为善者有福。"如《管子·八观》云："是以民之道正行善，也若性然。"

道家也谈善，尤其以老子、庄子谈善居多。老子在《道德经》中提到"善"字有49处，其中最著名的几处是："上善若水。""善者，吾善之；不善者，吾亦善之，得善。""道者，善人之宝。""天道无亲，常与善人。"庄子在《庄子》中提到的"善"字有70处，其中著名的是"洗我以善""善始善终"等。老子提到"善"字多于孔子，庄子提到"善"字的频率低于孟子。

儒家的"德治"主义就是主张以道德去感化教育人。儒家认为，人人都可以用道德去感化教育。这种教化方式，是一种心理上的改造，使人心向善，知道耻辱而无奸邪之心。这是最彻底、根本和积极的办法，断非法律制裁所能办到。儒家把《诗经》记载的人性的美德发展为人性向善，《诗经·烝民》云："民之秉彝，好是懿德。"

曾子在《大学》里提到的"孝悌忠信"和"正心诚意而修身"和"内省慎独"是向善的内涵，而他主张的修齐治平是建功立业的主要行为。曾子在《大学》里提到7个"善"字，4个"不善"，其中最为著名的是："楚国无以为宝，惟善以为宝。"此外，《大学》里还有不少表示向善含义的字词：仁、孝、忠、信、恕、德、慈、敬、贤、义、明德、亲民、意诚、心正、自谦、仁亲等。子思在《中庸》里提到的"中和为本""诚为天道"及"三达德"是向善的内涵，他在《中庸》里提到10个"善"字，1个"不善"，其中最为著名的是"诚之者，择善而固执之者也"。《中庸》中也有不少表示向善意思的字词：仁、孝、德、敬、爱、亲、义、勇、诚、信、忠恕、尊贤、忠信、和而不流、中立不倚等。《论语》里提到35个"善"字，包括6个"不善"的"善"字，最为著名的是"择其善者而从之""乐道人之善"和"见善如不及"等。尽管孔子提到"善"字不多，但有大量的表示向善意思的字词：仁、忠、信、孝、悌、爱、贤、德、温、良、恭、俭、让、和、义、礼、朋、悦、乐、敬、慈、安、诚、正、直、泰、刚、毅、恕、惠、君子、不愠、弘道、言而有信、富而无骄、为政以德、见贤思齐、少者怀之、己欲达而达人、诲人不倦、为政三足、成人之美、修己安人、君子三戒等。

孟子大谈"善"字，在《孟子》一书中，提到"善"字多达111次，著名的有"君子莫大乎与人为善""乐善不倦""禹闻善言则拜"等。不仅如此，孟子还把孔子他们的"向善"发展为"性本善"。《孟子·滕文公》云："孟子道性善，言必称尧舜。"《孟子·告子》云："人性之善也，犹水之就下也。人无有不善，水无有不下。"

人性为什么本善呢？首先，孟子认为人有四心（四端），他在《孟子·公孙丑》中说："人皆有不忍人之心者，今人乍见孺子将入于井，皆有怵惕恻隐之心。非所以内交于孺子之父母也，非所以要誉于乡党朋友也，非恶其声而然也。由是观之，无恻隐之心，非人也；无羞恶之心，非人也；无辞让之心，非人也；无是非之心，非人也。恻隐之心，仁之端也；羞恶之心，义之端也；辞让之心，礼之端也；是非之心，智之端也。

人之有是四端也，犹其有四体也。有是四端而自谓不能者，自贼者也；谓其君不能者，贼其君者也。凡有四端于我者，知皆扩而充之矣，若火之始然，泉之始达。苟能充之，足以保四海；苟不充之，不足以事父母。"

其次，四心是众人皆固有的。孟子在《孟子·告子》中说："恻隐之心，人皆有之；羞恶之心，人皆有之；恭敬之心，人皆有之；是非之心，人皆有之。恻隐之心，仁也；羞恶之心，义也；恭敬之心，礼也；是非之心，智也。仁义礼智，非由外铄我也，我固有之也，弗思耳矣。"他在《孟子·尽心》中继续阐述了何谓仁，何谓义。他说："人皆有所不忍，达之于其所忍，仁也；人皆有所不为，达之于其所为，义也。人能充无欲害人之心，而仁不可胜用也；人能充无穿踰之心，而义不可胜用也。"

最后，孟子认为人心有相同之处。《孟子·告子》云："心之所同然者何也？谓理也，义也。圣人先得我心之所同然耳。"孟子认为，人心相同之处是良心（仁和义）与良知。孟子把"仁"视为人心，把"义"视为人路，二者均属于善的范畴。孟子说，人人都有良心，只是贤人能做到不丧失良心而已。某些人丧失了良心，就好像活的树木被天天砍伐一样，晚上培养出来的良心，白天被砍伐消磨掉了。孟子还说，人人都有良知，他给良知下了定义，如《孟子·尽心》云："人之所不学而能者，其良能也；所不虑而知者，其良知也。"现代人认为，良知就是与生俱来的内心是非律、心灵深处的审判官和人的正向自我立法。

第二，有序。

序，指的是次第、依次排列。《诗经·行苇》云："序宾以贤。"序，也指学校，中国商朝时期把办的学校称为"序"，周朝把学校称为"庠"，故学校在中国古代有东序、西序或庠序之称。为什么商朝把学校称为序呢？本书认为，这是因为学校是次第讲述规律的地方。如《礼记·王制》云："夏后氏养国老于东序，养庶老于西序。"如《孟子·滕文公》："序者，射也。"序是教射的场所（或学校）。如《孟子·梁惠王》："谨庠序之教，申之以孝悌之义。"

有序，是指有次第，有排列，是指物质的系统结构或运动是确定的、有规则的。序是事物的结构形式，指事物或系统组成诸要素之间的联系。有序的相对性是指事物的组成要素的联系处于永恒的运动变化之中，即有序是动态的、变化的有序。当事物组成要素具有某种约束性、呈现某种规律时，就称该事物或系统是有序的。人之所以为人，是因为人们能够辨别事物的有序性。人通过认识事物的有序性，来促成事物不断从无序向有序转化。

子思和孟子多次谈到"序"，子思在《中庸》中说："宗庙之礼，所以序昭穆也；序爵，所以辨贵贱也；序事，所以辨贤也；旅酬下为上，所以逮贱也；燕毛，所以序齿也。"

虽然《庄子》中也出现了 7 个"序"字，但只有"春夏先，秋冬后，四时之序"和"随序之相理"符合庄子在《庄子·内篇》中的观点。

荀子也接受儒家的"有序"主张，他在《荀子》一书中多次谈到"序"，认为社会有序是人的本能所趋。如《荀子·君道》："序事业……次定而序不乱。"如《荀子·议兵》："百官得序。"如《荀子·礼论》："四时以序。"如《荀子·成相》："尚德推贤不失序。"

孟子在《孟子·滕文公》中说"长幼有序"，"长幼有序"为中华五伦（父子有亲，君臣有义，夫妇有别，长幼有序，朋友有信）之一。孟子认为亲亲、仁民和爱物是有先后顺序的，他在《孟子·尽心》中说："亲亲而仁民，仁民而爱物。"孟子认为百姓、国家和君王的重要性也是有顺序的，他在《孟子·尽心》中说："民为贵，社稷次之，君为轻。"

有序，也称有次序，是指有排列的先后。《管子·乘马》云"知先后之序"；《管子·形势解》云"日月星辰得其序"。《吕氏春秋·执一》云"父子有序"；《吕氏春秋·召类》云"寒暑之序"。"次序"一词，在目前已知的文献里，最早出现在《荀子·礼论》，荀子云："于是其中焉，方皇周挟，曲得其次序，是圣人也。"

秩序，既指常规的次序，也指在自然进程和社会进程中都存在着某种程序的一致性、连续性和确定性。人们把秩序分为自然秩序和社会秩序。自然秩序由自然规律所支配，如日出日落、月亏月盈等；社会秩序由社会规则所构建和维系，是指人们在长期社会交往过程中形成的相对稳定的关系模式、结构和状态。

人类社会从无序（混沌）走向有序，需要采取协同（或协调）战术。孔子他们用礼、仁、忠、孝、信、义等价值观来规范和教化人们，让社会从无序走向有序，实现社会的协同和稳定。儒家的"五伦有序""仁而有序""礼而有序"，满足了人们对"有序社会"的需求。法家提出的"法而有序"，虽然不是人们所愿意的，但也得到人们的支持。道家提出的"朴而有序""平而有序""序法自然"，未能满足人们对秩序的需求。墨家未能明确提出保证社会有序运转的措施，而实际上墨家拥有"科而有序"或"技而有序"的思维。

第三，尊敬。

"尊敬"一词，最早出现在《诗经》的序文中。《诗经·周南·葛覃序》："服澣濯之衣，尊敬师傅。""尊"字始见于商代甲骨文及商代金文，字形像双手捧樽，表示进献，本义为一种重要的用以盛东西的礼器，引申为重视且恭敬地对待。如《论语·子张》："君子尊贤而容众，嘉善而矜不能。"如《左传·昭公五年》："夏，莒牟夷以牟娄及防兹来奔。牟夷非卿而书，尊地也。"

"敬"字始见于西周金文，其本义为严肃、恭敬。其恭敬之义始见于春秋金文，引申为有礼貌地进献、虔诚地供奉等。"严肃"出自《吕氏春秋·尊师》，有"郑重、认真"之义，而"认真"是指端正态度，不苟且。《管子·宙合》云："分敬而无妒。"这里的"分敬"是相互尊敬之意。管子谈"敬"比较多，如《管子·枢言》云"先王之书，心之敬执也"；如《管子·小称》云"大哉！恭逊敬爱之道"；如《管子·四称》云"有道之君，敬其山川、宗庙、社稷，及至先故之大臣"；如《管子·内业》云"敬除其舍，精将自来……

严容畏敬，精将至定"等。管子认为，"敦敬忠信"是职场人士的基本素质，"忠"是职场人士的最高品行。

《道德经》中没有"敬"字，《庄子》里的"敬"字也非常少，仅有7处，如《庄子·山木》云："孔子曰：'敬闻命矣！'"如《庄子·寓言》云："阳子居蹴然变容曰：'敬闻命矣！'"如《庄子·让王》云："时祀尽敬而不祈喜。"

"敬"，成为儒家学说的一个基本范畴，为"尊重"和"礼貌地对待"之义，如《论语·先进》："门人不敬子路。"尊重是指一种认为对方比自己地位高而必须重视对方的心态，现引申为平等相待的心态。尊重对方意味着无条件接纳对方，意味着平等、礼貌、信任、真诚地对待对方和保护对方隐私等。

"敬"是儒家思想中的一条重要的伦理规范。所谓的"祭主敬"，也就是强调在从事祭礼的时候，要有尊重的心理。"敬"的对象从天地、鬼神、祖宗等，扩展到人事，如敬自己父母与师长，再后来则成了做人的基本原则之一，从而引申为敬人、敬事、敬业等。

孔子对于"敬"的精神高度重视，有过"色难"的表述。也就是说，子女在侍奉父母的时候一直保持愉悦这一点是很难做到的。他感慨地说："今之孝者，是谓能养。至于犬马，皆能有养；不敬，何以别乎？"他认为如果没有敬的态度，孝父母与养犬马又有什么区别呢？

在表示尊重、有礼貌的意思上，"敬"和"恭"是同义词，文献中常对举。《论语·子路》云："居处恭，执事敬。"分开说，"恭"侧重于外貌的谦逊有礼，"敬"侧重于内心的严肃尊重。尊在貌为恭，在心为敬。

《大学》有2处提到"敬"字。《中庸》有6处提到"敬"字。《论语》有20处提到"敬"字。如"学而"云："敬事而信。""为政"云："临之以庄，则敬。""雍也"云："居敬而行简。""雍也"亦云："务民之义，敬鬼神而远之。""颜渊"云："君子敬而无失。""子路"云："上好礼，则民莫敢不敬""执事敬"。"宪问"云："修己以敬。""卫灵公"云；"行笃敬""事君，敬其事而后其食""不庄以莅之，则民不敬"。"季氏"云："事思敬。""子张"云："祭思敬。""公冶长"中也记载了孔子多次谈到"敬"：一是评价子产时，他说子产"其事上也敬"；二是评价晏子（晏平仲）时，他说晏子"晏平仲善与人交，久而敬之"。孟子在《孟子》中谈到"敬"字有40处，著名的有"有礼者敬人""敬人者人恒敬之""用下敬上，谓之贵贵；用上敬下，谓之尊贤""恭敬之心，礼也""敬老慈幼"等。

"四书"中提到"敬"字远远多于道家的《道德经》和《庄子》中提到的"敬"字。荀子在《荀子·臣道》中谈"敬人"，他说："仁者必敬人。凡人非贤，则案不肖也。人贤而不敬，则是禽兽也；人不肖而不敬，则是狎虎也。"他还说："敬人有道，贤者则贵而敬之，不肖者则畏而敬之；贤者则亲而敬之，不肖者则疏而敬之。其敬一也，其情二也。"吕不韦在《吕氏春秋·必己》谈"敬人"，他说："君子之自行也，敬人而不必见敬，爱人而不必见爱。敬爱人者，己也；见敬爱者，人也。"吕不韦还说："敬守一事，正性是喜""敬时爱日"。

"敬业"一词，最早出现《礼记·学记》"三年视敬业乐群"，敬业的含义就是以尊重的态度对待学业，后来被引申为以尊重的态度对待所做的工作（职业），是一个人对自己所从事的工作及学习而采取的尊重和负责的态度，是人们在某集体工作及学习时，严格遵守职业道德的态度。"敬业"一词虽然没有出现在《论语》中，但孔子在《论语》中的"执事敬"和"事思敬"，实际上和"敬业"异曲同工，纯属一个意思。

4.4　墨家的国学

墨家，是墨子创立的学派，墨家思想主要涉及社会政治、伦理及认识论问题，墨家关注现世战乱，在逻辑学、科学和创新上有独特的贡献。墨家主要代表人物有：墨子、禽滑厘、高石子、公尚过、耕柱子、魏越、随巢子、胡非子、管黔澈、高何、索卢参、屈将子、孟胜、田襄子（田鸠）、腹䵍、相里勤、邓陵等。

墨子，即墨翟，宋国人，和孔子、庄子一样，也是商汤的后裔。他曾担任过宋国大夫。墨子和孔子一样，是个大教育家，他首创了"文、理、工、军"的综合性学校，传播他的思想，为诸侯国提供治国理政的人才。如果把先秦的学术界比作大学，那么墨家创办的学校则是唯一的理工科大学，道家和儒家创办的是文科大学。为此，他和孔子一样，付出了其全部心血，《文子·自然》记载了道家对他们这种精神的评价——"孔子无黔突，墨子无暖席"。墨氏大学培养了许多很受诸侯国喜欢的人才，史称"弟子弥丰，充满天下"。

孟子在《孟子·滕文公》说："杨朱、墨翟之言盈天下，天下之言不归杨，则归墨。"孟子认为，道家（杨朱）和墨家（墨子）的思想在他所处的时代影响巨大。孟子在《孟子·尽心》中说："墨子兼爱，摩顶放踵利天下，为之。"战国后期，墨家和儒家齐驱并驾，韩非子在《韩非子·显学》说："世之显学，儒墨也。儒之所至，孔丘也；墨之所至，墨翟也。"《韩非子·外储说》记载楚王说："墨子者，显学也。"《荀子·成相》云："墨术行。"（墨家学说流传广。）《吕氏春秋·当染》云："此二士者（孔子和墨子），无爵位以显人，无赏禄以利人。举天下之显荣者，必称此二士也。皆死久矣，从属弥众，弟子弥丰，充满天下。"《吕氏春秋·不侵》云："孔墨，布衣之士也，万乘之主、千乘之君不能与之争士也。"《吕氏春秋·谕大》云："孔丘、墨翟欲行大道于世而不成，既足以成显名矣。"吕不韦还说："孔墨之后学显荣于天下者众矣，不可胜数""孔墨之弟子徒属充满天下，皆以仁义之术教导于天下""孔墨欲行大道于世而不成，既足以成显荣矣"。北宋黄庭坚后裔黄子澂说，在当时能与老子、孔子相抗衡者，唯墨子是也。

墨家的最大遗憾是，当墨子和禽滑厘逝世后，墨家分为相里氏之墨、相夫氏之墨、邓陵氏之墨三个学派，墨家弟子虽多，但未能出现中兴之弟子再造墨家学说，故在汉朝以后，墨家由显学变成了隐学，墨学进入最低潮的时期，基本上处于停滞阶段，治墨者屈指可数。道家，在老子之后，隔了几代，出现了中兴之才庄子；儒家，在孔子之后，分为8派，过了百余年，孟子成为儒家的代言人，实现了儒家的中兴；兵家，在孙子之后，隔了几代，出现了孙膑，既传承孙子的著作，也创作个人的著作《孙膑兵法》，实现了中兴；法家，在商鞅之后，隔了几代，出现集大成者韩非，致使法家达到新的高度。道、儒、兵和法，因后继有顶级人才而实现中兴，甚至变成中华民族的显学，而墨家因后继无顶级人才而默默无闻了2000多年，墨家思想变成了中华民族文化的隐性基因。

幸运的是，从明朝开始，我国先贤开始整理、注释和研究《墨子》，特别是清朝末年，我国重新认识到墨学的价值，于是纷纷主张"墨学救国"。孙诒让创作的《墨子间诂》把《墨子》校注推向高峰，现代墨学复活，全由此书。墨学进入了复兴轨道。学者邹伯奇提出了"西学源出墨学"的说法，他认为西方的天文、历法、算学等，都源于《墨子》，西方人曾依墨子的理论做过小孔成像的实验，制造过望远镜与照相机。经学家王闿运则认为《墨子》是西方宗教的源头，如佛家之释迦牟尼、基督教之耶稣都无官位俸禄而被奉为圣师，当受惠于墨学。诗人黄遵宪更是提出：西方的人权源于墨子的尚同，西方的独尊上帝源于墨子的尊天明鬼，西方的平等博爱源于墨子的兼爱；西学物理发达，源于"墨经"，西学长于器械制造源于墨子造木鸢之术。现代著名历史学家王桐龄在1922年形容道："就目下形势而论，墨子学说之传播力，乃正如日出东方，光焰万丈，有普照全世界之观矣。"蒋维乔说："墨家之学，融古今世界于一兼……而舍身救世之精神，尤非他家所及。"章太炎说："墨子之道德，非孔老所敢窥视。"梁启超说："则墨学精神，深入人心，至今不坠，因以形成吾民族特性之一者，盖有之矣。墨教之根本义，在肯牺牲自己。"爱国志士易白沙说："周秦诸子之学，差可益于国人而无余毒者，殆莫过于墨子矣。"毛泽东说墨子是"古代辩证唯物主义大家"，墨子是"比孔子更高明的圣人"。墨学从此变成了中华文化的显性基因且至今仍发挥着它的作用。

墨家有很多优秀的基因，如亲士、尚贤、节用、务实、兼爱、非攻、事在人为、辩证、逻辑推理、三表法等。诸如《墨子》的"仁，体爱也""义，利也""礼，敬也""智，明也""信，言合于意也""忠，以为利而强低也""孝，利亲也""勇，志之所以敢也""利，所得而喜也"等。本书重点探析墨家独特的五大优秀基因——兼爱、非攻、民主、科学、创新。其中兼爱是非攻的伦理道德基础，民主是非攻的政治基础，科技与创新是非攻的物质实力基础，非攻是兼爱、民主和科技创新的必然结果。兼爱和非攻得到中小诸侯国的支持，科技与创新得到大中小诸侯国的支持，尤其受到诸侯大国的喜欢。民主方面的"集中原则、统一全国思想"的观点，也受到诸侯大国的偏爱。

第一，兼爱。

管子讲忠爱（《管子·五辅》云"待民以忠爱，而民可使亲"），孔子讲仁爱（《论语·颜渊》云"樊迟问仁。子曰：'爱人。'"），墨子讲兼爱。兼爱，出自《墨子·法仪》

"兼爱天下"，也出自《墨子·兼爱》中的"兼相爱"。"兼"字始见于春秋金文，其古字形像一只手拿着两把禾苗，本义为并得、同时拥有、一同、一并、两（多）方面都要，引申为同时做几件事情或者占有几样东西。

按照墨子的本义，兼爱有三个含义。其一，兼爱是兼相爱，是兼而爱之。爱别人就像爱自己，彼此之间互相地爱，没有等级地位和家族地域的限制。兼爱就是同时广泛地关爱所有人，是对人类普遍的爱。墨子认为，人的爱是平等的，人无贵贱，都是天之人。《墨子·法仪》云："天必欲人之相爱相利……以其兼而爱之，兼而利之也。"墨子在《墨子·法仪》中还说："爱人利人者，天必福之……兼爱天下之百姓。"《墨子·尚贤》云："其为政乎天下也，兼而爱之，从而利之……爱利万民。"《墨子·天志》云："爱人者此为博焉（故后人把兼爱称为博爱），利人者此为厚焉。""兼天下而爱之。"《墨子·大取》云："爱人之亲，若爱其亲。"《墨子·鲁问》云："爱利百姓。"《墨子·兼爱》记载，墨子认为，人类乱的根源在于人类之间不相爱，不相爱是乱的源头。他认为"兼相爱"者，对待别人就像对待自己，爱人若爱其身，视人身若其身，视人家若其家，视人国若其国，天下就会大治。通俗地讲，兼爱就是同时爱，就是多爱、众爱、爱大家，就是你爱我我爱你，是一种"公敬"的行为。古之兼爱，今之博爱。兼爱是从《礼记·礼运》的"不独亲其亲，不独子其子"发展而来。其二，兼爱是仁爱和义爱并举。墨子在《墨子·兼爱》说："兼即仁矣，义矣。"从这段话中本书得出，兼爱是指融仁爱和义爱于一体的爱，兼爱，不仅仅有仁爱，同时也包含了义爱。墨子讲兼爱，常以"兼相爱，交相利"这几个字连讲，兼相爱是理念原则，交相利是实行这理念的方法。兼相爱是托尔斯泰式的利他主义，交相利是克鲁泡特金式的互助主义。墨子的兼爱相利，就是利他和互助的高度统一，也就是"仁"和"义"的高度融合。其三，兼爱，包括爱自己。墨子在"大取"中云："爱人不外己，己在所爱之中。己在所爱，爱加于己。"爱别人与爱自己，没有厚薄之分，厚爱别人并不是不爱自己。爱在人格上是平等的，爱没有排斥关系，能兼爱者，必定自爱。《墨子·大取》云："兼爱之，有相若。""兼爱相若，一爱相若。"

墨子的兼爱兼利，得到荀子等先贤的认可和引用。《荀子·非十二子》云："长养人民，兼利天下。"《荀子·富国》云："兼而爱之。"《荀子·成相》云："尧让贤，以为民，泛利兼爱德施均。"庄子把墨子的"兼爱相利"说成"泛爱兼利"，《庄子·天下》云："墨子泛爱兼利而非斗，其道不怒。"《管子·权修》云："厚爱利，足以亲之。"《管子·版法》云："兼爱无遗，是谓君心。"商鞅在《商君书·开塞》中认为中国人"爱利为务"。吕不韦在《吕氏春秋·精通》中云"以爱利民为心"；《吕氏春秋·审应》云"兼爱天下"；《吕氏春秋·恃君》云"群之可聚也，相与利之也"。曹操在《度关山》诗云"兼爱尚同，疏者为戚"。

清末学者孙诒让在《墨子闲诂·墨家诸子钩沉》说，随巢子在论述"兼爱"时说"有疏而无绝，有后而无遗"：有亲疏的差别，但没有被拒绝的；有先后的差别，但没有被遗忘的。他认为孟子及其弟子们误解了"兼爱"的本质含义，兼爱更多的是表达"爱无等级"，爱是以平等人格为基础的博爱。对于兼爱从谁开始，这个话题，墨子没有给出结论。据《孟子·滕文公》，墨家夷子认为，施爱由亲始，但本书认为，施爱未必从亲人开始。孟子有句名言"老吾老以及人之老，幼吾幼以及人之幼"，如果把这句话改成"爱人之老若爱吾老，爱人之幼若爱吾幼"，这就是墨子的"兼爱"。把别人的亲人看成自己的亲人；把别人看成自己。爱自己，就要爱别人；爱自己的父母和小孩，就要爱别人父母和小孩。一视同仁，一律平等。四海之内皆兄弟，相互关爱，团结互助。

爱有等差，按照黄氏四象圆思维，以等级为横坐标，以差别为纵坐标，那么就有四种情形。A有等级也有差别的爱，B有等级但无差别的爱，C无等级但有差别的爱，D无等级也无差别的爱。本书认为，墨子的"爱人如己"的兼爱，属于C情形，是无等级的爱，是平等的爱。这与儒家的"仁者爱人、亲亲为大"不同，儒家的仁爱是有亲疏贵贱的爱，儒家的仁爱属于A情形。兼爱是人与人之间要有一种平等的互相关心和互相帮助的态度，它以爱人为基础，包括爱自己、爱集体、爱祖国、爱人民、爱生命、爱人类的生存环境、爱大自然、爱人类的劳动创造、爱文明进步、爱一切真善美的事物。兼爱互利源于民心（大多数人的心，墨子称为"天意、天志"），源于人类的健康发展的内在驱动力。

墨子的兼爱比西方耶稣的"爱人如己"（博爱）早了400多年。梁启超在他的《先秦政治思想史》一书中说："在古今中外的哲人里面，同情心之厚，义务观念之强，牺牲精神之富，基督而外，墨子而已。"民国时期，中国人称墨子是"世界第一平等、博爱主义大家"。孙中山说：仁爱也是中国的道德，古时最讲爱字的莫过于墨子。墨子讲的兼爱与耶稣所讲的博爱是一样的。谭嗣同说："世之言夷狄者，谓其教出于墨，故兼利而非斗，好学而博不异。其生也勤，其死也薄，节用故析秋毫之利……景教之十字架，矩也，墨道也，运之则规也……故其教出于墨。"郭嵩焘认为耶稣"爱人如己"的博爱就是墨家"兼爱"的意思。

第二，非攻。

非攻，意思就是不要攻伐，就是和平。人民把墨子及其弟子看成伟大的和平主义者。墨子的和平之路，既有理论指导，也有实践方法。理论上，墨子他们从"兼相爱，交相利"的原则出发："视人之国，若视其国；视人之家，若视其家；视人之身，若视其身。"只有这样，才能做到"诸侯相爱，则不野战；家主相爱，则不相篡；人与人相爱，则不相贼；君臣相爱，则惠忠；父子相爱，则慈孝；兄弟相爱，则和调"。天下之人皆相爱，从而制止攻伐的战争。实践上，墨子设坛讲学，让他的弟子们周游诸国，用"兼爱非攻"的理论去说服诸侯国国君放弃侵略战争。有时候，为了制止一场攻战，墨子不惜冒着生命危险去亲自说服攻战的诸侯。止楚攻宋就是生动的例子。墨子及其弟子们利用科学技术和创造创新，发展了一整套有效的防御战体系，积极采取能有效制止攻伐战争的措施。墨子和他的弟子们，从爱利百姓的高度出发，极力反对攻伐之战，维护人间的和平生活，他们死不旋踵，赴汤蹈火，他们秉承"穷也兼爱于天下，达也兼爱于天下"的信念，为天下人类命运共同体而积极奋斗，充分显示出墨家弟子的崇高伟大的人格力量。

非攻，是兼爱学说的具体运用。不仅人之间要非攻（不要相互攻击），而且国之间更要非攻（不要相互攻战）。墨子认为，国不分大小，一律平等，大国不应欺负小国，强国不应欺负弱国。墨子非攻的"互不侵犯、平等相利、兼爱共处"，是我国在1953年提出的和平共处五项原则"互相尊重主权和领土完整、互不侵犯、互不干涉内政、平等互利、和平共处"的文化源头。

非攻并不等于非战，而是反对侵略，同时很注重自卫战争。墨子认为，盗窃杀人都是犯罪，侵略战争是最大规模的盗窃和杀人，发动侵略战争是最大的罪（侵略战争是有罪的）。如果反对盗窃和杀人，那就要反对侵略战争。庄子也有类似的观点，《庄子·胠箧》云："彼窃钩者诛，窃国者为诸侯。"自卫是反侵略的一个重要的组成部分，不自卫就等于不反侵略。墨家提倡非攻，反对不义战，反对攻伐掠夺的不义之战（攻伐无罪之国的战争）；不反对义战，墨家把正义战争分为防御自卫的战争和攻伐有罪之国的战争（包括兴天下之利且除天下之害的战争）。他们主张以积极防御来制止各种形式的侵略战争。

为此，他们积极投身于科技和创新，通过科技创新提高"非攻止战、积防止战"的物质能力，同时创立了墨子兵法。小国要做到不被大国侵略，墨子在《墨子·节葬》中认为，小国要做到多积贮，修固城郭，上下和谐。这类的小国，大国不敢也无理由侵犯它。

第三，民主。

民主，是大多数人做主，是人民做主，由民做主。墨家的"民主"与"为民作主"的儒家的"民主"有本质的区别。"民主"指人民所享有的参与国家事务和社会事务管理，或对国事自由发表意见的权利。民主的过程是听取每个人的意见，目的是找到最大公约数，按大多数人的意见即公共利益处理事务。墨家的民主思想主要体现在三篇文章里，核心是通过"选举和聚能"让天下大治。

墨子认为，天下义异，是天下祸根，《墨子·尚同》云："是一人一义，十人十义，百人百义，千人千义，逮至人之众，不可胜计也，则其所谓义者，亦不可胜计。此皆是其义，而非人之义，是以厚者有斗，而薄者有争。"我们人类社会如何消除这个祸根呢？墨子提出要从天下贤良、圣知、辨慧之人中，由人民选出一位来主持"统一思想"的工作。

在我国目前能见到的古代典籍里，出现"选××"字样，如《礼记·礼运》"大道之行也，天下为公，选贤与能"，如《礼记·王制》"命乡论秀士，升之司徒曰选士"，但"选天子"的只有《墨子》。《墨子·尚同》云："选天下之贤可者（贤良、圣知、辨慧之人），立以为天子。"墨子在这篇文章中，提到天子的由来。他认为，天子是由人民选出来的，其他的官吏，如三公、正长（行政长官）等也是由人民选出来的，这是墨子的民主思想。民主，人民当家做主，通过"选天子"来体现。墨子产生天子的方法，称为"民选"——人民选举。墨子在"兼爱"中提到两个国君进行演讲，让老百姓从中选举国君，也就是说，国君是由人民选举出来的。民选确保了人民成为"权力源"，这是实现主权在民的必要条件，是实现权力制约与监督的基础，是造就人民公仆的重要机制。墨子在2000多年前就提出了"由民众投票选举产生公共权力的执掌者"的思想，人先于国，民大于君，国君由人民选举。墨子的"民主"思想比约翰·洛克《政府论》中的"民主政体"理念要早2000多年。孟子虽然提出了"民贵君轻"的思想，但他没有直接回答如何产生君王，儒家认为"君权天授"。墨子之前的管子，在《管子·形势解》中云"立天子"；墨子之后的商鞅，没有谈"选国君"，他在《商君书·开塞》里谈到"立君"，谈到"立天子"；荀子谈到"立君"；韩非子也谈到"立君"或"使王"……虽然商鞅、荀子、韩非子认为是人民拥立、推举、设置国君，但与墨子的"选"来说，他们的观点是一种退步。我国历史上的元朝、清朝在开国之前和初期均采取推举制，但也未能采取"民选"制。中国的民选制在新中国得到了重生。本书认为黄宗羲的"民主君客"的思想源于《墨子·尚同》。

墨子认为，人民选贤者为天子的原因，在于人民都有自己各自坚持的道义，这些道义异而发散，是天下祸乱的根本。人民选出"天子"来消除这些因各自道义不同带来的纷争，所选出的"天子"是建立在人民有大多数的一致认同的基础上，天子的职责就是"使从事乎一同天下之义""以求兴天下之利，除天下之害"和"是以天下治"，也就是由他来主持"聚同化异"和"求同存异"，通过协商来最大化地统一人民的意志（思想和意识的统一），为人民谋取福利，为人民除去祸害，从而实现天下大治，这个过程就是当今的"集中"。自上而下统一意见，自下向上传递意见，再自上而下地协商统一意见，自下而上传递意见，依次循环而无穷。

《墨子·尚同》先谈"民主"，再谈"集中"，就是中国古代的"民主集中制"。

本书认为"尚同"有两个含义。其一，崇尚由人民产生天子。崇尚通过民主选举达成"谁是天子"的共识。其二，崇尚大家就天子所主持的意见达成统一，从而达到大同世界。墨子说："尚同义其上。"在尚同于上的过程中，凡听到或看到善，必须报告给上面；凡听到或看到不善，也必须报告给上面。上面认为是对的，必须也认为对；上面认为是错的，必须也认为错。自己有好的计谋，就广泛地献给上面；上面有过失，就加以规谏。与上面意见一致，而不要有与下面勾结的私心。尚大同，存小异，上下一心，为国家服务。本书把这一过程理解为"集中"，认为墨子的"尚同"就是我们中国共产党民主集中制的思想源头和文化之根。

"尚同"还体现在共同遵守法律上。法从天（民意）来，包括天子在内的所有人都要共同遵守法。

第四，科学。

墨子是科学和技术融合的大师，既是数学和物理学的理论家，也是技术发明和创新的实践家。墨家的"墨经"是中国历史上最接近科学启蒙的著作。在2000多年前，"墨经"就集合了"小孔成像""重力运动""杠杆理论"等科学原理，仅以学术意义论，堪称领先当时一个时代。墨子比阿基米德掌握杠杆原理要早两个多世纪，与欧几里得一样对几何学进行了朴素且严密的定义。中国历史上的发明与经典工程，都可以从"墨经"中找到源头。

墨子认为，宇宙是一个连续的整体，个体或局部都是由这个统一的整体分出来的，都是这个统一整体的组成部分。换句话说，也就是整体包含着个体，整体又是由个体所构成，整体与个体之间有着必然的有机联系。从这一连续的宇宙观出发，墨子进而建立了关于时空的理论。他把时间定名为"久"，把空间定名为"宇"，并给出了"久"和"宇"的定义，即"久"为包括古今旦暮的一切时间，"宇"为包括东西中南北的一切空间，时间和空间都是连续不间断的。

在给出了时空的定义之后，墨子又进一步论述了时空是有限还是无限的问题。他认为，时空既是有穷的，又是无穷的。对于整体来说，时空是无穷的；而对于部分来说，时空则是有穷的。他还指出，连续的时空由时空元组成。他把时空元定义为"始"和"端"，"始"是时间中不可再分割的最小单位，"端"是空间中不可再分割的最小单位。这样就形成了时空是连续无穷的，这连续无穷的时空又是由最小的单元所构成，在无穷中包含着有穷，在连续中包含着不连续的时空理论。在时空理论的基础上，墨子建立了自己的运动论。他把时间、空间和物体运动统一起来，联系在一起。他认为，在连续的统一的宇宙中，物体的运动表现为在时间中的先后差异和在空间中的位置迁移上。没有时间先后和位置远近的变化，也就无所谓运动，离开时空的单纯运动是不存在的。现代人把墨子的这些科学原理，称为墨子"三大定律"：运动的空间相关性定律、运动的时空统一性定律和运动的静止相对性定律。

近代以来的中国人认为墨子是中国科学家的鼻祖，是中国最伟大的科学家，是极具人文爱心的科学家，中国人将墨子尊为"科圣"——科学技术圣人。墨子是中国历史上第一个从理性高度对待数学问题的科学家，他给出了一系列数学概念的命题和定义，这些命题和定义都具有高度的抽象性和严密性。墨子所给出的数学概念主要有：倍、同长、中、圆、正方形、直线等。墨子还给出了力的定义，说："力，刑（形）之所以奋也。"也就是说，力是物体运动的原因。墨子还给出了"动"与"止"的定义：他认为"动"是力推送的缘故；更为重要的是，他还提出了"止，无久之不止，当牛非马"的观点，意思是对物体运动的停止来自阻力阻抗的作用，如果没有阻力的话，物体会永远运动下去。这样的观点，被认为是牛顿惯性定律的先驱，比世界上其他的同类思想早了1000多年。墨子的运动观是物理学诞生和发展的标志。亚里士多德认为力是物体运动的原因，没有力物体就不会运动，而停止是物体的本性。蔡元培认为，墨子是中国的亚里士多德而又胜过亚里士多德。墨子还提出了杠杆定理，他指出，称重物时秤杆之所以会平衡，是因为"本"短"标"长。用现代的科学语言来说，"本"即阻力臂，"标"即动力臂，写成力学公式就是：动力×动力臂（标）=阻力×阻力臂（本）。此外，墨子还对斜面、重心、滚动摩擦等力学问题进行了一系列的研究。在光学史上，墨子是第一个进行光学实验（如小孔成像实验），并对几何光学进行系统研究的科学家。墨子奠定了几何光学的基础，他不仅探讨了光与影的关系，还对平面镜、凹面镜、凸面镜等进行了相当系统的研究，得出了几何光学的一系列基本原理。李约瑟在《中国科学技术史》物理卷中说，墨子关于光学的研究，"比我们所知的希腊的为早""印度亦不能比拟"。墨子创立了以几何学、物理学、光学、逻辑学为突出成就的一整套科学理论，中国清代物理学家、中国近代科学先驱、中国照相机之父邹伯奇说："西学源出墨学。"甚至有不少中国人认为墨子是西学鼻祖。

墨子及其弟子关于科学的研究，是春秋战国时代权力和金钱的新来源。有科学，就会有新的强权和新的财富。科学技术创造发明带来的武器优势，使诸侯国军事强大；科学技术创造发明带来的工农器具优势，使诸侯国工农业强大。一个小国和弱国，通过重视科学技术，摇身一变为强国，进而成为大国，比如秦国。秦国重视科技，从而产生了机械主义的世界观，把世界上的一切运动纳入可测算的规律范围，进一步产生了唯物主义、理性主义和实用主义的世界观，物质第一性，精神第二性。秦国人民务实求是，他们认为一切观念的真理性只有经过有用有效的实践加以证实，才能得到认可。

第五，创新。

墨子继往开来，是一位伟大的继承与创新并重的中国先贤。墨子的创造创新能力很强。墨子集科学家与工程师等多重身份于一身，利用光学、力学、声学等原理，在实践的基础上发明和制造出能飞的木鸢（据《韩非子》记载，墨子造的木鸢可以在天上飞一天一夜，墨氏木鸢就好比当今的无人机）、提水的桔槔，以及悬滑车、云梯、转射机、藉车、连弩车、瞄准仪等实用性极强的生产工具和攻防器械，另外还更新了造车技术。墨子及其弟子在生产实践中，善于创造发明、不断创新改进技术。

他主张对善的东西进行阐述和传播，积极主动弘扬，对当下善的东西要挖掘、要创造创新创作，这样就可以使善的东西增多。《墨子·耕柱》记载，当宣传孔学的公孟子说"君子不作，术而已"时，墨子说："吾以为古之善者则诛之，今之善者则作之，欲善之益多也"。本书把这里的"述"理解为继承，把"作"理解为创作、创新。墨子既重视继承，也重视创新。具体阐述见第六章第十节。

春秋战国时期，技术以祖传秘方的形式存在，很多技术经历了发明失传，失传再发明的过程，低水平发明不断重复出现。有些作坊取得了垄断地位，得到了超额利润，没有技术革新的动力。加之工匠普遍都是文盲，不善于进行技术总结、传播、交流和理论创新，技术多数只能以师徒相传的方式进行缓慢传播。春秋战国时代的四民制度对工匠的贬低，也不利于技术进步。而墨子他们顺应了时代的需求，帮助春秋战国时期的底层技术工人构建了稳定的智慧传承系统，墨家的教学内容是农业、手工业、军事器械制造、逻辑及早期自然科学。墨家弟子在手工业制造时发现，通过系统的实验可以找出因果关系，并且可以把它们总结记录与传承下去，以有效避免重复研究。

墨子精通器械制造，他是当时著名的军事机械制造专家，与同代著名的公输班（即鲁班）齐名。墨家发明的机械连弩、木鸢、风筝等东西都领先了世界千年之久，墨家对力学、光学、声学和建筑学等科学上都进行了开创性的创新和发展。因此，墨家为各国统治者提供了各国争霸所急需的物质和科学技术力量。墨家在很多诸侯国都受到欢迎，尤其是秦、楚、赵、齐等。从《吕氏春秋·去私》的记载来看，墨家在秦国很受尊敬，墨家巨子腹䵍在秦国，秦惠文王与他的交情不浅，宁愿为他破例救他的儿子。湖北省云梦县出土的《睡虎地秦简》中记载的秦国的法律、职官名称、计量制度及语词的书写格式同《墨子·备城门》以下各篇的记载很相似，秦国的城池守备处处有着《墨子》中各种城市守备方式的影子。有专家认为《墨子·备城门》以下各篇"很可能是惠文王及其以后秦国墨者的著作"。

墨子的创新，建立在理性和逻辑的基础上。新不是为了"新"而创，而是为了"是否有利于人民的利益"而创，墨子的创新属于务实有效的理性创新。墨子认为，判断事物的有与无，不能凭个人的臆想，而要以大家所看到的和所听到的为依据。他第一个提出了检验认识真伪的标准，即三表："上本之于古者圣王之事"（历史经验），"下原察百姓耳目之实"（所见所闻），"废（发）以为刑政，观其中国家百姓人民之利"（国家百姓利益）。墨子把"事""实""利"综合起来，以间接经验、直接经验和社会效果为准绳，努力排除个人的主观成见。对任何一件事物，都要以这样的标准来考评。

墨子主张把知识分为"闻知""说知""亲知"三类："闻知"是传授的知识，"说知"是推理的知识，"亲知"是实践经验的知识。这就否定了唯心主义的先验论。在事物的论证上，墨家发展出了"或、假、效、辟、侔、援、推"7种推理模式，也就是通过假设、比喻、推理、类比等方法，获取事物的真相。墨子认为，思维的目的是探求客观事物间的必然联系，以及反映这种必然联系的形式，并用"名"（概念）、"辞"（判断）、"说"（推理）表达出来。"以类取，以类予"，相当于现代逻辑学中的类比，是一种重要的推理方法。此外，墨子还总结出了假言、直言、选言、演绎、归纳等多种推理方法，阐述了同一律、矛盾律、排中律等逻辑思维规律，从而使墨家形成一个条理清晰、系统分明的体系。本书把墨子的逻辑学观点称为墨氏逻辑学，它在古代世界中独树一帜，它与古代希腊的逻辑学、古代印度的因明学并立。

4.5 法家的国学

法家，是中国历史上提倡以法治国（法制治国）的重要学派，以富国强兵为己任。他们主张法为民命，以法教心、垂法而治，不别亲疏、不殊贵贱，一断于法，故被称为法家。他们以天下为公，为万民立法，为天下立制，为万世开太平。三国刘劭说：

"建法立制，强国富人，是谓法家。"

法家重视法律及制度的实际效用，他们把法律及制度视为一种有利于社会健康运行的强制性工具，通过法律及制度让人类社会在明晰、稳定、有序中健康地运行和发展。韩非子在"六反"中说："故明主之治国也，适其时事以致财物，论其税赋以均贫富，厚其爵禄以尽贤能，重其刑罚以禁奸邪，使民以力得富，以事致贵，以过受罪，以功致赏而不念慈惠之赐，此帝王之政也。"法家的研究范围涉及法律、经济、金融、货币、国际贸易、行政管理、组织理论及运筹学等社会科学。

法的本义为：在实践活动中，人与人、人与自然的最高行事准则（万物运行的规律）。其名词属性，是指道、规律、万物运行的真理。后被引申为：原则，标准，策略，方式，技术，必须遵守的戒律、刑律、律令，佛教、道教教义中的真理、规范。法的起源与解廌有密切关系。最初，苍颉造字时把法字写成"灋"：左边是水，意思是如水般平正，象征法律的公正；右边是"廌"和"去"，表示法兽解廌秉性公正，能辨是非、明曲直，敢于伸张正义，去除邪恶阴谋。所以它是法的象征，法律的产生也就和解廌的存在连为一体了。"灋"字是会意字，造得很有深意：一是公平裁判、明断曲直，这是我国古代先哲赋予"灋"字的基本含义；二是"灋"或许代表了人民心底的向往，"灋"应该对任何人都公平公正，如遇不平，就应该坚决将不平除去。只是到了很久很久以后，有个徇私枉法的赃官，害怕解廌的威望和严厉，把"廌"字去掉，让"灋"变成了今天的"法"字。综上所述，古体的"法"字写作"灋"，而"廌"即为獬豸，解廌作为法律象征的地位就这样被认定下来。由"灋"到"法"，"廌"字虽然已被隐去，然而它象征的中国传统法律文化并没有消失。

解廌，因额上通常长一角，故俗称独角兽。在中国古代传说里，朦疏（出自《山海经·西山经》）就是东方独角兽的一种。解廌，也称獬豸或解豸，是古代传说中的异兽，体形大者如牛，小者如羊，类似麒麟，全身长着浓密黝黑的毛，双目明亮有神。

法兽解廌，据说原来住在东北荒一带，样子像麒麟，又像牛，还有的如神羊，遍身有浓密而深黑的毛发。后来，它到人间为神兽，任务很明确：凡是看到人们相互殴斗，对于其中的"不直"者，也就是无理或行为不正当的人，就立刻冲上去用角顶撞他；凡听到人们议论，对其中肆意诬陷他人、搬弄是非、以假乱真者，它同样用角抵触，以示惩戒。因此，它获得了普天下人们的承认，人们认为它是一只最公正无私的神兽。

尧时的著名法官叫皋陶，他长得貌丑鸟嘴（一说马嘴），脸色青中带绿，像个怪兽，人人见了害怕。可他是个铁面无私的法官，对一切案件都能立即处置，一点不出差错。皋陶靠什么？原来就是靠着解廌。这样一来，解廌就成了一个审判官的助手。因它整天在法官面前断案，法官们就送它一个名字叫"法兽"。

春秋五霸之一的楚国，有个大法官办案一向公正，凡碰到疑难案件，总要让解廌判定。一次，有个王宫的卫士偷了宫廷珍宝，为此楚文王大怒，下令要对所有卫士治罪。上千卫士到齐后，交由解廌判定，结果解廌抵出的一个卫士就是盗贼，这才使众多的无辜者未被枉杀。楚文王为此很受教育，他主动做了一个解廌冠戴，以警示自己执法要公正无私。秦灭楚后，把解廌冠赐给执法近臣、御史大夫每人一顶，表示执法官要如解廌那样刚正不阿，秉法如绳。

后来，解廌的公平无私，被作为一种客观标准运用于案件审理，解廌也逐渐演变成神明裁判。到了东汉时期，皋陶像与解廌图成了衙门中不可缺少饰品，而獬豸冠则被冠以法冠之名，执法官也因此被称为解廌，这种习尚被一直延续下来。至清代，御史和按察使等监察司法官员都一律戴解廌冠，穿绣有解廌图案的补服。

法家最早可追溯于尧、舜、夏、商时期的理官，皋陶是中华司法的始祖，架构了中国最早的司法制度体系（五刑、五教）。他采用独角兽解廌治狱，坚持公平公正；强调"法治"与"德政"的结合，促进社会和谐，天下大治。《周易·噬嗑》："雷电噬嗑，先王以明罚敕法。""国法"一词，源自《周礼·秋官·朝士》的"凡民同货财者，令以国法行之"。此外，《荀子·大略》（"国法禁拾遗"）、《史记·循吏列传》（"李离过杀而伏剑，晋文以正国法"）、《管子·任法》中也引用了《周礼》中的"国法"。"公法"一词源自《管子·任法》的"倍其公法，损其正心，专听其大臣者，危主也"。《韩非子·有度》也提到："故当今之时，能去私曲就公法者，民安而国治；能去私行行公法者，则兵强而敌弱。"

春秋时期，郭偃、管仲、子产（姬侨）是法家的先驱。战国初期，李悝、吴起、商鞅、申不害、慎到等开创了法家学派。至战国末期，韩非综合商鞅的"法"（法律制度，简称法制）、慎到的"法势"和申不害的"法术"，集法家思想学说之大成。魏国李悝的《法经》诞生于公元前5世纪下半叶，是中国历史上第一部比较系统的成文法典。遗憾的是，它已经失传了。根据现有文献，最早提到《法经》的史料是由《晋书·刑法志》记录下来的三国时期陈群、刘劭等人撰写的《魏律·序》。《晋书·刑法志》记载，《法经》分"盗""贼""囚""捕""杂""具"6篇。战国时期的法家著作及《史记》《汉书》中都未提及《法经》。故本书把遗有著作《商君书》的实践家商鞅视为法家创始人，把韩非子视为法家的"中兴大师"。另外，就如把道家视为"老庄学"，把儒家视为"孔孟之道"一样，本书把法家视为"商韩学"或"商韩之道"。唐朝的科举中设有法家科目。

我们人类社会存在一个基本矛盾：人的欲望无限和地球资源有限。人的欲望升级容易，降级很难。《管子·权修》云："地之生财有时，民之用力有倦，而人君之欲无穷，以有时与有倦，养无穷之君，而度量不生于其间，则上下相疾也。是以臣有杀其君，子有杀其父者矣。"迄今为止，人类解决这个基本矛盾有五大方法：战争（掠夺、偷窃）、宗教伦理（包括中国的礼制）、法律、专利和管理。法律的功能在于通过他律（畏惧被惩罚），迫使人把自己的欲望（人欲）控制在有限的资源允许的范围内，或把人欲引向不侵占他人或公共资源的范围内。

法律保障人的基本合理的欲望和所拥有的合法资源不受外来的侵犯。管子说："法者，天下之至道也。"韩非子说，"法者，事最适者也""治强生于法""治民无常，唯治为法"等。

执法者，要有爱人民的心和行为。法律，是爱护人民的。法，要有爱。《管子·七法》云："法爱于人。"商鞅在《商君书·更法》中说："法者，所以爱民也。"法律，解决组织中人与人的关系问题，属于公共领域的话题。法家特别注重对"公"的意识和行为的培养。他们通过法律，把人民引向为"公众及其利益"担责。管子云"爱民无私""废私立公""任公而不任私""至公而无私"。商鞅云"先实公仓，收余以事亲"。韩非子云"塞私门之请而遂公家之劳""明于公私之分""公事不犯""专举公而私不从""忠臣尽忠于公"。《吕氏春秋·高义》云"公直无私"；《吕氏春秋·举难》云"以私胜公，衰国之政也"。庄子评价慎到等法家学派代表人物说："公而不党。"太华居士说："法之爱民，导其公心，节其所欲。"

法家有很多优秀的文化基因，如法不可不审、法自民出、万民的要求是法律（秦公簋铭文中有一句"迈民是敕"）、司法独立、依法治国（缘法而治、任法而治）、法要爱民、一法（"法制有常"）、明法贵正、法从利民、相爱不阿（"爱人不徇私"）、法与时转、公国一民等。韩非子还提出了"公民"一词，《韩非子·五蠹》云："是以公民少而私人众矣。"本书重点阐述"五公"基因：公心、公义、公开、公正、公平。公者，共同之意。本书提炼的"法之五公"，就是法家提倡的"五个共同"或"五个共有"的优秀品质或优秀基因。

第一，公心。

公心，公众之心，为公众利益着想的心意。它是针对私心而言的社会心理，每个人为了生存于社会都会有为自身利益着想之心，这是生存所需；每个人又都是生活于社会大家庭中的，每个人都会有为公众利益着想之心，这是推动社会发展的基础。当公心大于私心时，人即会选择放弃私心，社会则会进入良性循环；当私心大于公心时，人即会选择放弃公心，社会则会进入恶性循环。

《管子·牧民》云："无私者，可置以为政。"《管子·五辅》云："则为人君者，中正而无私。"《管子·小匡》云："行之无私，则足以容众矣。"《尸子》云："自井中观星，所见不过数星；自丘上以望，则见其始出也，又见其入，非明益也，势使然也。夫私心井中也，公心丘上也。"《荀子·正名》云："以仁心说，以学心听，以公心辨。"

明末清初王夫之在《张子正蒙注·中正》中提出"公欲"一词，他说："恻然有动之心，发生于太和之气，故苟有诸己，人必欲之，合天下之公欲，不违二气之正，乖戾之所以化也。"这里的"公欲"是指公众的欲望。本书认为人有满足公众欲望的心，这个"心"就是公心。有公心的人，会坚持公义，就会公开、公正、公平地执行公法。韩非子认为，有公心者"能去私行行公法"。韩非子在《韩非子·解老》中说："公心不偏党也。"黄子澈云："法治之枢纽，太上导人民之公心，其次导人民之公言，其次导人民之公事。"

第二，公义。

公义，公众的义理，大多数人认可的道理和利益。也可以把公义理解为公开的正义、公认的正义，是公道、公理、公利的近义词。《吕氏春秋·上农》云："少私义则公法立。"《管子·明法》云："离公道而行私术矣。""公理"最早出现在《管子·形势解》中"行天道，出公理，则远者自亲。"《三国志·吴志·张温传》云："爱憎不由公理。"

公理人人皆可知，公义人人皆可为。法律要符合大众认可的道理和大众的利益，在执法过程中，在为人民服务的过程中，要遵循公开的正义，把公众的利益放在首位，用公众认可的道理处理执法过程中所遇到的异议，不得徇私。

《墨子·尚贤上》云："举公义，辟私怨。"《慎子·威德》云："法制礼籍，所以立公义也。"《荀子·修身》云："君子之以公义胜私欲也。"《韩非子·说难》云："必以公义示而强之。"《韩非子·解老》云："义必公正。"《韩非子·饰邪》云："夫令必行，禁必止，人主之公义也……私义行则乱，公义行则治，故公私有分。人臣有私心，有公义。修身洁白而行公行正，居官无私，人臣之公义也……明主在上，则人臣去私心行公义；乱主在上，则人臣去公义行私心。"

公义，也有公共（公众）的议论和公众舆论之意。本书取公众义理和公众利益之意。《荀子·君道》："公义明而私事息矣。"荀悦在《汉纪·武帝纪二》中说："圣人以天下为度者也，不以私怒伤天下公议。"《三国志·蜀书》云："虽好尚不同，以公义相取。"秦观在《白敏中论》中云："夫公义私恩适不两全，犹当以道，权其轻重，奈何无故而废之哉。"黄庭坚家族的遗训是："千里做官为公义，为官之义在公心。"

公义还包括了公利，公利就是公共利益。《左传·昭公二十六年》云："士不滥，官不滔，大夫不收公利。"《商君书·壹言》云："上开公利而塞私门，以致民力，私劳不显于国，私门不请于君。"《荀子·赋》云："志爱公利。"《韩非子·八经》云："赏必出乎公利。"

第三，公开。

公开，就是向大众公布而没有隐蔽，为大众服务而没有隐瞒。公示、公告是它的近义词。法要公布于众。既然法律是治理国家的依据，是人民应当遵守的行为规范，那么法律就应当以成文的形式出现，并做到家喻户晓。韩非在《韩非子·定法》中云："法者，宪令著于官府，刑罚必于民心，赏存乎慎法，而罚加乎奸令者也。"之所以公布法，其目的有二：一是"使万民知所避就"，能以法律自戒；二是监督官吏，使之公开断案，防止罪犯法外求情。

中国自古就有法律公开的传统，远古时期，中国人"悬刑象之法，让万民观之"。法律公开，让百姓知晓，在中国古代称为"明法"。《管子·禁藏》曰："于以养老张弱，完活万民，莫明焉。"《韩非子·难三》云："法莫如显""明主言法，则境内卑贱莫不闻知也"。法布于百姓，让法律进入人们的心中，那么就能实现"民治而国安"。《尚书·多方》称之为"先教后诛"。以法为教，公开而教之，让民自断于法。

第四，公正。

公正，就是正直地处理公众的事务，正直地为公众服务，为人民服务而不偏私。管子说："上以公正论，以法制断。"慎到说："权衡，所以立公正也。"《管子·桓公问》："毋以私好恶害公正。"《荀子·正论》："故上者下之本也……上公正则下易直矣。"《荀子·正名》："贵公正而贱鄙争。"《荀子·赋》："公正无私。"荀子把公正无私的人称为"公正之士"和"公士"，公士处理事务纷争时，不以私害之。因而，公士适合做执法者，适合为公众服务。荀子还认为，公正就耳聪目明，他在《荀子·不苟》中说："公生明。"韩非子说："故群臣公政而无私，不隐贤，不进不肖。"

依法办事，执法要公正。法家坚决反对在法律之外讲仁爱和道德，韩非子云："明其法禁，察其谋计。法明，则内无变乱之患；计得，则外无死虏之祸。故存国者，非仁义也。"他认为，"任法而治"要排除一切人为的因素，主张"上法而不上贤"，以免"人存政举，人亡政息"，避免"舍法任智则危"的结局。

执法公正，表现在法官独立，法大于权。《管子·法法》云："不为爱民亏其法，法爱于民。"孟子作为儒家亚圣，曾认为，如果舜的父亲违法了，法官皋陶就要秉公执法，即使舜作为天子，也不得干涉皋陶执法。遗憾的是，秦朝以后的儒家学派放弃了孟子这个秉公执法的思想。执法公正，要求证据确凿，实事求是，不受相关利益者干扰。

第五，公平。

公平，公开场合的平等，为公众服务要保持平等的心和采取平等的行为。《吕氏春秋·大乐》云："平出于公，公出于道。"

法无等级，法若分贵贱贫富，则非善法也。全国一法，法律面前人人平等。法家认为，法一旦颁布生效，就必须"官不私亲，法不遗爱"，为官者要"任法去私"。法家强调"法"作为规范社会的统一标准，乃"尺寸也，绳墨也，规矩也，衡石也，斗斛也，角量也"。管子在《管子·任法》中引用"君臣上下贵贱皆发（发的注释为遵守）焉"，这表明，中华民族自古就强调公平执法，法律面前人人平等，人人要遵守法律，包括帝王。商鞅认为，人人都要遵守法，他在"修权"中说："法者，君臣之所共操也。"他在"赏刑"中说"刑无等级"。法具有客观性和稳定性，在运用过程中不因人的主观因素不同而发生变化，对任何人都应当做到一视同仁。所谓"君臣上下贵贱皆从法""法不阿贵，绳不挠曲""刑过不避大臣，赏善不遗匹夫""罚不避亲贵"等，皆体现了法家公平执法的决心。

唯法是视，执法公平，避免私心、私怨和私恩。《管子·形势解》："天公平而无私，故美恶莫不覆；地公平而无私，故小大莫不载。"《管子·任法》："以法制行之，如天地之无私也。"《管子·禁藏》："不为亲戚故贵易其法……视法严于亲戚。"《管子·明法解》："公平而无所偏……行法而无私。"《战国策·秦策一》："商君治秦，法令至行，公平无私。"《商君书·靳令》："法平，则吏无奸。"《荀子·王制》云："公平者，听之衡也。"《韩非子·守道》云："天下公平，而齐民之情正矣。"韩非子还说："（刑罚）不辟亲贵，法行所爱。""吏者，平法者也；治国者，不可失平也。"唐朝史学家吴兢说："理国要道，在于公平正直。"清末民初香港企业家何启说："公者无私之谓也，平者无偏之谓也。"他还说："公与平者，即国之基址也。"管子认为，为了公平执法，执法人员要做到："贵不能威，富不能禄，贱不能事，近不能亲，美不能淫也。"管子还说，执法人员决不能"枉法而从私"。

4.6 兵家的国学

兵家是中国古代对战略家与军事家的统称，又特指先秦对战略与战争研究的派别。战争是政治的继续。兵家研究战争的规律并用其指导战争，探究在不得不运用武力达到政治目的时，怎么样去使用武力。兵家又分为兵权谋家、兵形势家、兵阴阳家和兵技巧家四类。

兵家有很多著名的人物，如黄帝时期的应龙和风后，商汤时期的伊尹，西周时期的吕尚，春秋时期的孙武、田穰苴，战国时期的孙膑、吴起、尉缭子、魏无忌、白起等。今存兵家著作有《黄帝阴符经》《六韬》《三略》《孙子兵法》《司马穰苴兵法》《孙膑兵法》《吴子》《尉缭子》等。各家兵学说虽有异同，但是都包含着丰富的朴素唯物论与辩证法因素。其中《孙子兵法》是孙武的个人著作，是兵家集大成的著作，为中国最杰出的兵书，并深受世界各地重视。本书把孙武视为兵家的创始人（鼻祖）。孙膑继承和发展了孙武的军事理论，把"道"看作战争客观规律，提出了以寡胜众、以弱胜强的战法，主张以进攻为主的战略，根据不同地形，创造有利的进攻形势，重视对城邑的进攻和对阵法的运用，著有《孙膑兵法》一书。

即使在非战争时期，人们依然需要兵家思想。兵家是最讲究实际功效的一家，兵家要解决问题，并在解决问题时达到取胜的目标。商业领域是兵家思想运用的第二大领域，尤其是在市场经济时代。战国时期，把《孙子兵法》用于经商的人不可计数，其中著名商人的白圭（被尊为商业理论鼻祖）说："吾治生产，犹伊尹、吕尚之谋，孙吴用兵，商鞅行法是也。"他认为商场如战场，只有随机应变，巧用兵法，方可立于不败之地。北宋黄庭坚被尊为"江西诗祖"，是研究诗词规律的第一人，也是把《孙子兵法》引入诗词书文创作的第一人。他认为诗词创作要谋篇布局，章构句法，奇正相生，百战百胜，如孙吴用兵。其后人黄子澈把这个观点提炼为"写诗用兵法，正合奇胜"。黄庭坚也是把《孙子兵法》引入读书方法领域的第一人，他认为读书首先应该像集中兵力破敌一样，长此以往就能体悟书籍作者的用心之处。其次，要在最初时集中精力熟读一两本书，之后再读其余书，就会势如破竹，迎刃而解。宋人王子予向黄庭坚请教读书法，黄庭坚在写给王子予的信中说："古人有言：'并敌一向，千里杀将。'要虚心地收汗马之功，读书乃有味；弃书策而游息，书味犹在胸中，久之乃见古人用心处。如此则尽心于一两书，其余如破竹节，皆迎刃而解也。古人尝喻植杨。盖杨，天下易生之木也，倒植之而生，横植之而生。一人植之，一人拔之，虽千日之功皆弃。此最善喻！"

先贤们留给我们很多智慧，如管子的"兵者外以诛暴，内以禁邪"，如孙武的"智、信、仁、勇、严"（"将之武德有五"），如孙武的"地之道也，将之至任，不可不察"，如老子的"（兵）胜而不美""以奇用兵""祸莫大于轻敌"，如尉缭子的"夫谓治者，使民无私也"，如吕不韦的"兵诚义，以诛暴君而振苦民""义兵之为天下良药也亦大矣"和"兵有本干：必义，必智，必勇"等。本书重点探析兵家的"正合奇胜和仁诡并举"。

"正"与"奇"是一对哲学范畴。"正"与"奇"相辅相成，能互相转化。"奇正相生"多用于军事上。在军事部署上，负责正面进攻的为正兵，负责两侧偷袭的为奇兵；守备部队、正规部队为正兵，机动部队、预备部队为奇兵；钳制部队为正兵，突击部队为奇兵。在作战方式上，对阵交锋为正术，迂回侧击为奇术。在战争原则上，按照常规，运用一般原则为正，按照特殊情况灵活应变为奇。"正"是指正常、常规、用兵的常法，反映着战争指导的一般规律；"奇"是指变化、隐藏、用兵的变法，反映着战争指导的特殊规律。孙膑在《孙膑兵法·奇正》说：用阵形对阵形，是常规战法，叫作"正"；不用固定的阵形去对付固定的阵形，是非常规战法，叫作"奇"。"奇"和"正"的变化是无穷无尽的，关键在于酌情运用，掌握分寸。

"正合奇胜"有很多含义，比如，用正兵（术）合战，以奇兵（术）取胜。"正合"指用常规战法对付常规战法，"奇胜"指用隐秘莫测、出其不意的战法赢得战争。如，正合奇胜是指战略符合正义，战术出奇（出乎敌方意料的差异化）制胜。

孙武在《孙子兵法·兵势》说："三军之众，可使必受敌而无败者，奇正是也。"他还说："凡战者，以正合，以奇胜。"他接着说："战势不过奇正，奇正之变，不可胜穷也。奇正相生，如循环之无端，孰能穷之哉！"尉缭子说："善御敌者，正兵先合，而后振之，此必胜之术也。"他还说："正兵贵先，奇兵贵后，或先或后，制敌者也。"

"正合"主要表现在以下几个方面。

对内团结人民，取得人民的支持，战争要符合"道"。《孙子兵法·始计》中说："令民与上同意。"《孙子兵法·谋攻》云："上下同欲者胜。"《孙子兵法·军形》中云："修道而保法。""道"让我方立于不败之地，把握住战争的主动权。如果没有把握战争主动权，也要积极通过"修道"争取民心支持，通过"求己原则"和"操之在我"，实现从"自不可被战胜"进入"自胜者雄"，做到先自胜而求（待）战。《孙子兵法·军形》中还说："胜者之战民也，若决积水于千仞之溪者，形也。"《孙子兵法·兵势》中也说："故善战人之势，如转圆石于千仞之山者，势也。"人民是战争取胜的根本。决定抗战胜利的根本是什么？毛泽东主席在《论持久战》中给出了明确回答：军民是胜利之本。战争的胜利之根源在于民众，在政治上动员军民是取胜的根本环节。敌人深陷在人民群众的汪洋大海之中，必然会战败。孙膑在《孙膑兵法·八阵》中说，（为将）要"上知天之道，下知地之理，内得其民之心"。《孙膑兵法·月战》说："间于天地之间，莫贵于人……天时、地利、人和，三者不得，虽胜有殃。"尉缭子认为，军队以沉着冷静制胜，国家以统一团结制胜。吴起说，治理国家要"必先教百姓而亲万民"，他认为，治国者，要杜绝"四不和"，有道之君要先和而造大事。出师符合正义，容易得到民心。吴起把禁暴除乱且拯救危难的士兵称为"义兵"；尉缭子也认为，王者讨伐暴乱，是为了伸张仁义。

以正合治军。加强军队的军事制度建设，用公法和正义治军，本书称之为"正合治军"。孙武在《孙子兵法·行军》中说治军要"令之以文，齐之以武"。他认为带兵要和士兵融洽相处，并取得士兵的信任，这样才能使战令得到一贯的执行。《孙子兵法·行军》中云："令素行以教其民，则民服；令不素行以教其民，则民不服。令素行，与众相得也。"他还说，将帅管理部队要公正严明而有条不紊。《孙子兵法·九地》中云："将军之事……正以治。"尉缭子认为，"凡兵，制必先定"。"明制度于前，重威刑于后。"他还认为，法制必须与教化相结合，他说："先礼信而后爵禄，先廉耻而后刑罚，先亲爱而后律其身。"吴起说，"进有重赏，退有重刑，行之以信"。

遵循战争规律，运用正确的战略战术。孙武认为将帅要正确运用"四治"，《孙子兵法·军争》中说："故善用兵者，避其锐气，击其惰归，此治气者也。以治待乱，以静待哗，此治心者也。以近待远，以佚待劳，以饱待饥，此治力者也。无邀正正之旗，勿击堂堂之阵，此治变者也。"尉缭子认为，凡是正义的战争，最好由我首先发动，为争私结怨的战争，应是出于不得已。因结怨而引起的战争，最好后发制人。所以说，发动战争，必须看准时机，即使战争结束，也应当戒备。

战争要以国家和人民及其利益最大化为使命。孙武认为，战争要保全百姓，符合国家利益。兵家认为战争虽然残酷，但必须以战止战，做到"战胜而强立，效天下服矣"。

兵家主张出奇制敌，吴起在《吴子兵法·应变》中也说"为奇以胜之"，本书认为奇胜主要体现在以下几个方面。

将领要有军事辩证思维。孙武认为，将帅要懂得运用迂直变化、利害变化等九变之术来带兵打仗。因敌制胜，出其不意。孙武在《孙子兵法·九地》中认为，用兵的道理，就是要迅速，趁敌人措手不及时动手，走敌人意料不到的道路，攻击敌人没有戒备的地方。孙膑在《孙膑兵法·奇正》中说："善战者，见敌之所长，则知其所短；见敌之所不足，则知其所有余。"孙膑还说："同，不足以相胜也，故以异为奇。是以，静为动奇，佚为劳奇，饱为饥奇，治为乱奇，众为寡奇。发而为正，其未发者奇也。奇发而不报，则胜矣。有余奇者，过胜者也。"吴起也认为，懂得辩证思维是为将者的基本素质，他说："总文武者，军之将也，兼刚柔者，兵之事也。""奇"和"正"的关系本身就是辩证关系，是"形"和"势"的辩证关系的另一种表达，形要正、势要奇。"形"是客观、静态、实际和显而易见的，孙武把敌我双方的政治、经济、军事、科技的实力视为"形"，它是硬实力，是战争的基础；"势"是主动创造的、动态的、可见或不可见的、隐蔽的，它是软实力，是战争的关键。军政实力过于悬殊会引起的"势"差，由"形强"带来的"势大"很重要，但不可怕，善战者应更重视战场上是否可以产生"新势"，这种势是由主动创造的新机会所带来的。比如，对方的"形""势"比我方强，但在战争过程中，我方占据了有利地形，通过计谋让对方内部不和，通过计谋让对方士气陡降，"新势"就产生了，我方进入"形虽弱但势大"，而敌方陷入"形强势小"的新局面，我方的获胜机会就大大增加。这里"随机应变产生计谋"的能力，被称为"出奇"的能力，即产生差异化的能力。

运兵计谋要不可测。孙武认为，善于用兵的人，能够故意改变任务，变更计谋，使人们无法识破作战计划。驻军常改变驻地，进军迂回绕道，使人们无法推断行动意图。他在《孙子兵法·九地》中说：战争开始时要像处女一样沉静，不露声色，设计使敌人放松戒备；敌人放松戒备后，要像脱兔一样迅速行动，使敌人来不及抵抗。

修文德，行仁举。黄帝是武文成帝的典范。尉缭子说，黄帝用武力征伐敌人，用文德安定天下。《尉缭子·兵令》中云："兵者，以武为植，以文为种……能审此二者，知胜败矣。文所以视利害、辨安危；武所以犯强敌、力攻守也。"吴起也说，为君要"内修文德，外治武备"。兵家认为，战争虽为"武"，但在"武"中也要重视"文"的运用。文事要讲"仁术"，武事勿忘"诡计"，军事将帅要协同运用仁术和诡计。仁术让自己强大，诡计让敌人陷困，取得对敌方的压倒性优势而获得胜利。尉缭子认为："凡兵，有以道胜……讲武料敌，使敌之气失而师散，虽形全而不为之用，此道胜也。"本书认为"道胜"属于"仁举"，尉缭子的"故善将者，爱与威而已"中的"爱"也是"仁举"。

孙武认为，在作战中，如果能"全其国、全其军、全其旅、全其卒、全其伍"而获胜，做到"不战而胜"，那就是"善之善者也"，就是仁而胜。为了实现这个"仁而胜"，就要采取"上兵伐谋，其次伐交"战略，在实施这个战略时，可以采取诡计阴谋。战胜敌人要采取"仁诡并举"的战略原则。

仁，体现在为君为将要有德上。孙膑在《孙膑兵法·篡卒》中云："德行者，兵之厚积也。信者，兵之明赏也。"孙膑认为将帅要具有"信、忠、敢"三种品质才能赢得君主的信任，他在《孙膑兵法·将义》中说，将帅只有具备"义、仁、德、信、智"五个要素，才能赢得战争。吴起在《吴子兵法·图国》中说，治国者要有"道、义、礼、仁"四德，国家才会兴旺发达。

孙武说："兵者，诡道也。"孙武归纳整理了"诡道十二法"，他说："故能而示之不能，用而示之不用，近而示之远，远而示之近；利而诱之，乱而取之，实而备之，强而避之，怒而挠之，卑而骄之，佚而劳之，亲而离之。攻其无备，出其不意。此兵家之胜，不可先传也。"孙膑认为，诡诈能让敌军落入困境。

孙武在《孙子兵法·虚实》中说，运用计谋或者保密不让敌方知道我方进攻的地方，这样敌人就会处处设防而分散兵力，由众变寡。敌我的众寡的变化，可以在战场上通过计谋来实现，造成局部我众敌寡并因此获胜。原文是："吾所与战之地不可知，不可知，则敌所备者多；敌所备者多，则吾之所与战者，寡矣。故备前则后寡，备后则前寡，备左则右寡，备右则左寡，无所不备，则无所不寡。寡者，备人者也；众者，使人备己者也。"孙武认为，将领懂得并运用计谋，才能做到以迂为直。他在《孙子兵法·军争》中说："故兵以诈立，以利动，以分合为变者也……先知迂直之计者胜，此军争之法也。"在军事战争中，欺骗和威力是两大美德，韩非子云"兵不厌诈"，掩盖真相，诱之以利，使敌人上当，能为自己保存实力、赢得战争创造条件。孙武在《孙子兵法·九地》中说："故为兵之事，在于顺详敌之意，并力一向，千里杀将，此谓巧能成事者也。"

用兵必须审敌虚实而趋其危，"用间"是审敌的关键，整个军队都要依靠间谍提供的情报而采取行动。用间的本身就是诡计阴谋，孙武在《孙子兵法》中，用一个篇章来论述用间，把不用间谍获取敌方情报视为"不仁"，把不能使用间谍的国君视为不仁之君。他说："而爱爵禄百金，不知敌之情者，不仁之至也。"他还说："非仁义不能使间。"他认为一出兵就能战胜敌人，成功地超出众人之上的重要原因，在于他事先了解敌情。而要事先了解敌情，就一定要用间，从了解敌情的人那里去获得信息。他说，五种间谍同时运用起来，高深莫测，敌人便无从应对，这是国君制胜的法宝。他还说，明智的国君、贤能的将帅，用极有智谋的人做间谍，就一定能成就大的功业。吴起认为，善于使用间谍离间敌人，派遣轻装部队，反复骚扰敌人，以分散其兵力，使其君臣互相埋怨，上下互相责难，是运用计谋的关键。

仁诡并举，也可以被理解为阳谋和阴谋并举。孙膑采取围魏救赵是阳谋，是仁谋：让田忌一面派出轻装战车，直捣魏国首都大梁的城郊，激怒庞涓，迫使其率军回援；一面派出少数部队佯装与庞涓的部队交战，示弱使魏军轻敌。而佯攻魏国是阴谋：孙膑带领主力部队在桂陵设伏，以逸待劳，桂陵之战擒获庞涓。之后，在阳谋"围魏救韩"中，齐军采取避战诱敌深入战术和诡计"减灶"，其结果是庞涓自殉。

4.7　史家的国学

本书选择《左传》《国语》《战国策》《史记》来探讨中国早期史家的国学。

和民的治国理念。为官者要和民，人民要和睦。鲁隐公四年（公元前719年），鲁国的大臣提出以德和民的治国理念，并提出卫国第14位国君卫州吁未能和民，必败。《左传·隐公四年》中云："臣闻以德和民。"如何做到"和"？老子在《道德经》中云："万物冲气以为和。"孔子在《左传·昭公二十年》中云："政宽则民慢，慢则纠之以猛；猛则民残，残则施之以宽。宽以济猛，猛以济宽，政是以和。"晏子在《左传·昭公二十年》中云："和如羹焉，水、火、醯、醢、盐、梅，以烹鱼肉，燀之以薪，宰夫和之，齐之以味，济其不及，以泄其过。君子食之，以平其心。君臣亦然。君所谓可，而有否焉，臣献其否，以成其可；君所谓否，而有可焉，臣献其可，以去其否……今据不然。君所谓可，据亦曰可。君所谓否，据亦曰否。若以水济水，谁能食之？若琴瑟之专一，谁能听之？同之不可也如是。"和就好像做羹汤，用水、火、醋、酱、盐、梅来烹调鱼和肉，用柴火烧煮，厨工加以调和，使味道适中，味道太淡就增加调料，味道太浓就加水冲淡。君子喝汤，内心平静。君臣之间也是这样。国君所认为行而其中有不行的，臣下指出它的不行之处而使行的部分更加完备。国君所认为不行而其中有行的，臣下指出它的行的部分而去掉它的不行之处……现在不是这样。国君认为行的，就认为行。国君认为不行的，就认为不行。如同用清水去调剂清水，谁能吃它呢？如同琴瑟老弹一个音调，谁去听它呢？道理就像这样。"晏婴认为对君主的附和是"同"，应该批评。而敢于向君主提出建议，补充君主不足的才是真正的"和"，才是值得提倡的行为。这段文字阐述了"和"与"同"的差异，并告诉我们：和而不同是我们中国古人的智慧结晶，只有不同的人相互弥补才会达到和，从而生生不息。《汤处于汤丘》中亦云："以和利万民。"

对如火武事的警惕。在鲁隐公四年（公元前 719 年），鲁国大臣提出，武事，就像火一样，星火可燎原，对武事不加制止，火将会焚烧自己。《左传·隐公四年》中云："夫兵，犹火也，弗戢，将自焚也。"

战争胜负在民心。在鲁庄公十年（公元前 684 年），强大的齐国进攻鲁国，曹刿认为，施舍财物给官员，以丰厚的祭品祭神灵，都不是以确保作战成功。作为国君，只有为大多数百姓谋幸福，忠于人民，尽心尽责为人民服务，才会赢得民心，民心向背是战争取胜的关键。《左传·庄公十年》中云："忠之属也，可以一战。"

爱民的救灾恤邻理念。国际人道主义，中国自古有之。中国人认为，天灾流行，各国都会发生，救援灾荒，周济邻国，是人间正道。在救灾恤邻时，遵循邻国政府和邻国百姓可以区隔的原则，不因为敌国政府邪恶或不正确就惩罚敌国的老百姓。秦穆公是现存古籍记载的不因邻国政府坏而不救邻国百姓的第一人。《左传·僖公十三年春》记载，公元前 647 年，晋国发生饥荒向秦国求援时，秦穆公云："其君是恶，其民何罪？"秦国就这样把粟米运送到晋国，船队从雍城到绛城接连不断，人们把这次运粮称为"泛舟之役"。秦穆公的善举足以说明秦国不仅不野蛮落后，而且其文明先进远超那个时代，他的善举流芳了 2700 多年，至今被中国人发扬。公元前 646 年，秦国发生饥荒向晋国求援，而没有信用的晋惠公不仅不给予粮食救济，反而认可"无损于怨而厚于寇，不如勿与"，竟然把自己的恩国秦国当作寇国。《左传》说晋惠公："背施无亲，幸灾不仁，贪爱不祥，怒邻不义。四德皆失……出因其资，入用其宠。饥食其粟，三施而无报。"在公元前 645 年，晋国再次发生饥荒，来求援助，秦穆公再次赠送给他们粟米，他说"吾怨其君而矜其民"。秦穆公两次以德报怨，树德以待能者，秦穆公真伟人也。

爱国的公民素质。"爱国"一词，在目前的文献里，虽然出自《战国策·西周策》：

"周君岂能无爱国哉？"但"国"作为一个字，始见于商代，本义指疆域、地域、封邑，后来写作"域"。引申指地区，区域。又引申指分封的诸侯国（封土建国）。"国"字的繁体字为"國"，含义是用武力守住土地和人口。先秦时称"国"，除了表示王、侯的封地，或天子统治的区域，还较多用来指国都。如《山海经·中山经》："得失之数，皆在此内，是谓国用。"如《周易·师卦·上六》："开国承家，小人勿用。"如《道德经》："以正治国，以奇用兵。"如《诗经·北山》："或尽瘁事国。"如《左传·隐公元年》："先王之制，大都不过参国之。"

周天子所封的诸侯，这些诸侯所居住的区域为邦与国。西周时期，大曰邦，小曰国，邦之所居亦曰国。也就是说：邦，是指大国；国，是指小国或大国的都城。诸侯下边的一级是卿大夫，他们所居的区域称为家。如《尚书·皋陶谟》："日宣三德，夙夜浚明有家。"如《尚书·皋陶谟》："日严祗敬六德，亮采有邦。"如《尚书·盘庚》："安定厥邦。"如《诗经·南山有台》："乐只君子，邦家之基。"在先秦之前，从地理范围来看，家小，邦大，国在其中。

士大夫管理自己的地盘——家，叫"齐家"；诸侯管好自己的地盘——国，叫"治国"；诸侯和士大夫一起帮助天子解决难题，叫"平天下"。这就是《大学》的"齐家、治国、平天下"的本义。春秋战国时期，各国各家纷争了500多年，加速了中国人对"国"字和"家"字的理解，丰富了它们的内涵，也开始了"国"和"家"两个字的结合。"国家"一词，在目前的文献里，最早出现于《道德经》："国家昏乱，有忠臣。"其他文献也有提及。《周易·系辞下》："君子安而不忘危，存而不忘亡，治而不忘乱，是以身安而国家可保也。"《左传·隐公六年》："为国家者，见恶，如农夫之务去草焉。"《管子·四称》："忠于国家。"

春秋战国时期，"国家"一词在中国演变成为政治地理学名词。国家的定义逐渐升级为：被人民、文化、语言、地理区别出来的领土。从广义的角度来说，国家是指拥有共同的语言、文化、种族、领土、政府或者历史的社会群体。从狭义的角度来说，国家是一定范围内的人群所形成的共同体形式。

先秦时期，中国人用社稷代表国家，《礼记·曲礼下》中云："国君死社稷。"这句话的原意就是国君要和国家共存亡。《左传·昭公四年》中云："苟利社稷，死生以之。"它的意思是：如果有利于国家，生死都不计较。《左传·昭公二十年》中云："言于晋国，竭情无私。"《左传·哀公十六年》中亦云："不顾楚国，有死不能。"这是中国人或中国公务员（官员）的品质，是中国人爱国素质的最早表现。把国家利益放在首位，国事第一，不计较个人的生死，就是爱国的内涵和灵魂。

春秋时期，中国人关于品德和价值观的概念和词组越来越清晰明朗。"忠"字在《左传》中出现的次数多达55次，如《左传·桓公六年》"忠于民而信于神也，上思利民，忠也"，如《左传·僖公九年》"公家之利，知无不为，忠也；送往事居，耦俱无猜，贞也"，如《左传·文公六年》"以私害公，非忠也"，如《左传·成公六年》"忠，社稷之固也"，如《左传·成公九年》"无私，忠也"等。中国古人把忠于国事的人称为社稷之卫、社稷之臣。《左传·宣公十二年》中云："进思尽忠，退思补过，社稷之卫也。"黄庭坚在《思贤》诗中云："堂堂司直社稷臣，谏有用否不辱身。"官吏是国家的，不是君王的，他们要为国家服务，而不仅仅是为君王服务。

公私分明的为官原则。公，由平分引申为公共、共同，甲骨文中有"公宫"之称，即指公共之宫。《礼记·礼运》："大道之行也，天下为公。"《诗经·召南·小星》："肃肃宵征，夙夜在公。"与公相对的"私"字产生于西周时期，私字最古的形体是《古玺》中的小篆，写作"厶"，表示自己的，而后加上"禾"而成。《吕氏春秋·贵公》中云："昔先圣王之治天下也，必先公。公则天下平矣……其得之以公，其失之必以偏。凡主之立也，生于公。"吕不韦还说："天下，非一人之天下也，天下之天下也。"《吕氏春秋·去私》中云："天无私覆也，地无私载也，日月无私烛也，四时无私行也。"

中国古人提倡先公后私，如《诗经·大田》中云："雨我公田，遂及我私。"为官者，要公私分明。如《左传·昭公六年》中云："为政者，不赏私劳，不罚私怨。"

杨朱认为至人把自己看成公民，把自己看成天下之人，而非自己之人。"贵我为公。"《列子·杨朱》中云："不横私天下之身，不横私天下物者，其唯圣人乎！公天下之身，公天下之物，其唯至人矣！此之谓至至者也。"《韩非子·饰邪》中云："禁主之道，必明于公私之分，明法制，去私恩。"

法律的公开原则。中国古代把刑法条文写在竹木简上，由国家的官吏掌握施行。上层贵族社会认为刑律越秘密越好，绝不能让国人知道，这样才有利于贵族随意处置老百姓，增加专制带来的恐怖和神秘。公元前536年，郑国子产命令把郑国的法律条文铸到鼎上，放在王宫门口，公布于众，让郑国百姓都能够看到这个鼎，让老百姓明白法与非法的界限，知道犯了法会得到什么样的处罚。这是中国历史上第一次公布成文法，开创法律公开之先河。《左传·昭公六年》中云："三月，郑人铸刑书。"公元前513年（晋顷公十三年）冬天，赵鞅和荀寅率领晋国军队在今天的河南中北部汝水之滨修建城防工事，同时，向晋国民众征收"一鼓铁"铸造铁鼎，并在鼎上铸上范宣子所制定的"刑书"，将之公之于众。《左传·昭公二十九年》中云："冬，晋赵鞅、荀寅帅师城汝滨，遂赋晋国一鼓铁，以铸刑鼎，著范宣子所为刑书焉。"晋人铸"刑书"却遭受孔子的谴责，孔子怒斥赵鞅的所作所为是亡国之举。郑国邓析把郑国法律刻在竹简上，使其便于携带、查阅、依照和流传（称"竹刑"）。他开办私立的法律培训学校，普及法律知识，承揽诉讼业务。《左传·定公九年》记载，郑国的执政大夫姬驷歂杀了邓析，却继续用邓析制定的竹刑。邓析撰写的竹刑，原本没有什么法律效力，但被姬驷歂采用后，真正具有了实际的法律效力。

郑子产铸刑鼎、晋赵鞅铸刑鼎和邓析的竹刑均是中国法制史的进步，打破了统治阶级专断刑律、任意处置剥夺百姓权利的不合理局面。像孔子开办私学，打破学在官府的教育体制一样，它在开启民智、唤醒人们自我意识，以至打破旧的政治格局、推动社会改革进步方面的意义是不可低估的。

人际交往的黄金定律——待人如待己。《左传·昭公六年》中云："于人何有？人亦于汝何有？"直译为：对别人怎么样，别人也会对你怎么样。管子法则：非其所欲，勿施于人。老子法则：以待己去待人。孔子法则：己所不欲，勿施于人。孔子说，自己不想做的，不要强迫他人去做。《管子·版法解》中有类似的表述："己之所不安，勿施于人。"另外，《鬼谷子·谋》中也有类似的表达："无以人之所不欲，而强之于人。"曾子法则：出乎尔者，反乎尔者也。曾子说，你怎样对待别人，别人就会怎样对待你。墨子法则：视人之身若其身。墨子认为，对待他人就像对待自己一样。你希望别人怎么对你，你就怎么对别人。人际交往的黄金定律是人在交往过程中的态度，要求人们拥有同理心。

它不同于人际交往的白金定律：别人希望你怎么对他，你就怎么对他。白金定律简称待人如人愿，也称白金法则，它要求人们换位思考，解决交往过程中的问题，按照别人希望你对待他们的方式去对待他们。中国古人把这种人际交往方式称为"投其所好"。这个好不仅是其爱好，也可以是对方所希望的或者习惯性的方式。如何做到待人如人愿呢？鬼谷子建议"因其言，听其辞"，他还主张"欲开情者，象而比之"。按照黄德华的《销售队伍管理》一书的观点，要做到待人如人愿，就要采取适应性原则。它要求人们：见人用人的方式，见鬼用鬼的方式。运用这种原则的沟通方式，就被称为"适应性沟通"；运用这种原则的领导方式，就被称为"适应性领导"。

第 5 章

四象圆思维与中国古代哲学

四象圆思维理论是本书在研究我国传统伏羲四象与道家阴阳鱼太极图的基础上，提出的具有创造性的理论。这个思维工具的运用范围非常广，可以说是无所不在。中国古代哲学史上有无数个争辩，如义利之辩、欲理之辩、人我之辩、生死之辩等。这些辩论均可以用四象圆思维来解读。如在义利之辩中：墨子的义利并举（重）属于四象圆图中的 A 情形，孟子的尚义反利属于 B 情形，庄子的无义无利属于 D 情形。如在欲理之辩中：荀子的欲道（理）并存属于四象圆图的 A 情形，朱熹王阳明的欲理观（存天理灭人欲、存理去欲）属于 C 情形。如在人我之辩中：墨子的利他属于四象圆图中的 C 情形，杨朱和庄子的利己属于 B 情形。本书选择天人之辩、动静之辩、名实之辩、知行之辩、形神之辩、人性之辩，用四象圆思维进行详细解读。

5.1 天人之辩

在儒家、墨家、法家、兵家文化里，天是自然。人和天是什么关系呢？本书以人之有无为横坐标，以天之有无为纵坐标，那么就有四种情形，如图 5-1 所示。

中国文化选择 A 情形。A 情形是有人有天，人和天合于同一个象限，故称"天人合一"，也称"天人并举""天人并重""天人和谐"。中国先贤认为人与天、人道与天道、人性与天理是相类相通的，天人一体，天人同类，人与天都是物质的。天人合一源于《庄子·山木》的"人与天一也"，北宋张载把它提炼为"大人合一"，黄道实把它称为大人相宜（谐）。当今的地球就处在 A 象限，而火星等处在 C 象限。那些未能发现的地下岩洞处在 D 象限，那些曾经有人居住过的地下岩洞则处在 B 象限。

在 A 象限，天和人有什么直接关系呢？老子没有明讲它们之间的直接关系。但《道德经》曰："道大，天大，地大，王大。域中有四大，而王（人）处一。人法地、地法天、天法道、道法自然。"按照老子的思想，人为四大之一，人要效法地，地要效法天。人间接地效法天，人和天有间接的关系。老子既肯定了人的特殊性，又揭示了人的有限性。孔子认为，人要遵循天，才能成为命运的主宰。《周易·乾》中云："夫大人者与天地合其德，与日月合其明，与四时合其序，与鬼神合其吉凶。先天而天弗违，后天而奉天时。"

中国先贤主张天地人之间，人为贵。人与神之间，人为本。《管子·五辅》中云："人不可不务也，此天下之极也……然则得人之道，莫如利之。"《管子·霸言》中云："以人为本。"《列子·天瑞》中云："天生万物，唯人为贵。"《列子·杨朱》中云："人……有生之最灵者也。"墨子认为：从现实的角度来看，人是高于天的；从道德的角度来看，天是高于人的。他既强调规律的作用，也强调人的主观能动性。《墨子·非命下》中云："遂得光誉令问于天下。夫岂可以为命哉！故以为其力也。"人的成败在力而不在命。《吕氏春秋·本生》中云："始生之者，天也。"《荀子·王制》中云："人有气、有生、有知，亦且有义，故最为天下贵也。"荀子认为人不仅有自然属性，还有社会属性。《荀子·王制》中云："人能群……君者，善群也。群道当，则万物皆得其宜。"《荀子·富国》中云："人之生不能无群。"

在庄子的哲学中，"天"与"人"是相对立的两个概念，"天"代表着自然，而"人"指的就是"人为"的一切。他在《庄子·大宗师》中云"天与人不相胜"，天与人不是相互压服和相互制约的，天与人不可能相互对立而相互超越。《庄子·达生》中曰："天地者，万物之父母也。"自然是万物的父母，也是人类的父母。庄子认为，天与人的关系不是B和C这两种情形，而是A情形。天与人不是相互对立的。本书认为，在A情形里，人要适应天（自然），也要改造天（自然），改造天（自然）是为了使天人更和谐。《荀子·解蔽》中曰："庄子蔽于天而不知人。"

在荀子的哲学中，天和人虽然在同一象限A中，但是它们是相区分的。《荀子·天论》中云："故明于天人之分，则可谓至人矣。"与孔子主张"天命"、墨子提倡"天志"不同，荀子认为，天有自己不变的规律，它不依赖于人间的好恶而发生变化。荀子认为，"知命者不怨天"。他在《荀子·天论》中云："天行有常，不为尧存，不为桀亡。应之以治则吉，应之以乱则凶。"他还说："天不为人之恶寒也辍冬。"天道有常，不会因为人的情感或者意志而有所改变，对人的善恶分辨完全漠然置之。社会是清明富足还是动荡飘摇，主要是人事的结果，和自然界（天）没有什么必然的联系。自然界（天）和人类各有自己的规律和职分。天归天，人归人，天人相分。治乱吉凶，在人而不在天。他还在《荀子·天论》中云："天能生物，不能辨物也；地能载人，不能治人也。""天有其时，地有其财，人有其治，夫是之谓能参。"荀子还说"治乱非天也"，遇到天灾，不怨天而忧人为。当今中国人把荀子的天人思想归纳为"天人相分"（"分"是指职分，指天和人各有不同的职责，要各自按照自己的规律去运行，天不能随意降祸赐福于人类，人也不能影响天的正常运行）和"天人相参"（《黄帝内经·灵枢·岁露篇》"人与天地相参也"），即既重视自然规律，又重视人为作用（人的主观能动性），还要注意天人之间的相互作用。刘禹锡认为"天人还相用"，即天人虽然有区别，但天人又相互联系、相互作用。天人相分、天人相参、天人相用的思想由北宋的张载继承和发扬光大。明朝的王夫之进一步创造性地转化了荀子、刘禹锡、张载等人的"天人关系"观点，认为天人作为矛盾的双方，既有分又有合，合中有分，分中有合。人属于自然的一部分，但可以根据对天（自然）的认识，发挥人的主观能动性，可以改造和利用天（自然）。

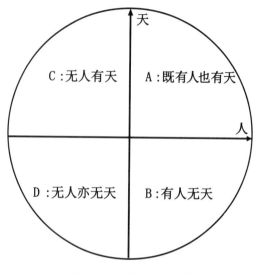

图 5-1　人与天的四象圆图

如果将图 5-1 中的"人"改成"人胜"，"天"改成"天胜"，那么 A 是人天交胜、B 是人定胜天、C 是天定胜人、D 是人天均不胜。刘禹锡选择 A 情形，荀子选择 B 情形，庄子选择 D 情形（庄子说"天与人不相胜"），柳宗元认为"天人不相预"（天与人互相不干涉）。

如果把图 5-1 中的"人"改成"人欲"，"天"改成"天理"，那么 A 是人欲与天理并容、B 有人欲无天理、C 是有天理无人欲、D 是无人欲也无天理。朱熹的"存天理，灭人欲"就是 C 情形，朱熹说："学者须是革尽人欲，复尽天理，方始为学。"

如果把图中的"人与天"理解为"人道与天道"，那么就有四种情形：A 既是人道也是天道、B 仅为人道、C 仅为天道、D 既不是人道也不是天道。天道，自然的运动变化规律，客观的宇宙规律。《管子·枢言》中云："道之在天者日也，其在人者心也。"《管子·立政》中云："为而无害，成而不议，得而莫之能争，天道之所期也。"《庄子·天道》中云："天道运而无所积。"人道，人类社会的运动变化规律。《左传·襄公二十三年》中云："祸福无门，唯人所召。"讲的是 A、B 两种情形，人在祸福变化中处在主导地位。子思在《中庸》一书中说，真诚是天道，追求真诚是人道。管子认为，人之治道，在于"爱之利之，益之安之"。

人道和天道之间有什么关系呢？郑国子产在《左传·昭公十八年》中云："天道远，人道迩，非所及也。"子产认为，天道悠远，人道切近，两不相关。子产说的是 B、C 两种情形。关于人道和天道相互作用的规律，子产认为，社会规律和自然规律之间完全可以区隔，并不相关，它们之间没有关联，没有相互作用。

《管子》一书多次提及"人之道"和"天之道"，但何谓人道或天道？人道和天道有什么区别？管子未能论及。如《管子·五辅》中云："人道不顺，则有祸乱。"《管子·霸言》中云："立政出令用人道。"《管子·形势》中云："得天之道。其事若自然。""天道之极，远者自亲。"

老子在《道德经》中经常提到天之道（天道），他说："功成、名遂、身退，天之道也。""天之道，不争而善胜。""天之道，损有余而补不足。"乃至"天道无亲""天之道，利而不害"等。他认为人道（人之道）经常和天道相反，比如老子说"人之道，则不然，损不足，奉有余。"他主张人道要道法"天道"，如他说："人法地、地法天、天法道、道法自然""圣人之道，为而不争"等。

老子提倡人要尊重天道，效法天道。庄子进一步将其发展为人要放弃主观能动性地顺从天道。《庄子·秋水》中云："无以人灭天。"

荀子认为，天道不会干预人道，他在《荀子·礼论》中说"天能生物，不能辨物也；地能载人，不能治人也"，但人类要积极"制天命而用之"。人类既要适应天（自然），也要改变天（自然）。与其迷信天的权威，去思慕它，歌颂它，等待天的恩赐，不如利用自然规律为人服务。荀况强调"敬其在己者"，而不要"慕其在天者"。荀子强调人在自然面前的主观能动性，主张"治天命""裁万物""骋能而化之"，认为人认识天道就是为了能够支配天道而宰治自然世界，不能放弃了人的努力而寄希望于天。荀子在"礼论"中说："礼者，人道之极也。"礼，让人类好恶以节，喜怒以当，节欲以宜物。荀子还说："终始俱善，人道毕矣。"

天道是客观存在的，但如何描述它则受到人的心的影响，包括人道也是如此。荀子在《荀子·正名》中说："心也者，道之工宰也。道也者，治之经理也。"因此可以说，荀子是中华心学的开山鼻祖。

5.2 动静之辩

在甲骨文和金文中还没发现"动"字。西周时期以"童"为之（毛公鼎），楚帛书"毋童群民"，此处"童"读为"动"，与毛公鼎同。"童"本意为奴仆，以"童"作"动"大概是因为僮仆是要整天奔波劳碌为主人服务，无时不动。

《说文解字》云："动，作也。"作就是行动、操作，为实现某种意图而进行活动。如"按兵不动"是让军队暂时不行动，以等待时机。"动"又指改变事物原来的位置或状态，即运动。如变动、调动、挪动、移动、流动、蠢蠢欲动、风吹草动，其中的"动"都是这个意思。这一意义的"动"与"静、静止"是相对的。《诗经·七月》："五月斯螽动股，六月莎鸡振羽。"《周易·系辞上》："六爻之动，三极之道也。"

"静"字始见于西周金文，本义是安静，引申为平定、镇抚、静止、恬淡、平和等，后世多写作"靖"。

在中国古典哲学里，动与变、静与常（不变）的含义是一致的。世界是运动（变化）的还是静止（不变）的？中国先贤认为世界是运动变化的，运动是有规律的（规律是"不易")。中国文化具有崇尚变易和与时俱进的优秀基因，《周易·乾·象》中云："天行健，君子以自强不息。"黄庭坚的《晓起临汝》诗云："观象思古人，动静配天运。"本书以动为横坐标，静为纵坐标，那就有四种情形，如图5-2。

老子、孔子、庄子、荀子等中国先贤都认为动静是一对矛盾，是辩证的，动为本，静为君。他们选择的是图5-2中的A情形，动静相宜，动中有静、静中有动。动静相应、动静结合、动静有序、动静有常等，都属于A情形。王夫之选择的是B情形。

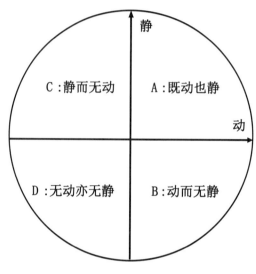

图 5-2　动与静的四象圆图

《道德经·十六章》中云："致虚极，守静笃。万物并作，吾以观复。夫物云云，各归其根。归根曰静，静曰复命。复命曰常，知常曰明。"《道德经·四十章》中云："反者，道之动。"《道德经·九章》中云"金玉满堂，莫之能守"，这是指人类社会的富贫变化运动。《左传·昭公三十二年》中云："社稷无常奉，君臣无常位，自古以然。"这是指人类社会的变化运动。

老子认为，静是动的根本，《道德经·二十六章》中云："静为躁君。"魏晋时期的王弼继承了老子的这一观点，王弼认为静止不变是主要的。他在《周易·恒卦注》中说："静者，可久之道也。"

《周易》的"易"字，最早见于甲骨文，甲骨文常见"易日"一语，具体指变化的太阳。古人云"日月为易"，就是说日月是运动变化的。《列子·汤问》中云："寒暑易节。"《周易·系辞上》中云："生生之谓易。"《周易·系辞下》中云："上古穴居而野处，后世圣人易之以宫室。""周易"两个字的意思就是周而复始的变化。《管子》中云："王者乘时，圣人乘易。"

荀子对事物的运动变化的过程有比较深刻的认识，他在《荀子·大略》中说："尽小者大，积微者著。"这句话的意思是说：尽量容纳小的，就可以变成大的；积累微细的，就可变成显著的。他还提到了量变的"积"对于质变的影响，如《荀子·劝学》的"积土成山，风雨兴焉；积水成渊，蛟龙生焉；积善成德，而神明自得，圣心备焉"。

北宋张载第一次在中国哲学史上提出了"化"与"变"两种运动状态，他在《横渠易说·上经·乾》中说："变，言其著；化，言其渐。"他认为运动是永恒的、无穷的。这与王弼的观点相反。他在《正蒙·乾称篇》中说："动而不穷，则往且来。"王安石尚变，首创"新旧相除"的观点。宋明理学也继承了运动变化无穷的观点。王夫之认为，太虚本动，动静者乃阴阳之动静也，运动是绝对的，静止是相对的。他又说："动静互涵，以为万变之宗。"王夫之还认为，物质运动的不同形态可以相互转化，而物质本身是不灭的，运动总量是守恒的。

这是运动守恒定律，他说："是故有往来而死生。往者屈也，来者伸也。则有伸屈而无增减。屈者固有其屈以求伸，岂消灭而必无之谓哉！"他还说："如水惟一体，则寒可为冰，热可为汤，于冰汤之异，足知水之常体。"

5.3 名实之辩

"名"字，始见于商代甲骨文。甲骨文的"名"由"口"和一个月牙形组成，月牙一般被释为"夕"。东汉许慎对"名"字构形的解释为：到了晚上，黑乎乎看不出人的脸面，相遇之时，便只好以口自报名字，以免发生误会。名，通常指名称或概念。

"实"字，最早见于西周金文。本义是富裕，家里有许多财物，此为名词，指财富；做动词用，指充满。一说，"实"的本义是充满、没有空隙，由满引申为财富，后又引申为种子、果实，再引申做动词用，指结出果实，最后引申为事实，通常指名称或概念所指的客观事物，做形容词指实在的、真实的。

本书以"实"为横坐标，"名"为纵坐标，那么就有四种情形：A实名双存、B实存名亡、C名存实亡、D实名双亡。如图5-3所示。名下无虚、名不虚传属于A情形。佛教选择D情形。如果把"知实不知实"作为横坐标，把"知名不知名"作为纵坐标，那四种情形是：A知实也知名、B知实而不知名、C知名而不知实、D不知实也不知名。"知实而不知名"是经验论，"知名而不知实"是唯心论。

在名实关系上，管子选择A情形。《管子·九守》中云："修名而督实，按实而定名。名实相生，反相为情。名实当则治，不当则乱。名生于实，实生于德，德生于理，理生于智，智生于当。"依照名称考察实际，根据实际确定名称。名、实互相促进，反过来又互为说明。名实相当则治，不相当则乱。名产生于实，实产生于德，德产生于理，理产生于智，智则产生于"当"。

在名实关系上，老子认为，名（包括言）不足以表述宇宙万物的本性和发展规律，他说："道可道，非常道；名可名，非常名。"老子选择了B情形，认为名具有局限性。庄子把老子的观点发展为"得意忘言"，《庄子·逍遥游》中云："名者，实之宾也。"许由认为自由是他追求的实，而君位只是名而已，他要自由而不要君位，追求B情形。魏晋时期的王弼进一步提出"得意忘象"的无名论。

孔子则提出正名的主张，他说："名不正，言不顺。"墨子提出"以名取实"。这属于A情形。墨子说："故我曰瞽不知白黑者，非以其名也，以其取也。"墨家弟子继承和发展了墨子的"取实予名"，弘扬《墨子·小取》的"以名举实"，如《墨子·经说上》中云："举，告以文名，举彼实也。"公孙龙在其《名实论》中说："夫名，实谓也。知此之非此也，知此之不在此也，则不谓也；知彼之非彼也，知彼之不在彼也，则不谓也。"这个意思是讲，名是用来称谓实的，名必须符合实。如果一个名所称谓的不是它所称谓的那个实，或者它所称谓的那个实已经发生了变化，不在其位，就不能再称那个名了。《鬼谷子·符言》中云："循名而为，实安而完，名实相生，反相为情，故曰：名当则生于实，实生于理，理生于名实之德，德生于和，和生于当。"

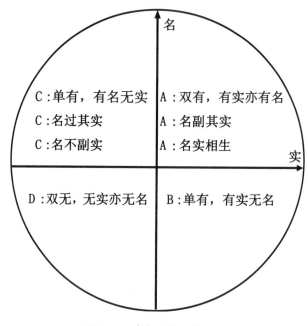

图5-3　实与名的四象圆图

荀子继承了孔子和墨子的名实关系观，《荀子·正名》对"名实关系"进行了全面的阐发，提出了"制名以指实"的著名论点，他还提出了"名闻而实喻""名定而实辩"等。荀子认为，名是为对大量事物加以概括而制定的，他说："名也者，所以期累实也。"名的形成和发展是一个"循旧作新"的过程，他说："若有王者起，必将有循于旧名，有作于新名。"制名的要领与原则是"约定俗成"，他说："名无固宜，约之以命，约定俗成谓之宜，异于约则谓之不宜。名无固实，约之以命实，约定俗成，谓之实名。"东汉徐干提出"综核名实"观点："名者，所以名实也。实立而名从之，非名立而实从之也。"

《吕氏春秋·审分》云："按其实而审其名。"《吕氏春秋·勿躬》云："人事其事，以充其名。名实相保，之谓知道。"《吕氏春秋·知度》云："督名审实。"《吕氏春秋·审应》云："取其实以责其名。"吕不韦说的这几种情形，均属于A情形。

《韩非子·扬权》云："用一之道，以名为首，名正物定，名倚物徙。"《韩非子·备内》云："有主名而无实。"这是指图5-3中的C情形。

唐朝史学家刘知幾把"名实关系"引入史学研究，提出了名号与观点都要符合历史事实的基本观点，他说："夫名以定体，为实之宾。"明末清初的傅山提出了"实在，斯名在"的唯物主义名实观。王夫之强调名从实起，言必拟实，实由名立，名实交相为用。王夫之的名实观具有辩证唯物主义色彩。

5.4 知行之辩

在中国传统哲学中，"知"属于认识问题，"行"属于实践问题。把"知"作为横坐标，"行"作为纵坐标，那么就有四种情形，如图5-4所示。如果以"知的难易"为横坐标，以"行的难易"为纵坐标，就有四种情形：A知难行也难、B知难而行易、C知易而行难、D知易行也易。如果以"知的轻重"为横坐标，"行的轻重"为纵坐标，那就有四种情形：A知行均重、B知重而行轻（重知而轻行）、C知轻而行重（重行而轻知、重行而不重知）、D知行均轻。如果以"知与不知"为横坐标，以"行与不行"为纵坐标，那四种情形是：A既知也行（知行并举）、B知而不行、C行而不知、D不知也不行。如果把"知"当作"言"，那么"言"和"行"的四象情形是：A既言且行、B言而不行、C行而不言、D不言不行。

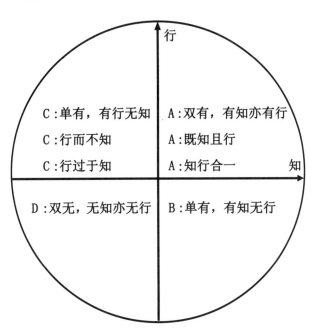

图5-4　知与行的四象圆图

中国古代哲学中最早出现的关于知行关系的论述，是《尚书·说命中》的"知易行难"。《尚书·说命中》云："非知之艰，行之惟艰。"《左传·昭公十年》云："非知之实难，将在行之。"

荀子认为，行是获得知的基础。《荀子·劝学》云："不登高山，不知天之高也；不临深溪，不知地之厚也。"荀子还认为，行比知更为重要。《荀子·儒效》云："知之不若行之。"东汉王充继承了荀子的行知观，大力发展"神而先知"和"生而知之"的观点。他认为实践经验越丰富，知识或技能就会越多。明朝中叶的王廷相提出"知行兼举"的观点，属于图5-4中的A情形。王夫之批判了程朱的"知先行后"说（知先行后属于B情形），也批判了王阳明的"知行合一"说（一念发动处，便即是行了），他认为程朱陆王都是脱离行而讲知，主张行先后知，行可兼知。他说："君子之学，未尝离行以为知。"王夫之也意识到"知"对"行"的反作用和"知""行"的并进的关系，认为知行"终始不相离"和"并进而有功"。

5.5 形神之辩

形神之辩，就是当今的物心之辩，是中国哲学史中关于人（物）的形体与人（物）的精神之间相互关系的争论。"形"是指实体，人形，是指人的身体。"神"字始见于西周金文，本义为灵，引申为人的意识、思维和心理。如《周易·系辞上》："阴阳不测之谓神。"《黄帝内经·灵枢经·本神》："两精相搏谓之神。""形"是躯体，"神"是灵魂；"形"是载体，"神"是思想。

本书以"形"为横坐标，"神"为纵坐标，产生的四种情形如图5-5所示。人属于A情形，墨子认为人死了以后为鬼，鬼神属于C情形。如果把"形"当作"身"为横坐标，把"神"当作"心"为纵坐标，那四种情形是：A身心合一、B有身无心、C有心无身、D无身无心。如果把"形"当作"物"为横坐标，"心"为纵坐标，那四种情形是：A心物并举、B唯物、C唯心、D无物也无心。若以重物为横坐标、以重心为纵坐标，那四种情形是：A重物也重心、B重物而不重心、C重心而不重物、D不重物也不重心（轻物也轻心）。

《管子·内业》云："凡人之生也，天出其精，地出其形，合此以为人。"管子以为人的生命是由形体和精神结合而成的，精神来自天的精气，形体来自地的粗气，形体和精神是相互依赖的，形体与精神可合可离，这实际上是一种形神二元论，属于图5-5中的A情形。《庄子·知北游》云："精神生于道，形本生于精，而万物以形相生。"形神统一于道，道为图5-5中的圆。《荀子·天论》中说"形具而神生"，是说人的躯体是自然界的产物，而人的心理又是由躯体所派生的，人的身体形成了，也就有了心理。人死了，其意识就灭了。鬼，是由人的错觉造成的。先有形体，而后才有生命之精神。东汉桓谭继承了荀子的观点，他认为"精神居于形体"。王充明确提出神以形为基础的思想。南朝齐梁思想家范缜发展了荀子的无神论思想，特别继承了"形神相资"的观点，进而提出"形质神用"和"形神相即"。他在《神灭论》中说："形者，神之质；神者，形之用……形之与神，不得相异也。"他还说："神即形也，形即神也。是以形存则神存，形谢则神灭也。"范缜把"形"与"神"二元看作统一体的两个方面，即选择了图

5-5 中的 A 情形，形神一体。北宋周敦颐认为，人先有形体，而后才有精神。王夫之认为形神相互关联。李时珍认为人脑是"元神之府"和"神灵所集"。明代的金正希认为"人之记忆皆在脑中"。清朝的王清任认为脑髓是人的意识和精神产生的基础，从而科学地解决了意识产生的问题。

知识是"神"的范畴，人通过实践活动创造人类的精神财富（知识），因而能够被后人所敬仰和纪念，人的生命价值得到升华。这就是"形灭而神不灭"，从而做到了不朽。中国古人追求四不朽：立德、立功、立言和立节。

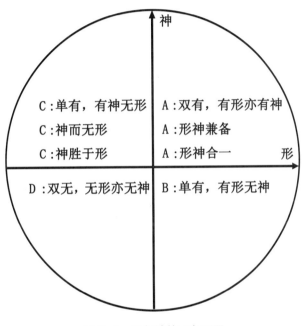

图 5-5　形与神的四象圆图

5.6　人性之辩

人性是古今中外的基本话题，它是人所共有的区别于动物的本质和属性。性的金文显示，"性"是指人类天然萌发的欲求。其篆文字形从心，表示内心的状态。性是与生俱来的。子思在《礼记·中庸》中说："天命之谓性。"告子在《孟子·告子》中说："生之谓性。"荀子在《荀子·正名》中说："生之所以然者谓之性。""不事而自然谓之性。""性者，天之就也；情者，性之质也；欲者，情之应也。""欲不可去，性之具也。""（欲）所受乎心也。"荀子认为，人欲不可去，但欲求可以受到心之节制。荀子在《荀子·性恶》中说："凡性者，天之就也，不可学，不可事。"

春秋时期子产开中国哲学史上探讨人性问题之先河，《左传·襄公二十六年》记载："子产曰：'夫小人之性，衅于勇，啬于祸，以足其性而求名焉者。'"小人的本性，一有空子就凭血气之勇，在祸乱中有所贪图，以满足他的本性，追求虚名。

在探究人性问题时，人们总是跳不出善与恶的分析框架。人的本性是善还是恶？先秦诸子有不同的说法。本书以"善与无善"为横坐标，以"恶与无恶"为纵坐标，以圆为无极，就演绎出如图5-6所示的情形。世人把老子、孔子、庄子的人性观称为"人性超善恶论"，他们的回答都在"圆"上。

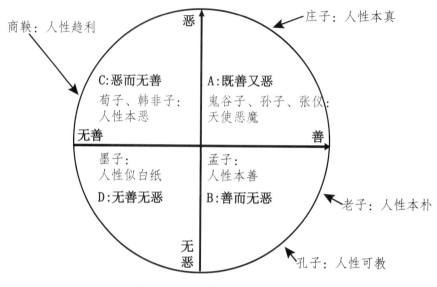

图 5-6　人性善与恶的四象圆图

老子没有谈及人性本善还是本恶的话题，老子在《道德经》中云，"敦若朴""见素抱朴""道常无名。朴虽小，天下不敢臣""吾将镇之以无名之朴""民自朴"等。老子认为人的本性是朴。老子的人性本朴得到庄子和荀子的转述，庄子说"素朴而人性得矣"，荀子说"性者，本始材朴也"。老子在《道德经》里三次提到真，三次提到婴儿，一次提到赤子，也有人由此把老子的人性本朴论理解为"人性婴儿论"，婴儿是最天真的。《道德经·四十一章》云："质真若渝。"王弼把这里的"真"理解为"朴"。庄子（庄子被尊为南华真人）虽然没有明确说出"人性本真"，但《庄子》一书体现了庄子的率性返真，返璞归真，本书称之为"人性本真"。如《庄子·大宗师》云："且有真人而后有真知。何谓真人？古之真人……"如《庄子·应帝王》云："其德甚真，而未始入于非人。"如《庄子·齐物论》云："若有真宰，而特不得其眹……无益损乎其真……道恶乎隐而有真伪？"如《庄子·马蹄》云："马之真性也。"如《庄子·天道》云："极物之真，能守其本。"如《庄子·刻意》云："能体纯素，谓之真人。"如《庄子·秋水》云："谨守而勿失，是谓反其真。"如《庄子·山木》云："见利而忘其真……游于栗林而忘真。"如《庄子·田子方》云："其为人也真。人貌而天虚，缘而葆真，清而容物。"如《庄子·徐无鬼》云："故无所甚亲，无所甚疏，抱德炀和，以顺天下，此谓真人……以天待之，不以人入天，古之真人！"如《庄子·渔父》云："谨修而身，慎守其真，还以物与人，则无所累矣……真者，精诚之至也……真在内者，神动于外，是所以贵真也……真者，所以受于天也，自然不可易也。"

孔子在《论语·阳货》云："性相近也，习相远也。"孔子认为人性是可教的。

宋钘主张人性寡欲。《荀子·正论》记载，子宋子说："人之情，欲寡，而皆以己之情，为欲多，是过也。"荀子反对子宋子的观点，荀子在《荀子·正论》中说"以人之情为欲多而不欲寡"，在《荀子·礼论》中说"人生而有欲，欲而不得，则不能无求。求而无度量分界，则不能不争"，在《荀子·富国》中说"欲多而物寡，寡则必争矣"。荀子认为，应以礼来调节人类的欲望，《荀子·礼论》云："礼者，断长续短，损有余，益不足。"他还主张"以道制欲"。

墨子和告子秉持人性无善无恶论。墨子所谓的人性染丝，实际上是指人性无善无恶，人性如素丝，必择其所染。人性的变化如染丝，染成什么颜色，就是什么颜色，故墨子见染丝而悲，史称"墨子悲丝"。《墨子·染丝》云："染于苍则苍，染于黄则黄，所入者变，其色亦变。"他说，人会被他人（环境）所染，不可不谨慎。他还说，人要染当。这里的"当"，本书理解为"善"，也就是说，墨子主张要将人性染成"善"的。告子在《孟子·告子》中说："性犹湍水也，决诸东方则东流，决诸西方则西流。人性之无分于善不善也，犹水之无分于东西也。"王充在《论衡·本性》中也提到告子的"人无善恶之分"。王安石、苏轼和王阳明等继承了告子、墨子的人性无善无恶论。王阳明说："无善无恶心之体，有善有恶意之动。知善知恶是良知，为善去恶是格物。"

商鞅主张人性趋利避害。趋利避害，源于"从利辟害"，出自《吕氏春秋·恃君》的"筋骨不足以从利辟害"。商鞅在《商君书·算地》说："民之生，饥而求食，劳而求佚，苦则索乐，辱则求荣，此民之情也。民之求利，失礼之法；求名，失性之常。"人天生的本性，饿了就要寻找食物，劳累了就寻求安逸，痛苦了就寻找欢乐，屈辱了就追求荣耀，这是人之常情。人追求个人私利时，会违背礼制的规定；追求名誉时，会丧失人性的特征。商鞅在《商君书·算地》中还说："名利之所凑，则民道之。""民之性，度而取长，称而取重，权而索利。""羞辱劳苦者，民之所恶也；显荣佚乐者，民之所务也。"《商君书·开塞》云："民之性，不知则学，力尽则服。"《商君书·错法》云："人情好爵禄而恶刑罚。"《商君书·徕民》云："意民之情，其所欲者田宅也。"《商君书·君臣》云："民之于利也，若水于下也，四旁无择也。"《商君书·定分》云："万民皆知所避就，避祸就福，而皆以自治也。"综合商鞅的观点，他认为人性是趋利避害的（一说人性好利。人性好利，并不等于唯利是图）。韩非子继承的人性观是商鞅的"趋利避害"，而不是荀子的"人性恶"。韩非子说："安利者就之，危害者去之，此人之情也。"韩非子又说："利之所在民归之。"韩非子还说："好利恶害，夫人之所有也。""喜利畏罪，人莫不然。""民之故计，皆就安利如辟危穷。""夫民之性，恶劳而乐佚。"尽管法家主张人性趋利避害，但不妨碍他们提倡利他主义，如韩非子说："以利之为心，则越人易和；以害之为心，则父子离且怨。"《荀子·荣辱》云："好荣恶辱，好利恶害，是君子小人之所同也。""好利而恶害，是人之所生而有也，是无待而然者也，是禹、桀之所同也。"《荀子·性恶》云："目好色，耳好听，口好味，心好利，骨体肤理好愉佚，是皆生于人之情性者也；感而自然，不待事而后生之者也。""夫好利而欲得者，此人之情性也。"

孟子主张人性本善，他说："人性之善也，犹水之就下也。人无有不善，水无有不下。"孟子还说："君子所性，仁义礼智根于心。""人之学者，其性善。"《孟子·滕文公》云："孟子道性善，言必称尧舜。"王充的《论衡·本性》说，孟子以为人性皆善。孟子把孔子他们的向善思维发展为人性本善。《三字经》中的"人之初，性本善"是孟子的观点，而非孔子的观点。

荀子认为人性是恶的，在他看来，所谓人性就是人的自然本性，是所谓"生之所以然者"。其自然表现为"饥而欲饱，寒而欲暖，劳而欲息"。他还说："人之情，食欲有刍豢，衣欲有文绣，行欲有舆马，又欲夫余财蓄积之富也；然而穷年累世不知不足，是人之情也。"人性实质上就是人天然有的抽象的自然生物本能和心理本能。人的这种天然的对物质生活的欲求和他所拥有的资源存在矛盾，荀子在《荀子·荣辱》中说："今人之生也，方知畜鸡狗猪彘，又蓄牛羊，然而食不敢有酒肉；余刀布，有囷窌，然而衣不敢有丝帛；约者有筐箧之藏，然而行不敢有舆马。是何也？非不欲也，几不长虑顾后，而恐无以继之故也。于是又节用御欲，收敛蓄藏以继之也。是于己长虑顾后，几不甚善矣哉！"如果对欲求不加以节制，它就会和道德、礼仪、规范相冲突。他在《荀子·性恶》中开篇就说："人之性恶，其善者伪也。"他认为人性"生而有好利焉""生而有疾恶焉""生而有耳目之欲，有好色焉"，如果"从人之性，顺人之情，必出于争夺，合于犯纷乱理而归于暴"。他在"荣辱"中说："人之生固小人。"所以说人性是"恶"，而不是"善"。

荀子虽然主张人性恶，但他认为，人性可以被教化，可以通过学习向善。《荀子·儒效》云："性也者，吾所不能为也，然而可化也。"通过化性而积善，普通百姓也可以成为圣人。《荀子·性恶》云："今人之性恶，必将待师法然后正，得礼义然后治。"老师的目的，就是导恶向善；礼仪的目的，就是止恶向善；法治的目的，就是惩恶向善。《荀子·性恶》记载了尧和舜关于人情的对话，尧问舜，人的性情到底怎么样。舜回答："人情甚不美。"如果这个记载是真实的，那就表明，在尧舜时期，中国人的观点是人性很不美。

荀子虽然主张人性本恶，但他大力提倡去恶向善。荀子认为，人性虽然本恶，但文明（仁义礼制）可以战胜性恶，人性需要教化改造。韩非认为，人性好利避害，有很多恶性，文明（仁义礼制）不能战胜恶性，必须另起炉灶设计法律制度以抑制恶性。庄子虽然认为人性本真，但也认为人有很多恶性，文明（仁义礼制）已经被性恶暗中操控，人不可能通过礼法制度的途径得救。而孟子认为，人性本善，人性需要引导扩充。

东汉王充的《论衡·本性》记载，周朝人世硕认为人的本性中有善的、恶的两方面，原句是"人性有善恶"。管子、孙子、鬼谷子、吕不韦、扬雄、王充、韩愈等，包括佛家，都认为人性既善也恶。《管子·禁藏》云："凡人之情，得所欲则乐，逢所恶则忧……夫凡人之情，见利莫能勿就，见害莫能勿避。"《管子·形势解》云："民之情，莫不欲生而恶死，莫不欲利而恶害……民，利之则来，害之则去。民之从利也，如水之走下，于四方无择也。故欲来民者，先起其利，虽不召而民自至。"《管子·版法解》云："凡人者，莫不欲利而恶害。"《管子·明法解》云："就利而避害也。"管子认为，给人好处，他就欢喜；夺人利益，他就发怒。这是人之常情。《吕氏春秋·情欲》云："天生人而使有贪有欲……修节以止欲。"《吕氏春秋·功名》云："民无常处，见利之聚，无之去。"《吕氏春秋·大乐》云："天使人有欲，人弗得不求；天使人有恶，人弗得不辟。欲与恶，所受于天也。"《吕氏春秋·适音》云："人之情，欲寿而恶夭，欲安而恶危，欲荣而恶辱，欲逸而恶劳。四欲得，四恶除，则心适矣。"《吕氏春秋·论威》云："人情欲生而恶死，欲荣而恶辱。"《吕氏春秋·当染》云："染不可不慎也。"吕不韦认为人性可染，有染成恶的，亦有染成善的。东汉王充在《论衡·率性》中说："人之性，定有善有恶……人之性，善可变为恶，恶可变为善……人之善恶，共一元气。"他在《论衡·本性》中说："性本自然，善恶有质。"西汉扬雄也是人性善恶相混的提倡者，他在《法言·修身》中说："人之性也，善恶混。修其善则为善人，修其恶则为恶人。"

王充认为人性有三品：中人以上为性善者、中人以下为性恶者、中人为性善恶相混者。韩愈继承了王充的人性三分法，当代黎鸣在《人性与命运》一书中创新了人性三分法：人性第一层，生物性而偏恶性；人性第二层，社会性而善恶交错；人性第三层，精神性而偏善性。

第6章

用四象圆思维读中华经典

6.1 用四象圆思维读《山海经》

我国先民在4000多年前，就具有四象圆思维，就能做到五选一。《山海经》之"西山经"云："（羸母山）其下多青石而无水。"如果以青石的多少为横坐标，以水的有无为纵坐标，那么就自然有四种情形：青石多而有水、青石多而无水、青石少而有水、青石少而无水。羸母山下是第二种情形：多青石而无水。又如"北山经"云："（乾山）其阴有铁而无水。"如果以铁的有无为横坐标，以水的有无为纵坐标，那么就会演绎出四种情形：有铁也有水、有铁无水、无铁有水、无铁无水。"北山经"说乾山北边是：有铁无水。再如"北山经"："虢山之尾，其上多玉而无石。"以玉的多少为横坐标，以石的有无为纵坐标，也自然有四种情形：多玉有石、多玉无石、少玉有石、少玉无石。虢山上是多玉无石。类似的记载还有："西山经"的"多木无草"、"东山经"的"多谷而无水"和"多金玉而无石"、"中山经"的"多金玉而无草木""无草木而多水""无草木而多瑶碧"等。

"中山经"的"华而不实"也是四种情形中的一种，我们以不实与实为横坐标，以不华与华为纵坐标，就会演绎出四种情形：既华也实（华实并举）、华而不实、不华而实（实而不华）、不华也不实。"海外西经"云："奇肱之国在其北。其人一臂三目，有阴有阳，乘文马。"它所说的奇肱人的眼睛有阴有阳，是四种情形有阴有阳、有阴无阳、无阴有阳、无阴无阳中的一种。类似的还有"南山经"的"冬死而夏生"、"中山经"的"冬有水而夏竭""夏启而冬闭"、"海外东经"的"朝生夕死"等。

"中山经"云："能者有余，拙者不足。"这段话可直译为：能干的人有剩余，笨拙的人不够用。能干者富，笨拙者穷。《管子·形势》云："巧者有余，而拙者不足。"《管子·地数》云："能者有余，拙者不足。"老子在《道德经》云："天之道，其犹张弓！高者抑之，下者举之，有余者损之，不足者与之。天之道损有余而补不足。人道则不然，损不足，奉有余。孰能有余以奉天下？其唯有道者。"古人把老子的这段话简化为：天道损有余而补不足，人道损不足而奉有余。计然在《文子·精诚》云："能者有余，拙者不足。"司马迁在《史记·货殖列传序》云："巧者有余，拙者不足。"《淮南子·览冥训》

云："能者有余，拙者不足。"北宋黄庭坚在《拙轩颂》云："毕竟巧者有余，拙者不足。"

能者和拙者是一对阴阳，有余和不足也是一对阴阳，属于两个太极生两仪，它们组合在一起，就可以组成本书的四象圆图。我们以能者的有余和不足为横坐标，以拙者的有余和不足为纵坐标，那么就会演绎出四种情形，如图6-1所示。A象限是双余象限，在过剩富有的时代，A情形是存在的。B象限反映了大禹、管子、计然、司马迁、黄庭坚等人看到的情形，这是人类社会最多见的情形，为常态。C情形是能者不足，拙者有余。A、D情形，在人类社会里有，但不多。D象限是双不足象限，在短缺贫穷的计划供给时代，D情形会出现。C情形在人类社会里似乎很少见。《菜根谭·概论》云："奢者富而不足，何如俭者贫而有余。能者劳而俯怨，何如拙者逸而全真。"这段话被古人提炼成：奢者富不足，俭者贫有余。能干的人，有不少会成为富有的奢者；笨拙的人，有不少会成为贫穷的俭者。明朝洪应明就看到了C情形，他解释了"能者不足，拙者有余"这个现象产生的根源。

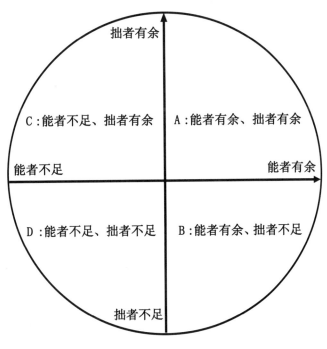

图6-1　能者与拙者的四象图

西方文化里，有个马太效应，它的本意是：强者愈强、弱者愈弱。它是社会学家和经济学家们常用的术语，它反映了富的更富、穷的更穷这样一种两极分化的社会现象。马太效应与"能者有余、拙者不足"表达的可能是同一个现象，但更接近老子发现的："人道则不然，损不足，奉有余。"

老子没有对能者和拙者进行探究，而是在有余和不足之间进行探究。本书以有余的损与奉为横坐标，以不足的损与补为纵坐标，那就会演绎出四种情形，如图6-2所示。老子认为，B象限是人道，是人类社会常见的现象。西方的马太效应也是B情形。

C是天道，是人类必须遵循的最高法则。老子没有谈及A和D这两种情形：很好的政策导致A情形，皆大欢喜；极差的政策导致D情形，两败俱伤，社会立马动荡。

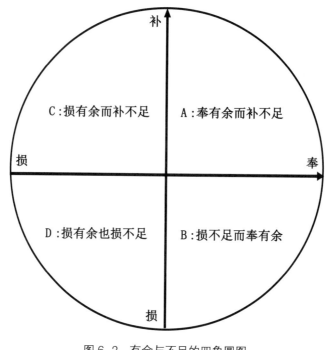

图 6-2　有余与不足的四象圆图

6.2　用四象圆思维读《道德经》

本书用四象圆思维读《道德经》，发现老子谈到的124种情形，均可以用四象圆思维来解读，如表6-1所示。在《道德经·三十八章》，他谈到四种情形："上德无为而无以为，下德无为而有以为。上仁为之而无以为，上义为之而有以为。"在《道德经·五章》，老子说："多言数穷，不如守中。"本书用四象圆来读老子这句话，我们以言之多少为横坐标，以数穷与不穷为纵坐标，就有四种情形：多言数穷、多言不数穷、少言数穷、少言不数穷。老子认为不如守中，本书认为，不如守中就是站在圆上。由此判断，老子具有四象圆的思维方式。

老子《道德经》的最大特色，就是阐述或选择常人最容易忽视的情形。比如"生-有"四象圆图中的"生而弗有"是常人的盲点，是常人最不会选择的情形。老子采取逆向思维，运用差异化的策略，阐述他的选择及观点，他选择了"生而弗有"，并认为这叫"玄德"。

本书以国之大小、民之多少来演绎四象，得到：A大国众民，B大国寡民，C小国众民，D小国寡民。比如现实世界里的中国、印度、美国等属于A，俄罗斯、加拿大、澳大利亚等属于B，日本、韩国、英国、法国、德国等属于C，瑞士、瑞典、芬兰、老挝等属于D。老子选择了D情形——小国寡民进行阐述，他说："小国寡人，使有什伯之器而不用，使人重死而不远徙。虽有舟舆，无所乘之；虽有甲兵，无所陈之。使民复结绳而用之。甘其食，美其服，安其居，乐其俗，邻国相望，鸡犬之声相闻，民至老死，不相往来。"因为大家都不愿意选择D情形，老子遂采取差异化策略，大胆地探讨D情形的生存之道。虽然D情形的国家被其他三种情形的国家灭掉的概率非常大，但老子发现了D情形的国家的生存智慧，他认为如果D情形的国家采取"处下"的外交智慧，也是可以生存并生存得很久、很好的。《道德经》云："大国者下流，天下之交，天下之牝。牝常以静胜牡，以静为下。故大国以下小国，则取小国；小国以下大国，则取大国。故或下以取，或下而取。大国不过欲兼畜人，小国不过欲入事人。此两者各得所欲，大者宜为下。"大国要像居于江河下游那样，就好比处在天下雌柔的位置，天下百川河流都交汇在这里，天下各种资源都会流向大国。雌柔常以安静守定而胜过雄强，就在于它既能以静制动，又能够处下（指待人谦虚、谨慎、宽容）。如果大国把自己放在低位，就可以获得小国的依附；如果小国把自己放在低位，就可以获得大国的支持。在国家相处中，小国是必须要处下，而大国是可以去处下。因为大国希望去吸引小国依附，小国希望去主动依附大国。而相较而言，大国处下就更好一些。

表6-1 四象圆思维与老子的选择

两仪	A象	B象	C象	D象	老子所处的象限	备注
处有为无为之事、行教有言与不言	处有为之事，行有言之教	处有为之事，行不言之教	处无为之事，行有言之教	处无为之事，行不言之教	D	
生与不生、有与弗有	生而有	生而弗有	不生而有	不生而弗有	B	
为与不为、恃与弗恃	为而恃	为而弗恃	不为而恃	不为而弗恃	B	"是谓玄德"
功成与否、居与弗居	功成而居	功成而弗居	功不成而居	功不成而弗居	B	"是以不去"
心之实虚、腹之实虚	实心实腹	实心虚腹	虚心实腹	虚心虚腹	C	"虚其心，实其腹"
志之强弱、骨之强弱	强志强骨	强志弱骨	弱志强骨	弱志弱骨	C	"弱其志，强其骨"
知的有无、欲的有无	有知有欲	有知无欲	无知有欲	无知无欲	D	"常使民无知无欲"
为的有无、治与不治	有为而治	有为而不治	无为而治	无为而不治	C	无为而无不治
言多少、数穷与不穷	多言数穷	多言而不数穷	少言而数穷	少言而不数穷	A	"不如守中"（站在圆上）
自生与否、生之长短	自生亦长生	自生但短生	不自生却长生	不自生亦短生	C	二者没有因果关系
先后其身、身之先后	先其身而身先	先其身而身后	后其身而身先	后其身而身后	C	分享利益时
外与不外、身之存亡	外其身而身存	外其身而身亡	不外其身而身存	不外其身而身亡	A	

续表

两仪	A象	B象	C象	D象	老子所处的象限	备注
争与不争、尤之有无	争而尤	争而无尤	不争而尤	不争而无尤	D	二者没有因果关系
富贵与否、骄与不骄	富贵而骄	富贵而不骄	不富贵而骄	不富贵而不骄	A	"富贵而骄，自遗其咎"
功成与否、身之进退	功成而身进	功成而身退	功不成而身进	功不成而身退	B	"功成、名遂、身退，天之道"
爱民与否、治国与否	爱民治国	爱民不治国	不爱民而治国	不爱民亦不治国	A	
为目与否、为腹与否	为目为腹	为目不为腹	不为目为腹	不为目不为腹	C	
彼之取去、此之取去	彼此均取	取彼去此	去彼取此	彼此均去	C	
宠惊与否、辱惊与否	宠辱皆惊	宠惊辱不惊	宠不惊辱惊	宠辱不惊	A	
视与不视、见与不见	视之而见	视之不见	不视而见	不视亦不见	B	夷
听与不听、闻与不闻	听之而闻	听之不闻	不听而闻	不听亦不闻	B	希
搏与不搏、得与不得	搏之而得	搏之不得	不搏而得	不搏亦不得	B	微
迎与不迎、见与不见	迎之而见其首	迎之不见其首	不迎而见其首	不迎不见其首	B	
随与不随、见与不见	随之而见其后	随之不见其后	不随而见其后	不随不见其后	B	
和与不和、孝慈有无	六亲和有孝慈	六亲和无孝慈	六亲不和有孝慈	六亲不和无孝慈	C	"六亲不和，有孝慈"
昏乱与否、忠臣有无	国安有忠臣	国安无忠臣	国昏乱有忠臣	国昏乱无忠臣	C	"国家昏乱，有忠臣"
见与不见、抱与不抱	见素抱朴	见素不抱朴	不见素抱朴	不见素亦不抱朴	A	
私之多少、欲之多寡	多私多欲	多私少欲	少私多欲	少私寡欲	D	
人之所畏与不畏、我可不畏与不可不畏	人之所畏可不畏	人之所畏不可不畏	人之所不畏可不畏	人之所不畏不可不畏	B	
曲与不曲、全与不全	曲则全	曲则不全	不曲则全	不曲亦不全	A	弯曲，也能保全
枉与不枉、直与不直	枉则直	枉则不直	不枉则直	不枉亦不直	A	委屈，也能伸直
洼与不洼、盈与不盈	洼则盈	洼则不盈	不洼则盈	不洼亦不盈	A	低洼，也能盈满
敝与不敝、新与不新	敝则新	敝则不新	不敝则新	不敝亦不新	A	破旧，也能更新
少与多、得与不得	少则得	少则不得	多则得	多则不得	A	取少，也能得

续表

两仪	A象	B象	C象	D象	老子所处的象限	备注
多与少、惑与不惑	多则惑	多则不惑	少则惑	少则不惑	A	贪多，也会惑乱
自见与否、明与不明	自见者明	自见者不明	不自见明	不自见亦不明	B、C	二十二章、二十四章
自是与否、彰与不彰	自是者彰	自是者不彰	不自是者彰	不自是者不彰	B、C	二十二章、二十四章
自伐与否、有功与否	自伐者有功	自伐者无功	不自伐者有功	不自伐者无功	B、C	二十二章、二十四章
自矜与否、长与不长	自矜者长	自矜者不长	不自矜者长	不自矜者不长	B、C	二十二章、二十四章
救人善否、救物善否	救人救物皆善	善于救人	善于救物	救人救物均不善	A	既善救人，也善救物
贵师与否、爱资与否	贵师爱资	贵师不爱资	不贵师爱资	不贵师不爱资	D	"虽知大迷"
知其雄雌、守其雄雌	知雄守雄	知雄守雌	知雌守雄	知雌守雌	B	"为天下蹊"
知其黑白、守其黑白	知白守白	知白守黑	知黑守白	知黑守黑	B	"为天下式"
知其荣辱、守其荣辱	知荣守荣	知荣守辱	知辱守荣	知辱守辱	B	"为天下谷"
果与不果、矜与勿矜	果而矜	果而勿矜	不果而矜	不果勿矜	B	
果与不果、伐与勿伐	果而伐	果而勿伐	不果而伐	不果勿伐	B	
果与不果、骄与勿骄	果而骄	果而勿骄	不果而骄	不果勿骄	B	
果与不果、强与勿强	果而强	果而勿强	不果而强	不果勿强	B	
胜与否、美之否	胜而美之	胜而不美	不胜美之	不胜亦不美之	A、B	"故不美，若美之，是乐杀人"
战胜否、哀礼否	战胜而哀礼	战胜非哀礼	战败而哀礼	战败非哀礼	A	"战胜，以哀礼处之"
知止否、殆与不殆	知止而殆	知止而不殆	不知止而殆	不知止而不殆	B	"知止不殆，可以长久"
知足否、富与不富	知足而富	知足而不富	不知足而富	不知足而不富	A	"知足者富""知足常足""祸莫大于不知足"
死与不死、亡与不亡	死而亡	死而不亡	不死而亡	不死亦不亡	B	"死而不亡者寿"
功成与否、有与不有	功成而有	功成而不有	不功成而有	不功成而不有	B	
往与不往、害与不害	往而害	往而不害	不往而害	不往亦不害	B	
国之利器否、可以示人否	国之利器可以示人	国之利器不可以示人	国之非利器可以示人	国之非利器不可以示人	B	

续表

两仪	A象	B象	C象	D象	老子所处的象限	备注
为有无、不为有无	为而不为	为而无不为	无为而不为	无为而无不为	D	"道常无为而无不为"
为无为、有无以为	为之而有以为	为之而无以为	无为而有以为	无为而无以为	A、B、C、D	A上义，B上仁，C下德，D上德
器之大小、成之早晚	大器早成	大器晚成	小器早成	小器晚成	B	
象之大小、形之有无	大象有形	大象无形	小象有形	小象无形	B	
言与不言、教与不教	言而教	言而不教	不言而教	不言亦不教	C	老子说很少有人会看到C象限
为之有无、益之有无	有为之有益	有为之无益	无为之有益	无为之无益	C	"天下希及之"
藏之多少、亡之厚薄	多藏厚亡	多藏薄亡	少藏厚亡	少藏薄亡	A	"多藏必厚亡"
知足否、辱与不辱	知足而辱	知足不辱	不知足而辱	不知足亦不辱	B	"可以长久"
出门与否、知天下否	出门知天下	出门不知天下	不出门知天下	不出门不知天下	C	精力与方法
行否、知否	行而知	行而不知	不行而知	不行不知	C	行，译为出行
见否、明否	见而明	见而不明	不见而明	不见亦不明	C	
为否、成否	为而成	为而不成	不为而成	不为亦不成	C	
善者否、善之否	善者善之	善者不善之	不善者善之	不善者不善之	A、C	"善者，吾善之……得善"
信者否、信之否	信者信之	信者不信之	不信者信之	不信者不信之	A、C	"得信"
尊道否、贵德否	尊道也贵德	尊道不贵德	不尊道却贵德	不尊道亦不贵德	A	
长与否、宰而否	长而宰	长而不宰	不长而宰	不长亦不宰	B	"是谓玄德"
善建否、拔否	善建者拔	善建者不拔	不善建者拔	不善建者不拔	B	
善抱否、脱否	善抱者脱	善抱者不脱	不善抱者脱	不善抱者不脱	B	
知者否、言否	知者言	知者不言	不知者言	不知者不言	B	"知者不言"
言者否、知否	言者知	言者不知	不言者知	不言者不知	B	
忌讳多否、民贫否	忌讳多民贫	忌讳多民不贫	忌讳少民贫	忌讳少民不贫	A	
无为否、自化否	有为而自化	有为而不自化	无为而自化	无为而不自化	C	"我无为，人自化"
好静否、自正否	好静而自正	好静而不自正	不静而自正	不静而不自正	A	"我好静，人自正"
无事否、自富否	有事而自富	有事而不自富	无事而自富	无事而不自富	C	"我无事，人自富"
欲有无、自朴否	有欲而自朴	有欲而不自朴	无欲而自朴	无欲而不自朴	C	"我无欲，人自朴"
方否、割否	方而割	方而不割	不方而割	不方亦不割	B	圣人
廉否、刿否	廉而刿	廉而不刿	不廉而刿	不廉亦不刿	B	圣人。刿：刺伤
直否、肆否	直而肆	直而不肆	不直而肆	不直亦不肆	B	圣人。肆：放肆
光否、耀否	光而耀	光而不耀	不光而耀	不光亦不耀	B	圣人

两仪	A象	B象	C象	D象	老子所处的象限	备注
大小者、上下处	大者处上	大者处下	小者处上	小者处下	B	"大者宜为下"
诺之轻重、信之多寡	重诺多信	重诺寡信	轻诺多信	轻诺寡信	D	"夫轻诺必寡信"
难之否、有无难	难之,终有难	难之,终无难	不难之,终有难	不难之,终无难	B	圣人
安与不安、持之难易	其安易持	其安难持	其不安易持	其不安难持	A	
为之否、有与未有	为之于有	为之于未有	不为之于有	不为之于未有	B	
治之否、乱与未乱	治之于乱	治之于未乱	不治之于乱	不治之于未乱	B	
争与不争、与之争否	争能与之争	争莫能与之争	不争能与之争	不争莫能与之争	D	圣人、圣君
于名利(享用)否、敢不敢为天下先	于名利敢为天下先	于名利不敢为天下先	于非名利敢为天下先	于非名利不敢为天下先	B	"不敢为天下先""故能成器长"
士善否、炫武否	善士炫武	善士不炫武	不善士炫武	不善士不炫武	B	"古之善为士者不武"
善战否、怒否	善战者怒	善战者不怒	不善战者怒	不善战者不怒	B	
哀否、胜否	哀者胜	哀者不胜	不哀者胜	不哀者不胜	A	"故抗兵相加则哀者胜"
易知否、易行否	易知易行	易知不易行	不易知易行	不易知不易行	A	
能知否、能行否	能知能行	能知莫能行	莫能知却能行	莫能知莫能行	D	老子遗憾很多人选了D
言有宗否、事有君否	言有宗事有君	言有宗事无君	言无宗事有君	言无宗事无君	A	老子自信是A
知我否、效我否	知我效我	知我不效我	不知我效我	不知我不效我	A	A为希贵,B为希,C为贵
被褐否、怀玉否	被褐而怀玉	被褐不怀玉	不被褐而怀玉	不被褐亦不怀玉	A	老子感叹自己是A
知否、知否	知所知	知不知	不知所知	不知不知	B、C	B尚矣,C病也
自知否、自见否	自知自见	自知不自见	不自知自见	不自知不自见	B	圣人
自爱否、自贵否	自爱自贵	自爱不自贵	不自爱自贵	不自爱不自贵	B	圣人
勇于敢否、杀与活	勇于敢则杀	勇于敢则活	勇于不敢则杀	勇于不敢则活	A、D	A为害,D为利
争与不争、胜与不胜	争而胜	争而不胜	不争而胜	不争而不胜	C	"天之道,不争而善胜"
言与不言、应与不应	言而应	言而不应	不言而应	不言而不应	C	"天之道……不言而善应"
召与不召、来与不来	召而来	召而不来	不召而来	不召小不来	C	"天之道……不召而自来"
疏否、失否	疏而失	疏而不失	不疏而失	不疏亦不失	B	天网恢恢为B
强大柔弱、处上下	强大处上	强大处下	柔弱处上	柔弱处下	B、C	B、C合为泰卦

续表

两仪	A象	B象	C象	D象	老子所处的象限	备注
兵强弱、存与灭	兵强则存	兵强则灭	兵弱则存	兵弱则灭	B	
损有余否、奉与补	损有余奉有余	损有余补不足	损不足奉有余	损不足补不足	B、C	天之道为B，人之道为C
执契否、责人否	执契责人	执契不责人	不执契责人	不执契亦不责人	B	"是以圣人执左契，不责于人"
国之大小、民之众寡	大国众民	大国寡民	小国众民	小国寡民	D	老子描述小国寡民状况
信言否、美否	信言美	信言不美	不信言也美	不信言亦不美	B	
美言否、信否	美言信	美言不信	不美言也信	不美言亦不信	B	
善者否、辩否	善者辩	善者不辩	不善者辩	不善者不辩	B	
辩者否、善否	辩者善	辩者不善	不辩者善	不辩者不善	B	
知者否、博否	知者博	知者不博	不知者博	不知者不博	B	
博者否、知否	博者知	博者不知	不博者知	不博者不知	B	
积财否、愈有否	积而愈有	积而愈无	不积而愈有	不积而愈无	C	
给予否、愈多否	给予而愈多	给予而愈少	不给予而愈多	不给予亦愈少	A	
利否、害否	利而害	利而不害	不利而害	不利亦不害	B	天之道
为否、争否	为而争	为而不争	不为而争	不为亦不争	B	圣人之道

6.3 用四象圆思维读《周易》

两仪圆思维是四象圆思维的基础，《周易》中记载了大量的两仪（矛盾）及辩证智慧，比如"大人与小人"，比如"一阴一阳之谓道"，比如"泰极否来"，比如"先损后益"等。《周易·本经》有33对两仪，少于《山海经》的44对。如表6-2所示。

表6-2 《周易·本经》中蕴含两仪（矛盾）思维的字词

《周易·本经》中的两仪				
有与无	潜与见	先与后	乾与坤	西南与东北
大与小	吉与凶	初与终	泰与否	大人与小人
往与来	利与害	进与退	损与益	嘻嘻与嘻嘻
妇与夫	取与舍	舍与得	系与解	既济与未济
天与地	得与丧	得与失	上与下	出与入
实与虚	明与幽	忧与喜	东与西	
左与右	笑与唒	首与尾	夫与妻	

《周易·系辞上》与《周易·系辞下》是孔子关于两仪思维的两篇文章，它们阐述了很多阴阳变化的现象，认为阴阳两仪是运动变化的，如"刚柔相摩""刚柔相推""刚柔相易"等。何谓变？孔子认为，"一阖一辟谓之变""化而裁之谓之变"，但对阴阳为何变化、怎样变化，孔子未能详细阐述。《周易·十翼》共有48对体现两仪思维的字

词，比《山海经》多 4 对。如表 6-3 所示。这就表明，中国文字是逐渐丰富的，中国人的两仪思维也是逐渐丰富起来的。

表 6-3　《周易·十翼》中蕴含两仪（矛盾）思维的字词

《周易·十翼》中的两仪				
始与终	存与亡	寒与暑	出与处	多与寡
上与下	得与失	男与女	默与语	山与泽
进与退	柔与刚	昼与夜	远与近	顺与逆
天与地	朝与夕	贵与贱	方与圆	东与西
日与月	庆与殃	大与小	来与往	南与北
鬼与神	阴与阳	生与死	阖与辟	东北与西南
吉与凶	动与静	显与藏	仰与俯	西北与东南
先与后	尊与卑	荣与辱	善与恶	去故与取新
奇与偶	夫与妇	父与子	忧与乐	
盛与衰	内与外	幽与明	难与易	

　　《周易·易传》经常出现四选一的情况。如《周易·乾卦·文言》的"进德修业""遁世无闷""善世而不伐""上下无常""进退无恒""居上位而不骄""在下位而不忧""贵而无位""高而无民""知进而不知退""知存而不知亡""知得而不知丧"等。

　　又如《周易·坤卦·卦辞》的"西南得朋，东北丧朋"。以"西南"与"东北"这对阴阳为横坐标，以"得朋"与"丧朋"这对阴阳为纵坐标，那就演绎出四种情形：西南得朋、西南丧朋、东北得朋、东北丧朋。如图 6-3 所示。这四种情形又有四种组合情形：西南得朋、东北丧朋，西南得朋、东北得朋，西南丧朋、东北得朋，西南丧朋、东北丧朋。坤卦卦辞讲的是第一种组合情形："西南得朋，东北丧朋。"这与中国古人所说的"失之东隅，收之桑榆"异曲同工。

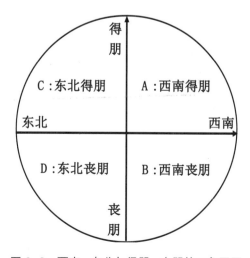

图 6-3　西南－东北与得朋－丧朋的四象圆图

再如以"积善–积不善"为横坐标，以"余庆–余殃"为纵坐标，就会演绎出四种情形：积善有余庆、积善有余殃、积不善有余庆、积不善有余殃。孔子及其弟子在"坤·文言"中只谈到常见的两种情形："积善之家，必有余庆。积不善之家，必有余殃。"

还有一些例子：如"泰·彖"的"内阳而外阴""内健而外顺"，"否·彖"的"内阴而外阳""内柔而外刚"，"噬嗑·上九·象"的"聪（而）不明也"，"咸·彖"的"柔上而刚下"，"损·象"的"损下益上"，《周易·系辞上》的"劳而不伐""有功而不德""君不密则失臣""臣不密则失身"，"井·卦辞"的"无丧无得"，"巽·九五"和"睽·六三"的"无初有终"，"小过·卦辞"的"可小事，不可大事"和"不宜上，宜下"，"小过·象"的"上逆而下顺"，"既济·卦辞"的"初吉终乱"，《周易·系辞下》的"既辱且危""小惩而大诫""安而不忘危""治而不忘乱""德薄而位尊""知小而谋大""力小而任重""先难而后易"，《周易·序卦》的"大而能谦"等。

我们以"益–不益"为横坐标，"损–不损"为纵坐标，就会演绎出四种情形：益损并举、益而不损、损而不益、不益不损。"损·上九"的"弗损益之"属于第四象限情形。损益之道，"与时偕行"，是指损益变化之道，是站在圆上根据时势进行调整应对。如图6–4所示。

图6–4 益与损的四象圆图

6.4 用四象圆思维读《诗经》

《诗经》作为远古祖先情感的表达载体，也体现出大量的两仪思维，如表6–4所示。

表6-4　《诗经》里的两仪圆思维

《诗经》中的两仪					
两仪	出自	两仪	出自	两仪	出自
左、右	《关雎》	深、浅	《匏有苦叶》	南山、北山	《南山有台》
淑女、君子	《关雎》	近、远	《东门之墠》	哲、愚	《鸿雁》《抑》
寤、寐	《关雎》	往、来	《子衿》《终风》	阴、阳	《公刘》
绤、绤	《葛覃》	横、纵	《南山》	远、近	《民劳》
未见、既见	《汝坟》	昼、宵	《七月》	正、反	《民劳》
颉、颃	《燕燕》	有、无	《伐木》	进、退	《桑柔》
下上其音	《燕燕》《雄雉》	刚、柔	《采薇》《烝民》	昔我往矣	《采薇》
我、你（尔）	《板》	文、武	《六月》《江汉》	今我来思	《采薇》
死生契阔	《击鼓》	彼、此	《采芑》《振鹭》	出、入	《蓼莪》《北山》
死生契阔	《击鼓》	新、旧	《我行其野》	公、私	《大田》
左手、右手	《简兮》	雄、雌	《无羊》	清、浊	《四月》
知我、不知我	《黍离》	先、后	《正月》	寒、暑	《小明》
异、同	《大车》《板》	朝、夕	《北山》《那》	东、西	《大东》
初、终	《荡》	大、小	《谷风》《长发》	南、北	《大东》

《诗经》中四选一的情形，不胜枚举。诸如《燕燕》的"终温且惠"属于温且惠、温而不惠、不温而惠、不温不惠"中的第一种情形。如《北门》的"终窭且贫"、《载驰》的"众稚且狂"、《叔于田》的"洵美且武"、《羔裘》的"洵直且侯"和"舍命不渝"、《有女同车》的"洵美且都"、《卢令》的"其人美且仁"、《园有桃》的"我歌且谣"、《伐檀》的"河水清且涟漪"、《椒聊》的"硕大且笃"、《无衣》的"安且吉兮"、《蒹葭》的"道阻且长"、《泽陂》的"硕大且俨"、《鹿鸣》的"和乐且湛"、《常棣》的"既安且宁"、《伐木》的"终和且平"、《菁菁者莪》的"乐且有仪"、《六月》的"既佶且闲"、《十月之交》的"无罪无辜"、《巧言》的"无拳无勇"、《鼓钟》的"忧心且伤"、《甫田》的"终善且有"、《大田》的"既庭且硕"、《车辖》的"式歌且舞"、《生民》的"无灾无害"、《崧高》的"柔惠且直"、《烝民》的"既明且哲"、《韩奕》的"孔修且张"、《閟宫》的"孔曼且硕"、《那》的"既和且平"、《长发》的"不刚不柔"及"有震且业"、《殷武》的"寿考且宁"等。

《柏舟》一说写姑娘婚姻不得自由，向母亲倾诉她坚贞的爱情；一说姑娘爱恋一个男子，却遭到了母亲的否定。本书把婚姻自主和父母做主视为两仪，将其分别作为横坐标和纵坐标，那就有四种婚姻情形：A既是自己做主，也是父母做主，即两者统筹兼顾；B自己做主；C父母做主；D既不是自己做主，也不是父母做主。诗的主人公似乎面临着B和C的选择，但实际上，她需要选择A，思考如何做好母亲的说服工作，做到婚姻是自己做主和父母协择并举，仅仅发誓和埋怨是不够的。

《氓》的"士之耽兮，犹可说也。女之耽兮，不可说也"是四种情形中的两种，这句诗的译文是：男子沉溺在爱情里，还可以脱身；女子沉溺在爱情里，就无法摆脱了。本书以男或女沉溺于爱情为横坐标，以解脱于否为纵坐标，这样就有四种情形：男子沉溺于爱情但可解脱、男子沉溺于爱情不可解脱、女子沉溺于爱情但可解脱、女子沉溺于爱情不可解脱。《氓》的主人公在诗中只表达了或只看到了两种情形。

《将仲子》的女主人公具有对畏父母言和仲子可怀进行统筹兼顾的能力。本书把父母之言畏否作为横坐标，仲子可怀否作为纵坐标，于是就产生了四象：畏父母言且仲子可怀、畏父母言但仲子不可怀、不畏父母言但仲子可怀、不畏父母言仲子也不可怀。郑国女子明智地选择了第一象限的情形。诗云："畏我父母，仲可怀也。父母之言，亦可畏也。"

本书把人的距离作为横坐标，家的距离作为纵坐标，两仪生四象，就有四种情形：其人远其室亦远、其人远但其室近、其人近但其室远、其人近其室亦近。《东门之墠》的"其室则迩，其人甚远"属于"其人远但其室近"，他家离我很近，人却像在远方。室近人远，这句诗直截了当地抒发了思之而未得见之苦，本来近在咫尺，却如远隔天涯海角。

《绵》提到周国西伯侯姬昌有四类臣子，他得到这四类臣子的辅佐，这四类臣子分工合作，国势蒸蒸日上。本书认为姬昌把国家治理岗位分为四大类，每个岗位使用适合这个岗位的人才。《绵》中是这样说的："予曰有疏附，予曰有先后。予曰有奔奏，予曰有御侮！"按照黄氏TOPK性格圆图：疏附是考拉型的，他们能胜任国家的行政管理岗位的工作；先后是猫头鹰型的，他们擅长国家的制度管理和战略管理的工作；奔奏是孔雀型的，他们擅长国家的宣传、文化和外交岗位的工作；御侮是老虎型的，他们擅长国家的国防军队岗位的工作。姬昌懂得岗位分类、人的分类及人岗匹配，他运用了四分法，因此，他胜出了。太华居士有诗《再读〈诗经·绵〉有感》云："绵曰治国在四有，姬昌四有周雄起。一有疏附曰知柔，二有先后为知微。三有奔奏曰知彰，四有御侮为刚知。四有四知四象同，君子四有天下治。"

6.5 用四象圆思维读《尚书》

《尚书》与《山海经》《周易》一样，记载了大量的两仪思维及辩证智慧。比如《尚书·多方》："惟圣罔念，作狂；惟狂克念，作圣。"圣与狂是两仪，是阴阳，它们能够相互转化：明哲的人（圣人）如果不思考，就会变成狂人；狂人经常思考，就会变成圣人。比如《尚书·召诰》："惟王受命，无疆惟休，亦无疆惟恤。"意思是：王接受了任命，美好无穷无尽，忧患也无穷无尽。王位既是美好的，也是存在一定风险的。美好和忧患，对于王位而言，是矛盾、是阴阳、是两仪。如果以美好与否为横坐标，忧患与否为纵坐标，那么明哲的王，就会看到王位"既有美好也有忧患""有美好而无忧患""有忧患而无美好""无美好亦无忧患"四种情形，从而要求自己做到并选择第一种情形，坚持两点论，抓住重点论，并做到统筹兼顾。

"舜典"云："直而温，宽而栗，刚而无虐，简而无傲。"译文是：正直而温和，宽大而严厉，刚毅而不粗暴，简约而不傲慢。用本书的四象圆思维来解读这句话，以正直为横坐标，以温和为纵坐标，就演绎出四种情形：正直而温和、正直而不温和、不正直而温和、不正直亦不温和。以宽为横坐标、栗为纵坐标，就会演绎出四种情形：宽而栗、宽而不栗、不宽而栗、不宽亦不栗。以刚为横坐标，以虐为纵坐标，就会演绎出四种情形：刚而虐、刚而无虐、无刚而虐、无刚亦无虐。以简为横坐标、傲为纵坐标，就会演绎出四种情形：简而傲、简而无傲、无简而傲、无简亦无傲。舜帝要求夔做乐官，用音乐教化世家的年轻人，要做到16种情形中最佳的四种情形。

皋陶提到知人九德，简称"皋陶九德"，他说："宽而栗，柔而立，愿而恭，乱而敬，扰而毅，直而温，简而廉，刚而塞，强而义。彰厥有常，吉哉！"译文是：宽宏而又严厉，柔顺而又卓立，谨厚而又严恭，多才而又敬慎，驯服而又刚毅，正直而又温和，简易而又方正，刚正而又笃实，坚强而又合宜，要明显地任用具有九德的好人，这才吉利啊！《左传》记载的九德，简称"《左传》九德"，与"皋陶九德"不同，"《左传》九德"是为官的九德：心能制义、德正应和、照临四方、勤施无私、教诲不倦、赏庆刑威、慈和遍服、择善而从、经纬天地。

本书用四象圆思维解读"皋陶九德"，如图6-5所示，图中A象限的情形，就是皋陶提倡的九种情形。

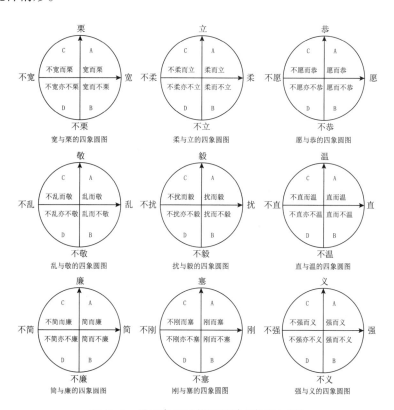

图6-5　用四象圆思维图解读"皋陶九德"

《尚书·立政》提到夏朝运用"皋陶九德"来识别、划分和任用人才。原文："古之人迪惟有夏，乃有室大竞，吁俊尊上帝，迪知忱恂于九德之行。"译文为：古代的人，如夏王，他们的卿大夫很强，夏王呼吁俊才长久地尊重上天的教导，他们知道诚实地相信知人九德的准则。

《尚书》里还有很多值得我们借鉴的"四选一"的情况，如《尚书·益稷》的"汝无面从，退有后言"、《尚书·洪范》的"有能有为""正（而）直""强弗友""燮（而）友""高（而）明"、《尚书·立政》的"休兹知恤"（居安思危）、《尚书·秦誓》的"责人斯无难"（以责人责己为横坐标，以难无难为纵坐标，从而演绎出四种情形——责己难、责己无难、责人难、责人无难）等。

6.6 用四象圆思维读《礼记》

《礼记·礼运》云："是故夫礼，必本于大一，分而为天地，转而为阴阳，变而为四时。"《礼记·丧服四制》云："夫礼，吉凶异道，不得相干，取之阴阳也。"这表明，有了"太极生两仪，两仪生四象"，才会出现二选一、四选一。而礼的本源就在于分类以后进行正确的选择。这种选择要体现对人的尊敬，包括对先人的尊敬。这种选择会让社会形成有机的秩序，让社会有序运行和发展。这种选择要从时从宜，不是固定不变的。"礼运"云："夫礼必本于天，动而之地，列而之事，变而从时。""丧服四制"云："丧有四制，变而从宜。"礼要合于人心，礼要从时从宜。礼有五个层级——时、顺、体、宜和称，礼时为大。"故圣王修义之柄，以治人情。"

《礼记》中也有很多关于两仪的记载，也体现了两仪圆思维，如表6-5所示。《礼记》的作者有三选一的情形，如：礼有往来两极，要么往，要么来，中国古人跳出这个二选一的思维，站在无极上，即站在圆上做出了第三个选择——礼尚往来。又如，如何对待死者？要么以活人对待，要么以死人对待，中国古人跳出这个二选一的思维，他们同样站在无极圆上做出了第三个选择——事死如生。他们认为以活人对待死者是不理智的，以死人对待死者是没有爱心和同理心的。

表6-5 《礼记》的两仪圆思维

太极（事物）	两仪		《礼记》的选择	备注
敖	可长	不可长	"敖不可长"	二选一
欲	可从	不可从	"欲不可从"	二选一
志	可满	不可满	"志不可满"	二选一
乐	可极	不可极	"乐不可极"	二选一
财富	积聚	散发	"积而能散"	积散统筹（无极）
	苟得	毋苟得	"临财毋苟得"	二选一
分财	求多	毋求多	"分毋求多"	二选一
临难	苟免	毋苟免	"临难毋苟免"	二选一
争论（执）	求胜	毋求胜	"很毋求胜"	二选一
疑事	质	毋质	"疑事毋质"	
礼	往	来	"礼尚往来"	无极

太极（事物）	两仪		《礼记》的选择	备注
游	有常	无常	"游必有常"	游：外出
习	有业	无业	"习必有业"	习：学习
听	有声	无声	"听于无声"	
视	有形	无形	"视于无形"	
对小孩	说谎	不说谎	"幼子常视毋诳"	对小孩不要说谎
临祭	惰	不惰	"临祭不惰"	
入竟	问禁	不问禁	"入竟而问禁"	宴请客人问禁忌
入国	问俗	不问俗	"入国而问俗"	来到他乡问风俗
居丧时	言乐	不言乐	"居丧不言乐"	
祭祀时	言凶	不言凶	"祭事不言凶"	
拜与稽颡	拜而后稽颡	稽颡而后拜	"稽颡而后拜"	三年丧的祭拜礼
看待死人	以死人视之	以活人视之	前无爱心，后无理智	无极
男拜	左	右	尚左，左在上	
女拜	左	右	尚右，右在上	
乐	有声	无声	"无声之乐"	气志皆得且相宜
礼	有体	无体	"无体之礼"	威严而从容
丧	有服	无服	"无服之丧"	内恕孔悲
天	有私覆	无私覆	"天无私覆"	奉三无私而安天下
地	有私载	无私载	"地无私载"	
日月	有私照	无私照	"日月无私照"	
其事	自大	不自大	"是故君子不自大其事"	
其功	自尚	不自尚	"君子……不自尚其功"	
情理	真实	不真实	"情欲信"	情理要追求真实
言辞	有技巧	无技巧	"辞欲巧"	言辞要讲究技巧
志	可夺	不可夺	"而志不可夺也"（儒者）	
内称	避亲	不避亲	"儒有内称不避亲"	
外举	避怨	不避怨	"外举不避怨"	
贫者	好乐	不好乐	"贫而好乐"	
富者	好礼	不好礼	"富而好礼"	

两仪是相互依存相互变化的。如《礼记·乐记》云"小大相成""终始相生""阴阳相得"。如《礼记·孔子闲居》云"哀乐相生"等。面对两仪情形，人们经常会二选一。中国人受《道德经》的"二生三"的影响，也常常采用"三选一"。比如，收入和能力这两仪，它们之间就有三种情形：收入超过其能力、能力超过其收入、收入和能力相宜（当）。孔子在《礼记·坊记》中谈到俸禄与能力时，只做了二选一的论述。他说，与其使俸禄超过本人的能力，宁愿使本人的能力超过俸禄。其原话是："故君子与其使食浮于人也，宁使人浮于事。"先人和先己是两仪，它们之间也有三种情形：人和己并齐、

先人而后己、先己而后人。孔子认为，选择先人而后己的是君子。当然也可以把人和己并齐，这有两种情形：人和己并先、人和己并后。那就变成而四选一。孔子在《礼记·表记》里提到赏罚先后带来了不同的结果：先赏而后罚，亲而不尊；先罚而后赏，尊而不亲。先赏后罚和先罚后赏是两仪，是二选一，当然也有第三种情形，赏罚并时。按照人性心理和卡尼曼损失厌恶效应，先赏后罚，会使受奖罚者产生更多的厌恶情绪。类似的还有孔子在《礼记·儒行》中的"先劳而后禄"。

　　本书用四象圆思维读《礼记》，发现《礼记》里约有 110 种包括四选一在内的情形，如表 6-6 所示。从表中可以看出，《礼记》虽然有很多四选一的情形，但阐述两种情形的也不少，还有 5 处阐述三种情形，2 处谈到四种情形。这表明《礼记》的作者们也是有四象圆思维的，只是运用四象圆思维思考没有变成他们的习惯。

表 6-6　《礼记》中的四象圆思维

两仪	A象	B象	C象	D象	《礼记》	备注
亲近否、敬之否	亲而敬之	亲而不敬	不亲而敬	不亲亦不敬	A	对于贤者、对于妻子
畏之否、爱之否	畏而爱之	畏而不爱	不畏而爱	不畏亦不爱	A	对于贤者
爱与憎、知善恶	爱而知其善	爱而知其恶	憎而知其善	憎而知其恶	C、D	四选二
往否、来否	往而来	往而不来	不往而来	不往亦不来	A、B、C	礼尚往来
有礼否、安危	有礼则安	有礼则危	无礼则安	无礼则危	A、D	
富贵否、好礼否	富贵而知好礼	富贵而不好礼	贫贱而知好礼	贫贱而不好礼	A、C	A：不骄不淫
富贵否、有礼否	富而有礼	富而无礼	贫而有礼	贫而无礼	C	C：志不慑
谓否、敢进否	谓之进而敢进	谓之进不敢进	不谓之进敢进	不谓之进不敢进	A、C	"此孝子之行也"
谓否、敢退否	谓之退敢退	谓之退不敢退	不谓之退敢退	不谓之退不敢退	D	"此孝子之行也"
问否、对答否	问而对答	问而不答	不问而答	不问不敢对答	D	"此孝子之行也"
富者否、以财货为礼否	富者以财货为礼	富者不以财货为礼	贫者以财货为礼	贫者不以财货为礼	D	
博闻强识否、谦让否	博闻强识而让	博闻强识而不谦让	不博闻强识而谦让	不博闻强识而不谦让	A	君子也
敦善力行否、懈怠否	敦善力行而懈怠	敦善力行而不怠	不敦善力行而懈怠	不敦善力行而不怠	B	君子也
与死者有交情否	生死有交	只与生者有交情	只与死者有交情	生死无交	A、B、C	这里的生者，指死者的家属
与生者有交情否	既吊又伤	吊而不伤	伤而不吊	不吊亦不伤		
荒否、治否	虽荒但治	荒而不治	不荒而治	不荒却不治	B	"此亦士之辱也"
公事否、公议否	公事公议	公事私议	私事公议	私事私议	A	公事不私议
隐否、冒犯否	有隐有犯	有隐无犯	无隐有犯	无隐无犯	B、C、D	出自《礼记·檀弓》
对待其过失		事亲（待父母）	事君（待上级）	事师（待老师）		出自《礼记·檀弓》
诚否、信否	有诚有信	诚而无信	信而无诚	不诚亦不信	A	必诚必信
终身之忧有否、一朝之患有否	有终身之忧有一朝之患	有终身之忧无一朝之患	无终身之忧有一朝之患	无终身之忧无一朝之患	B	君子

两仪	A象	B象	C象	D象	《礼记》	备注
许其大否、许其细否	许其大且许其细	许大不许细	许细不许大	大细皆不许	A	季武子选A
道隆与污、从隆与污	道隆从隆	道隆从污	道污从隆	道污从污	A、D	子思对母丧的态度
拜否、稽颡否	拜亦稽颡	拜而不稽	稽而不拜	不稽亦不拜	A、C	亡臣重耳对父丧
爱人否、以德与姑息	爱人以德	爱人以姑息	不爱人以德	不爱人以姑息	A	B小人
礼有余否、哀有余否	礼哀皆有余	哀不足而礼有余	礼不足而哀有余	礼哀皆不足	C	B不如C
礼有余否、敬有余否	礼敬皆有余	礼有余而敬不足	礼不足而敬有余	礼敬皆不足	C	B不如C
进否、退否	有进有退	有进无退	无进有退	无进无退	B	"故丧事有进而无退"
吉与丧事、从容急迫	吉事从容	吉事急迫	丧事从容	丧事急迫	A、D	丧事虽急，但不逾制
有爱否、有畏否	有爱有畏	有爱无畏	无爱有畏	无爱无畏	A、B、C	"哭有二道"
有其礼否、有其财否	有礼有财	有礼无财	无礼有财	无礼无财	A、B	A："无其时，君子弗行也"
生益于人否、死害于人否	生有益于人死害于人	生有益于人死不害于人	生无益于人死害于人	生无益于人死不害于人	B、D	
进人以礼否、退人以礼否	进人退人皆以礼	进人以礼退人不以礼	进人不以礼退人以礼	进人退人皆不以礼	A	古之君子
国之奢俭、示之以礼足否	国奢示之以礼	国奢示之以俭	国俭示之以礼	国俭示之以俭	B、C	国奢：国风奢侈 C：按礼制办事
生有以为养否、死有以为礼否	生有以为养死有以为礼	生有以为养死无以为礼	生无以为养死有以为礼	生无以为养死无以为礼	D	子路哭D
苛政有无、虎有无	苛政与虎均有	有苛政但无虎	有虎但无苛政	无苛政亦无虎	C	"苛政猛于虎也"
丰年奢否、凶年俭否	丰年奢凶年俭	丰年奢凶年不俭	丰年不奢凶年俭	丰年不奢凶年不俭	D	对于祭礼而言
修其教否、易其俗否	修其教易其俗	修其教不易其俗	不修其教易其俗	不修其教不易其俗	B	
官正否、国治否	官正而国治	官正而国不治	官不正而国治	官不正国也不治	A	
本否、文否	有本有文	有本无文	无本有文	无本无文	A	"忠信，礼之本也"
内有怨否、外谐否	内怨外谐	内怨外不谐	内无怨外谐	内无怨外不谐	C	君子有礼则C
谏有无、讪有无	有谏有讪	有谏而无讪	无谏有讪	无谏亦无讪	B	对于上级的过失
谏否、骄有无	谏而骄	谏而无骄	无谏而骄	无谏亦无骄	B	对于上级的过失
颂否、谄有无	颂而谄	颂而无谄	不颂而谄	不颂无谄	B	对于上级的功绩
观否、语否	观而语	观而弗语	弗观而语	弗观亦弗语	B	让学生有思考时间
听否、问否	听问并举	听而弗问	弗听而问	弗听亦弗问	B	年幼的学生
导否、牵否	既导又牵	导而不牵	不导而牵	不导亦不牵	B	启发式教学
强否、抑否	既强又抑	强而不抑	不强而抑	不强不抑	B	
开否、达否	既开也达	开而弗达	弗开而达	弗开亦弗达	B	

续表

两仪	A象	B象	C象	D象	《礼记》	备注
长善否、救失否	长善救失	长善不救失	不长善但救失	不长善亦不救失	A	"教也者"
刚气怒否、柔气慑否	刚怒柔慑	刚怒柔不慑	刚不怒柔慑	刚不怒亦柔不慑	D	
礼否、乐否	既有礼也有乐	有礼无乐	无礼有乐	无礼亦无乐	A	礼乐并举
庄否、敬否	既庄又敬	庄而不敬	不庄而敬	不庄不敬	A、D	
内和否、外顺否	内和外顺	内和但外不顺	内不和但外顺	内不和外不顺	A	
威否、怒否	既威也怒	威而不怒	不威而怒	不威不怒	A、B、C、D	
勇否、义否	有勇有义	有勇无义	无勇有义	无勇无义	A	
居其位否、有无其言	居其位有其言	居其位无其言	不居其位有其言	不居其位无其言	B	B：君子之耻
有无其言、有无其行	有其言有其行	有其言有其行	无其言有其行	无其言无其行	B	B：君子之耻
地有余否、民足否	地有余民亦足	地有余而民不足	地无余而民足	地无余民不足	B	B：君子之耻
张否、弛否	既张也弛	张而不弛	弛而不张	不张亦不弛	A	一张一弛
贵德否、尚齿否	既贵德也尚齿	贵德不尚齿	不贵德但尚齿	不贵德亦不尚齿	A	齿：年龄
贵爵否、尚齿否	贵爵也尚齿	贵爵不尚齿	不贵爵但尚齿	不贵爵亦不尚齿	A	夏人
贵富否、尚齿否	贵富也尚齿	贵富不尚齿	不贵富但尚齿	不贵富亦不尚齿	A	商人
贵亲否、尚齿否	贵亲也尚齿	贵亲不尚齿	不贵亲但尚齿	不贵亲亦不尚齿	A	周人
善与过、称己与人	善则称人	善则称己	过则称人	过则称己	A、D	善：成功。称：归因
善始否、善终否	善始善终	善始不善终	不善始但善终	不善始亦不善终	A	慎始敬终
称美否、称恶否	既称美也称恶	称美不称恶	不称美但称恶	不称美不称恶	B	铭文之要义，B也
美有无、称之否	有美而称之	有美但不称之	无美而称之	无美亦无称	C	C为诬也
有善否、知道否	有善也知	有善而弗知	无善而知	无善而弗知	B	B为不明也
知善否、传述否	知而传	知而弗传	不知而传	不知亦弗传	B	B为不仁也
君正、民正否	君正民亦正	君正但民不正	君不正但民正	君民皆不正	A	孔子认为，君正则民正
达于礼否、达于乐否	达礼也达乐	达于礼而不达乐	不达礼但达于乐	礼与乐皆不达	B、C	B为素，C为偏，夔为C
说否、做否	既说也做	说了不做	不说而做	不说也不做	A	
贵己否、贵人否	贵己也贵人	贵己而贱人	贱己而贵人	贱己亦贱人	C	孔子说C是君子
隐否、显否	既隐也显	隐而不显	不隐而显	不隐亦不显	A	"君子隐而显"
矜否、庄否	既矜也庄	矜而不庄	不矜而庄	不矜亦不庄	C	孔子说C为君子
厉否、威否	厉而威	厉而不威	不厉而威	不厉亦不威	C	孔子说C为君子
言否、信否	言而信	言而不信	不言而信	不言亦不信	C	孔子说C为君子
以德与怨、报德与怨	以德报德	以德报怨	以怨报德	以怨报怨	A、B、C、D	
重仁否、重义否	重仁重义（王）	重仁轻义	轻仁重义（霸）	轻仁轻义	A、B、C	尊仁畏义，A为至道
亲否、尊否	既亲又尊	亲而不尊	尊而不亲	不亲亦不尊	B、C	水于民为B，火于民为C

续表

两仪	A象	B象	C象	D象	《礼记》	备注
服其服否、有其容否	服其服有其容	服其服无其容	无其服有其容	无其服亦无其容	A、C	A为君子，B为君子所不耻
威否、爱否	既威也爱	威而不爱	不威而爱	不威亦不爱	A	威而爱
晋升难否、辞退难否	晋辞两难	晋升难辞退易	晋升易辞退难	晋辞皆易	B、C	B有序，C混乱
事君远近、谏否	事君远而谏	事君远而不谏	事君近而谏	事君近而不谏	A、D	A谄也，D尸利也
欲谏否、欲陈否	既谏也陈	欲谏不欲陈	不谏而陈	不谏亦不陈	B	谏而不宣
处其位否、履其事否	处其位履其事	处其位不履其事	不处其位履其事	不处其位不履其事	B	B：乱也
施口惠否、惠实至否	口惠实至	口惠而实不至	不口惠而实至	不口惠亦无实惠	B	B：怨灾及其身
可言否、可行否	可言亦可行	可言不可行	不可言但可行	不可言亦不可行	B、C	遇到B，君子弗言
彰善否、显恶否	彰善显恶	彰善隐恶	隐善显恶	隐善隐恶	A	彰好慎恶
教之以德与政、齐之以礼与刑	教之以德齐之以礼	教之以德齐之以刑	教之以政齐之以礼	教之以政齐之以刑	A、D	A，民有格心（向善）。D，民有遁心（去恶）
上好是物否下有甚者否	上好是物下有甚者	上好是物下无甚者	上好无物下有甚者	上好无物下无甚者	A	物要分好坏。学好难、学坏易
天作孽否、自作孽否	天作孽自作孽	天作孽而自不作孽	天不作孽自作孽	天不作孽自不作孽	D	
强学否、待问否	强学以待问	强学以不待问	不强学以待问	不强学亦不待问	A	自立，花开蝶自来
养其身否、以有为否	养其身以有为	养其身以无为	不养其身以有为	不养其身以无为	A	备豫，身体是革命的本钱
宝金玉否、宝忠信否	金玉忠信皆宝	宝金玉不宝忠信	宝忠信不宝金玉	金玉忠信皆不宝	C	待人接物
见利否、亏义否	见利亏义	见利不亏义	不见利而亏义	不见利亦不亏义	B	人际交往
可杀否、可辱否	可杀亦可辱	可杀而不可辱	不可杀但可辱	不可杀亦不可辱	B	儒者
抱义否、处否	抱义而处	抱义而不处	不抱义而处	不抱义亦不处	A	儒者
笃行否、倦否	笃行但倦	笃行而不倦	不笃行但倦	不笃行亦不倦	B	儒者
举贤否、容众否	举贤亦容众	举贤却不容众	不举贤但容众	不举贤亦不容众	A	儒者
原则性否、灵活性否	原则性灵活性皆有	有原则性无灵活性	无原则性有灵活性	无原则性无灵活性	A	儒者
内称否、外举否	既内称也外举	内称不外举	外举不内称	不外举也不内称	A	儒者
闻善否、相告否	闻善相告	闻善但不相告	闻恶相告	闻恶但不相告	A	儒者
慎静否、尚宽否	慎静而尚宽	慎静而不尚宽	不慎静但尚宽	不慎静亦不尚宽	A	儒者
合志否、同方否	合志同方	合志不同方	不合志但同方	不合志亦不同方	A	儒者
外和否、国治否	外和而国治	外和但国不治	外不和但国治	外不和亦国不治	A	
内志正否、外体直否	内志正外体直	内志正外体不直	内志不正外体直	内志不正外体不直	A	内正外直
好学否、倦否	好学知倦	好学而不倦	不好学而倦	不好学亦不倦	B	
恩之有无、理之有无	有恩有理	有恩无理	有理无恩	无恩无理	A	

我们以用四象圆思维读《礼记·学记》为例。"学记"是中国教育史上，也是世界教

育史上第一部专门论述教育和教学问题的论著，它比捷克大教育家扬·夸美纽斯的《大教学论》早问世1800多年，系统而全面地阐明了教育的目的及作用，教育和教学的制度、原则和方法，教师的地位和作用，教育过程中的师生关系及同学之间的关系等很多内容，不仅是教育史上的首创，而且经过了2000多年教育实践的检验。即使被放在现代教学理论的范畴中，"学记"也仍然闪烁着生命的火花。

"学记"认为，教与学是一个事情的两个方面。本书以教与不教为横坐标，以学与不学为纵坐标，按照两仪生四象，就有四种情形，如图6-6所示。当然，以"教的多少为横坐标、学的多少为纵坐标"，以"教的有无为横坐标，学的有无为纵坐标"，以"教的长否为横坐标、学的长否为纵坐标"，也是可以的，其实质都是讲教学的四种情形。而作为全局者，需要站在无极（圆）上观察教学面貌，因时因事采取相应对策。

早在商朝，甲骨文中已经出现了"教"字，如"丁酉卜，其呼以多方小子小臣其教戒"。《论语·卫灵公》记载，孔子主张"有教无类"。《吕氏春秋·劝学》中也有类似的记载，吕不韦说："师之教也，不争轻重尊卑贫富，而争于道。"吕不韦认为教不是硬性说教，而应该在对方心情舒畅时进行教导。吕不韦认为："善教者则不然，视徒如己。反己以教，则得教之情矣。所加于人，必可行于己，若此则师徒同体。"如图6-7所示。

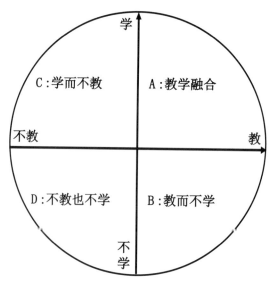

图6-6　教和学的四象圆思维图

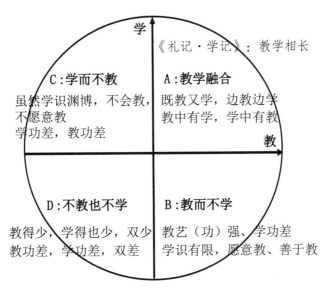

图6-7　教与学的四象圆详解图

　　甲骨文中也有了"学"字，如："壬子卜，弗酒小求，学。"从甲骨文中的字形分析看，教是从学派生出来的。"教"和"学"最初都是单字。最早将"教学"二字连为一个词，在目前看到的文献里，来自"学记"中的"古之王者建国君民，教学为先"。

　　在A象限的教学相融中，教学是教师的教和学生的学所组成的一种人类特有的人才培养活动。通过这种活动，教师有目的、有计划、有组织地引导学生学习和掌握文化科学知识和技能，促进学生素质提高，使他们成为社会所需要的人。"学记"中的"教学相长"也在A象限，其他三种情形"教长而学不长""教不长而学长""教不长学亦不长"虽然在现实中存在，但在大学教育阶段，它们都不是我们的选择，而是我们要摒弃的。处在A象限的老师，是最佳的老师，属于现代大学里的"双师型"老师，既会授课，也会科研。他们教而不倦、学而不厌，他们是受人尊敬的老师。B象限的老师，他们只会教学生，但自己不擅长学习，教了大辈子，其知识没有什么增长。他们被称为教书匠。C象限的老师，自己的学习能力很强，学到的知识很多，但不擅长教学生学习，学生受了他的教，学业没有什么增长。一般来说，C象限的老师适合搞科研，时人称之为科研师。D象限的老师，一般而言，不适合当老师，只是大学里的行政服务人员。

　　孔子在《礼记·表记》中运用了四象圆思维，以德与怨为横坐标，报德与怨为纵坐标，那么就演绎出四种情形：以德报德、以德报怨、以怨报德、以怨报怨。孔子说："以德报德，则民有所劝；以怨报怨，则民有所惩。"译文是：用恩惠来报答别人给自己的恩惠，这样百姓就会有所劝勉而友好相处；以怨恨回报别人对自己的怨恨，这样百姓就会两败俱伤而彼此有所戒备。孔子在《礼记·表记》里还说："以德报怨，则宽身之仁也；以怨报德，则刑戮之民也。"译文为：用恩惠来报答别人对自己的怨恨，这是委曲求全的人（一译"宽厚容身之仁人"）；用怨恨来报答别人给自己的恩惠，这是应该绳之以法的人（一译"必遭刑戮之人"）。结合孔子在《论语·宪问》里的言论，"或曰：'以德报怨，何如？'子曰：'何以报德？以直报怨，以德报德。'"，足见孔子具备四象圆思维，如图6-8所示。

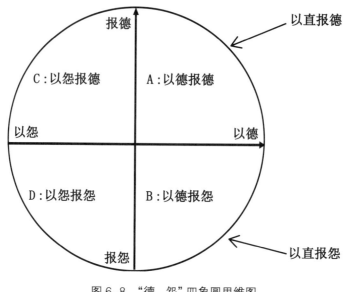

图6-8 "德－怨"四象圆思维图

6.7 用四象圆思维读《左传》

对《春秋》所记载的历史进行补充、解释、阐发的作品，被称为"传"，代表作品是被称为"春秋三传"的《左传》《公羊传》《穀梁传》。《左传》共18万余字。本书发现《左传》不仅有四象圆思维，还有很多辩证法思维。如《左传·昭公二十年》云："清浊，小大，长短，疾徐，哀乐，刚柔，迟速，高下，出入，周疏，以相济也。"矛盾双方是运动变化和相互调节的，最终达到一个相宜的平衡状态。子产在《左传·昭公二十年》云："夫火烈，民望而畏之，故鲜死焉。水懦弱，民狎而玩之，则多死焉。"他的意思是：火势猛烈，百姓看着就害怕，所以很少有人死于火；水性柔弱，百姓轻视并玩弄它，所以很多人就死在水中。火虽猛，但死于火的人少；水虽柔，但于死于水的多。为政者，要做到该火则火，该水则水，火水还要有个度，也要做到水火互济。

春秋时期的季梁把矛盾的运动及其转化原理运用于军事行动之中，他通过辩证思维，发现楚国的"求成"和"赢师"是欺诈，是为引诱随军追逐楚军。《左传·桓公六年》云："楚武王侵随，使薳章求成焉，军于瑕以待之。随人使少师董成……王毁军而纳少师。少师归，请追楚师，随侯将许之。季梁止之曰：'天方授楚，楚之赢，其诱我也，君何急焉？'"楚武王入侵随国，先派薳章去求和，把军队驻在瑕地以等待结果。随国人派少师主持和谈……楚武王故意军容不整地接待少师……少师回去，请求追逐楚军。随侯将要答应，季梁劝阻说："上天正在帮助楚国，楚国军队显得疲惫的样子，是引诱我们。君王何必急于从事？"

季梁深知矛盾双方不仅相互依存，而且在一定条件下可以相互转化，在公元前704年，制定了"怒我怠寇"和"避实击虚"的作战方针和策略。面对楚军的强大攻势，季梁采取"弗许和而后战"策略，先主动提出求和，求和没有获得楚军允许。一方面，随军会意识到唯有死战别无他路，因而勇气倍增；另一方面，楚军会因为随人的求和而懈怠斗志。在制定具体作战方案时，季梁采取灵活机动的"避强击弱"战术：楚军左边实力强，避之；右边实力弱，击之。即用避左击右策略迎战楚军。

《左传·桓公八年》云："楚子伐随，军于汉、淮之间。季梁请下之，弗许而后战，所以怒我而怠寇也。少师谓随侯曰：'必速战。不然，将失楚师。'随侯御之，望楚师。季梁曰：'楚人上左，君必左，无与王遇。且攻其右，右无良焉，必败。偏败，众乃携矣。'"楚武王亲自讨伐随国，军队驻扎在汉水、淮水之间。季梁建议向楚人请求讲和，他说："他们不肯讲和，我们就迎战，这样就可以激怒我军而使敌军懈怠。"少师对随侯说："必须速战，不这样，就会丢失战胜楚军的机会。"随侯率军抵御楚军。远望楚国的军队，季梁说："楚人以左为尊，楚王一定在左军之中，不要和楚王正面作战。我们先攻击他的右军。右军没有好的指挥官，必然失败。他们的偏军一败，大众就离散了。"

类似的还有，士气在战争中的变化规律。曹刿云："夫战，勇气也。一鼓作气，再而衰，三而竭。彼竭我盈，故克之。"按照四象圆思维，敌我双方的士气有四种情形：A彼盈我盈、B我盈彼竭、C彼盈我竭、D彼竭我竭。敌我双方接触时，一般而言处在A象限；如果实力相差悬殊，我方弱于敌方，随即进入C象限，这时迎战必输；如果有个法子，让敌我双方的士气进入B象限，那我方才有迎战取胜的可能。法子之一就是延时迎战，敌方三鼓而不能战，士气大跌，我方士气保持不跌或跌幅小于敌方，我方就进入了B象限，于是主动迎战。西周时期的《军志》也记载了战术和士气的关系，认为先发制人可以摧毁敌人士气，后发制人要等到敌人士气衰竭。《左传·昭公二十二年》引《军志》云："先人有夺人之心，后人有待其衰。"

本书用四象圆思维读《左传》，发现《左传》里约有77种包括四选一在内的情形，如表6-7所示。从表中可以看出，《左传》虽然有很多四选一的情形，阐述两种情形的不多，仅有1处谈到四种情形。这表明左丘明也是有四象圆思维的，只是四象圆思维没有变成他的习惯。

表6-7　《左传》中的四象圆思维

两仪	A象	B象	C象	D象	《左传》	备注
多行否、义否	多行义	多行不义	少行义	少行不义	B	B：必自毙。本书认为，多自毙或常自毙较妥
义否、昵否	义昵并举	义但不昵	不义但昵	不义不昵	D	郑庄公认为D会失败
宠否、骄否	宠而骄	宠而不骄	不宠但骄	不宠亦不骄	B	B："鲜矣"
亲仁否、善邻否	亲仁善邻	亲仁不善邻	不亲仁但善邻	不亲仁不善邻	A	"国之宝也"

续表

两仪	A象	B象	C象	D象	《左传》	备注
善可失否、恶可长否	善可失恶可长	善可失恶不可长	善不可失恶可长	善不可失恶不可长	D	
刚否、勇否	既刚又勇	刚而无勇	勇而无刚	无勇无刚	C	容易失败
贪否、亲否	既贪也亲	贪而无亲	亲而不贪	不贪亦不亲	B	容易失败
胜相让否、败相救否	胜相让败相救	胜相让败不相救	胜不相让败相救	胜不相让败不相救	D	容易失败
度德否、处之否	度德而处之	度德而不处之	不度德而处之	不度德不处之	A	
量力否、行之否	量力而行之	量力但不行之	不量力而行之	不量力亦不行之	A	
政治民否、刑正邪否	政治民刑正邪	政治民刑不正邪	政不治民刑正邪	政不治民刑不正邪	A	"政以治民，刑以正邪"
德政否、威刑否	有德政亦有威刑	有德政无威刑	无德政有威刑	无德政无威刑	D	D："必败也"
俭之有无、度之有无	有俭有度	有俭无度	无俭有度	无俭无度	A	"俭而有度"
本之大小、末之大小	本大末亦大	本大而末小	本小而末大	本小末亦小	B	"是以能固"
彼我、盈竭	彼我皆盈	彼盈我竭	彼竭我盈	彼我都竭	C	士气变化有规律
有德否、有禄否	有德有禄	有德无禄	无德有禄	无德无禄	C	C："殃也"
修己否、责人否	既修己也责人	修己而不责人	不修己但责人	不修己亦不责人	B	
猜忌否、好胜否	既猜忌又好胜	猜忌但不好胜	不猜忌但好胜	不猜忌也不好胜	A、D	晋惠公为A
币重否、言甘否	币重言甘	币重但言不甘	币轻但言甘	币轻言不甘	A	"诱我也"
施恩否、报答否	施而报	施而不报	不施而报	不施亦不报	A、B	
敢从否、敢言否	敢从也敢言	敢从但不敢言	不敢从但敢言	不敢从亦不敢言	D	怀嬴选择了D
忠否、能力有无	忠而有能	忠而无能	无忠有能	无忠亦无能	A	重耳的从臣属于A
刚否、礼否	既刚也礼	刚而无礼	有礼无刚	无刚亦无礼	B	楚国子玉为B
知难否、退否	知难而退	知难不退	不知难而退	不知难亦不退	A	
理直否、气壮否	理直气壮	理直气不壮	理不直但气壮	理不直气也不壮	A	打仗时若为A，则士气高易取胜
好勇否、狂妄否	勇而狂	勇而不狂	无勇而狂	无勇亦不狂	A	晋国赵穿为A
利于民否、利于君否	利民也利君	利民不利君	不利民但利君	不利民亦不利君	B	郑文公为B
果敢否、坚毅否	既果又毅	果而不毅	无果有毅	无果无毅	B	
仁否、武否	仁而武	仁而不武	不仁但武	不仁亦不武	B	选B的人通常达不到目的
德否、勤否	既德也勤	德而不勤	勤而不德	不德亦不勤	A	
生否、朽否	生且朽	生且不朽	死且朽	死且不朽	D	知罃追求死而不朽
死否、义否	死而义	死而不义	生而义	生而不义	B	B："非勇也"
功之有无、名之受否	有功而受名	有功而不受名	无功而受名	无功亦不受名	C	C："故不敢"

续表

两仪	A象	B象	C象	D象	《左传》	备注
备豫否、不虞否	备豫不虞	备豫无不虞	不备豫不虞	不备豫无不虞	A	A："善之大者"
内宁否、外宁否	内外皆宁	内宁外患	内忧外宁	内忧外患	A、B、C、D	A也表述为内外无患
骄侈否、克敌否	骄侈而克敌	骄侈不克敌	不骄侈而克敌	不骄侈不克敌	A	A："是天益其疾也"
生死、怨之多少	生而多怨	生而少怨	死而多怨	死而少怨	C	如果贤能是C，国将不国
备之有无、患之有无	有备有患	有备无患	无备有患	无备无患	B	
文德否、武功否	文德武功	有文德而无武功	无文德但有武功	无文德无武功	A	既有文德，又有武功
居安否、思安否	居安思安	居安思危	居危思安	居危思危	B	
尚能否、谦让否	尚能也谦让	尚能不谦让	不尚能但谦让	不尚能亦不谦让	A	"君子尚能而让其下"
贵否、贫否	既贵又富	贵而贫	虽贱但富	既贱也贫	B	"生于乱世，贵而能贫"
善人否、富否	善人富	善人贫	恶人富	恶人贫	A、C	A谓之赏，C谓之殃
勤否、怨否	虽勤但怨	勤而不怨	不勤但怨	不勤不怨	B	
直否、倨否	既直且倨	直而不倨	不直而倨	不直亦不倨	B	
取否、贪否	既取且贪	取而不贪	不取但贪	不取亦不贪	B	
君侈否、臣良否	君侈臣良	君侈臣不良	君不侈而臣良	君不侈臣亦不良	A	晋平公时期
忠否、俭否	既忠又俭	忠但不俭	不忠但俭	不忠亦不俭	A	忠俭
忠否、善否	忠善	忠但不善	不忠但善	不忠亦不善	A	既忠又善，忠而善
威否、仪否	威仪	威但不仪	不威但仪	不威亦不仪	A	威且仪，既威又仪
强否、义否	既强也义	强但不义	不强但义	不强亦不义	B	虽会成功，但不长久
信否、征之有无	信而有征	信而无征	不信有征	不信无征	A	"君子之言"
思之深浅、谋之深浅	深思而深谋	深思而浅谋	浅思而深谋	浅思而浅谋	B	
信之有无、私之多少	信而多私	信而少私	无信多私	无信少私	B	宋元公为B
刚否、柔否	刚柔并举	刚而不柔	不刚有柔	不刚不柔	D	A既刚亦柔、B有刚无柔
竞否、绕否	既竞也绕	竞而不绕	不竞但绕	不竞不绕	D	
和否、同否	既和也同	和而不同	同而不和	异而不和	B	"万物负阴而抱阳，冲气以为和"
直否、和否	直而和	直而不和	不直而和	不直亦不和	A	
亲富否、亲仁否	亲富亦亲仁	亲富不亲仁	亲仁不亲富	不亲富也不亲仁	B	
知礼否、勇否	知礼且勇	知礼而无勇	勇而不知礼	不知礼亦无勇	B	
富否、侈否	富且侈	富而不侈	侈而不富	不富亦不侈	A	
刚愎否、好胜否	刚愎好胜	刚愎但不好胜	好胜但不刚愎	不刚愎亦不好胜	A	智伯为A
进见恶否、退有无谤	进见恶退有谤	进见恶退无谤	进不见恶退有谤言	进不见恶退无谤言	D	史黯为D

续表

两仪	A象	B象	C象	D象	《左传》	备注
血性有无、争心有无	有血性有争心	有血性无争心	有争心无血性	无血性亦无争心	A	
有无过错、能否改过	有过能改	过而不能改	无过能改	无过亦不能改	A	"人谁无过？过而能改，善莫大焉"
骄奢有无、淫逸有无	骄奢淫逸	骄奢但无淫逸	淫逸但无骄奢	无骄奢亦无淫逸	A	"所自邪也"
言足志否、文足言否	言足志文足言	言足志文不足言	文足言但言不足志	言不足志文不足言	A	"言以足志，文以足言"
贵其身否、能及人否	贵其身能及人	贵其身不能及人	能及人不贵其身	不贵身亦不及人	A	
居利否、思义否	居利思义	居利不思义	不居利而思义	不居利亦不思义	A	
施舍倦否、求善厌否	施舍倦求善厌	施舍倦求善不厌	求善厌施舍不倦	施舍不倦求善不厌	D	
相时否、动否	相时而动	相时不动	动而不相时	不相时亦不动	A	
从善否、如流否	从善如流	从善不如流	不从善如流	不从善亦不如流	A	
忠善否、损怨否	忠善损怨	忠善不损怨	不忠善损怨	不忠善亦不损怨	A	"我闻忠善以损怨"
作威否、防怨否	作威防怨	作威不防怨	不作威以防怨	不作威亦不防怨	A	"不闻作威以防怨"
善否、赏之否	善则赏之	善但不赏之	不善而赏之	不善亦不赏之	A	
过否、匡之否	过则匡之	过而不匡之	无过而匡之	无过亦不匡之	A	
临患否、忘国否	临患而忘国	临患而不忘国	不临患而忘国	不临患亦不忘国	B	B："忠也"

6.8 用四象圆思维读《庄子》

庄子，名周，周朝时期诸侯国宋国第 11 任国君宋戴公之后裔，战国时期宋国蒙邑人。庄子因崇尚自由而不应楚威王之聘，仅担任过宋国地方的漆园吏，史称"漆园傲吏"，被誉为地方官吏之楷模。他最早提出的"内圣外王"思想对儒家影响深远。他洞悉易理，指出"《易》以道阴阳"，其"三籁"思想与《周易》三才之道相合。其文想象丰富奇特，语言运用自如，灵活多变，能把微妙难言的哲理写得引人入胜，被称为"文学的哲学，哲学的文学"。其作品收录于《庄子》一书，代表作有"逍遥游""齐物论"等。

庄子的散文极具浪漫主义风格，庄子通过丰富的想象力，以智慧多变的语言，剖析深刻难懂的哲学思想，使其具有积极的意义，在历史上产生了深远的影响。受其影响的中国人不胜枚举，如屈原、司马迁、阮籍、陶渊明、李白、苏轼、黄庭坚、辛弃疾、曹雪芹、鲁迅等。鲁迅评庄子说："其文则汪洋捭阖，仪态万方，晚周诸子之作，莫能先也。"郭沫若说："不仅晚周诸子莫能先，秦汉以来的每一部中国文学史，差不多大半是在他的影响之下发展的：以思想家而兼文章家的人，在中国古代哲人中，实在是绝无仅有。他那思想的超脱精微，文辞的清拔恣肆，实在是古今无两。"闻一多说："中国人的文化上永远留着庄子的烙印。"

一般认为《庄子》内篇的 7 篇文章是庄子所写。外篇 15 篇或者为庄子的弟子们所写，或者是庄子与他的弟子一起合作写成的，它反映的是庄子真实的思想。杂篇 11 篇的情形就要复杂些，应当是庄子学派所写，但有一些篇目体现的或许不是庄子学派所具备的思想，如"盗跖""说剑"等。

"德充符"云："死生、存亡、穷达、贫富、贤与不肖、毁誉、饥渴、寒暑，是事之变、命之行也。""则阳"云："安危相易，祸福相生，缓急相摩。"庄子不仅有阴阳两仪思维，还有阴阳两仪圆思维，更有四象圆思维。本书用四象圆思维读《庄子》，发现《庄子》里约有 98 种包括四选一在内的情形，如表 6-8 所示。从表中可以看出，《庄子》中有 59 个四选一的情形，有 15 个四选二的情形，有 2 个四选三的情形，有 22 处谈到四种情形。

表 6-8　用四象圆思维读《庄子》

两仪	A象	B象	C象	D象	《庄子》	备注
水之深浅、舟之大小	水深而舟大	水深而舟小	水浅而舟大	水浅而舟小	C、D	出自"逍遥游"
大否、有用否	大而有用	大而无用	小而有用	小而无用	A、B	有用与无用是相对的
身体、精神	既有身体又有精神	有身体无精神	有精神无身体	无身体无精神	A、B、C、D	精神：灵魂
有名否、忘名否	有名且记名	有名而忘名	无名而记名	无名亦忘名	B	圣人
有功否、忘功否	有功且记功	有功而忘功	无功而记功	无功亦忘功	B	神人
有己否、忘己否	有己且记己	有己而忘己	无己而记己	无己亦忘己	B	至人：有己忘己
实之有无、名之有无	有实有名	有实无名	有名无实	无名无实	A、B、C、D	实至名归、实名并举
形之有无、心之有无	形心合体	有形无心	有心无形	无形无心	A、B、C、D	出自"齐物论"
形之有无、情之有无	形情并举	有形无情	有情无形	无形无情	A、B、C、D	
是其所是非、非其所是非	是其所是而非其所是	是其所是而非其所非	是其所非而非其所是	是其所非而非其所非	C	
肯定对方的肯定否、肯定对方的否定否	肯定对方的肯定，肯定对方的否定	肯定对方的肯定，否定对方的否定	否定对方的肯定，肯定对方的否定	否定对方的肯定，否定对方的否定	C	
是、非	有是有非	有是无非	有非无是	无是无非	A、B、C、D	道枢、环中，齐观是非
彼、我	彼我齐一	有彼无我	有我无彼	无彼无我	A、B、C、D	道枢、环中，齐观彼我

续表

两仪	A象	B象	C象	D象	《庄子》	备注
生、死	有生有死	有生无死	有死无生	无生无死	A、B、C、D	道枢、环中，齐观生死
彼、此	既彼也此	非此即彼	非彼即此	非彼非此	A、B、C、D	
彼此、是非	彼是	彼非	此是	此非	A、B、C、D	
彼是非、此是非	彼是此是	彼是此非	彼非此是	彼非此非	A、B、C、D	
人家认可否、我认可否	人家认可我也认可	人家认可我不认可	人家不认可我认可	人家不认可我也不认可	A、D	
物、我	物我两行	有物无我	有我无物	无物无我	A	物我两行，各得其所
存否、论否	存而论	存而不论	不存而论	不存亦不论	B	"六合之外，圣人存而不论"
论否、议否	论而议（既论也议）	论而不议	不论而议	不论亦不议	B	"六合之内，圣人论而不议"
议否、辩否	议而辩	议而不辩	不议而辩	不议亦不辩	B	"先王之志，圣人议而不辩"
圆满否、亏损否	会圆满会亏损	会圆满不会亏损	会亏损不会圆满	不会圆满不会亏损	A、B、C、D	有成与亏、无成与亏
我胜否、你胜否	我你皆胜	我胜你没胜	我没胜你胜	我你皆没胜	A、B、C、D	
我对否、你对否	我你皆对	我对你错	我错你对	我你皆错	A、B、C、D	
与我同否、与你同否	与我你皆同	与我同与你异	与我异与你同	与我你皆异	A、B、C、D	
知止否、其所知否	知止于其所知	知止于其所不知	不知止于其所知	不知止于其所不知	B	
为善否、近名否	为善而近名	为善而无近名	不为善而近名	不为善亦无近名	B	近名：图名
为恶否、近刑否	为恶而近刑	为恶而无近刑	不为恶而近刑	不为恶亦无近刑	B	近刑：遭受刑罚
名誉有无、刑罚有无	既有名誉也有刑罚	有名誉无刑罚	有刑罚无名誉	无名誉无刑罚	A	"缘督以为经"
道之有无、技之有无	有道有技	有道无技	无道有技	无道无技	A、B	A：道技合一，道技并举
安时否、处顺否	安时处顺	安时不处顺	不安时但处顺	不安时亦不处顺	A	
德厚否、信矼否	德厚信矼	德厚但信不矼	德不厚但信矼	德不厚信也不矼	A	
用火水、救火水	用火救火	用火救水	用水救火	用水救水	A、D	
内直否、外曲否	内外皆直	内直而外曲	内曲而外直	内外皆曲	B	
直否、病否	直而病	直而不病	不直而病	不直亦不病	B	
有心否、为之否	有心而为之	有心而不为之	无心而为之	无心而不为之	A	
听之以耳否、听之以心否	既听之以耳也听之以心	听之以耳但无听之以心	无听之以耳而听之以心	无听之以耳亦无听之以心	C	

两仪	A象	B象	C象	D象	《庄子》	备注
入否、鸣止	入则鸣	入但止	不入也鸣	不入则止	A、D	入，听得进去；止，停止不说
名之虚实、动心否	实名而动心	实名不动心	虚名而动心	虚名而不动心	B	
忘我否、忘物否	物我两忘	忘我而不忘物	忘物而不忘我	物我皆不忘	A	
虚己否、忘名否	虚己忘名	虚己但不忘名	不虚己但忘名	不虚己亦不忘名	A	
知其不可奈何否、安之若命否	知其不可奈何而安之若命	知其不可奈何但不安之若命	不知其不可奈何但安之若命	不知其不可奈何也不安之若命	A	
有用否、之用否	有用之用	有用之无用	无用之用	无用之无用	A、C	
我先出否、子先出否	我先出子亦先出	我先出则子止	子先出则我止	子我皆止	A、B、C、D	你我皆先、我你皆止
内在美否、外在美否	内外皆美	内美而外丑	内丑而外美	内外皆丑	A、B、C、D	不要轻视内美而外
德全否、形全否	德形皆全	德全而形不全	德不全而形全	德不全形亦不全	A、B、C、D	不要轻视德全而形缺者
和否、唱否	既和也唱	和而不唱	不和而唱	不和亦不唱	B	
功否、亲否	功而亲	功而不亲	无功而亲	无功亦无亲	C	亲：亲近
才全否、德外露否	才全德外露	才全而德不外露	才不全而德外露	才不全德也不外露	B	
忘否、其所忘否	忘其所忘	忘其所不忘	不忘其所忘	不忘其所不忘	B、C	
有人之形、有人之情	形情皆有	有人之形无人之情	无人之形有人之情	形情皆无	B	
以好恶否、内伤身否	以好恶而内伤身	以好恶而内不伤身	不以好恶而内伤身	不以好恶而内不伤身	C	
知天之所为否、知人之所为否	知天之所为，也知人之所为	知天之所为，但不知人之所为	不知天之所为，但知人之所为	不知天之所为，亦不知人之所为	A	
有情否、有信否	有情有信	有情无信	无情有信	无情亦无信	A	"夫道，有情有信"
有无圣人之道、有无圣人之才	既有圣人之道也有圣人之才	有圣人之道无圣人之才	无圣人之道有圣人之才	无圣人之道亦无圣人之才	B、C	
天之君子与小人、人之君子与小人	既为天之君子，也为人之君子	为天之君子，但为人之小人	为天之小人，但为人之君子	为天之小人，亦为人之小人	C	
自正否、化人否	自正而化人	自正但不化人	不自正而化人	不自正亦不化人	A	自己先做到，再要求他人
胜物否、伤否	胜物而伤	胜物而不伤	不胜物而伤	不胜物而不伤	B	
自见否、见彼否	自见而见彼	自见而不见彼	不自见而见彼	不自见亦不见彼	C	自见，看清自己
恬否、愉否	既恬且愉	恬而不愉	愉而不恬	不恬不愉	D	
从容否、有为否	从容有为	从容无为	不从容但有为	不从容但无为	B	

续表

两仪	A象	B象	C象	D象	《庄子》	备注
赏罚、善恶	赏善	赏恶	罚善	罚恶	A、D	
赏善否、罚恶否	赏善罚恶	赏善不罚恶	不赏善但罚恶	不赏善亦不罚恶	A	
爱人否、利物否	爱人利物	爱人不利物	不爱人而利物	不爱人亦不利物	A	
同否、同之否	同且同之	同但不同之	不同同之	不同亦不同之	C	求同存异
天怨有无、人非有无	天怨人非	天怨而无人非	无天怨有人非	无天怨亦无人非	D	类似的有：天灾人祸
上有为否、下有为否	上下皆有为	上有为而下无为	上无为而下有为	上下皆无为	A、C、D	
形之有无、名之有无	有形有名	有形无名	无形有名	无形无名	A	
劳之有无、功之有无	劳而有功	劳而无功	无劳而功	无劳亦无功	B	
恬之以养、知之以养	恬与知互不相养	以知养恬	以恬养知	恬与知交相养	B、C、D	
大否、多否	大而多（大而自多）	大而不多	小而多	小而不多	B	
得而喜否、失而忧否	得而喜失而忧	得而喜失而不忧	得而不喜失而忧	得而不喜失而不忧	D	
明道否、达理否	既明道也达理	明道但不达理	不明道但达理	不明道亦不达理	A	
达理否、权变否	既达理也权变	达理但不权变	不达理但权变	不达理亦不权变	A	
忠谏否、听否	忠谏而听	忠谏不听	不忠谏而听	不忠谏亦不听	A、B	
至乐否、活身否	至乐活身	至乐不活身	不至乐而活身	不至乐亦不活身	A	
以人与鸟、养人与鸟	以人养人	以人养鸟	以鸟养人	以鸟养鸟	B、C	
物有余否、养身否	物有余而养身	物有余而不养身	物不足而养身	物不足而不养身	B	养身，养形
心正否、气平否	心正气平（正平）	心正而气不平	心不正而气平	心不正亦气不平	A	
养心否、养身否	养心也养身	养心不养身	不养心而养身	不养心亦不养身	B、C	单豹为B，张毅为C
心安否、身安否	心安而身安	心安而身不安	心不安而身安	心不安亦身不安	A、B、C、D	
其道有无、其服有无	有其道有其服	有其道无其服	无其道有其服	无其道亦无其服	A、B、C、D	
在岗位否、在人否	岗人合一	在岗不在人	在人不在岗	不在岗亦不在人	B、C	岗：岗位，职务
得与失、在民在己	以得为在民	以得为在己	以失为在民	以失为在己	A、B、C、D	AD古之君人也，BC今人是也
正为枉为、在民在己	以正为在民	以正为在己	以枉为在民	以枉为在己	A、B、C、D	AD古之君人也，BC今人也

两仪	A象	B象	C象	D象	《庄子》	备注
力足否、伪否	力足也伪	力足而不伪	力不足而伪	力不足但不伪	C	
财足否、盗否	财足也盗	财足而不盗	财不足而盗	财不足但不盗	C	
合异散同、为同异	合异为同	合异为异	散同为同	散同为异	A、D	"合异以为同，散同以为异"
尧誉否、桀誉否	尧桀皆誉	誉尧非桀	非尧誉桀	尧桀皆非	A、B、C、D	尧桀皆忘
得意否、忘言否	得意而忘言	得意但不忘言	不得意而忘言	不得意亦不忘言	A	
精否、诚否	既精也诚（精诚）	精而不诚	诚而不精	不精亦不诚	A	"真者，精诚之至也"
悲否、哀否	既悲且哀	悲而不哀	哀而不悲	不悲亦不哀	B	B为强哭者，"虽悲不哀"
严否、威否	既严且威	严而不威	威而不严	不严亦不威	B	B为强怒者，"虽严不威"
笑否、和否	既笑且和	笑而不和	和而不笑	不笑亦不和	B	B为强亲者，"虽笑不和"
有声否、哀否	有声而哀	有声不哀	哀而无声	无声亦不哀	C	C为真悲，无声而哀
法天否、贵真否	法天贵真	法天不贵真	贵真不法天	不法天亦不贵真	A	
圣之内外、王之内外	内圣内王	内圣外王	外圣内王	外圣外王	B	

本书认为，"齐物论"体现了辩证唯物主义思想。庄子在"齐物论"中云："非彼无我，非我无所取。是亦近矣，而不知其所为使。若有真宰，而特不得其眹。可行己信，而不见其形，有情而无形。"庄子"齐物论"中还云："物无非彼，物无非是。自彼则不见，自知则知之。故曰：彼出于是，是亦因彼。彼是方生之说也。虽然，方生方死，方死方生；方可方不可，方不可方可；因是因非，因非因是。是以圣人不由而照之于天，亦因是也。是亦彼也，彼亦是也。彼亦一是非，此亦一是非，果且有彼是乎哉？果且无彼是乎哉？彼是莫得其偶，谓之道枢。枢始得其环中，以应无穷。是亦一无穷，非亦一无穷也。故曰：莫若以明。"从这两段话来看，庄子在谈论彼此的辩证关系，其实就是在阐述矛盾论，他主张不要站在矛盾的某一方看待事物，要统筹矛盾的双方而从整体把握事物。彼此同出而异名，谓之道。超越彼此，超越有无，超越是非，谓之道枢。世界的运动变化是无穷的，不断有新的肯定，不断有新的否定，呈螺旋式发展。我们要从整体的角度和发展的角度来（站在圆上）看待这些新的肯定和新的否定。道观万物，而非己观万物。以己观彼（以此观彼），以己欲观彼欲，则难以知彼。以彼观彼，不如以道观彼。

我们知道毛泽东主席在《矛盾论》中谈到，矛盾分主要矛盾和次要矛盾，主要矛盾又有主要方面和次要方面，次要矛盾又有主要方面和次要方面。这与庄子的"齐物论"中的"彼亦一是非，此亦一是非"殊途同归。如果把"彼"理解为主要矛盾，"此"理解为次要矛盾，"是"理解为主要方面，"非"理解为次要方面，那就得到了"彼是、彼非、此是、此非"四种情形。如图6-9所示。彼是非与此是非又可以演绎成四种情形，如图6-10所示。庄子在"齐物论"中云："彼是莫得其偶，谓之道枢。枢始得其环中，以应无穷。"如果超越了彼与此、是与非的对立关系，就掌握了大道的枢要。掌握了大道的枢要，就好比开始进入圆环之上，可以应对无穷的变化。这就说明，庄子具备四象圆思维，道通为圆。从中国文化的方面来说，庄子"彼此是非"的论述是四象圆思维的文字表达，这一思维来自中国远古的伏羲智慧。

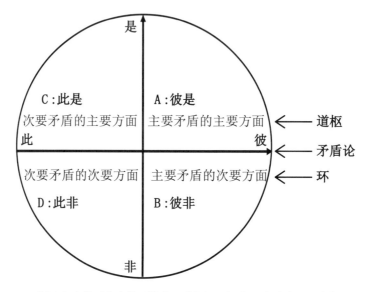

图6-9 《庄子·齐物论》中的"彼此是非"与毛泽东主席的《矛盾论》四象圆图

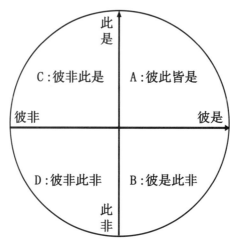

图6-10 《庄子·齐物论》中的"彼此是非"的四象圆图

同理，本书也用四象圆思维来解读"齐物论"中的"以是其所非而非其所是。欲是其所非而非其所是，则莫若以明"。如图6-11所示。世人都是用自己所认定的正确去评判人家的不正确，都是用自己所认定的人家的不正确来宣扬自己的正确。与其用自己所认为的正确去推定人家的不正确，与其用人家的不正确来证明自己所认为的正确，不如静下心来认认真真地养心以达到内明。从图 6-11 中可以看出，庄子认为世人一般遵从 B 情形。

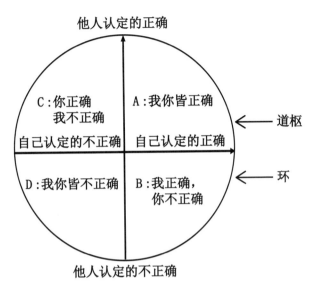

图 6-11　《齐物论》中的"我你正确否"的四象圆图

"齐物论"云："既使我与若辩矣，若胜我，我不若胜，若果是也？我果非也邪？我胜若，若不吾胜，我果是也？而果非也邪？其或是也？其或非也邪？其俱是也？其俱非也邪？我与若不能相知也。则人固受其黮暗，吾谁使正之？使同乎若者正之？既与若同矣，恶能正之？使同乎我者正之？既同乎我矣，恶能正之？使异乎我与若者正之？既异乎我与若矣，恶能正之？使同乎我与若者正之？既同乎我与若矣，恶能正之？然则我与若与人俱不能相知也，而待彼也邪？"

利用黄氏国学四象圆图读庄子的这段话，我们会发现庄子在这里讲了三种四象圆思维。图 6-12，以辩论为圆，辩论有四种情形，每种情形又可以被再度分为四种情形，如图 6-13 所示。在辩论中，假设我胜了，即以图 6-12 中的 B 情形作为圆，也有四种情形：B 我果真对了，C 我果真错了，A 我们两个人都对了，D 我们两个人都错了。找谁来判断我们两个人辩论的对错呢？庄子又提出了四种情形，如图 6-14 所示。

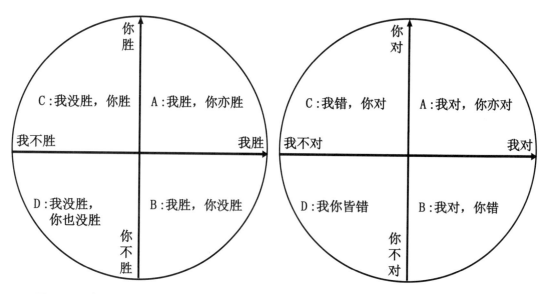

图 6-12　庄子的"我胜否－你胜否"四象圆图　　图 6-13　庄子的"我对否－你对否"四象圆图

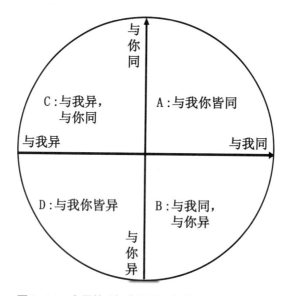

图 6-14　庄子的"与我同否－与你同否"四象圆图

　　庄子认为，站在圆上看问题，就可以驾驭矛盾，就可做到通达，养成站在圆上观看万事万物的习惯，就会达到道心内明的境界。至人通圆，骑日月（两仪）、乘运气（两仪），游于四海（四象）之外。这个圆及其内部是运动变化的。"齐物论"中的"其分也，成也；其成也，毁也。凡物无成与毁，复通为一"，讲述的是矛盾双方的运动。庄子认为，用对立统一的方式去调和是非，用变化发展的方式去容忍是非。"外物"中也有关于四象圆思维的记载，庄子云："与其誉尧而非桀，不如两忘而闭其所誉。"以誉尧否为横坐标，以非桀否为纵坐标，那么就有四种情形：尧桀皆誉、誉尧非桀、非尧誉桀、尧桀皆非。庄子提出"不如两忘"，即在环上或圆上看待尧桀。

6.9　用四象圆思维读"四书"

"四书"是指《大学》《中庸》《论语》《孟子》四部儒学经典。《大学》是一篇论述儒家、修身、齐家、治国、平天下思想的散文，相传为春秋战国时期曾子所作，他提出了"正心—诚意—修身—齐家—治国—平天下"的儒家的修炼路径。《中庸》是儒家论述人生修养境界的一部道德哲学专著，相传为战国时期子思（孔子的独孙）及其弟子所作。他们认为"中庸"是儒家道德行为的最高标准，认为如果一个人能做到"至诚"，就能达到人生的最高境界，并提出"博学之，审问之，慎思之，明辨之，笃行之"的学习过程和认识方法。运用四象圆思维读《大学》和《中庸》，本书发现曾子和子思擅长两仪思维，他俩几乎没有运用四象圆思维，如表6-9所示。本书运用四象圆思维读《大学》，四选二的情形只有5种，其余的全部是单一情形，单一选项占82.8%（24/29）。本书运用四象圆思维读《中庸》，只在3个四象圆图中，子思谈到两种情形，其余的全部是单一情形，单一选项的占比高达88.5%（23/26）。

表6-9　运用四象圆思维读《大学》与《中庸》

两仪	A象	B象	C象	D象	选项	书名
知止否、有定否	知止而后有定	知止而后无定	不知止而后有定	不知止而后无定	A	《大学》
有定否、能静否	定而后能静	定而后不能静	无定而后能静	无定而后不能静	A	《大学》
静否、安否	静而后能安	静而后不能安	无静而后能安	无静而后不能安	A	《大学》
安否、虑否	安而后虑	安而无虑	不安而虑	不安亦无虑	A	《大学》
虑否、得否	虑而后得	虑而无得	无虑而得	无虑亦无得	A	《大学》
格物否、致知否	格物致知	格物而不致知	不格物而致知	不格物亦不致知	A	《大学》
致知否、意诚否	致知而意诚	致知而不意诚	不致知而意诚	不致知亦不意诚	A	《大学》
意诚否、心正否	意诚而心正	意诚而心不正	不意诚而心正	不意诚亦心不正	A	《大学》
心正否、身修否	心正而身修	心正而身不修	不心正而身修	不心正亦身不修	A	《大学》
身修否、家齐否	身修而家齐	身修而家不齐	身不修而家齐	身不修亦家不齐	A	《大学》
家齐否、国治否	家齐而国治	家齐而国不治	家不齐而国治	家不齐亦国不治	A	《大学》
国治否、天下平否	国治而天下平	国治而天下不平	国不治而天下平	国不治亦天下不平	A	《大学》
齐家否、治国否	既齐家也治国	齐家但不治国	不齐家但治国	不齐家亦不治国	A	《大学》
齐家否、治国否	齐家而后治国	齐家而后不能治国	不齐家但治国	不齐家亦不治国	A	《大学》
好否、知其恶否	好而知其恶（缺点）	好而不知其恶	不好而知其恶	不好亦不知其恶	A	《大学》
恶否、知其美否	恶而知其美	恶而不知其美	不恶而知其美	不恶亦不知其美	A	《大学》
其家可教否、能教人者否	其家可教而能教人	其家可教而不能教人	其家不可教而能教人	其家不可教而不能教人	C	《大学》
尧舜帅天下以仁否、民从之否	尧舜帅天下以仁而民从之	尧舜帅天下以仁但民不从之	尧舜帅天下以不仁而民从之	尧舜帅天下以不仁但民不从之	A、C	《大学》
求己否、求人否	既求己也求人	求己而不求人	求人而不求己	不求己亦不求人	B	《大学》

续表

两仪	A象	B象	C象	D象	选项	书名
求己先后、求人先后	求己与求人并先	先求己而后求人	先求人而后求己	求己与求人并后	B	《大学》
上尊老否、民兴孝否	上尊老而民兴孝	上尊老而民不兴孝	上不尊老而民兴孝	上不尊老民也不兴孝	A	《大学》
得众否、得国否	得众亦得国	得众但失国	失众但得国	失众亦失国	A、D	《大学》
有德行否、人拥护否	有德行而有人拥护	有德行但无人拥护	无德行但有人拥护	无德行亦无人拥护	A	《大学》
财之聚散、民之聚散	财聚民聚	财聚民散	财散民聚	财散亦民散	B、C	《大学》
见贤否、能举否	见贤而能举	见贤而不能举	不见贤而能举	不见贤亦不能举	B	《大学》
人之所好恶、好恶否	好人之所好	好人之所恶	恶人之所好	恶人之所恶	B、C	《大学》
仁人否、爱人否	仁人能爱人	仁人不爱人	不仁人但能爱人	不仁人亦不爱人	A	《大学》
以身与财、发身与财	以身发身	以身发财	以财发身	以财发财	B、C	《大学》
上好仁否、下好义否	上好仁而下好义	上好仁而下不好义	上不好仁而下好义	上不好仁而下不好义	B	《大学》
好问否、好察否	好问而好察	好问但不好察	不好问但好察	不好问亦不好察	A	《中庸》
隐恶否、扬善否	隐恶而扬善	隐恶但不扬善	不隐恶但扬善	不隐恶亦不扬善	A	《中庸》
宽柔否、以教否	宽柔以教	宽柔不以教	不宽柔以教	不宽柔亦不以教	A	《中庸》
生死、厌否	生而厌	生而不厌	死而厌	死而不厌	D	《中庸》
和否、流否	和而流	和而不流	不和而流	不和不流	B	《中庸》
施己愿否、施于人否	施己愿亦施于人	施己愿勿施于人	施己不愿但施于人	施己不愿亦勿施于人	D	《中庸》
素富贵否、行富贵否	素富贵亦行富贵	素富贵但行贫贱	素贫贱但行富贵	素贫贱亦行贫贱	A、D	《中庸》
正己否、求人否	正己亦求人	正己而不求人	不正己而求人	不正己亦不求人	B	《中庸》
上怨天否、下尤人否	上怨天下尤人	上怨天但下不尤人	上不怨天但下尤人	上不怨天下不尤人	D	《中庸》
大德否、得其位否	大德得其位	大德但不得其位	不大德而得其位	不大德亦不得其位	A	《中庸》
善继先人之志否、善述先人之事否	善继先人之志，亦善述先人之事	善继先人之志，但不善述先人之事	不善继先人之志，但善述先人之事	不善继先人之志，亦不善述先人之事	A	《中庸》
其人存亡、其政举息	其人存其政举	其人存但其政息	其人亡但其政举	其人亡亦其政息	A、D	《中庸》
好学否、力行否	好学力行	好学但不力行	不好学但力行	不好学亦不力行	A	《中庸》
贱货否、贵德否	贱货而贵德	贱货也不贵德	不贱货而贵德	不贱货亦不贵德	A	《中庸》
送往否、迎来否	送往迎来	送往但不迎来	不送往但迎来	不送往亦不迎来	A	《中庸》
厚往否、薄来否	厚往而薄来	厚往而不薄来	不厚往但薄来	不厚往亦不薄来	A	《中庸》
预否、立与废	预则立	预但废	不预但立	不预则废	A、D	《中庸》
信乎友否、获乎上否	信乎朋友而获乎上	信乎朋友不获乎上	不信乎朋友但获乎上	不信乎友亦不获乎上	A	《中庸》

续表

两仪	A象	B象	C象	D象	选项	书名
内诚否、外明否	内诚而外明（诚明）	内诚而外不明	外明而内不诚	内不诚外不明	A	《中庸》
变否、化否	既变也化（变则化）	变而不化	不变而化	不变亦不化	A	《中庸》
博厚否、高明否	博厚而高明	博厚但不高明	不博厚但高明	不博厚亦不高明	A	《中庸》
见否、章否	见而章（彰）	见而不彰	不见而彰	不见亦不彰	C	《中庸》
尊德性否、道问学否	尊德性而道问学	尊德性但不道问学	不尊德性但道问学	不尊德性不道问学	A	《中庸》
致广大否、尽精微否	致广大而尽精微	致广大但不尽精微	不致广大但尽精微	不致广大亦不尽精微	A	《中庸》
万物并育否，相害否	万物并育而相害	万物并育而不相害	万物不并育而相害	万物不并育而不相害	B	《中庸》
声之有无、臭之有无	有声也有臭	有声无臭	无声有臭	无声无臭	D	《中庸》

　　《论语》成书于春秋战国之际，由孔子的学生及其再传学生所记录整理。到汉代时，有《鲁论语》（20篇）、《齐论语》（22篇）、《古文论语》（21篇）几种《论语》版本流传。东汉末年，郑玄以《鲁论语》为底本，参考《齐论语》和《古文论语》编校成一个新的本子，并加以注释。郑玄的注本流传后，《齐论语》和《古文论语》便逐渐亡佚了。郑玄的注本以语录体为主，叙事体为辅，较为集中地体现了孔子及儒家学派的政治主张、伦理思想、道德观念、教育原则等。

　　本书用四象圆思维读《论语》，发现有215种两仪可以演绎成四象，如表6-10所示。在215个四象图中，提及一种情形的占79.1%（170/215）；提及两种情形的占20.5%（44/215）；提及三种情形的仅有1个。《论语·雍也》云："质胜文则野，文胜质则史。文质彬彬，然后君子。"以质的多少为横坐标，文的多少为纵坐标，那就演绎成：质多文亦多、质多文少、质少文多、质少文亦少。其中质多文多和质少文少，可以被理解为质文相匹配，这样就变成了三种情形。根据表6-10的数据，本书认为，孔子以后的儒家弟子，往往做不到"中"，做不到全面看待人和事，他们往往偏激而提及一端，很少执其两端。

表6-10　用四象圆思维读《论语》

两仪	A象	B象	C象	D象	选项	出处
知否、愠否	既知也愠（知而愠）	知而不愠	不知而愠	不知而不愠	D	《论语·学而》
为人孝悌否、好犯上否	为人孝悌而好犯上	为人孝悌而不好犯上	不孝悌而好犯上	不孝悌亦不好犯上	A	《论语·学而》
巧言否、令色否	巧言令色	巧言不令色	不巧言但令色	不巧言亦不令色	A	《论语·学而》《论语·阳货》
为人谋否、忠否	为人谋而忠	为人谋而不忠	不为人谋但忠	不为人谋也不忠	A	《论语·学而》

续表

两仪	A象	B象	C象	D象	选项	出处
与朋友交否、信否	与朋友交而信	与朋友交而不信	不与朋友交但信	不与朋友交也不信	A	《论语·学而》
敬事否、信否	敬事而信	敬事而不信	不敬事而信	不敬事亦不信	A	《论语·学而》
节用否、爱人否	节用而爱人	节用而不爱人	不节用而爱人	不节用亦不爱人	A	《论语·学而》
谨否、信否	谨而信	谨而不信	不谨而信	不谨亦不信	A	《论语·学而》
泛爱众否、亲仁否	泛爱众而亲仁	泛爱众而不亲仁	不泛爱众但亲仁	不泛爱众亦不亲仁	A	《论语·学而》
行有余力、学文否	行有余力而学文	行有余力但不学文	行无余力但学文	行无余力亦不学文	A	《论语·学而》
慎终否、追远否	慎终追远	慎终但不追远	不慎终但追远	不慎终亦不追远	A	《论语·学而》
食求饱否、居求安否	食求饱居求安	食求饱但居无求安	食无求饱但居求安	食无求饱居无求安	D	《论语·学而》
敏于事否、慎于言否	敏于事而慎于言	敏于事但不慎于言	不敏于事但慎于言	不敏于事不慎于言	A	《论语·学而》
贫否、谄之有无	贫而谄	贫而无谄	不贫而谄	不贫而无谄	B	《论语·学而》
富否、骄之有无	富而骄	富而无骄	不富而骄	不富而无骄	B	《论语·学而》《论语·宪问》
贫而谄否、富而骄否	贫而谄且富而骄	贫而谄但富而无骄	贫而无谄但富而骄	贫而无谄富而无骄	D	《论语·学而》
贫而乐否、富而好礼否	贫而乐且富而好礼	贫而乐但富不好礼	贫而无乐但富而好礼	贫而无乐富不好礼	A	《论语·学而》
怕人否、了解自己否	怕别人了解自己	怕别人不了解自己	不怕别人了解自己	不怕别人不了解自己	D	《论语·学而》
道之以德与政、齐之以礼与刑	道之以德齐之以礼	道之以德齐之以刑	道之以政齐之以礼	道之以政齐之以刑	A、D	《论语·为政》
生事之以礼否、死葬之以礼否	生事之以礼，死葬之以礼	生事之以礼，死葬之不以礼	生事之不以礼，死葬之以礼	生事之不以礼，死葬之不以礼	A	《论语·为政》
温故否、知新否	温故而知新	温故而不知新	不温故而知新	不温故而不知新	A	《论语·为政》
行其言否、从之否	行其言而后从之	行其言而后不从之	不行其言而后从之	不行其言而后不从之	A	《论语·为政》
周否、比否	周而比	周而不比	比而不周	不周亦不比	A、C	《论语·为政》
学否、思否	学而思	学而不思	思而不学	不学亦不思	B、C	《论语·为政》
知之否、为知之否	知之为知之	知之为不知之	不知之为知之	不知为不知	A、D	《论语·为政》
多闻否、慎言否	多闻亦慎言	多闻而不慎言	不多闻但慎言	不多闻亦不慎言	A	《论语·为政》
多见否、慎行否	多见亦慎行	多见但不慎行	不多见但慎行	不多见亦不慎行	A	《论语·为政》
言语错误多与少、行为后悔多与少	言语错误多行为后悔多	言语错误多行为后悔少	言语错误少行为后悔多	言语错误少行为后悔少	D	《论语·为政》
见义否、为否	见义而为	见义不为	不见义而为	不见义亦不为	B	《论语·为政》
君使我以礼否、我事君以忠否	君使我以礼，我事君以忠	君使我以礼，我事君以不忠	君使我以不礼，我事君以忠	君使我以不礼，我事君以不忠	A	《论语·八佾》

续表

两仪	A象	B象	C象	D象	选项	出处
乐否、淫否	乐也淫	乐而不淫	淫而不乐	不乐亦不淫	B	《论语·八佾》
哀否、伤否	哀而伤	哀而不伤	伤而不哀	不哀不伤	B	《论语·八佾》
尽善否、尽美否	尽善尽美	尽善不尽美	尽美不尽善	不尽善亦不尽美	A、C	《论语·八佾》
富否、贵否	既富也贵（富贵）	富而不贵	贵而不富	不富亦不贵	A	《论语·里仁》
贫否、贱否	既贫也贱（贫贱）	贫而不贱	贱而不贫	不贫亦不贱	A	《论语·里仁》
怀德否、怀财否	既怀德也怀财	怀德不怀财	怀财不怀德	不怀德亦不怀财	B、C	《论语·里仁》
患否、位之有无	患有位	患无位	不患有位	不患无位	D	《论语·里仁》
忠否、恕否	既忠也恕（忠恕）	忠而不恕	恕而不忠	不忠亦不恕	A	《论语·里仁》
喻于义否、喻于利否	喻于义也喻于利	喻于义但不喻于利	喻于利但不喻于义	不喻于义不喻于利	B、C	《论语·里仁》
讷于言否、敏于行否	讷于言而敏于行	讷于言而不敏于行	不讷于言而敏于行	不讷于言亦不敏于行	A	《论语·里仁》
劳否、怨否	劳而怨	劳而不怨	不劳而怨	不劳亦不怨	B	《论语·里仁》《论语·尧曰》
德孤否、邻之有无	德孤有邻	德孤无邻	德不孤有邻	德不孤无邻	C	《论语·里仁》
听其言否、信其行否	听其言而信其行	听其言而不信其行	不听其言但信其行	不听其言亦不信其行	A	《论语·公冶长》
听其言否、观其行否	听其言而观其行	听其言而不观其行	不听其言但观其行	不听其言亦不观其行	A	《论语·公冶长》
敏否、好学否	敏而好学	敏而不好学	不敏而好学	不敏亦不好学	A	《论语·公冶长》
耻否、下问否	耻而下问	耻而不下问	不耻而下问	不耻而不下问	C	《论语·公冶长》
敏而好学否、耻而下问否	敏而好学，耻而下问	敏而好学，不耻下问	不敏而好学，耻而下问	不敏而好学，不耻而下问	B	《论语·八佾》
两思否、行否	两思则行	两思而不行	不两思而行	不两思亦不行	A	《论语·公冶长》
有无伐善、有无施劳	伐善也施劳	伐善但无施劳	无伐善但施劳	无伐善亦无施劳	D	《论语·公冶长》
忠信否、好学否	忠信亦好学	忠信但不好学	不忠信但好学	不忠信亦不好学	A	《论语·公冶长》
迁怒否、贰过否	迁怒亦贰过	迁怒但不贰过	不贰过但迁怒	不迁怒亦不贰过	D	《论语·雍也》
周急否、继富否	周急也继富	周急而不继富	不周急但继富	不周急也不继富	B	《论语·雍也》
质之有无、文之有无	有质有文（文质）	有质无文（质多）	无质有文（文多）	无质无文	A、B、C	《论语·雍也》
博学于文否、约之以礼否	博学于文约之以礼	博学于文但不约之以礼	不博学于文但约之以礼	不博学于文亦不约之以礼	A	《论语·雍也》
博施于民否、能济众否	博施于民而能济众	博施于民不能济众	不博施于民但能济众	不博施于民而不能济众	A	《论语·雍也》

续表

两仪	A象	B象	C象	D象	选项	出处
己欲立否、立人否	己欲立而立人	己欲立而不立人	己不欲立但立人	己不欲立亦不立人	A	《论语·雍也》
己欲达否、达人否	己欲达而达人	己欲达而不达人	己不欲达而达人	己不欲达亦不达人	A	《论语·雍也》
述否、作否	既述也作	述而不作	作而不述	不述亦不作	B	《论语·述而》
学否、厌否	学而厌	学而不厌	不学而厌	不学亦不厌	B	《论语·述而》
诲人否、倦否	诲人而倦	诲人不倦	不诲人而倦	不诲人亦不倦	B	《论语·述而》
用舍之、行与藏	用之则行	用之则藏	舍之则行	舍之则藏	A、D	《论语·述而》
死否、悔之有无	死而悔	死而无悔	不死而悔	不死亦无悔	B	《论语·述而》
临事否、惧否	临事而惧	临事而不惧	不临事而惧	不临事亦不惧	A	《论语·述而》
好谋否、成否	好谋而成	好谋但不成	不好谋但成	不好谋亦不成	A	《论语·述而》
临事惧否、好谋成否	临事而惧好谋而成	临事而惧好谋不成	临事不惧好谋而成	临事不惧但好谋不成	A	《论语·述而》
富否、可求否	富而可求	富而不可求	不富而可求	不富亦不可求	A、B	《论语·述而》
富而可求否、为之否	富而可求，为之	富而可求，不为之	富而不可求，为之	富而不可求，不为之	A、D	《论语·述而》
义否、富且贵否	义而富且贵	义但不富且贵	不义而富且贵	不义亦不富且贵	C	《论语·述而》
发愤忘食否、乐以忘忧否	发愤忘食乐以忘忧	发愤忘食不乐以忘忧	不发愤忘食乐以忘忧	不发愤忘食不乐以忘忧	A	《论语·述而》
敏否、求知否	敏以求知	敏而不求知	不敏而求知	不敏亦不求知	A	《论语·述而》
其善否、从之改之	择其善而从之	择其善而改之	其不善而从之	其不善而改之	A、D	《论语·述而》
多闻否、多见否	多闻多见	多闻但不多见	不多闻但多见	不多闻亦不多见	A	《论语·述而》
温否、厉否	温而厉	温而不厉	不温而厉	不温亦不厉	A	《论语·述而》
威否、猛否	威而猛	威而不猛	不威而猛	不威亦不猛	B	《论语·述而》《论语·尧曰》
恭否、安否	恭而安	恭而不安	不恭而安	不恭亦不安	A	《论语·述而》
恭否、礼之有无	恭而有礼	恭而无礼	不恭但有礼	不恭亦无礼	B	《论语·泰伯》
慎否、礼之有无	慎而有礼	慎而无礼	不慎但有礼	不慎亦无礼	B	《论语·泰伯》
勇否、礼之有无	勇而有礼	勇而无礼	不勇但有礼	不勇亦无礼	B	《论语·泰伯》
直否、礼之有无	直而有礼	直而无礼	不直但有礼	不直亦无礼	B	《论语·泰伯》
人之死否、其言善否	人之将死其言善	人之将死其言不善	人之不死其言善	人之不死其言不善	A	《论语·泰伯》
临大节否、可夺否	临大节而可夺	临大节而不可夺	不临大节而可夺	不临大节而不可夺	B	《论语·泰伯》
任重否、道远否	任重而道远	任重而道不远	任不重而道远	任不重亦道不远	A	《论语·泰伯》
好勇否、疾贫否	好勇而疾贫	好勇但不疾贫	不好勇而疾贫	不好勇亦不疾贫	A	《论语·泰伯》
骄否、吝否	骄且吝	骄而不吝	不骄而吝	不骄亦不吝	A	《论语·泰伯》
邦有无道、富贵贫贱	邦有道，富且贵	邦有道，贫且贱	邦无道，富且贵	邦无道，贫且贱	B、C	《论语·泰伯》

续表

两仪	A象	B象	C象	D象	选项	出处
在其位否、谋其政否	在其位谋其政	在其位不谋其政	不在其位但谋其政	不在其位不谋其政	D	《论语·泰伯》《论语·宪问》
狂否、直否	狂且直	狂而不直	不狂而直	不狂亦不直	B	《论语·泰伯》
好德否、好色否	好德且好色	好德不好色	不好德却好色	不好德亦不好色	A	《论语·子罕》
听否、惰否	听而惰	听而不惰	不听而惰	不听亦不惰	B	《论语·子罕》
知者否、惑否	知者也惑	知者不惑	不知者惑	不知者不惑	B	《论语·子罕》《论语·宪问》
仁者否、忧否	仁者也忧	仁者不忧	不仁者忧	不仁者不忧	B	《论语·子罕》《论语·宪问》
勇者否、惧否	勇者也惧	勇者不惧	不勇者惧	不勇者不惧	B	《论语·子罕》《论语·宪问》
可共学否、可适道否	可共学也可适道	可共学但不可适道	不可共学但可适道	不可共学亦不可适道	A、B	《论语·子罕》
棺之有无、椁之有无	有棺有椁	有棺无椁	无棺有椁	无棺无椁	B	《论语·先进》
事人否、事鬼否	事人也事鬼	事人不事鬼	不事人却事鬼	不事人亦不事鬼	A、D	《论语·先进》
知生否、知死否	知生知死	知生不知死	不知生却知死	不知生亦不知死	A、D	《论语·先进》
德高否、财多否	德高且财多	德高但财少	德不高但财多	德不高财也少	B	《论语·先进》
做官否、经商否	做官也经商	做官但不经商	经商但不做官	不做官亦不经商	C	《论语·先进》
礼否、视否	礼而视	礼而不视	非礼而视	非礼勿视	D	《论语·颜渊》
礼否、听否	礼而听	礼而不听	非礼而听	非礼勿听	D	《论语·颜渊》
礼否、言否	礼而言	礼而不言	非礼而言	非礼勿言	D	《论语·颜渊》
礼否、动否	礼而动	礼而不动	非礼而动	非礼勿动	D	《论语·颜渊》
己所欲否、施于人否	己所之欲施于人	己所之欲勿施于人	己所不欲施于人	己所不欲勿施于人	D	《论语·颜渊》《论语·卫灵公》
在岗怨否、离岗怨否	在岗怨离岗怨	在岗怨离岗无怨	在岗无怨离岗怨	在岗无怨离岗无怨	D	《论语·颜渊》
忧否、惧否	忧惧（既忧也惧）	忧而不惧	不忧但惧	不忧不惧	D	《论语·颜渊》
信之有无、立否	信而立	信而不立	无信而立	无信而不立	D	《论语·颜渊》
欲其生否、欲其死否	既欲其生也欲其死	欲其生而不欲其死	不欲其生而欲其死	不欲其生亦不欲其死	A	《论语·颜渊》
爱与不爱之欲其生、恶与不恶之欲其死	爱之欲其生，恶之欲其死	爱之欲其生，不恶之欲其死	不爱之欲其生，恶之欲其死	不爱之欲其生，不恶之欲其死	A	《论语·颜渊》
爱之欲其生死、恶之欲其生死	爱之欲其生，恶之欲其生	爱之欲其生，恶之欲其死	爱之欲其死，恶之欲其生	爱之欲其死，恶之欲其死	B	《论语·颜渊》
居之倦否、行之忠否	居之有倦行之以忠	居之有倦行之不忠	居之无倦行之以忠	居之无倦行之不忠	C	《论语·颜渊》
成人之美否、成人之恶否	既成人之美也成人之恶	成人之美不成人之恶	不成人之美成人之恶	不成人之美不成人之恶	B	《论语·颜渊》

续表

两仪	A象	B象	C象	D象	选项	出处
君欲善否、民善否	君欲善而民善	君欲善而民不善	君不善而民善	君欲不善民亦不善	A	《论语·颜渊》
质直否、好义否	质直好义	质直不好义	不质直但好义	不质直亦不好义	A	《论语·颜渊》
在邦达否、在家达否	在邦达在家亦达	在邦达在家不达	在邦不达在家达	在邦不达在家亦不达	A	《论语·颜渊》
察言否、观色否	察言观色	察言而不观色	不察言但观色	不察言亦不观色	A	《论语·颜渊》
名正否、言顺否	名正而言顺	名正但言不顺	名不正但言顺	名不正言不顺	A、D	《论语·子路》
言顺否、事成否	言顺而事成	言顺但事不成	言不顺但事成	言不顺事不成	D	《论语·子路》
知贤否、举否	知贤而举	知贤但不举	不知贤而举	不知贤亦不举	A	《论语·子路》
上好礼否、民敢不敬否	上好礼民敢不敬	上好礼民莫敢不敬	上不好礼民敢不敬	上不好礼民莫敢不敬	B	《论语·子路》
上好义否、民敢不服否	上好义民敢不服	上好义民莫敢不服	上不好义民敢不服	上不好义民莫敢不服	B	《论语·子路》
上好信否、民敢不用情否	上好信民敢不用情	上好信民莫敢不用情	上不好信民敢不用情	上不好信民莫敢不用情	B	《论语·子路》
富之否、教之否	富之教之	富之但不教之	不富之但教之	不富之亦不教之	A	《论语·子路》
正己否、正人否	正己正人	正己不正人	不正己但正人	不正己亦不正人	A、D	《论语·子路》
说得对否、有人违抗否	说得对有人违抗	说得对无人违抗	说得不对有人违抗	说得不对无人违抗	B、D	《论语·子路》
近者悦否、远者来否	近者悦远者来	近者悦远者不来	近者不悦远者来	近者不悦远者不来	A	《论语·子路》
欲速否、达否	欲速而达	欲速而不达	不欲速而达	不欲速亦不达	B	《论语·子路》
见小利否、大事成否	见小利而大事成	见小利而大事不成	不见小利而大事成	不见小利而大事不成	B	《论语·子路》
父为子隐否、子为父隐否	父为子隐子为父隐	父为子隐子不为父隐	父不为子隐子为父隐	父不为子隐子不为父隐	A	《论语·子路》
行己有耻否、外交爱国否	行己有耻外交爱国	行己有耻外交不爱国	行己无耻外交爱国	行己无耻外交不爱国	A	《论语·子路》
言必信否、行必果否	言必信行必果	言必信行无果	言无信行必果	言无信行无果	A	《论语·子路》
狂否、狷否	既狂也狷（狂狷）	狂而不狷	狷而不狂	不狂亦不狷	A	《论语·子路》
和否、同否	既和也同	和而不同	同而不和	不和亦不同	B、C	《论语·子路》
善者否、好之否	善者好之	善者恶之	不善者好之	不善者恶之	A、D	《论语·子路》
难事否、难悦否	难事亦难悦	难事而易悦	易事而难悦	易事亦易悦	B、C	《论语·子路》
泰否、骄否	既泰也骄	泰而不骄	骄而不泰	不泰亦不骄	B、C	《论语·子路》《论语·尧曰》
教否、战否	教而民战	教而不战	不教而民战	不教民亦不战	C	《论语·子路》
邦有道否、谷否	邦有道而谷	邦有道而不谷	邦无道而谷	邦无道亦不谷	C	《论语·宪问》
有德者否、有言否	有德者有言	有德者却无言	无德者却有言	无德者亦无言	A、C	《论语·宪问》
仁者否、有勇否	仁者有勇	仁者无勇	非仁者但有勇	非仁者亦无勇	A、C	《论语·宪问》

续表

两仪	A象	B象	C象	D象	选项	出处
贫否、怨否	贫而怨	贫而无怨	不贫却怨	不贫亦无怨	B	《论语·宪问》
见利否、思义否	见利思义	见利不思义	不见利却思义	不见利亦不思义	A	《论语·宪问》
该说否、说否	该说时就说	该说时却不说	不该说时却说	不该说时亦不说	A	《论语·宪问》
该乐否、笑否	该乐时就笑	该乐时却不笑	不该乐时却笑	不该乐时亦不笑	A	《论语·宪问》
该义时、取否	该义时就取	该义时却不取	不该义时却取	不该义时亦不取	A	《论语·宪问》
正否、谲否	既正也谲	正而不谲	不正而谲	不正亦不谲	B、C	《论语·宪问》
勿欺否、犯上否	勿欺但可犯上	勿欺但不可犯上	不勿欺且犯上	不勿欺亦不犯上	A	《论语·宪问》
说得多否、做得多否	说得多做得也多	说得多做得少	说得少做得多	说得少做得也少	B	《论语·宪问》
知其可否、为之否	知其可而为之	知其可而不为之	知其不可而为之	知其不可亦不为之	C	《论语·宪问》
修己否、安人否	修己安人	修己不安人	不修己但安人	不修己亦不安人	A	《论语·宪问》
老否、死否	老而死	老而不死	不老而死	不老亦不死	B	《论语·宪问》
言忠信否、行笃敬否	言忠信行笃敬	言忠信行不笃敬	言不忠信行笃敬	言不忠信行不笃敬	A、D	《论语·卫灵公》
邦有道否、直否	邦有道而直	邦有道却不直	邦无道也直	邦无道亦不直	A、C	《论语·卫灵公》
邦有道否、仕否	邦有道则仕	邦有道却不仕	邦无道却仕	邦无道亦不仕	A、D	《论语·卫灵公》
可与言否、与之言否	可与言也与之言	可与言而不与之言	不可与言而与之言	不可与言亦不与之言	B、C	《论语·卫灵公》
失人否、失言否	失人也失言	失人但不失言	不失人但失言	不失人亦不失言	D	《论语·卫灵公》
杀身否、成仁否	杀身成仁	杀身不成仁	不杀身却成仁	不杀身亦不成仁	A	《论语·卫灵公》
远虑有无、近忧有无	有远虑也有近忧	有远虑无近忧	无远虑有近忧	无远虑亦无近忧	C	《论语·卫灵公》
责备己否、责备人否	既多责备自己，也多责备他人	多责备自己，少责备他人	少责备自己，多责备他人	少责备自己，亦少责备他人	B	《论语·卫灵公》
要求己否、要求他人否	要求自己也要求他人	要求自己但不要求他人	不要求自己但要求他人	不要求自己也不要求他人	B、C	《论语·卫灵公》
矜否、争否	矜而争	矜而不争	不矜而争	不矜亦不争	B	《论语·卫灵公》
小忍否、乱大谋否	小忍而乱大谋	小忍而不乱大谋	小不忍而乱大谋	小不忍而不乱大谋	C	《论语·卫灵公》
众好之否、察之否	众好之而察之	众好之而不察之	众恶之而察之	众恶之而不察之	A、C	《论语·卫灵公》
谋道否、谋食否	谋道也谋食	谋道不谋食	不谋道但谋食	不谋道亦不谋食	B	《论语·卫灵公》
忧道否、忧贫否	忧道也忧贫	忧道但不忧贫	不忧道但忧贫	不忧道亦不忧贫	B	《论语·卫灵公》

续表

两仪	A象	B象	C象	D象	选项	出处
可否小知、可否大受	可小知也可大受	可小知而不可大受	不可小知而可大受	不可小知亦不可大受	B、C	《论语·卫灵公》
当仁否、让于师否	当仁而让于师	当仁而不让于师	不当仁而让于师	不当仁亦不让于师	B	《论语·卫灵公》
教之有无、类之有无	教而有类	教而无类	无教有类	无教亦无类	B	《论语·卫灵公》
道同否、相谋否	道同相谋	道同但不相谋	道不同但相谋	道不同且不相谋	A、D	《论语·卫灵公》
危否、(扶)持否	危而持	危而不持	不危而持	不危亦不持	B	《论语·季氏》
颠否、扶(持)否	颠而扶	颠而不扶	不颠而扶	不颠亦不扶	B	《论语·季氏》
是否患寡、患是否均	患寡也患均	患寡而患不均	不患寡但患均	不患寡而患不均	D	《论语·季氏》
是否患贫、患是否安	患贫也患安	患贫而患不安	不患贫但患安	不患贫而患不安	D	《论语·季氏》
是否来之、是否安之	既来之则安之	来之但不安之	不来之但安之	不来之也不安之	A	《论语·季氏》
言及之否、言否	言及之而言	言及之而不言	言未及之而言	言未及之亦不言	B、C	《论语·季氏》
见颜色否、言否	见颜色而言	见颜色而不言	未见颜色而言	未见颜色亦不言	C	《论语·季氏》
学习否、知之否	学而知之	学而不知之	不学而知	不学亦不知	A、C	《论语·季氏》
困否、学否	困而学之	困而不学	不困也学	不困亦不学	A、D	《论语·季氏》
闻其语否、见其人否	闻其语见其人	闻其语未见其人	未闻其语但见其人	未闻其语未见其人	A、B	《论语·季氏》
从事否、时之得失	从事而得时	从事却失时	不从事但得时	不从事而失时	B	《论语·阳货》
学道否、爱人否	学道而爱人	学道而不爱人	不学道而爱人	不学道亦不爱人	A	《论语·阳货》
恭否、侮否	恭而侮	恭而不侮	不恭而侮	不恭亦不侮	B	《论语·阳货》
宽否、得众否	宽而得众	宽而不得众	不宽而得众	不宽亦不得众	A	《论语·阳货》《论语·尧曰》
敏否、有功否	敏而有功	敏而无功	不敏而功	不敏亦无功	A	《论语·阳货》《论语·尧曰》
好仁否、好学否	好仁也好学	好仁而不好学	不好仁却好学	不好仁亦不好学	B	《论语·阳货》
好知否、好学否	好知也好学	好知而不好学	不好知却好学	不好知亦不好学	B	《论语·阳货》
好信否、好学否	好信也好学	好信而不好学	不好信却好学	不好信不好学	B	《论语·阳货》
好直否、好学否	好直也好学	好直而不好学	不好直却好学	不好直亦不好学	B	《论语·阳货》
好勇否、好学否	好勇也好学	好勇而不好学	不好勇却好学	不好勇亦不好学	B	《论语·阳货》
好刚否、好学否	好刚也好学	好刚而不好学	不好刚却好学	不好刚亦不好学	B	《论语·阳货》
色厉否、内荏否	色厉内荏	色厉而内不荏	不色厉却内荏	不色厉且内不荏	A	《论语·阳货》
道听否、途说否	道听途说	道听而不途说	不道听但途说	不道听且不途说	A	《论语·阳货》
狂否、肆否	狂而肆	狂而不肆	不狂而肆	不狂亦不肆	A	《论语·阳货》
狂否、荡否	狂而荡	狂而不荡	不狂而荡	不狂亦不荡	A	《论语·阳货》

续表

两仪	A象	B象	C象	D象	选项	出处
矜否、廉否	矜而廉	矜而不廉	不矜而廉	不矜亦不廉	A	《论语·阳货》
矜否、忿戾否	矜而忿戾	矜而不忿戾	不矜却忿戾	不矜不忿戾	A	《论语·阳货》
愚否、直否	愚也直	愚而不直	不愚却直	不愚不直	A	《论语·阳货》
愚否、诈否	愚也诈	愚而不诈	不愚却诈	不愚亦不诈	A	《论语·阳货》
有勇否、有礼否	有勇有礼	勇而无礼	无勇有礼	无勇亦无礼	B	《论语·阳货》
直道枉道、事人事物	直道而事人	直道而事物	枉道而事人	枉道而事物	A、C	《论语·微子》
降其志否、辱其身否	降其志辱其身	降其志而不辱其身	不降其志而辱其身	不降其志亦不辱其身	A、D	《论语·微子》
执德否、弘否	执德而弘	执德不弘	弘而不执德	不执德亦不弘	B	《论语·子张》
信道否、笃否	信道且笃	信道不笃	笃而不信道	不信道亦不笃	B	《论语·子张》
尊贤否、容众否	尊贤而容众	尊贤却不容众	不尊贤却容众	不尊贤也不容众	A	《论语·子张》
博学否、笃志否	博学而笃志	博学却不笃志	不博学却笃志	不博学亦不笃志	A	《论语·子张》
切问否、近思否	切问而近思	切问而不近思	不切问而近思	不切问亦不近思	A	《论语·子张》
信否、后劳其民否	信而后劳其民	信而后不劳其民	未信而后劳其民	未信而后不劳其民	A、C	《论语·子张》
信否、谏否	信而后谏	信而不谏	未信而谏	未信而不谏	A、C	《论语·子张》
学优仕优、学与仕	学而优则学	学而优则仕	仕而优则学	仕而优则仕	B、C	《论语·子张》
贤者否、抓大与小	贤者抓大	贤者抓小	不贤者抓大	不贤者抓小	A、D	《论语·子张》
其生死、其荣哀	其生也荣	其生却哀	其死却荣	其死也哀	A、D	《论语·子张》
惠否、费否	惠也费	惠而不费	不惠而费	不惠亦不费	B	《论语·尧曰》
欲否、贪否	既欲也贪（欲且贪）	欲而不贪	不欲却贪	不欲亦不贪	B	《论语·尧曰》
教否、杀否	教而杀	教而不杀	不教杀	不教亦不杀	C	《论语·尧曰》
知礼否、立否	知礼而立	知礼而无以立	不知礼而立	不知礼而无以立	D	《论语·尧曰》
知言否、知人否	知言而知人	知言而不知人	不知言而知人	不知言亦不知人	D	《论语·尧曰》

　　儒家非常重视榜样模范的作用，同时也认为，榜样模范有教化作用，但不是万能的。《论语·子路》云："子曰：'其身正，不令而行；其身不正，虽令不从。'"孔子说："自我品行端正了，即使不发布命令，老百姓也会去实行；若自身不端正，即使发布命令，老百姓也不会服从。"《论语·颜渊》云："孔子对曰：'政者，正也。子帅以正，孰敢不正？'"当鲁国季康子问孔子如何治理国家时，孔子回答说："'政'的意思就是端正，您自己先做到端正，谁还敢不端正？"但是，按照儒家思想和标准培养出来的嘉庆皇帝和道光皇帝，他们虽然身正，但清朝依然衰败。嘉庆皇帝（36 岁继位，39 岁亲政，在位 25 年）品行端正、执政勤勉、生活俭朴、待人宽厚、年富力强，却把清朝带向了衰落的不归路（嘉道中衰），为什么？这个贤明的皇帝英明伟大，却最终一事无成，为什么？道光皇帝也是节俭成性、勤勉执政的好皇帝，38 岁继位，在位 30 年，

而清朝政府却更加衰落腐败。嘉庆和道光两个皇帝的好品行，清朝的大臣和百姓们并没有学到和执行。本书称之为"儒家困局"。

本书以四象圆思维来分析"身正和令行"的关系，以身正与身不正为横坐标，以令行与令不行为纵坐标，那么就演绎出四种情形：身正而令行、身正而令不行、身不正而令行、身不正而令不行。如图6-15所示。儒家困局之所以产生，是因为儒家只看到A、D两种情形，而忽视了另外两种情形B、C。

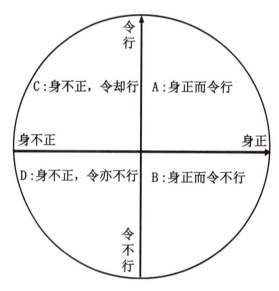

图6-15　用四象圆思维分析"身正与令行"的关系

好习惯，言传身教，习得慢，他人也不见得会学习。坏习惯，言传身教，习得快，也很容易学。俗话说：学坏容易学好难；学好三年半，学坏三天半。其实，以学习的效果为横坐标，难易程度为纵坐标，也有四种情形，学坏容易学好难，是其中的两种情形。学好如逆水行舟，学坏则如顺流而下。学坏，任性就行。学好，难度大，因为要修正自己的行为。虽然司马懿家族、赵匡胤家族，他们身并不正，但他们获得很多人的支持并拥有了天下。司马懿家族三代不能做到身正，司马昭之心路人皆知，而司马炎依然成功篡位开国。赵匡胤为什么要杯酒释兵权？是因为他担心他的身不正（黄袍加身）会被其他武将模仿。杯酒释兵权，说白了，就是赵匡胤"以腐败换兵权"。赵匡胤开导众武将说："人生苦短，白驹过隙。众爱卿不如多积金宝，广置良田美宅，歌儿舞女以终天年。如此，君臣之间再无嫌隙，可以两全。"这话的意思再明显不过了，只要众将放下武器，不掌兵权，不再对他赵匡胤的皇位构成威胁，那么，其他一切都好说，想要什么都行。杯酒释兵权，不啻是赵匡胤给整个武将集团颁发了一张"腐败许可证"。由于有了皇帝亲自颁发的这张"腐败许可证"，所以，从那之后，武将们都理直气壮地腐败。史料记载，太祖的武将们几乎都是些贪财好色之徒。

俗语"上梁不正下梁歪"，比喻在上的人行为不正，下面的人有的会跟着做坏事。

该俗语的出处为三国时期吴国杨泉的《物理论》："上不正，下参差。"这句话的真正意思是："上不正，是因为下参差。"盖房子，全人类盖的房子的形状、大小不同，然而程序却都一样，都是从下往上盖的，先打地基，再一步一步往房顶盖。没有人是先从屋顶盖起，然后再挖地基的。这样不仅难度大，也很危险。那么，安装房梁的程序也一定是先安放下边的梁，然后用下边的梁支撑上边的梁。一个自然规律是：如果下梁装歪了，就一定会造成上梁不正；可是上梁不正，不一定会造成下梁歪。所以本书认为，这句话的真正意思是：上梁不正是因为下梁歪。真正的自然世界也是如此，很多时候上梁不正是因为下梁歪。上梁不正下梁歪，中梁不正倒下来。但人类社会不一定如此。

《论语》有两次提到"举直错诸枉"，意思是提拔正直的人为官，使其官位在不正派的人之上。《论语·为政》云："举直错诸枉，则民服；举枉错诸直，则民不服。"《论语·颜渊》亦云："举直错诸枉，能使枉者直。""举直错诸枉"，是不错的任官理念，但就此认为，能使不正直的官变成正直的官，就太天真了，或者说有偏见了。本书根据孔子的这个观点，将其理解为"正直的人居上位，歪邪的人居下位"，那就进入了"上梁正与下梁歪"的关系辨析话题。本书用四象圆思维观之，以上梁正歪为横坐标，以下梁正歪为纵坐标，那就有四种情形：上梁正下梁正、上梁正下梁歪、上梁歪下梁正、上梁歪下梁歪。如图6-16所示。

虞舜的帝位是由唐尧禅让的，大禹的帝位是虞舜禅让的，人们世代尊称尧、舜、禹为上古先王。唐尧禅让帝位给虞舜时传了四个字，即"允执厥中"；虞舜禅让帝位给大禹传了十六字心法，即"中华心法"——"人心惟危，道心惟微，惟精惟一，允执厥中"。中华心法成为中华民族的至高文化理论。瞽叟，是舜与象的父亲，黄帝的七世孙。他本性顽劣，对其子舜不满，经常与后妻及后妻所生之子——象一同寻机杀死舜。舜生活在"父顽、母嚣、象傲"的家庭环境里，父亲心术不正，继母两面三刀，弟弟桀骜不驯，几个人串通一气，欲置舜于死地而后快。然而舜对父母不失子道，十分孝顺，与弟弟十分友善，多年如一日，没有丝毫懈怠。瞽叟与舜属于C情形，瞽叟与象属于D情形，尧与丹朱、舜与商均都属于B情形。《史记》认为：丹朱和商均都是不孝的，属于歪的；而尧和舜都是明德的，属于正的。儒家选择性地忽视了尧与丹朱的正歪情形、舜与商均的正歪情形、瞽叟与舜的歪正情形、瞽叟与象的歪歪情形。儒家偏执地看到了上梁正下梁也正的A情形，忽视了其他三种情形，这就是儒家困局的根源所在。其实，上梁不正下梁未必不正（上梁歪下梁未必歪），有C、D两种情形。同理，上梁正下梁未必就正，亦有A、B两种情形。孔子的"举直错诸枉，能使枉者直"就未必正确，现代人需要辩证地看到"上正下正"的关系及"榜样模样"的带头作用。

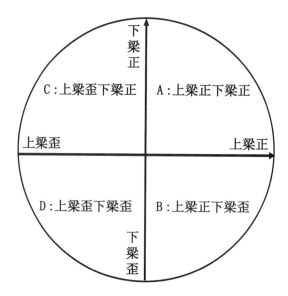

图 6-16　四象圆图分析上下梁的正歪关系

在《论语》中，孔子及其弟子作为个体，几乎没有展现出四象圆思维，但把孔子的观点和其学生的观点综合在一起，则可以看出四象圆思维的存在。《论语·子路》记载了子贡和孔子关于"乡人皆好之"的对话。子贡问孔子，乡人皆好之，乡人皆恶之，这两种人如何？孔子说，不如乡之善者好之，乡之不善者恶之。本书以善者与不善者为横坐标，以好之恶之为纵坐标，那么就有四种情形：乡之善者好之、乡之善者恶之、乡之不善者好之、乡之不善者恶之。子贡说的"乡人皆好之"属于A+C，"乡人皆恶之"属于B+D，共同构成了图 6-17 所示的四象圆图。

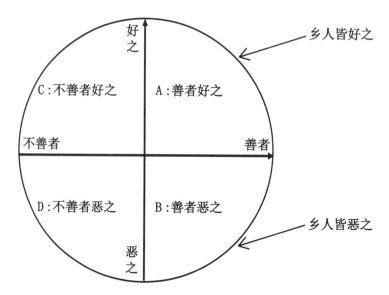

图 6-17　四象圆思维读《论语·子路》里的子贡"乡人皆好之"

《孟子》是战国中期思想家孟子的言论汇编，记录了孟子与其他各家的争辩，对弟子的言传身教，游说诸侯等内容，由孟子及其弟子（万章、公孙丑等）共同编撰而成。孟子被视为孔子学说的继承者，战国时期儒家学派的代表。孟子幼年和孔子一样，在母亲的教育下成长，孟母教子（孟母三迁、断织喻学）的故事，史书上记载颇多，孟母的言传身教对孟子成为"亚圣"具有巨大的作用。唐朝韩愈著《原道》，把孟子列为先秦儒家中唯一继承孔子道统的人物，从此出现了一个孟子的"升格运动"，孟子其人其书的地位逐渐上升。

本书运用四象圆思维读《孟子》一书，归纳了 177 个四象情形，如表 6-11 所示。只选单一情形的有 146 个，占 82.5%；选择两种情形的有 29 个，占 16.4%；选择三种情形有 1 个；选择四种情形的有 1 个。虽然选择单一情形依然在 80% 以上，但与《大学》《中庸》《论语》对比来看，孟子或者其弟子相对来说是有四象圆思维的，当然，他们的四象圆思维也可能是偶然或不自觉的。"四书"体现的四象圆思维对照情况如表 6-12 所示。

表 6-11　用四象圆思维读《孟子》

两仪	A象	B象	C象	D象	选项	出处
仁之有无、义之有无	有仁有义（仁义）	有仁无义	有义无仁	无仁无义	A	《孟子·梁惠王》
与民同乐否、为王否	与民同乐则为王	与民同乐却不为王	不与民同乐但为王	不与民同乐亦不为王	A	《孟子·梁惠王》
违农时否、谷可胜食否	违农时而谷可胜食	违农时而谷不可胜食	不违农时而谷可胜食	不违农时谷不可胜食	D	《孟子·梁惠王》
饥否、寒否	饥寒（又饥又寒）	饥而不寒	寒而不饥	不饥不寒	D	《孟子·梁惠王》
仁者否、敌之有无	仁者有敌	仁者无敌	不仁者有敌	不仁者无敌	B	《孟子·梁惠王》
归于人祸、归于天灾	既为人祸也为天灾	人祸而非天灾	天灾而非人祸	既非人祸也非天灾	C	《孟子·梁惠王》
民归之否、能保民否	民归之而能保民	民归之而不能保民	民不归之而能保民	民不归之也不能保民	A	《孟子·梁惠王》
保民否、王否	保民而王	保民而不能王	不保民而王	不保民亦不能王	A	《孟子·梁惠王》
肯为否、能为否	肯为也能为	肯为但不能为	不肯为但能为	不肯为亦不能为	B、C	《孟子·梁惠王》
大小者、可敌大否	大可以敌大	大不可以敌大	小可以敌大	小不可以敌大	D	《孟子·梁惠王》
众寡者、可敌众否	众可以敌众	众不可以敌众	寡可以敌众	寡不可以敌众	D	《孟子·梁惠王》
强弱者、可敌强否	强者可以敌强	强者不可以敌强	弱者可以敌强	弱者不可以敌强	D	《孟子·梁惠王》
恒产有否、恒心有否	有恒产有恒心	有恒产无恒心	无恒产有恒心	无恒产无恒心	A、D	《孟子·梁惠王》《孟子·滕文公》
独乐众乐、乐与不乐	独乐乐（独乐也乐）	独乐不乐	众乐也乐	众乐却不乐	A、C	《孟子·梁惠王》

续表

两仪	A象	B象	C象	D象	选项	出处
国喜音乐否、国治好否	王喜音乐国也治好	王喜音乐而国未治好	王不喜音乐而国治好	王不喜音乐国未治好	A	《孟子·梁惠王》
与民娱乐、国治好否	与民娱乐国也治好	与民娱乐而国未治好	不与民娱乐而国治好	不与民娱乐国亦未治好	A	《孟子·梁惠王》
与民同否、以为大小	与民同之民以为大	与民同之而民以为小	不与民同之民以为大	不与民同之民以为小	B	《孟子·梁惠王》
大的小的、民以为大小	大而民以为大	大而民以为小	小而民以为大	小而民以为小	B、C	《孟子·梁惠王》
以大与小、事大与小	以大事大	以大事小	以小事大	以小事小	B、C	《孟子·梁惠王》
乐民之乐者、否民乐其乐否	乐民之乐者民亦乐其乐	乐民之乐者民不乐其乐	不乐民之乐者民却乐其乐	不乐民之乐者民亦不乐其乐	A	《孟子·梁惠王》
忧民之忧者、否民忧其忧否	忧民之忧者民亦忧其忧	忧民之忧者民不忧其忧	不忧民之忧者民却忧其忧	不忧民之忧者民亦不忧其忧	A	《孟子·梁惠王》
乐以天下否、忧以天下否	乐以天下忧以天下	乐以天下不忧以天下	不乐以天下但忧以天下	不乐以天下也不忧以天下	A	《孟子·梁惠王》
流连之乐否、荒亡之行否	有流连之乐有荒亡之行	有流连之乐无荒亡之行	无流连之乐有荒亡之行	无流连之乐无荒亡之行	D	《孟子·梁惠王》
与民同利否、与民同色否	与民同利也与民同色	与民同利但不与民同色	不与民同利但与民同色	不与民同利不与民同色	A	《孟子·梁惠王》
创业否、垂统否	创业垂统	创业不垂统	不创业而垂统	不创业亦不垂统	A	《孟子·梁惠王》
事之倍半、功之倍半	事倍功（也）倍	事倍功（却）半	事半功（却）倍	事半功（也）半	C	《孟子·公孙丑》
行仁政否、王否	行仁政而王	行仁政而不王	不行仁政而王	不行仁政而不王	A	《孟子·公孙丑》
居相位否、行抱负否	居相位而行抱负	居相位却不行抱负	不居相位而行抱负	不居相位亦不行抱负	A	《孟子·公孙丑》
受辱于黎民百姓否、受辱于权贵达官否	受辱于百姓，受辱于权贵	受辱于百姓，不受辱于权贵	不受辱于百姓，受辱于权贵	不受辱于百姓，也不受辱于权贵	D	《孟子·公孙丑》
理之亏直、百姓权贵	理直于百姓	理直于权贵	理亏于百姓	理亏于权贵	B	《孟子·公孙丑》
得于言否、求于心否	得于言求于心	得于言勿求于心	不得于言却求于心	不得于言勿求于心	D	《孟子·公孙丑》
得于心否、求于气否	得于心求于气	得于心勿求于气	不得于心却求于气	不得于心勿求于气	D	《孟子·公孙丑》
持其志否、暴其气否	持其志暴其气	持其志无暴其气	不持其志而暴其气	不持其志无暴其气	B	《孟子·公孙丑》
知言否、善养浩然之气否	既知言也善养浩然之气	知言但不善养浩然之气	不知言但善养浩然之气	不知言也不善养浩然之气	A	《孟子·公孙丑》
至大否、至刚否	至大至刚	至大不至刚	不至大但至刚	不至大亦不至刚	A	《孟子·公孙丑》
学厌否、教倦否	学厌教倦	学厌但教不倦	学不厌但教倦	学不厌教不倦	D	《孟子·公孙丑》

续表

两仪	A象	B象	C象	D象	选项	出处
仁否、智否	既仁也智（仁智）	仁而不智	智而不仁	不仁不智	A、D	《孟子·公孙丑》
治之进退、乱之进退	治也进乱也进	治则进乱则退	治则退但乱则进	治也退乱也退	A、B	《孟子·公孙丑》
可以仕否、仕否	可以仕则仕	可以仕却不仕	不可以仕却仕	不可以仕且不仕	A	《孟子·公孙丑》
可以止否、止否	可以止则止	可以止却不止	不可以止却止	不可以止且不止	A	《孟子·公孙丑》
可以久否、久否	可以久则久	可以久却不久	不可以久却久	不可以久且不久	A	《孟子·公孙丑》
可以速否、速否	可以速则速	可以速却不速	不可以速却速	不可以速且不速	A	《孟子·公孙丑》
力服人否、德服人否	以力服人且以德服人	以力服人但德不服人	力不服人但德服人	力不服人德亦不服人	C	《孟子·公孙丑》
贵德否、尊士否	贵德尊士	贵德不尊士	不贵德却尊士	不贵德亦不尊士	A	《孟子·公孙丑》
贤否、能否	既贤也能（贤能）	贤而不能	能而不贤	不贤亦不能	A	《孟子·公孙丑》
尊贤否、使能否	尊贤使能	尊贤而不使能	不尊贤而使能	不尊贤也不使能	A	《孟子·公孙丑》
不忍人之心的有无、不忍人之政的有无	有不忍人之心，行不忍人之政	有不忍人之心，不行不忍人之政	无不忍人之心，但行不忍人之政	无不忍人之心，也不行不忍人之政	A	《孟子·公孙丑》
礼之有无、义之有无	有礼有义	有礼无义	有义无礼	无礼无义	D	《孟子·公孙丑》
怨否、胜己者	怨胜己者	怨不胜己者	不怨胜己者	不怨不胜己者	C	《孟子·公孙丑》
闻过否、喜否	闻过则喜	闻过不喜	闻誉则喜	闻誉却不喜	A	《孟子·公孙丑》
闻善否、拜否	闻善则拜	闻善不拜	闻不善却拜	闻不善但不拜	A	《孟子·公孙丑》
舍弃自己的不足否、学习他人的优点否	舍弃自己的不足，学习他人的优点	舍弃自己的不足，不学习他人的优点	不舍弃自己的不足，学习他人的优点	不舍弃自己的不足，不学习他人的优点	A	《孟子·公孙丑》
遗佚否、怨否	遗佚而怨	遗佚而不怨	不遗佚而怨	不遗佚亦不怨	B	《孟子·公孙丑》
厄穷否、悯否	厄穷而悯	厄穷而不悯	不厄穷而悯	不厄穷亦不悯	B	《孟子·公孙丑》
得道失道、多助寡助	得道者多助	得道者寡助	失道者多助	失道者寡助	A、D	《孟子·公孙丑》
尊德否、乐道否	尊德乐道	尊德不乐道	不尊德但乐道	不尊德亦不乐道	A	《孟子·公孙丑》
有处无处、馈之否	有处馈之	有处不馈之	无处馈之	无处不馈之	A、C	《孟子·公孙丑》
今日受前日不受、是非	今日之受是	今日之受非	前日之不受是	前日之不受非	A、C	《孟子·公孙丑》
官守有无、言责有无	有官守有言责	有官守无言责	无官守有言责	无官守亦无言责	D	《孟子·公孙丑》
知与不知、使与不使	知而使之	知而不使之	不知而使之	不知而不使之	A、C	《孟子·公孙丑》

续表

两仪	A象	B象	C象	D象	选项	出处
为富否、仁否	为富也仁	为富不仁	不为富但仁	不为富也不仁	B	《孟子·滕文公》
为仁否、富否	为仁也富	为仁不富	不为仁但富	不为仁也不富	B	《孟子·滕文公》
为仁为富、不仁不富	为仁不仁	为仁不富	为富不仁	为富不富	B、C	《孟子·滕文公》
劳心否、劳力否	劳心也劳力	劳心而不劳力	不劳心而劳力	不劳心亦不劳力	B、C	《孟子·滕文公》
治人否、治于人否	治人也治于人	治人而不治于人	不治人而治于人	不治人亦不治于人	B、C	《孟子·滕文公》
爱有差等否、施爱由亲人始否	爱有差等，施爱由亲始	爱有差等，施爱不由亲始	爱无差等，施爱由亲始	爱无差等，施爱不由亲始	A、C	《孟子·滕文公》
枉己否、能直人否	枉己能直人	枉己而不能直人	不枉己而能直人	不枉己亦不能直人	B	《孟子·滕文公》
富贵否、能淫否	富贵能淫	富贵不能淫	不富贵而能淫	不富贵而不能淫	B	《孟子·滕文公》
贫贱否、能移否	贫贱能移	贫贱不能移	不贫贱而能移	不贫贱而不能移	B	《孟子·滕文公》
威武否、能屈否	威武能屈	威武而不能屈	不威武而能屈	不威武而不能屈	B	《孟子·滕文公》
事之有无、食否	事而食	事而无食	无事而食	无事而无食	C	《孟子·滕文公》
食志否、食功否	食志也食功	食志而不食功	不食志而食功	不食志也不食功	C	《孟子·滕文公》
徒善否、足以为政否	徒善足以为政	徒善不足以为政	不徒善足以为政	不徒善不足以为政	B	《孟子·离娄》
徒法否、能以自行	徒法能以自行	徒法不能以自行	不徒法而能以自行	不徒法而不能以自行	B	《孟子·离娄》
仁者否、居高位否	仁者居高位	仁者不居高位	不仁者居高位	不仁者不居高位	A、C	《孟子·离娄》
进礼有无、退礼有无	进退有礼	进有礼而退无礼	进无礼但退有礼	进退无礼	D	《孟子·离娄》
君子义否、小人刑否	君子义而小人刑	君子义而小人犯刑	君子犯义而小人刑	君子犯义而小人犯刑	D	《孟子·离娄》
上有礼否、下学否	上有礼而下有学	上有礼而下无学	上无礼而下有学	上无礼而下无学	D	《孟子·离娄》
扬善否、闭恶否	扬善而闭恶	扬善而不闭恶	不扬善而闭恶	不扬善且不闭恶	A	《孟子·离娄》
以仁否、得失天下	以仁而得天下	以仁而失天下	以不仁而得天下	以不仁而失天下	A、D	《孟子·离娄》
爱人否、人亲近否	爱人而人亲近	爱人而人不亲近	不爱人而人亲近	不爱人而人不亲近	B	《孟子·离娄》
治人否、人治否	治人而人治	治人而人不治	不治人而人治	不治人而人不治	B	《孟子·离娄》
礼人否、人答否	礼人而人答	礼人而人不答	不礼人而人答	不礼人而人不答	B	《孟子·离娄》

两仪	A象	B象	C象	D象	选项	出处
身正否、天下归之否	身正而天下归之	身正而天下不归之	身不正而天下归之	身不正而天下不归之	A	《孟子·离娄》
顺天者否、存亡	顺天者存（顺天则存）	顺天者亡	逆天者存	逆天者亡	A、D	《孟子·离娄》
能令否、受命否	既能令也能受命	能令但不受命	不能令但能受命	既不能令又不受命	D	《孟子·离娄》
居仁否、由义否	居仁由义	居仁不由义	不居仁而由义	不居仁不由义	A、D	《孟子·离娄》《孟子·尽心》
自暴否、自弃否	自暴自弃	自暴不自弃	不自暴而自弃	不自暴不自弃	A	《孟子·离娄》
居安宅否、行正路否	居安宅也行正路	居安宅而不行正路	不居安宅但行正路	不居安宅也不行正路	D	《孟子·离娄》
诚否、动否	（至）诚能动	至诚不动	不诚而能动	不诚而不动	C、D	《孟子·离娄》
心正否、眼睛亮否	心正而眼睛亮	心正而眼睛不亮	心不正而眼睛亮	心不正而眼睛不亮	A、D	《孟子·离娄》
俭否、夺人否	俭者夺人	俭者不夺人	不俭者夺人	不俭者不夺人	B	《孟子·离娄》
守身否、事亲否	既守身也事亲	守身而不事亲	不守身但能事亲	不守身也不能事亲	A、C	《孟子·离娄》
君仁否、臣仁否	君仁臣也仁	君仁而臣不仁	君不仁而臣仁	君不仁而臣也不仁	A	《孟子·离娄》
君义否、臣义否	君义臣也义	君义而臣不义	君不义而臣义	君不义而臣也不义	A	《孟子·离娄》
君正否、臣正否	君正而臣也正	君正而臣不正	君不正而臣正	君不正而臣也不正	A	《孟子·离娄》
君正否、国定否	君正而国定	君正而国不定	君不正而国定	君不正而国也不定	A	《孟子·离娄》
有无不虞之誉、有无求全之毁	有不虞之誉有求全之毁	有不虞之誉无求全之毁	无不虞之誉有求全之毁	无不虞之誉无求全之毁	A	《孟子·离娄》
得乎亲否、顺乎亲否	得乎亲也顺乎亲	得乎亲但不顺乎亲	不得乎亲但顺乎亲	不得乎亲也不顺乎亲	A、B、C	《孟子·离娄》
手舞否、足蹈否	手舞足蹈	手舞而足不蹈	手不舞而足蹈	手不舞足也不蹈	A	《孟子·离娄》
君视臣如手足否、臣视君如腹心否	君视臣如手足，臣视君如腹心	君视臣如手足，臣不视君如腹心	君不视臣如手足，臣视君如腹心	君不视臣如手足，臣不视君如腹心	A	《孟子·离娄》
有罪否、杀士否	有罪而杀士	有罪而不杀士	无罪而杀士	无罪而不杀士	A	《孟子·离娄》
有为与不为、而后可以为与不为	有为而后可以有为	有为而后可以不为	有不为而后可以有为	有不为而后可以不为	C	《孟子·离娄》
博学否、详述否	博学而详述	博学而简述	不博学而详述	不博学而简述	A	《孟子·离娄》
以善否、服人养人	以善服人	以善养人	不以善服人	不以善养人	A、B	《孟子·离娄》
以善服人否、以善养人否	既以善服人也以善养人	以善服人但不以善养人	不以善服人但以善养人	不以善服人也不以善养人	A	《孟子·离娄》

续表

两仪	A象	B象	C象	D象	选项	出处
爱人否、人爱否	爱人者人爱之	爱人者人不爱之	不爱人者人爱之	不爱人者人不爱之	A	《孟子·离娄》
仁者否、爱人否	仁者爱人	仁者不爱人	不仁者爱人	不仁者不爱人	A	《孟子·离娄》
礼者否、敬人否	礼者敬人	礼者不敬人	不礼者敬人	不礼者不敬人	A	《孟子·离娄》
忠否、敬否	忠且敬	忠但不敬	不忠但敬	不忠亦不敬	A	《孟子·离娄》
埋怨否、思念否	埋怨且思念	埋怨而不思念	不埋怨而思念	不埋怨也不思念	A	《孟子·万章》
忧虑否、埋怨否	既忧也怨	忧而不怨	怨而不忧	不忧亦不怨	B	《孟子·万章》
于公仁否、于私仁否	于公仁于私也仁	于公仁于私不仁	于公不仁但于私仁	于公于私皆不仁	B、C	《孟子·万章》
先知否、先觉否	先知先觉	先知后觉	先觉后知	后知后觉	A	《孟子·万章》
可谏否、谏否	可谏则谏	可谏而不谏	不可谏而谏	不可谏而不谏	D	《孟子·万章》
目视恶色否、耳听恶声否	目视恶色耳听恶声	目视恶色耳不听恶声	目不视恶色耳听恶声	目不视恶色耳不听恶声	D	《孟子·万章》
金声否、玉振否	金声而玉振	金声而无玉振	无金声也玉振	无金声无玉振	A	《孟子·万章》
圣否、智否	既圣也智	圣而无智（圣多智少）	无圣有智	无圣无智	A	《孟子·万章》
鱼否、熊掌否	既要鱼也要熊掌	要鱼而舍熊掌	舍鱼而取熊掌	不要鱼也不取熊掌	C	《孟子·告子》
生否、义否	既要生也要义	生而舍义	舍生而取义	舍生也舍义	C	《孟子·告子》
以大与小、害大与小	以大害大	以大害小	以小害大	以小害小	C	《孟子·告子》
有无以小害大、有无以贱害贵	以小害大以贱害贵	以小害大无以贱害贵	无以小害大以贱害贵	无以小害大无以贱害贵	D	《孟子·告子》
思否、得否	思而得（思则得）	思而不得	不思而得	不思则不得	A、D	《孟子·告子》
食重否、礼重否	食重礼也重	食重而礼轻	食轻而礼重	食轻礼也轻	C	《孟子·告子》
以礼食否、得食否	以礼食而得食	以礼食而不得食	不以礼食而得食	不以礼食而不得食	B、C	《孟子·告子》
亲之过大小、怨否	亲之过大而怨	亲之过大而不怨	亲之过小而怨	亲之过小而不怨	A、B、C、D	《孟子·告子》
愿望好否、方法好否	愿望好方法也好	愿望好而方法不好	愿望不好但方法好	愿望不好方法也不好	B	《孟子·告子》
怀义否、怀利否	怀义也怀利	怀义而不怀利	不怀义但怀利	不怀义也不怀利	B	《孟子·告子》
为己否、为人否	为己也为人	为己不为人	不为己而为人	不为己亦不为人	A	《孟子·告子》
用贤否、亡国否	用贤则亡	用贤则不亡	不用贤则亡	不用贤也不亡	C	《孟子·告子》

两仪	A象	B象	C象	D象	选项	出处
贤者在位否、于国有益否	贤者在位于国有益	贤者在位于国无益	贤者不在位于国有益	贤者不在位于国无益	B	《孟子·告子》
养老否、尊贤否	养老尊贤	养老不尊贤	不养老但尊贤	不养老也不尊贤	A	《孟子·告子》
敬老否、慈幼否	敬老慈幼	敬老不慈幼	不敬老但慈幼	不敬老而不慈幼	A	《孟子·告子》
尊贤否、育才否	尊贤育才	尊贤不育才	不尊贤但育才	不尊贤也不育才	A	《孟子·告子》
教民否、用之否	教民而用之	教民而不用之	不教民而用之	不教民也不用之	C	《孟子·告子》
喜否、寐否	喜而寐	喜而不寐	不喜而寐	不喜亦不寐	B	《孟子·告子》
生于忧患否、死于安乐否	生于忧患死于安乐	生于忧患死于不安乐	生于不忧患死于安乐	生于不忧患死于不安乐	A	《孟子·告子》
内有法家拂士否、外有敌国忧患否	内有法家拂士，外有敌国忧患	内有法家拂士，外无敌国忧患	内无法家拂士，外有敌国忧患	内无法家拂士，外无敌国忧患	D	《孟子·告子》
尽其心否、知其性否	尽其心而知其性	尽其心但不知其性	不尽其心但知其性	不尽其心不知其性	A	《孟子·尽心》
好善否、忘势否	好善而忘势	好善而不忘势	不好善而忘势	不好善也不忘势	A	《孟子·尽心》
乐道否、忘人之势否	乐道而忘人之势	乐道而不忘人之势	不乐道而忘人之势	不乐道亦不忘人之势	A	《孟子·尽心》
尊德否、乐义否	尊德乐义	尊德不乐义	不尊德但乐义	不尊德也不乐义	A	《孟子·尽心》
穷失义否、达离道否	穷失义达离道	穷失义但达不离道	穷不失义但达离道	穷不失义达不离道	D	《孟子·尽心》
得志则泽加于民否、不得志则修身见于世否	得志则泽加于民，不得志则修身见于世	得志则泽加于民，不得志不修身见于世	得志而泽不加于民，不得志则修身见于世	得志而泽不加于民，不得志不修身见于世	A	《孟子·尽心》
穷则独善其身否、达则兼善天下否	穷则独善其身，达则兼善天下	穷则独善其身，达而不兼善天下	穷而不独善其身，达则兼善天下	穷而不独善其身，达而不兼善天下	A	《孟子·尽心》
善政否、善教否	既善政也善教	善政但不善教	不善政但善教	不善政也不善教	A	《孟子·尽心》
民畏之否、民爱之否	民既畏之也爱之	民畏之但不爱之	民不畏之但爱之	民不畏之也不爱之	A	《孟子·尽心》
得民财否、得民心否	既得民财也得民心	得民财但不得民心	不得民财但得民心	不得民财也不得民心	A	《孟子·尽心》
为与无为、其所为否	为其所为	为其所不为	无为其所为	无为其所不为	D	《孟子·尽心》
欲与无欲、其所欲否	欲其所欲	欲其所不欲	无欲其所欲	无欲其所不欲	D	《孟子·尽心》
正己否、物正否	正己而物正	正己而物不正	不正己而物正	不正己而物也不正	A	《孟子·尽心》
仰愧于天否、俯作于人否	仰愧于天俯作于人	仰愧于天俯不作于人	仰不愧于天俯作于人	仰不愧于天俯不作于人	D	《孟子·尽心》

续表

两仪	A象	B象	C象	D象	选项	出处
得天下英才否、教之否	得天下英才而教之	得天下英才而不教之	未得天下英才而教之	未得天下英才而不教之	A	《孟子·尽心》
食之以时否、用之以礼否	食之以时用之以礼	食之以时用之不以礼	食之不以时用之以礼	食之不以时用之不以礼	A	《孟子·尽心》
其有否、取舍	其有而取之	其有而舍之	非其有而取之	非其有而舍之	C	《孟子·尽心》
养否、敬否	养而敬	养而不敬	不养而敬	不养不敬	B	《孟子·尽心》
爱否、敬否	爱而敬	爱而不敬	不爱而敬	不爱不敬	B	《孟子·尽心》
恭敬否、有实否	既恭敬也有实	恭敬而无实	不恭敬但有实	不恭敬也无实	B	《孟子·尽心》
以道与身、殉道与身	以道殉道	以道殉身	以身殉道	以身殉身	B、C	《孟子·尽心》
挟贵否、问否	挟贵而问	挟贵而不问	不挟贵而问	不挟贵也不问	A	《孟子·尽心》
挟贤否、问否	挟贤而问	挟贤而不问	不挟贤而问	不挟贤也不问	A	《孟子·尽心》
挟长否、问否	挟长而问	挟长而不问	不挟长而问	不挟长而不问	A	《孟子·尽心》
挟有勋劳否、问否	挟有勋劳而问	挟有勋劳而不问	不挟有勋劳而问	不挟有勋劳而不问	A	《孟子·尽心》
挟故否、问否	挟故而问	挟故而不问	不挟故而问	不挟故而不问	A	《孟子·尽心》
仁之否、亲之否	仁之也亲之	仁之而不亲之	不仁之而亲之	不仁之也不亲之	B	《孟子·尽心》
以其所爱否、及其所爱否	以其所爱及其所爱	以其所爱及其所不爱	以其所不爱及其所爱	以其所不爱及其所不爱	B、C	《孟子·尽心》
以其昭昭、使人昭昭否	以其昭昭使人昭昭	以其昭昭使人昏昏	以其昏昏使人昭昭	以其昏昏使人昏昏	A、C	《孟子·尽心》
民贵否、君贵否	民君皆贵	民贵君轻	民轻君贵	民轻君也轻	B	《孟子·尽心》
往者追否、来者拒否	往者追来者拒	往者追来者不拒	往者不追来者拒	往者不追来者不拒	D	《孟子·尽心》
言近否、指近否	言近指也近	言近而指远	言远而指近	既言远也指远	B	《孟子·尽心》
守约否、施博否	守约而施博	守约而不施博	不守约而施博	不守约也不施博	A	《孟子·尽心》
舍其田否、芸人之田否	舍其田而芸人之田	舍其田也不芸人之田	不舍其田且芸人之田	不舍其田不芸人之田	A	《孟子·尽心》
狂者否、进取否	狂者进取	狂者不进取	不狂者进取	不狂者不进取	A	《孟子·尽心》
狷者否、有所为否	狷者有所为	狷者有所不为	不狷者有所为	不狷者有所不为	B	《孟子·尽心》
言顾行否、行顾言否	言顾行行顾言	言顾行行不顾言	言不顾行行顾言	言不顾行行不顾言	D	《孟子·尽心》
见否、知否	见而知之	见而不知	不见而知之	不见亦不知	A	《孟子·尽心》
闻否、知否	闻而知之	闻而不知	不闻而知	不闻亦不知	A	《孟子·尽心》

孟子在《孟子·滕文公》云："或劳心，或劳力。"从表6-11中，我们可以看到孟子只谈论了B、C情形。孟子未能选择A情形作为社会的主流。劳心者和劳力者被割裂开来，会用手的不会用脑，会用脑的不会用手。一边是有实无文的农夫工匠，一边是有文无实的儒生文人。会用脑的农夫工匠，不过会记账，充其量会识文断字，会作诗。愿用手的文人，不是去拿劳动工具，而是去拿刀剑，投笔从戎，为君王建功立业。中国古代的"劳力者"为人类贡献了自古以来一半以上的重大技术发明创造，但缺乏应有的详细的文字记载；中国古代的"劳心者"给中华民族留下了"二十五史"和诗歌绘画艺术，他们用尽心思讲述改朝换代和治乱兴衰的故事。劳心者只务虚，干不了实事；劳力者能干实事，但多半是文盲。清朝黄景仁曾经感叹："百无一用是书生。"像墨子、张仲景、贾思勰、孙思邈、沈括、郭守敬、宋应星等"劳心也劳力者"少之又少。A情形的中国先贤在长达万年的中华文明历史长河中屈指可数，如凤毛麟角。墨家文化本可以消除"脑与手"（思维与实践）的割裂和"学与术"（逻辑规律与现象描述）的割裂，可遗憾的是，汉武帝以后，中国人放弃了墨家文化，以致墨家文化在2000多年来产生的影响甚微。可喜的是，在当代的新中国，墨家文化得到了蓬勃发展，科技成为中国发展的第一驱动力，中国为"既劳心也劳力"的人才成长提供了沃土和阳光雨露，以及施展才华的舞台。中华民族成为世界上A情形最多的民族，这是我们中华民族走向伟大复兴的坚强基础。

表6-12 《大学》《中庸》《论语》《孟子》中四象情形的数据对比

著作	数据占比/%				
	一种情形	两种情形	三种情形	四种情形	合计
《大学》	82.76	17.24	0	0	100
《中庸》	88.46	11.54	0	0	100
《论语》	79.07	20.47	0.47	0	100
《孟子》	82.48	16.38	0.56	0.56	100

孔子在《论语·子路》云："言必信，行必果。"但孟子在《孟子·离娄》云："言不必信，行不必果，惟义所在。"孔子和孟子两者的观点有所不同，按照四象圆思维模型，以言有信否为横坐标、行有果否为纵坐标，就会演绎出四种情形：言必信行必果、言必信而行无果、言无信而行必果、言无信而行无果。孔子谈的是言必信、行必果的A情形，孟子谈的是B、C、D三种情形，两者合在一起，才构成了"言与性"的四象圆图。如图6-18所示。

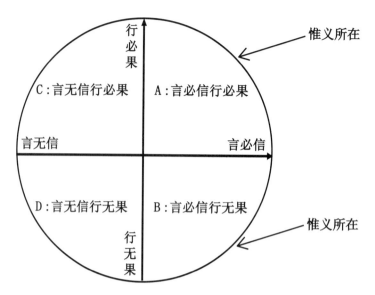

图 6-18 孔子的"言信与行果"和孟子的"言信与行果"构成的四象圆思维图

孟子在《孟子·告子》谈论《诗经》中的《凯风》和《小弁》时，展现了其四象圆思维。他认为《凯风》属于亲人过小而不怨，《小弁》属于亲人过大而怨。他还说：亲人过错小，却要抱怨，是激怒自己，是不孝；亲人过错大，却不抱怨，是疏远亲人的表现，也是不孝。本书以亲人过大与过小为横坐标，以怨否为纵坐标，推演出四种情形：亲人过大而怨、亲人过大而不怨、亲人过小而怨、亲人过小而不怨。如图 6-19 所示。

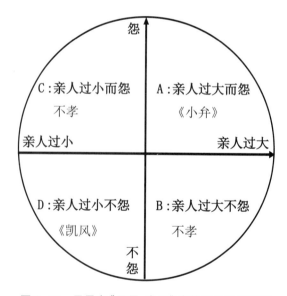

图 6-19 孟子在《孟子·告子》中的四象圆思维图

6.10 用四象圆思维读《墨子》

《墨子》是墨子及其弟子汇编墨子言论而成的经典。其内容广博，包括了政治、军事、哲学、伦理、逻辑、数学、物理、科技等方面，分为两大部分：第一部分记载墨子言行和墨家兵法，阐述墨子思想；第二部分被称作"墨辩"或"墨经"，由"经上""经下""经说上""经说下""大取""小取"等6篇组成。"墨经"着重阐述墨家的认识论和逻辑思想，还包含许多自然科学的内容，反映了后期墨家的思想。西晋鲁胜、乐壹都为《墨子》一书做过注释，已散失。如今的通行本有孙诒让的《墨子闲诂》，以及"诸子集成"所收录的版本。

本书用四象圆思维读《墨子》，归纳了333个两仪：10个选择了四种情形，占3.0%；5个选择三种情形，占1.5%；80个选择了两种情形，24%；238个选择一种情形，占71.5%。如表6-13所示。

表6-13　用四象圆思维读《墨子》

两仪	A象	B象	C象	D象	选项	篇章
治国否、亲士否	治国亲士	治国不亲士	不治国但亲士	不治国也不亲士	A、B	亲士
见贤否、急任否	见贤而急任	见贤而不急任	不见贤而急任	不见贤也不急任	B	亲士
贤否、急否	贤而急	贤而非急	非贤但急	非贤非急	D	亲士
缓贤否、忘贤否	缓贤且忘贤	缓贤但不忘贤	不缓贤但忘贤	不缓贤也不忘贤	A	亲士
败否、有以成否	败而有以成	败而无以成	不败而有以成	不败但无以成	A、C	亲士
安心否、安居否	安心且安居	安心但无安居	无安心但有安居	无安心而无安居	C	亲士
无足财否、足心否	无足财但有足心	无足财而无足心	非无足财而有足心	非无足财但无足心	D	亲士
自难易、难易彼	自难而难彼	自难而易彼	自易而难彼	自易而易彼	B、C	亲士
待己以严宽、待人以严宽	待己以严待人以严	待己以严待人以宽	待己以宽待人以严	待己以宽待人以宽	B、C	亲士
进取否、改其志否	进而改其志	进而不改其志	退而改其志	退也不改其志	B、D	亲士
难事否、出英雄否	难事出英雄	难事不出英雄	易事出英雄	易事不出英雄	A	亲士
用人难否、可成功否	用人虽难但可成功	用人难，不可成功	用人易、可以成功	用人易但不可成功	A	亲士
分议者延延否、支苟者谄谄否	分议者延延支苟者谄谄	分议者延延支苟者不谄谄	分议者不延延支苟者谄谄	分议者不延延支苟者不谄谄	A	亲士
公开议政否、保国否	公开议政而保国	公开议政而未保国	未公开议政但保国	未公开议政未保国	A	亲士
长生否、保国否	长生保国	长生不保国	不长生但保国	不长生也不保国	A	亲士
善议否、障塞否	善议障塞	善议不障塞	非善议而障塞	非善议也不障塞	A	亲士
铦者否、先挫否	铦者先挫	铦者后挫	不铦者先挫	不铦者后挫	A、D	亲士
死否、其所长否	死其所长	死其所短	不死其所长	不死其所短	A、C	亲士
太盛否、难守否	太盛难守	太盛但不难守	不太盛而难守	不太盛也不难守	A	亲士
爱否、有功之臣否	爱有功之臣	爱无功之臣	不爱有功之臣	不爱无功之臣	A、D	亲士
爱否、有益之子否	爱有益之子	爱无益之子	不爱有益之子	不爱无益之子	A、D	亲士

续表

两仪	A象	B象	C象	D象	选项	篇章
胜其任否、处其位否	胜其任处其位	胜其任但未处其位	不胜其任而处其位	不胜其任不处其位	C	亲士
胜其爵否、处其禄否	胜其爵而处其禄	胜其爵而不处其禄	不胜其爵而处其禄	不胜其爵不处其禄	C	亲士
良弓否、难张否	良弓难张	良弓不难张	非良弓但难张	非良弓不难张	A	亲士
良马否、难乘否	良马难乘	良马不难乘	非良马但难乘	非良马不难乘	A	亲士
良才否、难令否	良才难令	良才不难令	非良才但难令	非良才不难令	A	亲士
事有无辞，物有无违	事有辞物有违	事有辞物无违	事无辞物有违	事无辞物无违	D	亲士
与己同否、取否	与己同则取	与己同但不取	与己异也取	与己异则不取	C	亲士
同方否、同己否	同方（道）也同己	同方但异己	异方但同己	异方也异己	A、B、C、D	亲士
同方取否、同己取否	同方取同己也取	同方取同己不取	同方不取同己取	同方不取同己不取	C	亲士
直如矢否，平如砥否	其直如矢其平如砥	其直如矢但其平不如砥	其直不如矢但其平如砥	其直不如矢其平不如砥	A	亲士
本否、末否	有本有末（本末兼顾）	有本无末（重本轻末）	无本有末	无本无末	A、D	修身
阵为本否、勇为本否	阵为本勇也为本	阵为本勇为末	阵为末而勇为本	阵为末勇也为末	A、C	修身
礼为本否、哀为本否	礼与哀并举	礼为本哀为末	礼为末而哀为本	礼为末哀也为末	A、C	修身
学为本否、行为本否	学与行皆为本	学为本行为末	学为末而行为本	学为末也为末	A、C	修身
本安否、末丰否	本安而末丰	本安但末不丰	本不安但末丰	本不安末也不丰	D	修身
近否、亲否	近而亲（近者亲）	近而不亲	不近而亲	不近也不亲	B	修身
近者亲否、求远否	近者亲而务求远	近者亲而不求远	近者不亲而求远	近者不亲不求远	D	修身
近者亲否、亲戚归附否	近者亲且亲戚归附	近者亲但亲戚不归附	近者不亲亲戚归附	近者不亲亲戚不归附	D	修身
察近否、来远否	察近来远	察近但不来远	不察近但来远	不察近也不来远	A	修身
察近否、修身否	察近修身	察近但不修身	不察近但修身	不察近也不修身	A	修身
受人诋毁否、自我反省否	受人诋毁而自我反省	受人诋毁但不自我反省	不受人诋毁也自我反省	不受人诋毁也不自我反省	A	修身
怨省否、行修否	怨省而行修	怨省而行未修	怨未省但行修	怨未省而行未修	A	修身
贫否、见廉否	贫则见廉	贫而见不廉	不贫而见廉	不贫而见不廉	A	修身
富否、见义否	富则见义	富则见不义	不富而见义	不富而不见义	A	修身
生否、见爱否	生则见爱	生见不爱	不生则见爱	不生则不见爱	A	修身
死否、见哀否	死则见哀	死则不哀	不死则见哀	不死则不见哀	A	修身
心藏爱否、身动恭否	心藏爱而身动恭	心藏爱但身动不恭	心未藏爱但身动恭	心未藏爱身动不恭	A	修身

两仪	A象	B象	C象	D象	选项	篇章
心藏爱否、口出驯否	心藏爱而口出驯	心藏爱但口出不驯	心未藏爱但口出不驯	心未藏爱口出不驯	A	修身
志强者否、智达否	志强者智达	志强者但其智不达	志不强者但智达	志不强者智不达	A、D	修身
言信者否、行果否	言信者行果	言信者但其行不果	言不信者但行果	言不信者行不果	A、D	修身
据财否、能以分人否	据财而能以分人	据财而不能以分人	不据财但能以分人	不据财不能以分人	B	修身
守道否、笃否	守道且笃	守道不笃	不守道而笃	不守道也不笃	B	修身
遍物否、博否	遍物且博	遍物不博	不遍物但博	不遍物不博	B	修身
辨是非否、察否	辨是非且察	辨是非但不察	不辨是非而察	不辨是非也不察者	B	修身
原浊否、流清否	原浊者却流清	原浊者流不清	原不浊者流清	原不浊者流不清	B	修身
行信否、名耗否	行信者名也耗	行信者名不耗	行不信者名也耗	行不信者名不耗	B、C	修身
名徒生否、誉自长否	名徒生誉自长	名徒生而誉不自长	名不徒生誉自长	名不徒生誉不自长	D	修身
功成否、名遂否	功成名遂	功成但名不遂	功不成但名遂	功不成名不遂	A	修身
出力多否、自夸否	出力多而自夸	出力多而不自夸	出力不多而自夸	出力不多也不自夸	A、B	修身
图文采否、意明确否	图文采也讲究意明	图文采但不图意明	不图文采但图意明	不图文采也不图意明	C	修身
伤形否、费神否	既伤形又费神	伤形但不费神	不伤形但费神	既不伤形也不费神	A	染丝
愁心否、劳意否	既愁心也劳意	愁心但不劳意	不愁心但劳意	不愁心也不劳意	A	染丝
法仁否、为法否	法仁而可为法	法仁而未为法	法不仁而为法	法不仁而不可以为法	D	法仪
法度有无、其事成否	有法度而其事能成	有法度而其事不成	无法度而其事成	无法度而其事不成	C	法仪
行广否、无私否	行广而无私	行广而有私	行不广而无私	行不广而有私	A	法仪
施厚否、德否	施厚而德（得）	施厚而不德	施不厚而德	施不厚而不德	B	法仪
明久否、衰否	明久而衰	明久而不衰	明不久而衰	明不久但不衰	B	法仪
相爱否、相利否	相爱相利	相爱但不相利	不相爱但相利	不相爱也不相利	A	法仪
爱人否、利人否	爱人利人	爱人但不利人	不爱人但利人	不爱人也不利人	A	法仪、天志
贵否、贱否	有贵有贱	有贵无贱	无贵有贱	无贵无贱	D	法仪
城郭可守否、治宫室否	城郭可守而治宫室	城郭可守而不治宫室	城郭不可守而治宫室	城不可守也不治宫室	C	七患
敌至境否，四邻救否	敌至境而四邻救	敌至境而四邻莫救	敌不至境而四邻莫救	敌不至境四邻莫救	B	七患
民力耗于有用否、财力给予有能否	民力耗于有用，财力给予有能	民力耗于有用，财力给予无能	民力耗于无用，财力给予有能	民力耗于无用，财力给予无能	D	七患
君王民主否、官员自保否	君王民主官员自保	君王民主官员不自保	君王独裁官员自保	君王独裁官员不自保	A	七患

续表

两仪	A象	B象	C象	D象	选项	篇章
君王无为而治否、国家有守备否	君王无为国有守备	君王无为国无守备	君王有所为国有守备	君王有所为国无守备	B	七患
所信者否、忠否	所信者忠	所信者不忠	所不信者忠	所不信者不忠	B	七患
所忠者否、信否	所忠者信	所忠者不信	所不忠者信	所不忠者不信	B	七患
所信者忠否、所忠者信否	所信者忠所忠者信	所信者忠所忠者不信	所信者不忠所忠者信	所信者不忠所忠者不信	D	七患
足食否、官员胜任否	足食也足事	足食不足事	食不足但大臣足事	食不足大臣也不足事	D	七患
赏赐能喜否、诛罚能威否	赏赐能喜诛罚能威	赏赐能喜诛罚不能威	赏赐不能喜诛罚能威	赏赐不能喜诛罚不能威	D	七患
仁否、良否	仁且良	仁而不良	良而不仁	不仁也不良	A	七患
粮食足否、财货足否	食足财也足	食足而财不足	食不足而财足	食不足财也不足	A	七患
生财密否、用财节否	生财密且用财节	生财密但用财不节	生财不密但用财节	生财不密用财不节	A	七患
仓有备粮否、待饥否	备粮足可待饥年	备粮足而不可待饥年	备粮不足而可待饥年	备粮不足而不可待饥年	A	七患
心有备否、应突变否	心有备而可应突变	心有备而不可应突变	心无备而可应突变	心无备而不可应突变	A	七患
富贵否、储备否	富贵而备	富贵而无备	不富贵而备	不富贵也无备	A、B	七患
民劳否、民伤否	民劳且伤	民劳而不伤	民不劳但伤	民不劳也不伤	B	七患、辞过
民破费否、民病否	民费且病（困苦）	民费而不病	民不费但病	民不费也不病	B	七患
上厌其乐否、下堪其苦否	上厌其乐下堪其苦	上厌其乐下不堪其苦	上不厌其乐下堪其苦	上不厌其乐下不堪其苦	D	七患
国遇寇敌则伤否、民见凶饥则亡否	国遇寇敌则伤，民见凶饥则亡	国遇寇敌则伤，民见凶饥不亡	国遇寇敌不伤，民见凶饥则亡	国遇寇敌不伤，民见凶饥不亡	A	七患
节于身否、教于民否	节于身教于民	节于身不教于民	不节于身但教于民	不节于身不教于民	A	辞过
国富否民易治否	国富民易治	国富而民难治	国贫而民易治	国贫而民难治	D	辞过
民俭否、易治否	民俭而易治	民俭而难治	民不俭而易治	民不俭而难治	A	辞过
君用财节否、易赡否	君用财节而易赡	君用财节而不易赡	君用财不节而易赡	君用财不节而不易赡	A	辞过
民俭而易治否、君用财节而易赡否	民俭而易治，君用财节而易赡	民俭而易治，君用财不节而难赡	民不俭而难治，君用财节而易赡	民不俭而难治，君用财不节而难赡	A	辞过
家足否、待旱水凶饥	家足可待旱水凶饥	家足但不可待旱水凶饥	家不足但可待旱水凶饥	家不足也不可待旱水凶饥	A	辞过
君奢侈否、难谏否	君奢侈而难谏	君奢侈但不难谏	君不奢侈但难谏	君不奢侈也不难谏	A	辞过
民富否、国治否	民富而国治	民富而国乱	民贫但国治	民贫而国乱	A	辞过
富贵者奢侈否、孤寡者冻馁否	富贵者奢侈，孤寡者冻馁	富贵者奢侈，孤寡者不冻馁	富贵者不奢侈，孤寡者冻馁	富贵者不奢侈，孤寡者不冻馁	A	辞过

两仪	A象	B象	C象	D象	选项	篇章
民乐否、利之否	民乐而利之	民乐而不利之	民不乐但利之	民不乐也不利之	A	辞过
法令急否、行否	法令急而行	法令急而不行	法令不急而行	法令不急也不行	C	辞过
民劳否、上用足否	民劳而上用足	民劳但上用不足	民不劳而上用足	民不劳而上用不足	C	辞过
民寒否、民饥否	民寒且饥	民寒但不饥	民饥但不寒	民不寒也不饥	A、B、C、D	辞过
刑罚深否、国乱否	刑罚深则国乱	刑罚深则国治	刑罚浅则国乱	刑罚浅则国治	A	辞过
俭节昌否、淫佚亡否	俭节则昌淫佚则亡	俭节昌淫佚不亡	俭节不昌淫佚亡	俭节不昌淫佚不亡	A	辞过
任重否、致远否	任重致远	任重不致远	任不重而致远	任不重也不致远	A	辞过
音乐多否、国治否	乐多而国治	乐多则国不治	乐少则国治	乐少而国不治	C	三辩
尚贤否、事能否	尚贤事能	尚贤不事能	不尚贤但事能	不尚贤也不事能	A	尚贤
贤良多否、国治厚否	贤多而国治厚	贤多而国治薄	贤少而国治厚	贤少而国治薄	A、D	尚贤
贤者否、富之否	贤者富之	贤者不富之	不贤者但富之	不贤者不富之	A	尚贤
贤者否、贵之否	贤者贵之	贤者不贵之	不贤者但贵之	不贤者不贵之	A	尚贤
贤者否、敬之否	贤者敬之	贤者不敬之	不贤者但敬之	不贤者不敬之	A	尚贤
贤者否、誉之否	贤者誉之	贤者不誉之	不贤者但誉之	不贤者不誉之	A	尚贤
义否、富否	义而富	义而不富	不义但富	不义不富	D	尚贤
义否、贵否	义而贵	义而不贵	不义但贵	不义不贵	D	尚贤
义否、亲否	义而亲	义而不亲	不义但亲	不义不亲	D	尚贤
义否、近否	义而近	义而不近	不义但近	不义不近	D	尚贤
举贤否、避贫贱否	举贤而避贫贱	举贤而不避贫贱	不举贤而避贫贱	不举贤而不避贫贱	B	尚贤
举贤否、避亲疏否	举贤而避亲疏	举贤而不避亲疏	不举贤而避亲疏	不举贤而不避亲疏	B	尚贤
举贤否、避远近否	举贤而避远近	举贤而不避远近	不举贤而避远近	不举贤而不避远近	B	尚贤
列德否、尚贤否	列德而尚贤	列德而不尚贤	不列德但尚贤	不列德也不尚贤	A	尚贤
有能否、举之否	有能而举之	有能但不举	无能但举之	无能者不举之	A	尚贤
有能者、高予爵之否	有能而高予爵之	有能但不高予爵之	无能但高予爵之	无能者不高予爵之	A	尚贤
有能者、重予禄之否	有能而重予禄之	有能但不重予禄之	无能但重予禄之	无能者不重予禄之	A	尚贤
有能者、任之以事否	有能而任之以事	有能但不以事任之	无能但任之以事	无能者不以事任之	A	尚贤
有能者、断予之令否	有能而断予之令	有能但不断予之令	无能但断予之令	无能者不断予之令	A	尚贤
爵位高否、民敬否	爵位高而民敬之	爵位高而民弗敬之	爵位不高而民敬之	爵位不高而民弗敬之	A、D	尚贤

续表

两仪	A象	B象	C象	D象	选项	篇章
蓄禄厚否、民信之否	蓄禄厚则民信之	蓄禄厚而民不信之	蓄禄不厚但民信之	蓄禄不厚则民不信之	A、D	尚贤
政令决断否、民畏否	政令决断而民畏	政令决断而民不畏	政令不能决而民畏	政令不能决而民不畏	A、D	尚贤
以德否、就列否	以德就列	以德但不就列	不以德但就列	不以德不就列	A	尚贤
以官否、服事否	以官服事	以官不服事	不以官而服事	不以官不服事	A	尚贤
以劳绩否、评赏否	以劳绩评赏	以劳绩不评赏	不以劳绩评赏	不以劳绩不评赏	A	尚贤
量功否、分禄否	量功而分禄	量功而不分禄	不量功而分禄	不量功不分禄	A	尚贤
举公义否、辟私怨否	举公义且辟私怨	举公义但不辟私怨	不举公义但辟私怨	不举公义不辟私怨	A	尚贤
官常贵否、民终贱否	官常贵民终贱	官常贵但民无终贱	官无常贵但民终贱	官无常贵民无终贱	D	尚贤
名立否、功成否	名立而功成	名立而无功成	无名立而功成	无名立无功成	A	尚贤
尚贤否、政本否	尚贤为政之本	尚贤不为政之本	不尚贤为政之本	不尚贤不为政之本	A	尚贤
贵否、智否	贵且智	贵但无智（智不高）	不贵但有智	不贵也无智	A	尚贤、天志
贵智者为政否、贱愚者为政否	贵智者为政，贱愚者为政	贵智者为政，愚者不为政	贵智者不为政，贱愚者为政	贵智者不为政，贱愚者不为政	B、C	尚贤
尚贤否、任能否	尚贤任能	尚贤不任能	不尚贤但任能	不尚贤也不任能	A	尚贤
举贤、上之否	举贤而上之	举贤而不上之	不举贤而上之	不举贤也不上之	A	尚贤
富之否、贵之否	富而贵之（贤者）	富而不贵之	不富而贵之	不富也不贵之	A	尚贤
相率否、为贤者否	相率而为贤者	相率而不为贤者	不相率而为贤者	不相率不为贤者	A	尚贤
察其所能否、慎予官否	察其所能而慎予官	察其所能不慎予官	未察其所能但慎予官	未察其所能不慎予官	A	尚贤
早上朝否、晏退朝否	早朝晏退	早朝早退	晏朝早退	晏朝晏退	A	尚贤
听狱否、治政否	听狱治政	听狱而不治政	不听狱但治政	不听狱不治政	A	尚贤
国家治否、刑法正否	国家治而刑法正	国家治而刑法不正	国家无治但刑法正	国家无治刑法也不正	A	尚贤
万民亲之否、贤人归之否	万民亲之贤人归之	万民亲之贤人不归之	万民不亲之贤人归之	万民不亲之贤人不归之	A、D	尚贤
谋事则得、举事则成否	谋事则得举事则成	谋事则得举事则不成	谋事不得举事则成	谋事不得举事不成	A、D	尚贤、尚同
入守则固否、出诛则强否	入守则固出诛则强	入守则固出诛不强	入守不固出诛则强	入守不固出诛不强	A、D	尚贤、尚同
高爵否、有禄否	高爵而有禄	高爵而无禄	低爵而有禄	低爵无禄	A、B	尚贤
居处节否、出入度否	居处有节出入有度	居处有节出入无度	居处无节出入有度	居处无节出入无度	A、D	尚贤
始贵贱、终贵贱	始贵终贵	始贵终贱	始贱终贵	始贱终贱	A、B、C、D	尚贤

两仪	A象	B象	C象	D象	选项	篇章
始富贫、终富贫	始富终富	始富终贫	始贫终富	始贫终贫	A、B、C、D	尚贤
饥否、得食否	饥而得食	饥而不得食	不饥而得食	不饥也不得食	A、B	尚贤、兼爱
寒否、得衣否	寒而得衣	寒而不得衣	不寒而得衣	不寒也不得衣	A、B	尚贤、兼爱
劳否、得息否	劳而得息	劳而不得息	不劳而得息	不劳也不得息	A、B	尚贤、非乐
谨其言否、慎其行否	谨其言慎其行	谨其言但不慎其行	不谨其言但慎其行	不谨其言不慎其行	A	尚贤
彰明否、博大否	彰明博大	彰明但不博大	不彰明但博大	不彰明也不博大	A	尚贤
坚固否、长久否	坚固长久	坚固但不长久	不坚固但长久	不坚固也不长久	A	尚贤
明于大否、明于小否	明于大也明于小	明于大而不明于小	明于小而不明于大	不明于小也不明于大	D	尚贤
有余力以相劳否、有余财以相分否	有余力以相劳，有余财以相分	有余力以相劳，有余财不以相分	有余力不以相劳，有余财以相分	有余力不以相劳，有余财不以相分	A、D	尚同
上同于天子否、上同于天否	上同于天子且上同于天	上同于天子上不同于天	上不同于天子但上同于天	上不同于天子上不同于天	A、D	尚同
上之所是否、下是之否	上之所是下亦是之	上之所是下非之	上之所非下是之	上之所非下亦非之	A、B、C、D	尚同
尚同义其上否、有下比之心否	尚同义其上、但有下比之心	尚同义其上、毋有下比之心	不尚同义其上、但有下比之心	不尚同义其上、但毋有下比之心	B、C	尚同
上同否、下比否	上同也下比	上同而无下比	不上同有下比	不上同也无下比	B、C	尚同、鲁问
闻见善者否、以告其上否	闻见善者以告其上	闻见善者不以告其上	闻见不善者以告其上	闻见不善者不以告其上	A、B、C、D	尚同
闻善否、告其上否	闻善而告其上	闻善但不告其上	闻不善而告其上	闻不善也不告其上	A、B、C、D	尚同
以求兴天下之利否、除天下之害否	以求兴天下之利，除天下之害	以求兴天下之利，不除天下之害	不求兴天下之利，除天下之害	不求兴天下之利，不除天下之害	A	尚同、非乐
兴利否、除害否	兴利而除害	兴利但不除害	不兴利但除害	不兴利也不除害	A	尚同、非乐
上之所赏罚、百姓之所誉毁	上之所赏百姓之所誉	上之所赏百姓之所毁	上之所罚百姓之所誉	上之所罚百姓之所毁	A、B、C、D	尚同
上有过则规谏否、下有善则访举否	上有过则规谏，下有善则访举	上有过则规谏，下有善但不访举	上有过但不规谏，下有善则访举	上有过而不规谏，下有善也不访举	A、D	尚同
从天之所欲否、避天之所憎否	从天之所欲，避天之所憎	从天之所欲，不避天之所憎	不从天之所欲，但避天之所憎	不从天之所欲，不避天之所憎	A	尚同
听狱中否、分财均否	听狱中且分财均	听狱中但分财不均	听狱不中但分财均	听狱不中分财不均	A	尚同
刑善否、用刑善否	刑善而用刑也善	刑善但用刑不善	刑不善但用刑善	刑不善而用刑不善	B	尚同

续表

两仪	A象	B象	C象	D象	选项	篇章
赏誉足以劝善否、刑罚足以沮暴否	赏誉足以劝善，刑罚足以沮暴	赏誉足以劝善，刑罚不足以沮暴	赏誉不足以劝善，刑罚足以沮暴	赏誉不足以劝善，刑罚不足以沮暴	A、D	尚同
杀否、辜否	杀辜	杀不辜（杀无辜）	不杀辜	不杀辜	B、D	尚同、明鬼
善人赏否、暴人罚否	善人赏而暴人罚	善人赏而暴人不罚	善人不赏而暴人罚	善人不赏而暴人不罚	A、D	尚同
认为自己正确否、认为他人正确否	认为自己正确，认为他人正确	认为自己正确，认为他人不正确	认为自己不正确，认为他人正确	认为自己不正确，认为他人不正确	B	尚同
损人否、自利否	损人而自利（利己）	损人而不自利	不损人而自利	不损人也不自利	A	兼爱
自爱否、爱他人否	自爱也爱人	自爱而不爱人	不自爱而爱人	不自爱也不爱人	B	兼爱
爱自身否、爱他身否	爱自身也爱他身	爱自身而不爱他身	不爱自身而爱他身	不爱自身也不爱他身	B	兼爱
强否、执（劫）弱否	强而执弱	强而不执弱	不强而执弱	不强也不执弱	A、B	兼爱、天志
富否、侮（骄）贫否	富而侮贫	富而不侮贫	不富而侮贫	不富也不侮贫	A、B	兼爱、天志
贵否、傲贱否	贵而傲贱	贵而不傲贱	不贵而傲贱	不贵也不傲贱	A、B	兼爱、天志
诈否、欺愚否	诈而欺愚	诈而不欺愚	不诈而欺愚	不诈也不欺愚	A、B	兼爱、天志
兼相爱否、交相利否	兼爱也交利	兼爱但不交利	不兼爱但交利	不兼爱也不交利	A	兼爱
互爱否、互利否	互爱互利	互爱而不互利	不互爱但互利	不互爱也不互利	A	兼爱
爱人否、人爱之否	爱人者人爱之	爱人者人不爱之	不爱人者但人爱之	不爱人者人不爱之	A	兼爱
利人否、人利之否	利人者人利之	利人者人不利之	不利人者而人利之	不利人者而人不利之	A	兼爱
君者惠否、臣者忠否	君者惠而臣者忠	君者惠而臣者不忠	君者不惠而臣者忠	君者不惠而臣者不忠	A、D	兼爱
父者慈否、子者孝否	父者慈而子者孝	父者慈而子者不孝	父者不慈而子者孝	父者不慈而子者不孝	A、D	兼爱
言信否、行果否	言信行果	言信但行无果	言无信但行果	言无信行无果	A	兼爱
言而兼爱否、找人帮忙择取兼爱否	说话坚持兼爱，行择取兼爱	说话坚持兼爱，行不择取兼爱	说话否定兼爱，行则择取兼爱者	说话否定兼爱，行不择取兼爱者	C	兼爱
爱利人之亲否、人报我以爱利吾亲否	爱利人之亲爱利吾亲	爱利人之亲不爱利吾亲	不爱利人之亲爱利吾亲	不爱利人之亲不爱利吾亲	A	兼爱
劝之以赏誉否、威之以刑罚否	劝之以赏誉，威之以刑罚	劝之以赏誉，威之不以刑罚	劝之不以赏誉，威之以刑罚	劝之不以赏誉，威之不以刑罚	A	兼爱

两仪	A象	B象	C象	D象	选项	篇章
爱人者见爱否、恶人者见恶否	爱人者见爱，恶人者见恶	爱人者见爱，恶人者不见恶	爱人者不见爱，恶人者见恶	爱人者不见爱，恶人者不见爱	A	兼爱
爱人者否、见爱否	爱人者见爱	爱人者不见爱	不爱人者见爱	不爱人者不见爱	A	兼爱
耳目聪明否、手足劲（股肱毕）强否	耳目聪明手足劲强	耳目聪明手足不劲强	耳目不聪明手足劲强	耳目不聪明手足不劲强	A、D	兼爱
以往否、知来否	以往知来	以往不知来	不以往但知来	不以往也不知来	A	非攻
以见否、知隐否	以见知隐	以见不知隐	不以见但知隐	不以见也不知隐	A	非攻
地有余否、民足多否	地有余而民足多	地有余而民不足多	地无余而民足多	地无余且民也不足多	B	非攻，公输
亏足否、重有余否	亏足也重有余	亏足而重无余	亏不足而重有余	亏不足也重无余	C	非攻
人逸否、我逸否	人我皆逸	人逸而我劳	人劳而我逸	人我皆劳	C	非攻
喜得失否、恶得失否	喜得也恶得	喜得而恶失	喜失而恶得	喜失也恶失	B	非攻
镜于水否、镜于人否	镜于水也镜于人	镜于水而不镜于人	不镜于水而镜于人	不镜于水不镜于人	C	非攻
用财费否、民劳苦否	用财费民劳苦	用财费但民不劳苦	用财不费但民劳苦	用财不费而民不劳苦	D	节用
华美否、实用否	华美与实用并举	华而不实	实而不华	不华也不实	C	节用
华美加否、实用加否	华美加实用也加	华美加而实用减	减华美而加实用	减华美也减实用	C	节用
爱民谨忠否、利民谨厚否	爱民谨忠利民谨厚	爱民谨利民不谨厚	爱民不谨忠利民谨厚	爱民不谨忠利民不谨厚	A	节用
忠信相连否、示之以利否	既忠信相连又示之以利	忠信相连但不示之以利	不忠信相连但示之以利	不忠信相连也不示之以利	A	节用
轻便否、暖和否	轻便而又暖和	轻便而不暖和	不轻便但暖和	不轻便也不暖和	A	节用
轻便否、凉爽否	轻便而又凉爽	轻便而不凉爽	不轻便但凉爽	不轻便也不凉爽	A	节用
冬仞寒否、夏仞暑否	冬仞寒夏仞暑	冬仞寒夏不仞暑	冬不仞寒夏仞暑	冬不仞寒夏不仞暑	D	节葬
国家贫否、人民寡否	国家贫人民寡	国家贫但人民多	国家富但人民少	国家富而人民多	A	节葬
出有无衣、入有无食	出则有衣入则有食	出则有衣入则无食	出则无衣入则有食	出则无衣入则无食	D	节葬
力足否、财赡否	力足又财赡	力足但财不赡	力不足但财赡	力不足财不赡	D	节葬
隐谋否、遗利否	隐谋遗利	隐谋不遗利	不隐谋但遗利	不隐谋不遗利	A	节葬
厚葬久丧否、能富贫否	厚葬久丧能富贫	厚葬久丧不能富贫	不厚葬久丧而能富贫	不厚葬久丧不能富贫	A、B	节葬
厚葬久丧否、能众寡否	厚葬久丧能众寡	厚葬久丧不能众寡	不厚葬久丧而能众寡	不厚葬久丧不能众寡	A、B	节葬
厚葬久丧否、能定危否	厚葬久丧能定危	厚葬久丧不能定危	不厚葬久丧而能定危	不厚葬久丧不能定危	A、B	节葬

续表

两仪	A象	B象	C象	D象	选项	篇章
厚葬久丧否、能治乱否	厚葬久丧能治乱	厚葬久丧不能治乱	不厚葬久丧而能治乱	不厚葬久丧不能治乱	A、B	节葬
知大小、不知大小	知大也不知大	知大而不知小	知小而不知大	知小也不知小	C	天志
爱好义否、憎恶义否	喜义也恶义	喜义而恶不义	不喜义恶义	不喜义也恶不义	B	天志
我为天之所欲否、天为我所欲否	我为天之所欲，天亦为我所欲	我为天之所欲，天不为我所欲	我不为天之所欲，天却为我所欲	我不为天之所欲，天不为我所欲	A	天志
我为天之所欲否、为天之所不欲否	我为天之所欲，亦为天之所不欲	我为天之所欲，而不为天之所不欲	我不为天之所欲，而为天之所不欲	我不为天之所欲，也不为天之所不欲	C	天志
喜欢福禄否、厌恶祸患否	喜欢福禄而厌恶祸患	喜欢福禄不厌恶祸患	不喜欢福禄但厌恶祸患	不喜欢福禄也不厌恶祸患	A	天志
义之有无、生与死	有义则生	有义也死	无义也生	无义则死	A、D	天志
义之有无、富与贫	有义则富	有义也贫	无义也富	无义则贫	A、D	天志
义之有无、治与乱	有义则治	有义也乱	无义也治	无义则乱	A、D	天志
欲其生否、恶其死否	欲其生而恶其死	欲其生而不恶其死	不欲其生而恶其死	不欲其生也不恶其死	A	天志
欲其富否、恶其贫否	欲其富而恶其贫	欲其富而不恶其贫	不欲其富而恶其贫	不欲其富也不恶其贫	A	天志
欲其治否、恶其乱否	欲其治而恶其乱	欲其治而不恶其乱	不欲其治而恶其乱	不欲其治也不恶其乱	A	天志
明细否、不明小否	明细而不明小	明细而不明大	明粗而不明小	明粗而不明大	B	天志
遵道否、利民否	遵道利民	遵道但不利民	不遵道但利民	不遵道也不利民	A	天志
众否、暴寡否	众暴寡	众不暴寡	不众而暴寡	不众不暴寡	A、B	天志
仁否、义否	仁且义（有仁有义）	仁而不义	不仁而义	不仁不义	A、D	天志
为天之所欲否、去天之所恶否	为天之所欲去天之所恶	为天之所欲不去天之所恶	不为天之所欲但去天之所恶	不为天之所欲不去天之所恶	A	天志
赏善（贤）否、罚暴否	赏善罚暴	赏善不罚暴	不赏善但罚暴	不赏善也不罚暴	A	天志、明鬼
兼否、明否	兼而明之	兼而不明	不兼而明	不兼也不明	A	天志
暖衣否、饱食否	暖衣饱食	暖衣不饱食	不暖衣但饱食	不暖衣也不饱食	A	天志
壮否、夺老否	壮而夺老	壮而不夺老	不壮但夺老	不壮也不夺老	A、B	天志
闻之否、有无	闻之则有	闻之却无	不闻之也有	不闻之则无	A、D	明鬼、非命
见之否、有无	见之则有	见之却无	不见之也有	不见之则无	A、D	明鬼、非命
闻之见之否、有无	闻之见之则有	闻之见之却无	莫闻莫见也有	莫闻莫见则以为无	A、D	明鬼、非命

续表

两仪	A象	B象	C象	D象	选项	篇章
生与死、有无知	生而有知	生而无知	死而有知	死而无知	A、B、C、D	明鬼
举孝子否、劝之事亲否	举孝子而劝之事亲	举孝子而不劝之事亲	不举孝子但劝之事亲	不举孝子不劝之事亲	A	非命
尊贤良否、劝之为善否	尊贤良而劝之为善	尊贤良而不劝之为善	不尊贤良但劝之为善	不尊贤良不劝之为善	A	非命
发宪布令否、教诲人民否	发宪布令以教诲人民	发宪布令却不教诲人民	不发宪布令但教诲人民	不发宪布令不教诲人民	A	非命
严明赏罚否、奖善止恶否	严明赏罚以奖善止恶	严明赏罚却不奖善止恶	不严明赏罚但奖善止恶	不严明赏罚不奖善止恶	A	非命
上有以规谏其君长否、下有以教顺其百姓否	上规谏其君长，下教顺其百姓	上规谏其君长，下不教顺其百姓	上不规谏其君长，下教顺其百姓	上不规谏其君长，下不教顺其百姓	A	非命
上得其君长之赏否、下得其百姓之誉否	上得其君长之赏，下得其百姓之誉	上得其君长之赏，下不得其百姓之誉	上不得其君长之赏，下得其百姓之誉	上不得其君长之赏，下不得其百姓之誉	A	非命
纠其耳目之淫否、慎其心志之辟否	纠其耳目之淫，慎其心志之辟	纠其耳目之淫，不慎其心志之辟	不纠其耳目之淫，慎其心志之辟	不纠其耳目之淫，不慎其心志之辟	D	非命
内之能善事其亲否、外之能善事其君长否	内善事其亲戚，外善事其君长	内善事其亲戚，外不能善事其君长	内不能善事其亲戚，外善事其君长	内不能善事其亲戚，外不能善事其君长	D	非命
厌恶恭敬勤俭否、喜好简慢轻率否	厌恶恭敬勤俭，喜好简慢轻率	厌恶恭敬勤俭，不喜好简慢轻率	不厌恶恭敬勤俭，喜好简慢轻率	不厌恶恭敬勤俭，不喜好简慢轻率	A	非命
贪饮食否、惰从事否	贪饮食而惰从事	贪饮食而不惰从事	不贪饮食而惰从事	不贪饮食而不惰从事	A	非命
强否、富否	既强也富（强而富）	强而不富	不强但富	不强也不富	A	非命
努力否、荣誉与屈辱	努力而有荣誉	努力但遇到屈辱	不努力却有荣誉	不努力而有屈辱	A、D	非命
事上忠否、事亲孝否	事上竭忠事亲得孝	事上竭忠事亲不孝	事上不忠事亲得孝	事上不忠事亲不孝	A	非儒
遇善美否、有过谏否	遇善则美有过则谏	遇善则美有过不谏	遇善不美有过则谏	遇善不美有过不谏	A	非儒
循否、作否（创新否）	循而作	循而不作	不循而作	不循也不作	A、B	非儒
击否、鸣否	击之则鸣	击而不鸣	不击也鸣	不击不鸣	A、C、D	非儒、公孟
隐智否、留力否	隐智又留余力	隐智但不留余力	不隐智但留有余力	不隐智也不留余力	A	非儒
义否、处否	义而处	义而不处	不义而处	不义不处	A、D	非儒
理否、行否	理而行	理而不行	非理而行	非理不行	A、D	非儒
言明否、易知否	言明而易知	言明而不易知	不言明但易知	不言明也不易知	A	非儒
行明否、易从否	行明而易从	行明而不易从	不行明但易从	不行明而不易从	A	非儒

续表

两仪	A象	B象	C象	D象	选项	篇章
行义否、可明乎民否	行义可明乎民	行义不可明乎民	不行义但可明乎民	不行义而不可明乎民	A	非儒
傲倨否、自以为是（自顺）否	傲倨而自以为是	傲倨但不自以为是	不傲倨但自以为是	不傲倨也不自以为是	A	非儒
吏治否、国治否	吏治而国治	吏治而国乱	吏不治但国治	吏不治而国乱	D	非儒
信天命否、怠事否	信天命而怠事	信天命而不怠事	不信天命但怠事	不信天命也不怠事	A	非儒
劳思否、可补民否	劳思而可以补民	劳思而不可以补民	不劳思但可以补民	不劳思也不可以补民	B	非儒
损否、害否	既损又害（损害）	损而不害	害而不损	不损不害	B	经下
知否、其所以知否	知其所以知	知其所以不知	不知其所以知	不知其所以不知	B	经下
唱否、和否	唱而和	唱而不和	和而不唱	不唱不和	B、C	经说下
爱之厚否、施利之厚薄	爱厚而施利厚	爱厚而施利薄	爱薄而施利厚	爱薄施利也薄	B、C	大取
在利与害中、取大小	利中取大	利中取小	害中取大	害中取小	A、D	大取
两利害相处、取大小	两利相处取其大	两利相处取其小	两害相处取其大	两害相处取其小	A、D	大取
有爱否、有利否	有爱也有利	有爱而无利	无爱而有利	无爱也无利	B	大取
有实否、有名否	有实也有名	有实而无名	有名而无实	无实也无名	A、B、C	大取
是否、然否	是而然	是而不然	不是而然	不是不然	A、B、C、D	大取、小取
自是否、是我否	自是也是我	自是而非我	不自是而是我	不自是也非我	B	耕柱
见人否、做事否	见人就做	见人也不做	不见人也做	不见人而不做	A、C、D	耕柱
言则称于汤文否、行则譬于猪狗否	言则汤文行则猪狗	言则汤文行非猪狗	言非汤文行则猪狗	言非汤文行非猪狗	A	耕柱
远者近之否、旧者新之否	远者近之旧者新之	远者近之旧者不新之	远者不近之旧者新之	远者不近之旧者不新之	A	耕柱
言足以复（迁）行者否、尚（赏）之否	言足以复行者尚之	言足以复行者不尚之	言不足以复行者尚之	言不足以复行者不尚之	A、B、C	耕柱、贵义
避毁否、就誉否	避毁就誉	避毁不就誉	不避毁但就誉	不避毁不就誉	A	耕柱
弃禄否、趋义否	弃禄而趋义	弃禄但不趋义	不弃禄但趋义	不弃禄也不趋义	A	耕柱
富否、谓之富否	富而谓之富	富而谓之贫	贫而谓之富	贫而谓之贫	C	耕柱
义否、谓之义否	有义而谓之义	有义而谓之无义	无义而谓之有义	无义而谓之无义	C	耕柱
食者众寡、耕者众寡	食耕皆众	食者众而耕者寡	食者寡而耕者众	食耕皆寡	B	贵义
良医否、善药否	良医善药	良医但无善药	非良医但善药	非良医也无善药	A	贵义
遗否、为否	遗而为	遗而不为	不遗而为	不遗也不为	B	贵义
上有君上之事否、下有耕农之难否	上有君上之事，下有耕农之难	上有君上之事，下无耕农之难	上无君上之事，下有耕农之难	上无君上之事，下无耕农之难	D	贵义

续表

两仪	A象	B象	C象	D象	选项	篇章
富家否、学富家花钱否	富家学富家花钱	富家学贫家花钱	贫家学富家花钱	贫家学贫家花钱	C	贵义
东西好否、宣传否	好东西也宣传	好东西不宣传	东西不好也宣传	东西不好不宣传	A、B	公孟
服饰同否、作为同否	服饰同而作为同	服饰同而作为不同	服饰不同而作为同	服饰不同而作为不同	C	公孟
在乎形式否、在乎结果否	形式与结果均在乎	在乎形式不在乎结果	不在乎形式在乎结果	形式与结果均不在乎	C	公孟
同言否、仁否	同言而仁	同言而不仁	异言而仁	异言而不仁	A、B	公孟
同服否、仁否	同服而仁	同服而不仁	异服而仁	异服而不仁	A、B	公孟
为善否、有赏罚	为善有赏	为善有罚	不为善而有赏	不为善而有罚	A、D	公孟
鬼神有否、学祭礼否	有鬼神而学祭礼	有鬼神但不学祭礼	无鬼神而学祭礼	无鬼神而不学祭礼	C	公孟
儒四政有无、我言否	儒有四政而我言之	儒有四政而不言之	儒无四政而我言之	儒无四政而我不言之	A、D	公孟
攻击厚薄、回应厚薄	厚攻而厚应	厚攻而薄应	薄攻而厚应	薄攻而薄应	A、D	公孟
你行义否、我行义否	你行义我也行义	你行义我不行义	你不行义我行义	你我皆不行义	A	公孟
为善恶、福（富）祸之	为善者福之	为善者祸之	为恶者福之	为恶者祸之	A、D	公孟
口言义否、行为恶否	口言义而行为恶	口言义而行为无恶	口言不义而行为恶	口言不义而行为无恶	A	公孟
称我言否、毁我行否	称我言以毁我行	称我言而不毁我行	不称我言而毁我行	不称我言也不毁我行	A	公孟
口言之否，身行之否	口言之且身行之	口言之而身不行之	口不言之但身行之	口不言之且身不行之	A、B	公孟
悦忠否、行义否	悦忠行义	悦忠不行义	不悦忠但行义	不悦忠也不行义	A	鲁问
志有否、功（绩）有否	志功并举	有志无功	无志有功	无志也无功	A	鲁问
察志否、察功否	志功齐察	察志不察功	察功不察志	志功皆不察	A	鲁问
功否、贤否	有功有贤	有功无贤	有贤无功	无功无贤	A	鲁问
行义否、教义否	行义也教义	行义但不教义	教义但不行义	不行义也不教义	A、B	鲁问
施人厚否、望人厚否	施人厚且望人也厚	施人厚而望人薄	施人薄而望人厚	施人薄而望人也薄	C	鲁问
穷则行义于天下否、达则行义于天下否	穷则行义于天下，达则行义于天下	穷则行义于天下，达则行义于少数	穷则行义于少数，达则行义于天下	穷则行义于少数，达则行义于少数	A	鲁问
往者可知否、来者可知否	往者可知来者亦可知	往者可知来者不可知	往者不可知来者可知	往者不可知来者不可知	A、B	鲁问
言义否、行义否	言义行义	言义而不行不义	不言义却行义	不言义也行不义	A、B	鲁问
顺流而进否、逆流而进否	顺流而进逆流也进	顺流而进逆流而退	顺流而退逆流而进	顺流而退逆流而退	B、C	鲁问
轻慢否、亲近否	轻慢而亲近	轻慢而不亲近	不轻慢而亲近	不轻慢也不亲近	B	鲁问

续表

两仪	A象	B象	C象	D象	选项	篇章
杀所足、争所余否	杀所足而争有余	杀所足而争无余	杀不足而争有余	杀不足而争无余	C	公输
罪否、攻否	有罪而攻	有罪而不攻	无罪而攻之	无罪而不攻	C	公输
知否、争否	知而争	知而不争	不知而争	不知也不争	B	公输
争否、得否	争而得	争而不得	不争得	不争也不得	B	公输
守城能力强否、国君信任否	守城者能力强，国君信任之	守城者能力强，而国君不信任之	守城能力不强，但国君信任之	守城能力不强，而国君也不信任之	A、B、C	备城
易守否、易攻否	易守也易攻	易守而难攻	难守而易攻	难守也难攻	B	备城
各得其任否、各尽所能否	各得其任各尽所能	各得其任各不尽所能	各不得其任各尽所能	各不得其任各不尽能	A	备城
内亲民否、外缔和否	内亲民外缔结和平	内亲民但外不和	内不亲民但外有盟友	内不亲外不和	D	备梯
众否、勇否	众而勇	众而无勇	寡而勇	寡而无勇	A	备梯
城大否、人多否	城大且人多	城大而人少	城小而人多	城小而人也少	B、C	杂守
城市人多否、粮食多否	人多且粮多	人多而粮少	人少但粮多	人少而粮也少	B	杂守
富人否、在城中否	富人在城中	富人不在城中	贫人在城中	贫人不在城中	B	杂守

　　《墨子·尚同》中有这样一段话："闻善而不善，皆以告其上……此上之所赏而下之所誉也。意若闻善而不善，不以告其上……此上之所罚而百姓所毁也。"本书以四象圆思维来读它，以闻善与不善为横坐标，以告与不告其上为纵坐标，就演绎出如图6-20所示的四种情形。A和C是上级所称赏和下面所赞誉的做法，B和D是上级要惩罚和百姓也要非议的做法。

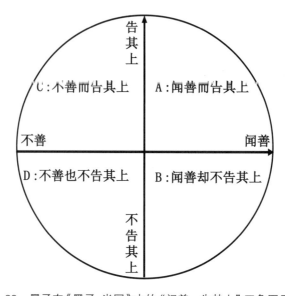

图6-20　墨子在《墨子·尚同》中的"闻善-告其上"四象圆思维图

《墨子·耕柱》有这样一段话："公孟子曰：'君子不作，术而已。'子墨子曰：'不然。人之其不君子者，古之善者不诛，今也善者不作。其次不君子者，古之善者不遂，己有善则作之，欲善之自己出也。今诛而不作，是无所异于不好遂而作者矣。吾以为古之善者则诛之，今之善者则作之，欲善之益多也。'"本书以四象圆思维来读这段文字，以"述否"为横坐标，"作否"为纵坐标，就有四种情形：A述而作，B述而不作，C不述而作，D不述也不作。如图 6-21 所示。墨子在这段文字里谈到这四种情形，他说：D情形的人最不是君子；C情形的人次之；B情形的人与C情形的人没有什么不同，也不是君子；A情形的人是君子，是墨子自己所追求的。这是墨子和孔子的区别所在，孔子追求的是"述而不作"的B情形。

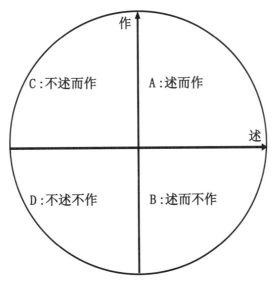

图 6-21　墨子的"述－作"的四象圆思维图

6.11　用四象圆思维读《商君书》

《商君书》又称《商子》，是由商鞅的言行和思想及法家后学著作汇编而成，是法家学派的代表作品，该书主张依法治国、重实体经济、重战尚武、重刑轻赏等。商鞅，又称卫鞅、姬鞅、商君、商子，卫国贵族。按照现代的语言，商鞅是思想家、政治家、经济学家和军事家。他辅佐了秦孝公，积极实行变法，使秦国成为富裕强大的国家，他的一系列改革史称"商鞅变法"。在政治上，他改革了秦国户籍制度、功勋爵位制度、土地制度、行政区划、税收制度、度量衡制度及民风民俗，并制定了具有竞争力的法律制度；在经济上，他建立了计划经济和市场经济并举的独特的秦经济运行体制，以富国强兵为中心，一手抓实体经济，一手抓军事科技。《史记·商君列传》记载了商鞅变法后的秦国盛世："行之十年，秦民大说，道不拾遗，山无盗贼，家给人足。民勇于公战，怯于私斗，乡邑大治。"《战国策·秦策》有云："商君治秦，法令至行，公平无私，罚不讳强大，赏不私亲近。期年之后，道不拾遗，民不妄取，兵革大强，诸侯畏惧。"

商鞅是我国大数据管理的顶级大师（中国大数据管理的鼻祖为大禹），他是运用大数据（《商君书·去强》提到"强国知十三数"）管理国民经济。商鞅通过两次改革，让秦国在战国时期脱颖而出，为秦国最终统一六国建立帝国奠定了基础，实现了法家的"法制开太平"的凤愿。因此，商鞅的思想在商鞅死后经过发展逐渐形成一门学派，被称为商学派。商学派经过建立、开拓、发展、定型和后劲五个阶段，配合秦的历史，逐渐成为主宰秦国乃至秦朝的思想界主流，被称为秦法家。

《荀子·强国》云："其固塞险，形势便，山林川谷美，天材之利多，是形胜也。入境，观其风俗，其百姓朴，其声乐不流污，其服不佻，甚畏有司而顺，古之民也。及都邑官府，其百吏肃然，莫不恭俭、敦敬、忠信而不楛，古之吏也。入其国，观其士大夫，出于其门，入于公门，出于公门，归于其家，无有私事也，不比周，不朋党，倜然莫不明通而公也，古之士大夫也。观其朝廷，其朝闲，听决百事不留，恬然如无治者，古之朝也。故四世有胜，非幸也，数也。是所见也。故曰：佚而治，约而详，不烦而功，治之至也。秦类之矣。"

韩非看到的秦国，《韩非子·初见秦》云："秦之号令赏罚、地形利害，天下莫若也。"韩非子还说："彼法明，则忠臣劝；罚必，则邪臣止。忠劝邪止而地广主尊者，秦是也。"司马迁在《史记》里说，商鞅变法"行之十年，秦民大说，道不拾遗，山无盗贼，家给人足"，他还在《太史公自序》中云："后世遵其法。"桑弘羊在《盐铁论》中说商鞅："昔商君相秦也，内立法度……国富民强，器械完饰，蓄积有余……革法明教，而秦人大治。故兵动而地割，兵休而国富……功如丘山，名传后世。"王安石《商鞅》诗云："自古驱民在信诚，一言为重百金轻。今人未可非商鞅，商鞅能令政必行。"毛泽东主席在《商鞅徙木立信论》中云："商鞅之法，良法也。"本书认为半部《商君书》足以治天下。

《商君书》大量运用两仪圆思维分析政治经济问题，提炼了解决政治经济问题的理论和措施，是我国古代一部水平较高的政治经济类典籍。如"开塞"云："正民者，以其所恶，必终其所好；以其所好，必败其所恶。""勒令"云："行罚，重其轻者，轻者不至，重者不来。此谓以刑去刑，刑去事成。罪重刑轻，刑至事生，此谓以刑致刑，其国必削。""修权"云："凡赏者，文也；刑者，武也。文武者，法之约也。""赏刑"云："明刑之犹至于无刑也。"本书用四象圆思维读《商君书》，归纳了275个两仪四象：13个选择了四种情形，占4.7%；6个选择三种情形，占2.2%；71个选择了两种情形，占25.8%；185个选择一种情形，占67.3%。如表6-14所示。

表 6-14　用四象圆思维读《商君书》

两仪	A象	B象	C象	D象	选项	篇章
变法否、治否	变法而治	变法而乱	不变法而治	不变法而乱	A	更法
更礼否、教百姓否	更礼而教百姓	更礼而没教百姓	不更礼而教百姓	不更礼而没教百姓	A	更法
变法否、更礼否	变法更礼	变法而不更礼	不变法但更礼	不变法也不更礼	A、D	更法
疑于行否、有名否	疑于行而有名（成就）	疑于行而无名	不疑于行而有名	不疑于行而无名	B	更法
疑于事否、有功否	疑于事而有功	疑于事而无功	不疑于事而有功	不疑于事而无功	B	更法
高人之行否、世人赞同否	高人之行世人赞同	高人之行世人非议	普通人之行世人赞同	普通人之行世人非议	B	更法
有独知之虑者否、见訾于民否	有独知之虑者见訾于民	有独知之虑者不见訾于民	未有独知之虑者见訾于民	未有独知之虑者不见訾于民	A	更法
愚者暗于成事否、智者见于未萌否	愚者暗于成事，智者见于未萌	愚者暗于成事，智者见于萌	愚者暗于未成事，智者见于未萌	愚者暗于未成事，智者见于萌	A	更法
民可与虑始否、民可与乐成否	民可与虑始，民可与乐成	民可与虑始，民不可与乐成	民不可与虑始，民可与乐成	民不可与虑始，民不可与乐成	C	更法
真理否、多数少数	真理在多数人手中	真理在少数人手中	非真理在多数人手中	非真理在少数人手中	B	更法
论至德者否、和于俗否	论至德者和于俗	论至德者不和于俗	不论至德者和于俗	不论至德者不和于俗	B	更法
成大功者否、谋于众否	成大功者谋于众	成大功者不谋于众	成小功者谋于众	成小功者不谋于众	B	更法
法爱民否、礼便事否	法爱民而礼便事	法爱民而礼不便事	法不爱民而礼便事	法不爱民礼也不便事	A	更法
强国否、利民否	强国也利民	强国但不利民	不强国但利民	不强国也不利民	A	更法
法古否、循礼否	法古也循礼	法古而不循礼	不法古但循礼	不法古也不循礼	D	更法
法古否、强国否	法古而强国	法古而不强国	不法古而强国	不法古而不强国	C	更法
循礼否、利民否	循礼而利民	循礼而不利民	不循礼而利民	不循礼而不利民	C	更法
易民而教否、变法而治否	易民而教变法而治	易民而教不变法而治	不易民而教变法而治	不易民而教不变法而治	D	更法
因民而教者否、劳而功成否	因民而教者劳而功成	因民而教者不劳而功成	不因民而教者劳而功成	不因民而教者不劳而功成	B	更法
据旧法而治否、吏习而民安否	据旧法而治吏习而民安	据旧法而治吏习而民不安	不据旧法而治吏习而民安	不据旧法而治吏习而民不安	A	更法
安于故习否、溺于所闻否	安于故习溺于所闻	安于故习不溺于所闻	不安于故习溺于所闻	不安于故习不溺于所闻	A	更法
居官否、守法否	居官而守法	居官但不守法	不居官但守法	不居官也不守法	A	更法

续表

两仪	A象	B象	C象	D象	选项	篇章
智（知）者否、作法否	智者作法（创作法律）	智者不作法	不智者作法	不智者不作法	A、B、C、D	更法
贤者否、更礼否	贤者更礼	贤者不更礼	不贤者更礼	不贤者不更礼	A、B、C、D	更法
智（知）者作法否、愚者守法否	智者作法愚者守法	智者作法愚者不守法	智者不作法愚者守法	智者不作法愚者不守法	A、C	更法
贤者更礼否、不贤者守礼否	贤者更礼不贤者守礼	贤者更礼不贤者不守礼	贤者不更礼不贤者守礼	贤者不更礼不贤者不守礼	A、C	更法
法古否、法今否	法古也法（修）今	法古而不法今	不法古而法今	不法古也不法今	A、B、C、D	更法、开塞、壹言
法古否、有过否	法古有过	法古无过	不法古而有过	不法古而无过	A、B、D	更法
拘礼之人否、足与言否	拘礼之人足与言事	拘礼之人不足与言事	不拘礼之人足与言事	不拘礼之人不足与言事	B、C	更法
制法之人否、足与论变否	制法之人足与论变	制法之人不足与论变	不制法之人足与论变	不制法之人不足与论变	B、C	更法
教否、诛否	教而诛	教而不诛	不教而诛	不教也不诛	B	更法
实行惩戒否、过分否	实行惩戒过分	实行惩戒不过分	不实行惩戒过分	不实行惩戒不过分	B	更法
因时而立法否、因事而制礼否	因时而立法，因事而制礼	因时而立法，不因事而制礼	不因时而立法，因事而制礼	不因时而立法，不因事而制礼	A	更法
利国否、法古否	利国而法古	利国而不法古	不利国而法古	不利国而不法古	B、D	更法
修古否、兴否	修古而兴	修古而不兴	不修古而兴	不修古而不兴	C	更法
易礼否、亡否	易礼而亡	易礼而不亡	不易礼而亡	不易礼而不亡	C	更法
违反旧的法度的人否、应当遭责难否	违反旧的法度的人应当遭责难	违反旧的法度的人不应当遭责难	没违反旧的法度的人应当遭责难	没违反旧的法度的人不应当遭责难	A、B	更法
遵循旧的礼制的人否、值得肯定否	遵循旧的礼制的人值得肯定	遵循旧的礼制的人不值得肯定	没遵循旧的礼制的人值得肯定	没遵循旧的礼制的人不值得肯定	A、B	更法
穷巷否、多怪否	穷巷多怪	穷巷少怪	富巷多怪	富巷少怪	A、D	更法
曲学否、多辩否	曲学多辩	曲学少辩	非曲学多辩	非曲学少辩	A	更法
愚者之笑否、智者哀焉否	愚者之笑智者哀焉	愚者之笑智者不哀焉	愚者之不笑智者哀焉	愚者之不笑智者不哀焉	A	更法
狂夫之乐否、贤者忧焉否	狂夫之乐贤者忧焉	狂夫之乐贤者不忧焉	狂夫之不乐贤者忧焉	狂夫之不乐贤者不忧焉	A	更法
宿治有无、草垦否	有宿治而草垦	有宿治而草未垦	无宿治而草垦	无宿治而草未垦	C	垦令
上壹否、民平否	上壹而民平	上壹但民不平	上不壹而民平	上不壹而民不平	A	垦令

两仪	A象	B象	C象	D象	选项	篇章
壮民贵农否、少民学之否	壮民贵农少民学之	壮民贵农而少民不学之	壮民贱农少民学之	壮民贱农而少民不学之	A	垦令
民贵农否、国安否	民贵农而国安	民贵农而国不安	民贱农而国安	民贱农而国不安	A、D	垦令
重视实体经济否、国安否	重视实体经济而国安	重视实体经济但国不安	不重视实体经济但国安	不重视实体经济而国不安	A、D	垦令
学否、聪否	学而聪	学而愚	不学也聪	不学则愚	D	垦令
意壹否、气淫否	意壹而气淫（涣散）	意壹而气不淫	意不壹气淫	意不壹而气不淫	B、C	垦令
农事伤否、农民益农否	农事伤而农民益农	农事伤而农民不益农	农事不伤而农民益农	农事不伤而农民不益农	B、C	垦令
奢侈品否、税重否	奢侈品则税重	奢侈品而税不重	非奢侈品而税重	非奢侈品而税不重	A	垦令
上费粟否、民慢农否	上费粟而民慢农	上费粟而民不慢农	上不费粟而民慢农	上不费粟而民不慢农	A、D	垦令
劳否、食否	劳而食	劳而不食	不劳而食	不劳而不食	A、B	垦令
知农否、积极务农否	知农积极务农	知农不积极务农	愚农积极务农	愚农也不积极务农	A、C	垦令
军市民市、计划市场	军市而计划	军市而市场	民市而计划	民市而市场	A	垦令
军用民用、计划市场	军用而计划	军用而市场	民用而计划	民用而市场	A	垦令
农民淫否、国粮空否	农民涣散国粮空虚	农民涣散但国粮不空虚	农民不涣散而国粮空虚	农民不涣散国粮不空虚	A、D	垦令
迁者饰否、代者更否	迁者饰且代者更	迁者饰但代者不更	迁者不饰但代者更	迁者不饰代者不更	D	垦令
官邪否、官属多否	官邪且官属多	官邪但官属少	官无邪但官属多	官无邪且官属少	D	垦令
官过否、废否	过而废（罢官）	过而不废	无过而废	无过也不废	A	垦令
官过否、隐匿否	过而匿	过而不匿	无过也匿	无过也不匿	B	垦令
商税重否、农税重否	商税和农税皆重	商税重而农税轻	商税轻而农税重	商税轻且农税轻	C	垦令
商劳否、农劳否	商农皆劳（苦）	商劳而农逸（负担轻）	商逸而农劳（负担重）	商逸农也逸	A	垦令
农民饥否、行为饰否	农民饥而行为饰	农民饥但行为不饰	农民不饥但行为饰	农民不饥且行为不饰	B	垦令
商事胜否、农事胜否	商事和农事并胜	商事胜而农事败	商事败而农事胜	商事与农事皆败	C	垦令
公积积极否、私事努力否	公事积极且私事努力	公事积极而私事不努力	公事不积极但私事努力	公事不积极私事不努力	A	垦令
农事强否、军事强否	农事与军事并强	农事强而军事弱	农事弱而军事强	农事弱军事弱	A	农战
农与战、官与爵	农而官	农而爵	战而官	战而爵	A、B、C、D	农战

续表

两仪	A象	B象	C象	D象	选项	篇章
巧言否、实道否	巧言但实道	巧言虚道	实言也实道	实言但虚道	B	农战
仓廪满否、惰农否	仓廪满而惰农	仓廪虽满也不惰农	仓廪虚还惰农	仓廪虚但不惰农	B、D	农战
国大否、民众否	国大民众	国大民寡	国小民众	国小民寡	A、D	农战
民朴否、抟壹否	民朴而抟壹	民朴而不抟壹	民不朴而抟壹	民不朴而不抟壹	A	农战
国富否、国强否	国富也国强	国富而国弱	国贫而国强	国贫也国弱	A、D	农战
重视农事否、重视军事否	重农重军	重农不重军	不重农而重军	不重农也不重军	A	农战
专于农否、专于军否	既专于农也专于军	专于农不专于军	不专于农但专于军	农和军均不专	A	农战
官法严否、政治清否	官法严而政治清	官法严而政治浊	官法松而政治明	官法松而政治浊	A	农战
选官有常、国治否	选官有常而国治	选官有常而国乱	选官无常而国治	选官无常而国乱	A、D	农战
能尽其万物否、知万物之要否	能尽其万物，也知万物之要	能尽其万物，却不知万物之要	非能尽其万物，但知万物之要	非能尽其万物，不知万物之要	C	农战
务实否、务虚否	既务实也务虚	务实不务虚	务虚不务实	不务实也不务虚	B	农战
多诈否、重居否	多诈而重居	多诈而轻居	少诈而重居	少诈而轻居	C	农战
去无用否、禁虚谈否	去无用且禁虚谈	去无用但不禁虚谈	不去无用但禁虚谈	不去无用也不禁虚谈	A	农战
国富否、兵强否	国富而兵强（军强）	国富而兵弱	国贫而兵强	国贫而兵弱	A、B、C、D	农战
以强弱、去强弱	以强去强	以强去弱（以强胜弱）	以弱去强	以弱去弱	A、C	去强、画策
国之贫富、治国富贫	国富而富治	国富而贫治	国贫而富治	国贫而贫治	B、C	去强
管理风格多变否、管理制度多变否	管理风格多变，管理制度也多变	管理风格多变，管理制度少变	管理风格少变，管理制度多变	管理风格少变，管理制度少变	B	去强
治法繁简、国之强弱	治繁（大）而国强	治繁而国弱	治简而国强	治简而国弱	B、C	去强
礼法治国、国之强弱	礼治国而国强	礼治国而国弱	法治国而国强	法治国而国弱	B、C	去强
举劳否、任功否	举劳任功	举劳而不任功	不举劳而任功	不举劳也不任功	A	去强
赏否、罚否	赏罚并举（赏功罚罪）	有赏无罚	有罚无赏	无赏无罚	A	去强、禁使
赏之轻重、罚之轻重	重赏也重罚	重赏轻罚	重罚轻赏	轻赏也轻罚	B、C	去强

续表

两仪	A象	B象	C象	D象	选项	篇章
重视罚否、重视赏否	罚赏皆重视	重视罚轻视赏	轻视罚重视赏	罚赏皆轻视	B、C	去强
上爱民否、民死上否	上爱民而民死上	上爱民但民不死上	上不爱民而民死上	上不爱民而民不死上	A、D	去强
富者否、富否	富者富	富者贫	贫者富	贫者贫	A、B、C、D	去强
贫富否、农战否	贫者农战	贫者不农战	富者农战	富者不农战	A、D	去强
民利否、民畏否	民利且畏	民利而不畏	民不利而畏	民不利而不畏	A	去强
民利否、民喜否	民利而喜	民利而不喜	民不利而喜	民不利而不喜	A	去强
以刑否、刑之去致	以刑去刑（虽重也可）	以刑致刑	不以刑去刑	不以刑致刑	A、B	去强、勒令、画策
罚之轻重、罪之轻重	轻罚轻罪（轻轻）	轻罚重罪（轻重）	重罚轻罪（重轻）	重罚重罪（重重）	A、B、C、D	去强、勒令
金生否、粟生否	金生而粟生	金生而粟死	金死而粟生	金死而粟死	A、B、C、D	去强
粮仓满否、金库满否	仓府两实	仓实府虚	仓虚府实	仓府两虚	A、D	去强
地广否、人众否	地广人众	地广人少	地狭人众	地狭人少	A、B、C	去强、算地、徕民
地肥否、人众否	地肥人众	地肥人少	地贫人众	地贫人少	A	去强
军爵有无、农爵有无	既有军爵又有农爵	有军爵无农爵	有农爵无军爵	无军爵也无农爵	A、B、C、D	去强
武任否、武爵否	武任武爵	有武任无武爵	有武爵无武任	无武任也无武爵	A	去强
粟任否、粟爵否	粟任粟爵	有粟任无粟爵	有粟爵无粟任	无粟任无粟爵	A	去强
政府法令强否、邪恶的力量强否	政府法令强，邪恶的力量强	政府法令强，邪恶的力量弱	政府法令弱，邪恶的力量强	政府法令弱，邪恶的力量弱	B、C	说民
用合而复者否、用别而规者否	既用合而复者，也用别而规者	用合而复者，不用别而规者	不用合而复者，用别而规者	不用合而复者，也不用别而规者	B、C	说民
民亲其亲否、民亲其制否	民亲其亲民亲其制	民亲其亲民不亲其制	民不亲其亲民亲其制	民不亲其亲民不亲其制	B、C	说民
法大否、权大否	法大和权大并举	法大权小	法小权大	法小权也小	B、C	说民
从易否、行难否	从易也行难	从易而弃难	弃易而行难	弃易也弃难	C	说民
先易否、后易否	先易后也易	先易后难	先难后易	先难后难	C	说民
法详否、法苛法	法详而苛	法详而不苛	法不详但苛	法不详也不苛	B	说民

续表

两仪	A象	B象	C象	D象	选项	篇章
治之于其治乱、治否	治之于其治则治	治之于其治反而乱	治之于其乱则治	治之于其乱则乱	A、D	说民
民勇否、赏之以其所欲否	民勇则赏之以其所欲	民勇而不赏之以其所欲	民怯则赏之以其所欲	民怯而不赏之以其所欲	A	说民
民勇否、杀之以其所恶否	民勇则杀之以其所恶	民勇而不杀之以其所恶	民怯则杀之以其所恶	民怯而不杀之以其所恶	C	说民
民之贫富、国之强弱	民贫而国强	民贫而国弱	民富而国强	民富而国弱	B、D	说民
刑之多少、赏之重轻	刑多则赏重	刑多而赏轻	刑少而赏重	刑少而赏轻	A	说民
赏之多少、刑之重轻	赏多而刑重	赏多而刑轻	赏少而刑重	赏少而刑轻	C	说民、勒令
民之所欲万否、利之所出一否	民之所欲万而利之所出一	民之所欲万而利之所出万	民之所欲一而利之所出也一	民之所欲一而利之所出万	A	说民
力出一孔否、利出一孔否	力出一孔而利出一孔	力出一孔利出多孔	力出多孔利出一孔	力出多孔利出多孔	A、D	说民、勒令
力抟否、强否	力抟则强	力抟而弱	力非抟而强	力非抟而弱	A、D	说民
民心中有法否、民从法断否	民心中有法而民从法断	民心中有法而民从官（上）断	民心中无法而民从法断	民心中无法民从官（上）断	A	说民
民众否、兵强否	民众而兵强	民众而兵弱	民少而兵强	民少而兵弱	B	算地
地大否、力大否	地大且力大	地大而力小	地小而力大	地小力也小	B	算地
粮给足否、财有余否	粮给足、财有余	粮给足但财无余	粮给不足但财有余	粮给不足财也无余	A	算地
地大否、垦否	地大而垦	地大而不垦	地小而垦	地小也不垦	B	算地
名之有无、利之有无	名利交至	有名无利	有利无名	无名无利	A	算地
求名否、求利否	求名也求利	求名而不求利	求利而不求名	不求名也不求利	A、B、C	算地
治农否、度地否	治农而度地	治农而不度地	不治农而度地	不治农也不度地	A、B	算地
以苦否、为难否	以苦为难	以苦为易	以不苦为难	以不苦为易	B	算地
饥否、求食否	饥而求食	饥不求食	不饥而求食	不饥不求食	A	算地
劳否、求佚否	劳而求佚	劳不求佚	不劳而求佚	不劳不求佚	A	算地
苦否、索乐否	苦则索乐	苦不索乐	不苦则索乐	不苦不索乐	A	算地
辱否、求荣否	辱则求荣	辱不求荣	不辱则求荣	不辱不求荣	A	算地
名辱否、身危否	名辱而身危	名辱而身不危	名不辱而身危	名不辱而身不危	A	算地
得数、危否	得数而不危	得数而危	失数而不危	失数而危	C	算地
得术否、乱否	得术而不乱	得术而乱	失术而不乱	失术而乱	C	算地
务农否、战否	既农又战（喜农乐战）	务农而不战	战而不务农	不务农也不战	A	算地、壹言

两仪	A象	B象	C象	D象	选项	篇章
犯其所苦（务农）否、行其所危（当兵）否	犯其所苦行其所危	犯其所苦不行其所危	不犯其所苦行其所危	不犯其所苦不行其所危	A	算地
（人）生则计利否、（人）死则虑名否	生则计利死则虑名	生则计利死不虑名	生不计利死则虑名	生不计利死不虑名	A	算地
有功否、有名否	有功也有名	有功无名	有名无功	无功无名	A	算地
身修否、功众寡	身修而功众（多）	身修而功寡	身不修而功众	身不修而功寡	B	算地
功立否、名成否	功立而名成	功立而名不成	功不立而名成	功不立而名不成	A	算地
以世之所难否、胜其所难易	以世之所难胜其所难	以世之所难胜其所易	以世之所易胜其所难	以世之所易胜其所易	B、C	算地
知（智）足否、力足否	智慧和力量均足	智有余而力不足	力有余而智不足	智不足力也不足	A、B、C、D	算地、开塞
观俗否、立法否	观俗而立法	观俗而不立法	不观俗而立法	不观俗也不立法	A、C	算地
事多否、功寡否	事多功也多	事多而功寡（少）	事少而功多	事少功也少	B	算地
立官否、贵爵否	立官贵爵	立官而不贵爵	不立官而贵爵	不立官也不贵爵	A	算地
论劳否、举功否	论劳举功	论劳而不举功	不论劳而举功	不论劳也不举功	A	算地
务胜否、力征否	务胜而力征	务胜而力不征	不务胜而力征	不务胜也不力征	A	开塞
讼否、有无正	讼而有正	讼而无正	不讼而有正	不讼也无正	A、B	开塞
分定否、有制否	分定而有制	分定而无制	无分定但有制	无分定无制	A、B	开塞
知否、学否	知而学	知而不学	不知则（而）学	不知也不学	C	开塞
力尽否、服否	力尽而服	力尽也不服	力未尽就服	力未尽就不服	A、D	开塞
用智否、用力否	智慧和实力并举	用智而不用力	用力而不用智	不用智也不用实力	A、B、C	开塞
顺取否、顺治否	顺取而顺治	顺取而逆治	逆取而（贵）顺治	逆取而逆治	C	开塞
取之以力否、持之以义否	取之以力持之以义	取之以力持之不以义	取之不以力持之以义	取之不以力持之不以义	A	开塞
立民之所好否、废其所乐否	立民之所好废其所乐	立民之所好废其所恶	立民之所恶废其所乐	立民之所恶废其所恶	B、C	开塞
立民之所乐否、民安其乐民伤其恶	立民之所乐，民安其所乐	立民之所乐，民伤其所恶	立民之所恶，民安其乐	立民之所恶，民伤其所恶	B、C	开塞
民忧否、思考否	民忧则思	民忧也不思	民不忧则思	民不忧也不思	A	开塞
思否、守法否	思而守法	思而不守法	不思也守法	不思也不守法	A	开塞

续表

两仪	A象	B象	C象	D象	选项	篇章
刑治否、民畏否	刑治而民畏	刑治而民不畏	不刑治而民畏	不刑治而民不畏	A	开塞
民畏否、有无邪恶	民畏而有邪	民畏而无邪	民不畏而有邪	民不畏而无邪	B	开塞
有无恶、民安其乐否	有恶而民安其所乐	有恶则民不安其所乐	无恶则民安其所乐	无恶则民不安其所乐	C	开塞
以义教否、民纵否	以义教则民纵	以义教则民不纵	不以义教则民纵	不以义教则民不纵	A	开塞
民放纵否、治与乱	民纵而治	民纵则乱	民不纵则治	民不纵也乱	B	开塞
治乱、民伤其恶否	治则民伤其所恶	治则民不伤其所恶	乱则民伤其所恶	乱则民不伤其所恶	C	开塞
以其所好否、终其所好败其所恶	以其所好民终其所好	以其所好民败其所恶	以其所恶民终其所好	以其所恶败其所恶	B、C	开塞
刑之多少、赏之多少	刑多赏也多	刑多而赏少	刑少而赏多	刑少而赏少	B、C	开塞
过之厚薄、刑之重轻	过之厚而刑重	过之厚而刑轻	过之薄而刑重	过之薄而刑轻	C	开塞
善有大小、赏有多少	善大而赏多	善大而赏少	善小而赏多	善小而赏少	B、D	开塞
刑能去奸否、赏能止过否	刑能去奸赏能止过	刑能去奸赏不能止过	刑不能去奸赏能止过	刑不能去奸赏不能止过	A、D	开塞
大邪生否、细过失否	大邪生细过失	大邪生细过不失	大邪不生细过失	大邪不生细过不失	D	开塞
制合时否、民从制否	制合时民从制	制合时民不从制	制不合时民从制	制不合时民不从制	A	壹言
治法明否、官有无邪	治法明官有邪	治法明则官无邪	治法不明官有邪	治法不明则官无邪	B	壹言
家富否、身显于国否	家富而身显于国	家富而身不显于国	家贫而身显于国	家贫而身不显于国	A	壹言
开公利否、塞私门否	开公利而塞私门	开公利而不塞私门	不开公利而塞私门	不开公利不塞私门	A	壹言
事本否、禁末否	事本而禁末	事本而不禁末	不事本但禁末	不事本也不禁末	A	壹言
制度察否、民力抟否	制度察则民力抟	制度察而民力不抟	制度不察民力抟	制度不察民力也不抟	A	壹言
富国否、强兵否	富国且强兵	富国而不强兵	不富国而强兵	不富国也不强兵	A、B、C、D	壹言
开否、塞否	既开也塞（开塞并序）	开而不塞	塞而不开	不开也不塞	A、B、C	壹言
勤否、富否	勤则富	勤而不富	富而不勤	不勤也不富	A	壹言
能抟力否、能用力否	能抟力也能用力	能抟力而不能用力	不能抟力而能用力	不能抟力而不能用力	A、B、C	壹言
君道卑否、民之治否	君道卑而民之治	君道卑而民之不治	君道不卑而民之治	君道不卑但民之不治	B	壹言

两仪	A象	B象	C象	D象	选项	篇章
君长乱否、法之行否	君虽长乱但法能行	君长乱而法不能行	君不长乱而法能行	君不长乱法也不能行	B	壹言
安其故否、窥于时否	安其故但窥于时	安其故而不窥于时	不安其故而窥于时	不安其故但不窥于时	B	壹言
明世俗之变否、察治民之情否	明世俗之变，察治民之情	明世俗之变，不察治民之情	不明世俗之变，察治民之情	不明世俗之变，不察治民之情	A、D	壹言
慎法否、察务否	慎法也察务	慎法而不察务	不慎法但察务	不慎法也不察务	A	壹言
措法否、民邪否	措法但民邪	措法而民无邪	不措法而民邪	不措法民不邪	B	错法
举事否、材练否	举事而材自练	举事而材不练	不举事而材自练	不举事而材不练	A	错法
赏行否、兵强否	赏行而兵强	赏行而兵弱	不赏行而兵强	不赏行而兵弱（不强）	A	错法
法明否、民利否	法明而民利	法明而民不利	法不明而民利	法不明而民不利	A	错法
道明否、国强否	道明而国强	道明而国弱	道幽而国强	道幽而国弱	A、D	错法
德明否、法行否	德明且法行	德明但法不行	德不明但法行	德不明且法也不行	A	错法
（爵）荣否、显否	荣且显	荣而不显	显而不荣	不荣也不显	A、B、C、D	错法
有爵行否、兵强者否	有爵行而兵强者	有爵行而兵弱者	无爵行而兵强者	无爵行而兵弱者	A、B	错法
有禄行否、国富者否	有禄行而国富者	有禄行而国贫者	无禄行而国富者	无禄行而国贫者	A、B	错法
有法立否、乱者否	有法立而治者	有法立而乱者	无法立而治者	无法立而乱者	A、B	错法
功立否、富贵随之否	功立而富贵随之	功立而富贵不随之	无功立而富贵随之	无功立而富贵不随之	A	错法
国有私赏否、国家政令成功否	国有私赏国家政令成功	国有私赏国家政令不成功	国无私赏国家政令成功	国无私赏国家政令不成功	C	错法
臣忠否、君明否	臣忠君明	臣忠君不明	臣不忠而君明	臣不忠而君不明	A	错法
民勇于邑斗否、民勇于寇战否	民勇于邑斗，民勇于寇战	民勇于邑斗，民怯于寇战	民怯于邑斗，民勇于寇战	民怯于邑斗，民怯于寇战	C	战法
胜否、骄否	胜而骄	胜而不骄	骄而不胜	不胜也不骄	B	战法
败否、怨否	败而怨	败而不怨	虽不败但怨（怨而不败）	不败也不怨	B	战法
胜而骄否、败而怨否	胜而骄且败而怨	胜于骄但败而不怨	胜于不骄但败而怨	胜而不骄且败而不怨	D	战法
敌强否、我强否	敌虽强而我也强	敌强而我弱	敌弱而我强	敌弱而我也弱	B	战法
民服否、听上否	民服而听上	民服但不听上	民不服但听上	民不服也不听上	A	战法

续表

两仪	A象	B象	C象	D象	选项	篇章
国富否、兵胜否	国富而兵胜	国富而兵败	国贫而兵胜	国贫而兵败	A	战法
民倦否、饥渴否	民倦且饥渴	民倦但不饥渴	民不倦但饥渴	民不倦也不饥渴	A	战法
政治有无、军事有无	军政并举（政军合一）	有政治无军事	有军事无政治	无政治也无军事	A	战法、立本
赏壹否、爵尊否	赏壹而爵尊	赏壹但爵不尊	赏不壹但爵尊	赏不壹爵也不尊	A	立本
爵尊否、赏能利否	爵尊而赏能利	爵尊而赏不能利	爵不尊而赏能利	爵不尊而赏不能利	A	立本
强者否、治否	强者而治	强者而乱	弱者而治	弱者而乱	A	立本
治者否、强否	治者而强	治者而弱	乱者而强	乱者而弱	A	立本
富者否、治否	富者而治	富者而乱	贫者而治	贫者而乱	A	立本
治者否、富否	治者而富	治者而贫	乱者而富	乱者而贫	A	立本
强者否、富否	强者而富	强者而贫	弱者而富	弱者而贫	A	立本
富者否、强否	富者而强	富者而弱	贫者而强	贫者而弱	A	立本
四战之国负海之国、攻战守战	四战之国攻战	四战之国守战	负海之国攻战	负海之国守战	B、C	兵守
农弛否、奸胜否	农弛奸胜	农弛奸不胜	农不弛奸胜	农不弛奸也不胜	A	勒令
重刑否、重赏否	刑赏并重	重刑轻赏	轻刑重赏	轻刑轻赏	B、C	勒令
罚行否、民亲否	罚行而民亲	罚行而民不亲	罚不行而民亲	罚不行而民不亲	A	勒令
赏行否、民利否	赏行而民利	赏行而民不利	赏不行而民利	赏不行而民不利	A	勒令
明否、察否	既明又察（明察）	明而不察	察而不明	不明也不察	A	修权
被蒙蔽否、被欺骗否	被蒙蔽也被欺骗	被蒙蔽但不被欺骗	不被蒙蔽但被欺骗	不被蒙蔽也不被欺骗	D	修权
赏罚否、有信否	赏罚而有信	赏罚而无信	无赏罚但有信	无赏罚也无信	A	修权
制土否、分民否	制土而分民	制土而不分民	不制土而分民	不制土而不分民	A	徕民
取其地否、夺其民否	取其地也夺其民	取其地而不能夺其民	不取其地而夺其民	不取其地而不能夺其民	B	徕民
与其所欲否、使行其所恶否	与其所欲使行其所恶	与其所欲不使行其所恶	不与其所欲使行其所恶	不与其所欲不使行其所恶	B	徕民
富成否、强成否	富强两成	富成但强未成	富未成但强成	富强两不成	A	徕民
秦民务兵、徕民务农	秦民务兵而徕民务农	秦民务兵而徕民不务农	秦民不务兵但徕民务农	秦民不务兵徕民不务农	A	徕民
秦民徕民、务兵务农	秦民务兵	秦民务农	徕民务兵	徕民务农	A、D	徕民

续表

两仪	A象	B象	C象	D象	选项	篇章
禁奸否、止过否	禁奸止过	禁奸但未止过	止过但未禁奸	未禁奸也未止过	A	赏刑
易知否、易行否	易知易行	易知而难行	难知而易行	难知而难行	A、B	赏刑、定分
宥过否、赦刑否	既宥过也赦刑	宥过但不赦刑	不宥过但赦刑	不宥过不赦刑	D	赏刑
以众否、暴众寡	以众暴众	以众暴寡	以寡暴众	以寡暴寡	B	画策
有无法、有执法之策否	有法也有执法之策	有法但无执法之策	无法但有执法之策	无法也无执法之策	A、B	画策
刑善否、赏善否	刑善也赏善	刑善而不赏善	刑不善而赏善	刑不善而不赏善	D	画策
刑否、民善否	刑而民善（守法）	刑而民不善	不刑而民善	不刑而民不善	C	画策
法好否、执法者好否	法好执法者也好	法好但执法者不好	法坏但有好的执法者	法坏且执法者也坏	A、B、C、D	画策
收入多否、支出多否	入多而出也多	入多而出寡（少）	入寡而出多	入寡而出寡	B	画策
能仁于人否、能使人仁否	能仁于人，能使人仁	能仁于人，不能使人仁	不能仁于人，能使人仁	不能仁于人，也不能使人仁	B	画策
能爱于人否、能使人爱否	能爱于人能使人爱	能爱于人不能使人爱	不能爱于人能使人爱	不能爱于人也不能使人爱	B	画策
有信之性否、有使天下不得不信之法否	有信之性，有使天下不得不信之法	有信之性，无使天下不得不信之法	无信之性，有使天下不得不信之法	无信之性，无使天下不得不信之法	A	画策
贵法否、贵义否	贵法也贵义	贵法而不贵义	贵义而不贵法	不贵法也不贵义	B	画策
好人否、做好事否	好制度让好人做好事	坏制度让好人做坏事	好制度让坏人做好事	坏制度让坏人做坏事	B、C	画策
赏之多少、威之厚薄	赏多而威厚（严）	赏多而威薄	赏少而威厚	赏少而威薄	A、D	外内
赏使之忘死否、威使之苦生否	赏使之忘死，威使之苦生	赏使之忘死，威不能使之苦生	赏不能使之忘死，威使之苦生	赏不能使之忘死，威不能使之苦生	A	外内
农富否、商富否	农商均富	农富而商贫	农贫而商富	农商均贫	B、C	外内
粮贵否、农富否	粮贵而农富	粮贵而农贫	粮贱而农富	粮贱而农贫	A、D	外内
钱重否、商富否	钱重而商富	钱重而商贫	钱轻而商富	钱轻而商贫	A、D	外内
用力苦否、赢利多否	农民用力苦但赢利多	用力最苦而赢利少	用力不苦而赢利多	用力不苦而赢利少	A、B	外内
边利尽归于兵否、市利尽归于农否	边利尽归于兵，市利尽归于农	边利尽归于兵，市利不归于农	边利不归于兵，市利尽归于农	边利不归于兵，市利不归于农	A	外内
按功否、行赏否	按功行赏	按功不行赏	不按功行赏	不按功也不行赏	A	君臣

续表

两仪	A象	B象	C象	D象	选项	篇章
缘（垂）法否、治否	缘法而治	缘法不治	不缘法而治	不缘法也不治	A	君臣
法制明否、民畏刑否	法制明而民畏刑	法制明而民不畏刑	法制不明而民畏刑	法制不明而民不畏刑	A	君臣
重功劳、重声誉否	重功劳也重声誉	重功劳而不重声誉	重声誉而不重功劳	不重功劳也不重声誉	B	君臣
言论合乎法制否、听否	言论合乎法制而听	言论合乎法制而不听	言论不合乎法制而听	言论不合乎法制而不听	A、D	君臣
行为合乎法度否、崇否	行为合乎法度而推崇	行为合乎法度而不推崇	行为不合乎法度而推崇	行为不合乎法度而不推崇	A、D	君臣
事情合乎法度否、做否	事情合乎法度就做	事情合乎法度而不做	事情不合乎法度而做	事情不合乎法度而不做	A、D	君臣
论功否、察罪否、	论功察罪	论功而不察罪	不论功而察罪	不论功也不察罪	A	禁使
运用客观形势否、运用方法策略否	运用客观形势，运用方法策略	运用客观形势，不运用方法策略	不运用客观形势，运用方法策略	不运用客观形势，不运用方法策略	A	禁使
事合否、利同否	事合而利同	事合而利异	事不合而利同	事不合而利异	A、B	禁使
贵之否、待其有功否	贵之但待其有功	贵之不待其有功	不贵之而待其有功	不贵之也不待其有功	B	慎法
诛之否、待其有罪否	诛之但待其有罪	诛之不待其有罪	不诛之而待其有罪	不诛之也不待其有罪	B	慎法
贵之待其有功否、诛之待其有罪否	贵之待其有功，诛之待其有罪	贵之待其有功，诛之不待其有罪	贵之不待其有功，诛之待其有罪	贵之不待其有功，诛之不待其有罪	D	慎法
君强否、臣强否	君强臣亦强	君强而臣弱	君弱而臣强	君弱臣亦弱	C	慎法
相誉益否、见訾损否	相誉有益且见訾有损	相誉有益而见訾无损	相誉无益而见訾有损	相誉无益且见訾无损	D	慎法
爱人阿否、憎人害否	爱人相阿而憎人相害	爱人相阿而憎人不相害	爱人不阿但憎人相害	爱人不阿而憎人不相害	D	慎法
趋利否、避害否	趋利避害	趋利而不避害	不趋利但避害	不趋利也不避害	A	慎法
地多否、粟多否	地多而粟多	地多而粟少	地少而粟多	地少而粟少	C	慎法
民多否、兵强否	民多而兵强	民多而兵弱	民少而兵强	民少而兵弱	C	慎法
避祸否、就福否	避祸就福	避祸但不就福	不避祸但就福	不避祸也不就福	A	定分
知法否、懂法否	知法也懂法	知法但不懂法	不知法但懂法	不知法也不懂法	A	定分
懂法否、守法否	懂法也守法	懂法但不守法	不懂法但守法	不懂法也不守法	A	定分

商鞅在《商君书·去强》中说："国富而贫,治曰重富,重富者强;国贫而富,治曰重贫,重贫者弱。"本书以四象圆思维来解读这段文字,以"国富国贫"为横坐标,以"富治贫治"为纵坐标,那么就有四种情形:A国富而富治、B国富而贫治、C国贫而富治、D国贫而贫治,如图6-22所示。

图 6-22　用四象圆思维解读商鞅的"国富而贫治"的治国理念

商鞅认为,一个社会,如果C、D情形的家庭少(两端少),B、A情形的家庭多(中间多),这个社会就是大同世界。太史公曰:"行之十年,秦民大说,道不拾遗,山无盗贼,家给人足。民勇于公战,怯于私斗,乡邑大治。"(法治社会,道德回归。)

商鞅治国为什么要选择B情形?为什么国家富裕了,还要将国家当作穷国来治理?仅仅是节用节俭吗?是因为人们的消费活动中存在消费的棘轮效应。棘轮效应是指,人们某种行为的惯性趋势具有不可逆特征,即人的消费习惯在形成之后存在一定程度上的不可逆性,即易于向上调整,而难于向下调整。这种习惯效应,使消费取决于相对收入,即相对于自己过去的高峰收入。消费者易于随收入的提高而增加消费,但不易随收入降低而减少消费,以致产生有正截距的短期消费函数。这种特点又被称为"制轮作用"。美国经济学家詹姆斯·杜森贝里把这一现象称为消费的棘轮效应,我国商朝箕子称之为"象箸之忧","由俭入奢易,由奢入俭难"就是中国式的棘轮效应。

如果一个国家处在D象限,那么采取大力发展实体经济(如商鞅提到的农业)的国策,以实体经济为中心,引导人民一心一意地抓生产,同时提倡节用节俭的风尚。这样治国不久,国家就会成为富国。

《商君书·去强》中有这么一段关于货币和粮食关系的记载:"金生而粟死,粟生而金生。"(高亨教授在《商君书注译》中讲:"粟生而金死,粟死而金生。")本物贱,事者众,买者少,农困而奸劝,其兵弱,国必削至亡……金一两生于境内,粟十二石死于境外；粟十二石生于境内，金一两死于境外。国好生金于境内，则金粟两死，仓府两虚，国弱；国好生粟于境内，则金粟两生，仓府两实，国强。"把粮食卖了，可以获得金钱，故而生产了粮食，才有生金的可能。（高亨教授在《商君书注译》中讲："有了金钱，可以去购买粮食，但卖出了粮食，对自己来说，粮食就没有了。而生产了粮食，即粮食有了，就会有再次获得金钱的可能。"）粮食这种东西价格低廉（金钱相对值钱，也就是今天所说的"钱实"了），而从事农耕的人多，买粮食的人就少，农民就贫困，奸诈的商人就活跃，如果这样兵力就弱，国家一定会被削弱实力直到灭亡。（《商君书·外内》云"食贱者钱重"。）若一两黄金输入国境内，则十二石的粮食就会被运到国境外；若十二石粮食输入国境内，则黄金一两就会被运到国境外。如果国家喜欢在境内积聚黄金，那么黄金和粮食都会丧失，粮仓和金库都会空虚，国家就会弱小；如果国家喜欢在境内囤积粮食，那么粮食和黄金都能产生，粮仓、金库都会充实，国家就强大。

《管子·权修》云："金与粟争贵。"金（货币）与粟（粮食）是一对矛盾，它们是对立统一的关系，它们在运动变化。把金粟视为两仪，以金为横坐标，以粟为纵坐标，那么就有四种情形：A金粟两生（包括金生而粟生和粟生而金生，至于是哪种情形，要具体问题具体分析），B金生而粟死，C粟生而金死，D金粟两死（包括金死而粟死和粟死而金死）。如图6-23所示。

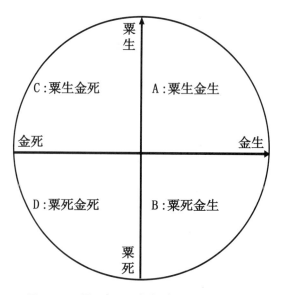

图6-23 用四象圆思维解读商鞅的货币思想

货币活跃了，粮食就萎缩了，粮食丰裕了，货币就没有用了。这可以被视作商鞅的贸易思想的核心。A情形是常态。B情形是社会的通病。商鞅主张发展实体经济。当今的美国就处在金生而粟死的时期（B情形）。有了粮食就会有黄金，但有了黄金不一定有粮食。如果国内的人都喜欢黄金，人人都希望得到黄金，若是通过实体经济去获得黄金,那是好事。发展实体经济相对是较难的事业,如果有不通过实体经济而获得更多黄金的渠道,人们往往就会在实体经济上花费更少的精力(放弃粮食生产,即实体经济)。

根据劳动创造价值的原理,粟代表人类劳动的产物,是社会财富构成的根本。而金代表货币,尽管也是人类劳动的产物,但更多的是发挥产品交换的媒介作用。背离社会财富的根本原理,片面强调货币价值是没有意义的。只有大力倡导人们通过自身劳动创造出更多的产品,产品交换才能够更加发达,货币的意义才能够更加充分地体现出来。

商鞅认为,人人看重黄金,重视黄金的生产,那当然就不会有粮食了。如果国家既不重视农业生产,又要出口粮食去交换货币,那么即使暂时增加了货币积累,到头来粮食不够吃,还得去向别的诸侯国购进粮食,从而导致"金粟两死,仓府两虚"。反之,如果发展农业生产,增加粮食储备,那么不仅可以保证国内粮食需要,还可出口多余粮食换货币,这样便可以"金粟两生,仓府两实"。富国必须靠农业,农业搞好了,要粮有粮,要钱有钱,一举两得。否则钱粮两空,得不偿失。

在这里,可以看到商鞅关于货币与粮食关系的观点,商鞅认为财富的增加必须取决于实体经济的发展,而不是单纯靠流通。这使本人想起了春秋初年齐桓公争霸时的一个故事。当时齐国附近的蔡国国力强盛且善于种植桑树,于是齐国宰相管仲就命人在蔡国高价收购桑叶,这样蔡国人就会集体种植桑树而忽视种植粮食,后来遇到粮荒,富有的蔡国人不得不屈服于齐国的威势。商鞅关于"金"和"粟"关系的洞察,即使在今天,对人们也仍有极其深刻的警示作用。他教导人们要追求实际的民富国强,而不要追求虚假的泡沫经济。这种观点也非常符合现代人力资本理论:物质资本的报酬是递减的,如果积聚黄金,那么黄金是会贬值的;人力资本的报酬是递增的,如果积聚粮食,则可以养活更多的人口,人口转变为人力资本,就会人财两旺。有人才就会有更多的钱的可能,但有钱不一定会有人才。

如果一个国家起初处在D象限,无钱也无粮,那么就要借钱维持基本生活,并将一部分钱用于粮食生产。随即进入C象限,变成无钱有粮食,如果粮食有多的,就把多的粮食卖出去,这样就进入了A象限,变成有钱有粮的国家。在这个过程中,不可把粮食全卖了,一定要让自己国家的存粮满足人民三年的需求。否则,就会进入B象限,变成有钱无粮。一旦进入B象限,那就要用钱去买高价粮食,从而进入D象限,完成了一个循环,回到了原点,永远无钱无粮,永远贫穷。在A象限时非常关键,要克制对金钱的渴望,保持对粮食的渴望。手中有粮心中不慌。

6.12 用四象圆思维读《韩非子》

《韩非子》是在韩非子逝世后,后人集结而成的。韩非子,也称韩子、韩非,韩国的王族贵人，但其理论却不被韩王所采纳，悲愤之下，写出了"孤愤""五蠹""说难"等名篇。他作为法家学派代表人物，将辩证法、朴素唯物主义与法融为一体。韩非子在"大体"中描述了他所追求的世界："故至安之世，法如朝露，纯朴不散，心无结怨，口无烦言。"韩非子在"问田"中说，推广法律是有利于广大民众的做法，他和吴起、商鞅他们一样，愿意为此献出自己的生命。

《庄子·天下》提出"以参为验"，而韩非子亦大力提倡参验，他认为参验是检验认识正确与否的有效方法。他认为判断一种意见、言论是否正确，应通过参验的方法去考察。"参验"即"参伍之验"，就是对各种情况进行排列、分类，加以比较、研究，进行分析、验证。"显学"云："无参验而必之者，愚也，弗能必而据之者，诬也。"韩非子参验的方法力求比较、验证的客观性、全面性，强调认识和事实的一致性。他要求在参验的过程中采取客观态度，要"虚心"，要"言会众端"，以综合天、地、人、物等各个方面的实际情况，进行全面的比较、考核，不可偏听偏信。为了判明是非真假，最可靠的方法还是要通过实际的检验。韩非子比喻说：判断刀剑是否锋利，就要用刀剑去宰杀动物；挑选马匹，就要将马驾上车跑一次。

《韩非子》内有大量的两仪思维和辩证思维，他把辩证法运用于社会政治领域，是"矛盾"一词的发明者。如"爱臣"云："爱臣太亲，必危其身。""奸劫弑臣"云："夫严刑重罚者，民之所恶也，而国之所以治也；哀怜百姓轻刑罚者，民之所喜，而国之所以危也。"本书用四象圆思维读《韩非子》，归纳出 172 个两仪四象：4 个选择了四种情形，占 2.3%；4 个选择三种情形，占 2.3%；43 个选择了两种情形，占 25%；121 个选择一种情形，占 70.3%。如表 6-15 所示。

表 6-15　用四象圆思维读《韩非子》

两仪	A象	B象	C象	D象	选项	篇章
知否、言否	知而言	知而不言（称之为不忠）	不知而言（称之不智）	不知也不言	B、C	初见秦
以治乱、攻治乱	以治攻治	以治攻乱	以乱攻治	以乱攻乱	C	初见秦
以正邪、攻正邪	以正攻正	以正攻邪	以邪攻正	以邪攻邪	C	初见秦
以顺逆、攻顺逆	以顺攻顺	以顺攻逆	以逆攻顺	以逆攻逆	C	初见秦
该赏否、赏否	该赏的就赏	该赏而不赏	不该赏的也赏	不该赏的就不赏	A、B	初见秦
该罚否、罚否	该罚的就罚	该罚而不罚	不该罚的也罚	不该罚的就不罚	A、B	初见秦
当霸否、霸否	当霸则霸	当霸而不霸	不当霸而霸	不当霸而不霸	B	初见秦
服秦义否、服秦强否	既服秦义也服秦强	服秦义而不服秦强	不服秦义但服秦强	不服义也不服强	C	存韩
虚否、有用否	虚而有用	虚而无用	实而有用	实而无用	B	难言
谮否、让否	谮且让	谮而不让	不谮也让	不谮但不让	B	难言
度量正否、听否	度量正则听	度量正但不听	度量不正而听	度量不正而不听	A、B	难言
义理全否、采用否	义理全而用	义理虽全但不用	义理不全但采用	义理不全而不用	A、B	难言
守始否、治纪否	守始也治纪	守始但不治纪	不守始但治纪	不守始也不治纪	A	主道

两仪	A象	B象	C象	D象	选项	篇章
君有为否、臣有为否	君有为而臣也有为	君有为而臣无为	君无为而臣有为	君无为臣也无为	C	主道
去好否、去恶否	去好也去恶	去好而不去恶	不去好而去恶	不去好也不去恶	A	主道
去智否、明否	去智而有明	去智而无明（不明）	不去智则明	不去智也不明	A	主道
去勇否、强否	去勇而强	去勇而弱	不去勇而强	不去勇而弱	A	主道
自操事否、知拙巧否	自操事而知拙巧	自操事而不知拙巧	不自操事而知拙巧	不自操事而不知拙巧	A	主道
以其言与功、授其事否	以其言授其事	以其言而不授其事	以其功而授其事	以其功而不授其事	A	主道
近爱者否、违法否	近爱者违法	近爱者没有违法	远疏者违法	远疏者没有违法	A、C	主道
疏贱者否、有功否	疏贱者有功	疏贱者无功	近爱者有功	近爱者无功	A、C	主道
君奉法否、国强否	君奉法而国强	君奉法而国弱	君不奉法而国强	君不奉法而国弱	A、D	有度
奉法者强否、国强否	奉法者强而国强	奉法者强但国弱	奉法者弱而国强	奉法者弱而国弱	A、D	有度
公行否、公法否	公行公法	公行私法	私行公法	私行私法	A	有度
公否、私否	有公也有私	有公无私（大公无私）	有私无公（私而忘公）	无公无私	A	有度
奉公法否、废私术否	奉公法废私术	奉公法但不废私术	不奉公法但废私术	不奉公法也不废私术	A	有度
依法否、择人量功	依法择人	依法量功	不依法择人	不依法量功	A、B	有度
刑过辟大臣否、赏善遗匹夫否	刑过辟大臣，赏善遗匹夫	刑过辟大臣，赏善不遗匹夫	刑过不辟大臣，赏善遗匹夫	刑过不辟大臣，赏善不遗匹夫	D	有度
君与臣、行赏用刑	君行赏	君行罚	臣行赏	臣行罚	A、B、C、D	二柄
爱其君否、重其利否	既爱其君也重其利	爱其君而不重其利	不爱其君而重其利	不爱其君也不重其利	A、C	二柄
本大否、枝大否	本大枝大	本大枝小	本小枝大	本小枝小	C	扬权
观貌否、察色否	观貌察色	观貌而不察色	不观貌而察色	不观貌也不察色	A	八奸
散公财否、以悦民人否	散公财以悦民人	散公财不以悦民人	不散公财而悦民人	不散公财而不悦民人	A	八奸
事成否、功立否	事成而功立	事成而功不立	事不成而功立	事不成而功不立	A	八奸
贤否、能否（智否）	既贤也能（又贤又能）	贤而无能	能而不贤	不贤且无能	A、B、C、D	八奸、人主
阳亲否、阴亲否	阳阴两亲	阳亲而阴疏	阳疏而阴亲	阳阴皆疏	B	十过
贪愎否、好利否	贪愎好利	贪愎但不好利	不贪愎但好利	不贪愎也不好利	A	十过
刚愎否、尚悍否	刚愎而尚悍	刚愎但不尚悍	不刚愎但尚悍	不刚愎也不尚悍	A	十过
坚中否、廉内否	坚中而廉内	坚中而廉外	坚外而廉内	坚外而廉外	B	十过
多欲否、多信否	多欲且多信	多欲而少信	少欲而多信	少欲而少信	C	十过
国之大小、礼之有无	国大有礼	国大无礼	国小有礼	国小无礼	D	十过

续表

两仪	A象	B象	C象	D象	选项	篇章
国小有礼否、用谏臣否	国小有礼且用谏臣	国小有礼但不用谏臣	国小无礼但用谏臣	国小无礼不用谏臣	D	十过
有远见否、明察否	有远见而明察	有远见但不能明察	无远见但能明察	无远见也不能明察	A	孤愤
强毅否、劲直否	强毅而劲直	强毅但不劲直	不强毅但劲直	不强毅也不劲直	A	孤愤
智术否、能法否	智术且能法	有智术但不能法	无智术但能法	无智术不能法	A	孤愤
循令否、从事否	循令而从事	循令而不从事	不循令但从事	不循令而不从事	A	孤愤
按法否、治官否	按法而治官	按法而不治官	不按法而治官	不按法而不治官	A	孤愤
信否、爱否	信且爱（信爱）	信而不爱	爱而不信	不信也不爱	A、D	孤愤
亲昵否、熟悉否	亲昵也熟悉	亲昵但不熟悉	熟悉但不亲昵	不亲昵也不熟悉	A、D	孤愤
有功否、富贵否	有功而富贵	有功而无富贵	无功而富贵	无功而无富贵	A、C	孤愤
品德好否、才智高否	品德好且才智高（贤智）	品德好但才智不高	品德不好但才智高	品德不好才智也不高	A	孤愤
有能否、任官否	有能而任官	有能而不任官	无能而任官	无能而不任官	A、C	孤愤
名之阴阳、利之阴阳	阳名阳利（名阳利阳）	阳名阴利	阴名阳利	阴名阴利	B	说难
名之内外、利之内外	内名内利	内名外利	内利外名	外名外利	C	说难
亲近否、怀疑否	虽亲近但被怀疑	亲近不疑	不亲近而疑	不亲近但不疑	B	说难
尽其智力以陈其忠否、奉法以致其功否	尽其智力以陈其忠，奉法以致其功	尽其智力以陈其忠，不奉法以致其功	不尽其智力以陈其忠，奉法以致其功	不尽其智力以陈其忠，不奉法以致其功	D	奸劫弒臣
陈其忠而弊否、守其职而怨否	陈其忠而弊，守其职而怨	陈其忠而弊，守其职而不怨	陈其忠而不弊，守其职而怨	陈其忠而不弊，守其职而不怨	D	奸劫弒臣
正直之道否、得利否	正直之道可得利	正直之道不可得利	不正直之道可得利	不正直之道不可得利	A、D	奸劫弒臣
阳相善否、阴相善否	阳相善阴相善	阳相善而阴相恶	阴相善而阳相恶	阳相恶阴也相恶	C	备内
表面好否、暗里好否	表面上和暗地里均要好	表面上要好而暗地里不要好	表面上不要好而暗地里要好	表面上和暗地里均不要好	C	备内
爱否、亲否	既爱也亲（爱则亲）	爱而不亲（爱而疏）	不爱但亲	不爱而疏	A、D	备内
母美丑、其子受君宠否	母美而其子受君宠	母美而其子不受君宠	母丑而其子受君宠	母丑而其子不受君宠	A、D	备内
听之远近、视之远近	远听且远视	远听而近视	近听而远视	近听且近视	B	备内
有名否、有实否	有名有实	有名无实	无名有实	无名无实	B	备内
言与默、担责否	言而担责	言而不担责	默而担责	默而不担责	A、C	南面
任理否、去欲否	任理去欲	任理而不去欲	不任理而去欲	不任理也不去欲	A	南面
计其入否、计其出否	既计其入也计其出	计其入而不计其出	不计其入而计其出	不计其入也不计其出	B	南面

两仪	A象	B象	C象	D象	选项	篇章
其入多否、其出多否	其入多其出也多	其入多而其出少	其入少而其出多	其入少其出也少	B	南面
名得否、实存否	名得而实存	名得而实亡	名失而实存	名失而实亡	B	南面
功大否、害大否	功大害也大	功大而害小	功小而害大	功小而害也小	C	南面
出大费否、成大功否	出大费而成大功	出大费而成小功	出小费而成大功	出小费而成小功	B	南面
赏足以劝善否、威足以胜暴否	赏足以劝善，威足以胜暴	赏足以劝善，威不足以胜暴	赏不足以劝善，威足以胜暴	赏不足以劝善，威不足以胜暴	A、D	守道
令行否、禁止否	令行禁止	令行而禁不止	令不行而禁止	令不行且禁不止	A	饰邪
道否、理否	道理（有道也有理）	有道无理	有理无道	无道无理	A	解老
内亲否、外亲否	内外皆亲	内亲外疏	内疏外亲	内外皆疏	B	解老
内外相应否、言行相称否	内外相应言行相称	内外相应言行不相称	内外不相应言行相称	内外不相应言行不相称	A	解老
舍生忘死否、看重资财否	舍生忘死看重资财	舍生忘死看轻资财	不舍生忘死看重资财	不舍生忘死看轻资财	B	解老
中外信顺否、诽谤穷堕否	中外信顺诽谤穷堕	中外信顺不诽谤穷堕	中外不信顺诽谤穷堕	中外不信顺不诽谤穷堕	B	解老
死节轻财否、侮罢羞贪否	死节轻财侮罢羞贪	死节轻财不侮罢羞贪	不死节轻财侮罢羞贪	不死节轻财不侮罢羞贪	B	解老
问知否、听能否	问知而听能	问知而不听能	不问知而听能	不问知也不听能	A	解老
根深否、柢固否	根深柢固	根深但柢不固	根不深但柢固	根不深柢不固	A	解老
民犯法否、上执刑罚否	民犯法而上执刑罚	民犯法而上不执刑罚	民不犯法而上执刑罚	民不犯法上不执刑罚	A、D	解老
衣足以御寒否、食足以充饥否	衣足以御寒，食足以充饥	衣足以御寒，食不足以充饥	衣不足以御寒，食足以充饥	衣不足以御寒，食不足以充饥	A	解老
盛否、衰否	有盛也有衰	有盛无衰	有衰无盛	无盛无衰	A	解老
死否、衰否	有死也有衰	死而不衰	衰而不死	不死不衰	D	解老
俭用其财否、家富否	俭用其财则家富	俭用其财而家贫	不俭用其财而家富	不俭用其财则家贫	A	解老
爱宝其神否、精盛否	爱宝其神则精盛	爱宝其神而精衰	不爱宝其神而精盛	不爱宝其神而精衰	A	解老
飞否、鸣否	既飞也鸣	飞而不鸣	鸣而不飞	不飞不鸣	A、D	喻老
胜人否、自胜否	胜人也自胜	胜人而不自胜	不胜人而自胜	不胜人也不自胜	C	喻老
赏其功否、疑其心否	赏其功而疑其心	赏其功而不疑其心	不赏其功而疑其心	不赏其功而不疑其心	A	说林
有功否、见疑否	有功见疑	有功不见疑	无功见疑	无功不见疑	A	说林
有罪否、益信否	有罪益信	有罪不益信	无罪益信	无罪也不益信	A	说林
知心否、知事否	知心也知事	知心而不知事	知事而不知心	不知心也不知事	B、C	说林
爱物否、爱信誉否	爱物也爱信誉	爱物而不爱信誉	不爱物而爱信誉	不爱物也不爱信誉	B、C	说林
以有余否、补足否	以有余去补足	以有余补不足	不以有余去补足	不以有余补不足	B	观行
有尧之智否、众人助否	有尧之智也有众人助	有尧之智而无众人助	无尧之智但有众人助	无尧之智也无众人助	B	观行

续表

两仪	A象	B象	C象	D象	选项	篇章
乌获之劲否、得人助否	有乌获之劲也得人助	有乌获之劲而不得人助	无乌获之劲但得人助	无乌获之劲而不得人助	B	观行
利否、害否	有利有害	有利无害	有害无利	无利无害	A	观行
观己否、观人否	观己也观人	观己而不观人	观人而不观己	不观己也不观人	A	观行
有尺寸否、有意度否	有尺寸也有意度	有尺寸而无意度	无尺寸而有意度	无尺寸也无意度	B	安危
有信否、有诈否	有信也有诈	有信而无诈	无信而有诈	无信也无诈	B	安危
所爱亲否、所恶疏否	所爱亲所恶疏	所爱亲所恶不疏	所爱不亲所恶疏	所爱不亲所恶不疏	D	安危
循天否、顺人否	循天顺人	循天逆人	逆天顺人	逆天逆人	A	用人
怒否、怨否	既怒又怨	怒而不怨	怨而不怒	不怒不怨	A	用人
有才否、有势否	有才有势	有才无势	无才有势	无才无势	A、B	功名
尽所长否、尽所能否	尽己所长尽己所能	尽己所长不尽己所能	不尽所长尽所能	不尽所长不尽所能		功名
近者亲否、远者结否	近者亲远者结	近者亲远者不结	近者不亲远者结	近者不亲远者不结	D	功名
法立否、诛必否	法立而诛必	法立而诛不必	法不立而诛必	法不立而诛不必	A、D	内储说
观否、听否	观听并举	观而不听	听而不观	不观也不听	A	内储说
赏誉轻厚、守信用否	赏誉轻而守信用	赏誉轻而不兑现	赏誉厚而守信用	赏誉厚而不兑现	B、C	内储说
仁否、狠否	仁狠并举（各宜）	仁而不狠	狠而不仁	不仁也不狠	B	内储说
赏厚而信否、罚严必否	赏厚而信罚严而必	赏厚而信罚严无必	赏厚无信罚严而必	赏厚无信罚严无必	A	内储说
蔽人之美否、言人之恶否	蔽人之美言人之恶	蔽人之美不言人之恶	不蔽人之美言人之恶	不蔽人之美不言人之恶	D	内储说
敌国灭否、谋臣亡否	敌国灭则谋臣亡	敌国灭而谋臣不亡	敌国不灭而谋臣亡	敌国不灭而谋臣不亡	A	内储说
忠言否、顺耳否	忠言顺耳	忠言逆耳	谗言顺耳	谗言逆耳	B	外储说
慕仁义否、治强否	慕仁义而治强	慕仁义而治弱	不慕仁义而治强	不慕仁义而治弱	B、C	外储说
信赏以尽能否、罚以禁邪否	信赏以尽能，罚以禁邪	信赏以尽能，罚不能禁邪	赏不能尽能，罚以禁邪	赏不能尽能，罚不能禁邪	A	外储说
治吏否、治民否	治吏也治民	治吏不治民	治民不治吏	不治吏也不治民	B	外储说
恃己否、恃人否	恃己也恃人	恃己而不恃人（自恃）	恃人而不恃己	不恃己也不恃人	B、C	外储说
靠己否、靠人否	靠自己也靠他人	靠自己而不靠他人	靠他人而不靠自己	不靠自己也不靠他人	B、C	外储说
嗜鱼否、受鱼否	嗜鱼而受鱼	嗜鱼而不受鱼	不嗜鱼而受鱼	不嗜鱼也不受鱼	B	外储说
身死否、名息否	身死名息	身死而名不息	身不死而名息	身不死而名不息	A	难一
爱否、欺否	既爱也欺	爱而不欺	不爱而欺	不爱也不欺	B	难一
爱其身否、爱其君否	既爱其身也爱其君	爱其身而不爱其君	不爱其身而爱其君	不爱其身也不爱其君	D	难一

续表

两仪	A象	B象	C象	D象	选项	篇章
刑当否、刑多否	刑当且多	刑当无多（刑当也少）	刑不当且刑多	刑不当而刑少	A、C	难二
赏有功否、诛过否	赏有功而诛过	赏有功而不诛过	赏无功而诛过	赏无功而不诛过	D	难二
君之力否、臣之力否	君臣合力（俱力）	君之力而非臣之力	臣之力而非君之力	非君之力也非臣之力	A、B、C	难二
有明君否、有良臣否	既有明君也有良臣	有明君而无良臣	无明君而有良臣	无明君也无良臣	A、B、C、D	难二
有山林泽谷之利否、入多否	有山林泽谷之利而入多	有山林泽谷之利而入少	无山林泽谷之利而入多	无山林泽谷之利而入少	C、D	难二
言者动听否、听者喜欢否	言者动听听者喜欢	言者动听听者不喜欢	言者不动听听者喜欢	言者不动听听者不喜欢	A、B	难二
人为否、天时否	人为也有天时	人为而非天时	天时而非人为	无人为也无天时	A	难二
为君自禁否、禁下否	自禁也能禁下	自禁但不能禁下	不能自禁但能禁下	不能自禁也不能禁下	B	难三
为君自节否、节下否	自节也能节下	自节但不能节下	不能自节但能节下	不能自节也不能节下	B	难三
爱之否、用之否	爱而用之	爱而不用之	不爱用之	不爱也不用之	A	难四
贤治否、势治否	贤治势治并举	采取贤治	采取势治	既不采取贤治也不采取势治	A、B、C	难势
抱法否、处势否	抱法处势	抱法不处势	不抱法而处势	不抱法也不处势	A	难势
矛否、盾否	有矛有盾（矛盾）	有矛无盾	有盾无矛	无矛无盾	A	难势
基层历练否、胜任高层管理岗位否	基层历练，胜任高层管理岗位	基层历练，不能胜任高层管理岗位	没有基层历练，胜任高层管理岗位	没有基层历练，不能胜任高层管理岗位	A、D	问田
军才否、政才否	军政两全的人才	军才而非政才	政才而非军才	既不是军才也不是政才	B	定法
法之有无、术之有无	有法也有术	有法无术（重法轻术）	有术无法	无法也无术	A、B、C	定法
民治否、国安否	民治而国安	民治而国危	民乱而国安	民乱而国危	A	说疑
身安危、国存亡	身安而国存	身安而国亡	身危而国存	身危而国亡	A、D	说疑
便国否、利民否	便国利民	便国不利民	不便国但利民	不便国也不利民	A	说疑
威足以临天下否、利足以盖世否	威足以临天下，利足以盖世	威足以临天下，利不足以盖世	威不足以临天下，利足以盖世	威不足以临天下，利不足以盖世	A	说疑
外举避仇否、内举避亲否	外举避仇内举避亲	外举避仇内举不避亲	外举不避仇内举避亲	外举不避仇内举不避亲	D	外储说、说疑
有功否、显否	有功而显	有功而隐	无功而显	无功而隐	C	诡使
有劳否、富否	有劳而富	有劳而贫（劳而贫）	无劳而富	无劳而贫	C	诡使
上有公惠否、下有公欲否	上有公惠而下有公欲	上有公惠而下有私欲	上有私惠但下有公欲	上有私惠而下有私欲	D	诡使
官治否、国富否	官治而国富	官治而国贫	官不治而国富	官不治而国贫	A	六反

续表

两仪	A象	B象	C象	D象	选项	篇章
严否、爱否	严而爱（既严也爱）	严而少爱	爱而少严	少严少爱（不严不爱）	A	六反
父严管否、母厚爱否	父严管而母厚爱	父严管而母不厚爱	父不严管而母厚爱	父不严管而母不厚爱	A	六反
有贵臣否、有重臣否	既有贵臣也有重臣	有贵臣而无重臣	有重臣而无贵臣	无贵臣也无重臣	B	八说
执柄否、处势否	执柄处势	执柄但未处势	未执柄而处势	未执柄也未处势	A	八经
赏与罚、贤与暴	赏贤	赏暴	罚贤	罚暴	A、B、C、D	八经
赏贤与暴、罚贤与暴	既赏贤也罚贤	赏贤罚暴	赏暴罚贤	赏暴也罚暴	B、C	八经
民多否、财货多否	民多而财货多（有余）	民多而财货寡（少）	民少而财货多	民少而财货少	B、C	五蠹
行仁义否、王天下否	行仁义而王天下	行仁义而丧其国	不行仁义而王天下	不行仁义而丧其国	A、B	五蠹
世同否、事同否	世同而事同	世同而事异	世异而事同	世异而事异	D	五蠹
怀其义否、服其势否	既怀其义也服其势	怀其义但不服其势	不怀其义但服其势	不怀其义也不服其势	C	五蠹
利多少、劳多少	利多劳也多	利多而劳少	利少而劳多	利少劳也少	B、C	五蠹
俭否、孝否	俭孝并蓄（既俭也孝）	俭而不孝	孝而不俭	不俭也不孝	B、C	显学
寒否、暑否	寒中有暑、暑中有寒	有寒无暑	有暑无寒	不寒不暑	B、C、D	显学
勤劳懒惰、节俭奢侈	既勤劳也节俭	勤劳而奢侈	懒惰而节俭	懒惰而奢侈	A、D	显学
贵其智否、高其行否	贵其智而高其行	贵其智而不高其行	不贵其智但高其行	不贵其智也不高其行	A	显学
重物否、重生否	重物重生	重物轻生	轻物重生	轻物轻生	C	显学
德治否、法治否	德治和法治并举	德治而不法治	法治而不德治	不德治也不法治	B、C	显学
宰相起于州部否、猛将发于卒伍否	宰相起于州部，猛将发于卒伍	宰相起于州部，猛将不发于卒伍	宰相不起于州部，猛将发于卒伍	宰相不起于州部，猛将不发于卒伍	A	显学
忠否、孝否	忠孝两全	忠而不孝	孝而不忠	不忠不孝	C、D	忠孝
尚法否、尚贤否	尚法也尚贤	尚法而不尚贤	尚贤而不尚法	不尚法也不尚贤	B	忠孝
尽力守法否、专心于事主否	尽力守法，专心于事主	尽力守法，不专心于事主	不尽力守法，专心于事主	不尽力守法，不专心于事主	A	忠孝
法从民欲否、从利民否	从民欲也从利民	从民欲而不从利民	不从民欲而从利民	不从民欲也不从利民	C	心度
有政否、有权否	有政有权	有政无权	有权无政	无政无权	A	心度

《韩非子·二柄》中有这么一段文字："明主之所导制其臣者，二柄而已矣。二柄者，刑德也。何谓刑德？曰：杀戮之谓刑，庆赏之谓德。为人臣者畏诛罚而利庆赏，

故人主自用其刑德，则群臣畏其威而归其利矣……人主者，以刑德制臣者也。今君人者释其刑德而使臣用之，则君反制于臣矣。故田常上请爵禄而行之群臣，下大斗斛而施于百姓，此简公失德而田常用之也，故简公见弑。子罕谓宋君曰：'夫庆赏赐予者，民之所喜也，君自行之；杀戮刑罚者，民之所恶也，臣请当之。'于是宋君失刑而子罕用之，故宋君见劫。田常徒用德而简公弑，子罕徒用刑而宋君劫。故今世为人臣者兼刑德而用之，则是世主之危甚于简公、宋君也。故劫杀拥蔽之主非失刑德，而使臣用之而不危亡者，则未尝有也。"本书以四象圆思维来解读这段文字，以"君臣"为横坐标，以"行赏用刑"为纵坐标，那么就有四种情形：君行赏、君用刑、臣行赏、臣用刑。如图6-24所示。韩非子认为，君主要掌握A、B两种权力，处在A、B两个象限。齐国国君掌握了B情形，而田常掌握了C情形，田常弑君而齐国上下没有人说他不好。齐国政治家晏婴预言："齐政卒归田氏。田氏（田常家族）虽无大德，以公权私，有德于民，民爱之。"宋国国君处在A情形，而子罕处在D情形，子罕就挟制宋君。齐简公因失行赏权而丢命，宋桓公因失惩罚权而失位，如果臣子处在C、D两种情形而掌握了行赏、用刑二柄权力，那么国家必亡。

图6-24　四象圆思维解读《韩非子·二柄》的"君臣二柄"图

6.13　用四象圆思维读《孙子兵法》

《孙子兵法》是孙武的个人著作，就如《道德经》是老子的个人著作一样。孙武，字长卿，春秋末期齐国乐安（今山东省广饶县）人，出生于齐国的军事世家，其祖孙书、族祖父田穰苴等均是齐国名将。田穰苴遗有《司马穰苴兵法》，该书对孙武影响巨大。孙武长期被中国人尊称为"兵圣"（兵家至圣）或孙子，被誉为"百世兵家之师""东方兵学的鼻祖"。虽然《司马穰苴兵法》比《孙子兵法》要早，但《司马穰苴兵法》不是田穰苴的个人作品，它是集体的创作。更为关键的是，《司马穰苴兵法》的主要内容是军礼、军制。真正讲军事理论，总结战争规律的兵书，以《孙子兵法》为最早。

《孙子兵法》全面地分析了敌我、众寡、强弱、虚实、攻守、进退等矛盾，并通过对战争客观规律的认识和掌握以克敌制胜。他提出了兵无常势，水无常形，能因敌变化而取胜的战争常识，强调了战略战术上的奇正相生和灵活运用。本书认为《孙子兵法》的创作符合以下过程：伏羲出了个博士论文题目"两仪四象在军事领域的具体运用"或"辩证思维在军事领域的具体运用"，而孙武经过自己的研究与实践，洋洋洒洒地写了一篇论文，这篇论文得到了伏羲及其后裔的认可，变成了一部影响巨大的著作《孙子兵法》。

《孙子兵法》又称《孙武兵法》，是中国现存最早的兵书，也是世界上最早的兵书，早于卡尔·克劳塞维茨的《战争论》约2300年，被尊为"历代兵书之祖""世界古代第一兵书""兵学圣典"。《孙子兵法》在战国时期流传甚广。韩非子说："境内皆言兵，藏孙吴之书者，家有之。"曹操说："吾观兵书战策多矣，孙武所著深矣。"于是曹操编著了《孙子略解》。《孙子略解》的问世，标志着《孙子兵法》真正进入了注解的时期。李世民说"观诸兵书，无出孙武"。《孙子兵法》今存13篇，共有6000字左右。汉代版《孙子兵法》竹简1972年出土于临沂银雀山汉墓中。

《孙子兵法》里运用了大量的两仪思维进行战争分析，本书用四象圆思维读《孙子兵法》，归纳了169个两仪四象：3个选择了四种情形，占1.8%；5个选择三种情形，占3%；23个选择了两种情形，占13.6%；138个选择一种情形，占81.7%。如表6-16所示。

表6-16　用四象圆思维读《孙子兵法》

两仪	A象	B象	C象	D象	选择	篇章
生否、死否	有生有死（生死）	生而不死	死而不生	无生无死	A、B、C	始计
存否、亡否	有存有亡（存亡）	存而不亡	亡而不存	无存无亡	A、B、C	始计
可否、察否	可察	可而不察	不可而察	不可不察	D	始计
可以之生否、可以与之死否	可以之生，可以与之死	可以与之生，不可以与之死	不可以与之生，可以与之死	不可以与之生，不可以与之死	A	始计
知之（五事）者否、胜否	知之者胜	知之者不胜	不知者胜	不知者不胜	A、D	始计
考五事否、答七问否	考五事答七问	考五事不答七问	不考五事答七问	不考五事不答七问	A	始计
听吾计否、用之否	听吾计而用之	听吾计但不用之	不听吾计而用之	不听吾计而不用之	A、C	始计
用之否、胜否	用之则胜	用之但败	不用之但胜	不用之则败	A、D	始计
听计否、造势否	听计也造势	听计但不造势	不听计但造势	不听计不造势	A	始计
因利否、制权否	因利而制权	因利但不制权	不因利而制权	不因利也不制权	A	始计

两仪	A象	B象	C象	D象	选择	篇章
我方能否、示之能否	能而示之能	能而示之不能	不能而示之能	不能而示之不能	A	始计
我方用否、示之用否	用而示之用	用而示之不用	不用而示之用	不用而示之不用	A	始计
我方近否、示之近否	近而示之近	近而示之远	远而示之近	远而示之远	B、C	始计
敌方利否、诱之否	利而诱之	利而不诱之	无利而诱之	无利不诱之	A	始计
敌方乱否、取之否	乱而取之	乱而不取之	不乱而取之	不乱也不取之	A	始计
敌方实否、备之否	实而备之	实而不备之	不实而备之	不实也不备之	A	始计
敌方强否、避之否	强而避之	强而不避之	不强而避之	不强也不避之	A	始计
敌方怒否、挠之否	怒而挠之	怒而不挠之	不怒而挠之	不怒也不挠之	A	始计
敌方卑否、骄之否	卑而骄之	卑而不骄之	不卑而骄之	不卑也不骄之	A	始计
敌方逸否、劳之否	逸而劳之	逸而不劳之	不逸而劳之	不逸也不劳之	A	始计
敌方亲否、离之否	亲而离之	亲而不离之	不亲而离之	不亲也不离之	A	始计
攻否、其有无备	攻其有备	攻其无备	不攻其有备	不攻其无备	B	始计
出否、其有意否	出其有意	出其不意	不出其意	不出其不意	B	始计
攻其备否、出其意否	攻其备出其意	攻其备出其不意	攻其无备出其意	攻其无备出其不意	D	始计
战否、庙算否	战而庙算	战而不庙算	未战而庙算	未战而不庙算	C	始计
未战庙算否、胜否	未战庙算而胜	未战庙算不胜	未战庙不算而胜	未战庙不算不胜	A、B	始计
筹划周密否、胜否	筹划周密而胜	筹划周密但不胜	筹划不周密但胜	筹划不周密也不胜	A、D	始计
我胜否、敌胜否	我胜敌也胜	我胜敌败（胜负）	我败敌胜	我败敌也败	A、B、C、D	始计
战久否、钝兵挫锐否	战久则钝兵挫锐	战久则兵未钝挫锐	战速但钝兵挫锐	战速则兵未钝挫锐	A	作战
战久否、国用足否	久暴师但国用足	久暴师则国用不足	战速而国用足	战速但国用不足	B	作战
兵久否、国利否	兵久而国利	兵久而国不利	兵不久而国利	兵不久而国不利	A	作战
尽知用兵之利否、尽知用兵之害否	尽知用兵之利，也尽知用兵之害	尽知用兵之利，不尽知用兵之害	不尽知用兵之利，尽知用兵之害	不尽知用兵之利，不尽知用兵之害	D	作战
军粮于国否、军粮于敌否	粮于国取粮于敌	粮于国取不粮于敌	不粮于国取粮于敌	不粮于国取不粮于敌	C	作战
力屈否、财殚否	力屈财殚	力屈财未殚	力未屈财殚	力未屈财也未殚	A	作战

续表

两仪	A象	B象	C象	D象	选择	篇章
胜敌否、己益强否	胜敌而己益强	胜敌而己未益强	未胜敌但己益强	未胜敌己也未益强	A	作战
优待俘虏否、俘虏有归顺心否	优待俘虏使之有归顺心	优待俘虏但未使之有归顺心	未优待俘虏但使之有归顺心	未优待俘虏也未使之有归顺心	A	作战
贵速否、贵久否	贵速也贵久	贵速而不贵久	不贵速而贵久	不贵速也不贵久	B	作战
战否、屈人之兵否	战而屈人之兵	战而未能屈人之兵	不战而屈人之兵	不战也不能屈人之兵	A、C	谋攻
战否、胜否	战而胜（战胜）	战而败（战败）	不战而胜	不战而败	A、B、C	谋攻
兵钝否、利可全否	兵钝而利可全	兵钝而利不可全	兵不钝而利可全	兵不钝而利不可全	C	谋攻
将辅周隙、国之强弱	将辅周则国强	将辅周则国弱	将辅隙则国强	将辅隙则国弱	A、D	谋攻
不知军之不可以进退、谓之进退	不知军之不可以进而谓之进	不知军之不可以进而谓之退	不知军之不可以退而谓之进	不知军之不可以退而谓之退	A、D	谋攻
不知三军之事否、行三军之政否	不知三军之事而行三军之政	不知三军之事，不行三军之政	知三军之事，行三军之政	知三军之事，不行三军之政	A	谋攻
不知三军之权否、行三军之任否	不知三军之权，而行三军之任	不知三军之权，不行三军之任	知三军之权，行三军之任	知三军之权，不行三军之任	A	谋攻
（军士）惑否、疑否	既惑且疑	惑但不疑	不惑但疑	不惑不疑	A	谋攻
以虞否、待虞否	以虞待虞	以虞待不虞	以不虞待虞	以不虞待不虞	B	谋攻
将能否、君御否	将能而君御	将能而君不御	将不能而君御	将不能君也不御	B	谋攻
知己否、知彼否	知己知彼	知己不知彼	不知己但知彼	不知己不知彼	A、B、C、D	谋攻
己方可被敌人战胜否、敌方可被我方战胜否	先为不可胜以待敌之可胜	我方先为不可胜，敌也不可胜	我方为可胜，敌也可胜	我方为可胜，敌不可胜	A	军形
可不可胜、在己在敌	可胜在己也在敌	可胜在己不可胜在敌	不可胜在己可胜在敌	不可胜在己也在敌	C	军形
能为可不可被战胜否、能使敌之可被战胜否	能使自己可胜，能使敌之可胜	能使自己不可胜，不能使敌之可胜	不能使自己不可胜，能使敌之可胜	不能使自己不可胜，不能使敌之可胜	B	军形
进攻有无、防守有无	有攻有守（攻防并举）	有攻无守	有守无攻	无攻无守	A、B、C	军形
实力有余不足、攻守	优势则攻（有余则攻）	优势而守	劣势反攻（不足而攻）	劣势则守（不足则守）	A、D	军形
善攻否、善守否	善攻善守	善攻而不善守	不善攻但善守	不善攻也不善守	A、B、C	军形
自保否、全胜否	自保也能全胜	自保但不能全胜	不能自保但能全胜	不能自保也不能全胜	A	军形
智名有无、勇功有无	既有智名也有勇功	有智名但无勇功	有勇功但无智名	无智名也无勇功	A、B、C、D	军形
战胜战败、差错有无	战胜而有差错	战胜且无差错	战败也有差错	战败但无差错	B	军形

续表

两仪	A象	B象	C象	D象	选择	篇章
立于不败之地否、失敌之败否	立于不败之地，失敌之败	立于不败之地，不失敌之败	不立于不败之地，失敌之败	不立于不败之地，不失敌之败	B	军形
先胜先战、求胜求战	先胜而后求胜	先胜而后求战	先战而后求胜	先战而后求战	B、C	军形
正否、奇否	正奇相生（既正也奇）	正而无奇	奇而无正	无正亦无奇	A	兵势
正合否、奇胜否	正合奇胜	正合而不奇胜	不正合而奇胜	不正合也不奇胜	A	兵势
实否、虚否	有实有虚（虚实结合）	有实无虚	有虚无实	无实无虚	A	兵势
始否、终否	有始有终（始终相生）	始而终来	终而复始	无始无终	C	兵势
死否、生否	死而更生	死而不生	生而不死	不死不生	A	兵势
势险否、节短否	既势险也节短	势险但不节短	不势险但节短	不势险也不节短	A	兵势
势如张弩否、节如机发否	势如张弩节如机发	势如张弩节不如机发	势不如张弩节如机发	势不如张弩节不如机发	A	兵势
斗乱而可乱否、形圆而可败否	斗乱而可乱，形圆而可败	斗乱而可乱，形圆而不可败	斗乱而不可乱，形圆而可败	斗乱而不可乱，形圆而不可败	A	兵势
治否、乱否	有治也有乱（治乱相生）	治而不乱	乱而不治	无治无乱	A、C	兵势、地形
勇否、怯否	勇怯相生	勇而不怯	怯而无勇	无勇无怯	A	兵势
强否、弱否	强弱相生	强而无弱	弱而无强	无强无弱	A	兵势
形之否、敌从之否	形之敌从之	形之敌不从之	不形之敌从之	不形之敌不从之	A	兵势
予之否、敌取之否	予之敌取之	予之敌不取之	不予之敌取之	不予之敌不取之	A	兵势
利之否、动之否	以利动之	以利不动之	不以利动之	不以利不动之	A	兵势
求之于势否、责于人否	求之于势也责于人	求之于势不责于人	不求于势但责于人	不求之于势也不责于人	B	兵势
择人否、任势否	择人而任势（造势）	择人而不任势	不择人而任势	不择人也不任势	A	兵势
安否、静否	安则静	安而不静	不安而静	不安也不静	A	兵势
危否、动否	危则动	危而不动	不危而动	不危亦不动	A	兵势
方否、止否	方则止	方而不止	不方而止	不方也不止	A	兵势
圆否、行否	圆则行	圆而不行	不圆而行	不圆也不行	A	兵势
致人否、致于人否	致人也致于人	致人而不致于人	不致人而致于人	不致人也不致于人	B	虚实
敌佚否、能劳之否	敌佚能劳之	敌佚而不能劳之	敌不佚而能劳之	敌不佚而不能劳之	A	虚实
敌饱否、能饥之否	敌饱能饥之	敌饱而不能饥之	敌不饱而能饥之	敌不饱而不能饥之	A	虚实
敌安否、能动之否	敌安能动之	敌安而不能动之	敌不安而能动之	敌不安而不能动之	A	虚实
出其所趋否、趋其所意否	出其所趋趋其所意	出其所趋趋其所不意	出其所不趋趋其所意	出其所不趋趋其所不意	D	虚实

续表

两仪	A象	B象	C象	D象	选择	篇章
行千里而劳者否、行于有无人之地	行千里而劳者，行于有人之地	行千里而劳者，行于无人之地	行千里而不劳者，行于有人之地	行千里而不劳者，行于无人之地	D	虚实
攻否、必取否	攻而必取	攻而不必取	不攻而必取	不攻也不必取	A	虚实
攻否、其所守否	攻其所守	攻其所不守	不攻其所守	不攻其所不守	B	虚实
进否、可御否	进而可御	进而不可御	不进而可御	不进而不可御	B	虚实
攻否、其必救否	攻其所必救	攻其所不必救	不攻其所必救	不攻其所不必救	A	虚实
使敌人暴露行迹否、我方隐藏行迹否	使敌人暴露行迹，我方隐藏行迹	使敌人暴露行迹，我方不隐藏行迹	不使敌人暴露行迹，我方隐藏行迹	不使敌人暴露行迹，我方不隐藏行迹	A	虚实
我专否、敌专否	我专敌也专	我专而敌分	我分而敌专	我分敌也分	B	虚实
我众否、敌寡否	我众敌也众	我众而敌寡	我寡而敌众	我寡敌也寡	B	虚实
以众否、击众否	以众击众	以众击寡	以寡击众	以寡击寡	B	虚实
知战之地否、知战之日否	知战之地知战之日	知战之地不知战之日	不知战之地知战之日	不知战之地不知战之日	A、D	虚实
胜可知否、胜可为否	胜可知胜可为	胜可知、胜不可为	胜不可知但可为	胜不可知也不可为	A、B	虚实、军形
策之否、知得失之计否	策之而知得失之计	策之但不知得失之计	不策之但知得失之计	不策之不知得失之计	A	虚实
作之否、知动静之理否	作之而知动静之理	作之但不知动静之理	不作之但知动静之理	不作之不知动静之理	A	虚实
形之否、知死生之地否	形之而知死生之地	形之但不知死生之地	不形之但知死生之地	不形之不知死生之地	A	虚实
角之否、知有余不足之处否	角之而知有余不足之处	角之不知有余不足之处	不角之知有余不足之处	不角之不知有余不足之处	A	虚实
人知我所以胜之形否、知吾所以制胜之形否	人皆知我所以胜之形，知吾所以制胜之形	人皆知我所以胜之形，莫知吾所以制胜之形	人莫知我所以胜之形，但知吾所以制胜之形	人莫知我所以胜之形，莫知吾所以制胜之形	B	虚实
避高否、趋下否	避高但趋下	避高但不趋下	不避高但趋下	不避高也不趋下	A	虚实
避实否、击虚否	避实而击虚	避实不击虚	不避实但击虚	不避实也不击虚	A	虚实
因敌否、制胜否	因敌而制胜	因敌但未能制胜	不因敌但能制胜	不因敌也未能制胜	A	虚实
因敌变化否、取胜否	因敌变化而取胜	因敌变化而未能取胜	不因敌变化而取胜	不因敌变化也未能取胜	A	虚实
长否、短否	既有长也有短	有长无短	有短无长	无长无短	A	虚实
以直迂、为直迂	以直为直	以直为迂	以迂为直	以迂为迂	C	军争
以利患、为利患	以利为利	以利为患	以患为利	以患为患	C	军争
以迂为直否、以患为利否	以迂为直以患为利	以迂为直不以患为利	不以迂为直但以患为利	不以迂为直不以患为利	A	军争
先发否、先至否	先发先至	先发而后至	后发而先至	后发后至	C	军争
迂其途否、诱之以利否	迂其途且诱之以利	迂其途但不诱之以利	不迂其途但诱之以利	不迂其途不诱之以利	A	军争

续表

两仪	A象	B象	C象	D象	选择	篇章
勇者独进否、怯者独退否	勇者独进，怯者独退	勇者独进，怯者不得独退	勇者不得独进，怯者独退	勇者不得独进，怯者不得独退	D	军争
敌方三军可夺气否、敌方将军可夺心否	三军可夺气，将军可夺心	三军可夺气，将军不可夺心	三军不可夺气，将军可夺心	三军不可夺气，将军不可夺心	A	军争
避其锐气否、击其惰归否	避其锐气击其惰归	避其锐气不击其惰归	不避其锐气击其惰归	不避其锐气不击其惰归	A	军争
以治待乱、以静待哗否	以治待乱以静待哗	以治待乱不以静待哗	不以治待乱以静待哗	不以治待乱不以静待哗	A	军争
以近否、待远否	以近待远	以近待近	以远待近	以远待远	A	军争
以佚否、待劳否	以佚待劳	以佚不待劳	不以佚待劳	不以佚不待劳	A	军争
以饱否、待饥否	以饱待饥	以饱不待饥	不以饱待饥	不以饱不待饥	A	军争
锐卒否、攻否	锐卒也攻	锐卒不攻	不锐卒而攻	不锐卒也不攻	B	军争
饵兵否、食否	饵兵也（贪）食	饵兵勿食	不是饵兵而食	不是饵兵也勿食	B	军争
归师否、遏否	归师也遏	归师勿遏	不是归师但遏	不是归师也勿遏	B	军争
围师否、遗阙否	围师遗阙	围师不遗阙	不是围师也遗阙	不是围师不遗阙	A	军争
穷寇否、迫否（追否）	穷寇也要迫	穷寇勿迫	不是穷寇也要迫	不是穷寇就勿迫	B	军争
攻心否、夺气否	攻心夺气	攻心未夺气	夺气未攻心	未攻心未夺气	A	军争
知地形否、知地利否	知地形也知地利	知地形不知地利	知地利不知地形	不知地形也不知地利	A、B	九变
利否、害否	有利有害（利害相杂）	有利无害	有害无利	无利无害	A	九变
知（通）九变之利否、知九变之术否	知九变之利，也知九变之术	知九变之利，不知九变之术	不知九变之利，知九变之术	不知九变之利，不知九变之术	A	九变
恃其不来否、恃吾有以待之否	恃其不来，恃吾有以待之	恃其不来，无恃吾有以待之	无恃其不来，恃吾有以待之	无恃其不来，无恃吾有以待之	C	九变
恃其不攻否、恃有所不可攻否	恃其不攻，恃有所不可攻	恃其不攻，无恃有所不可攻	无恃其不攻，恃有所不可攻	无恃其不攻，无恃有所不可攻	C	九变
驻军好高否、恶下否	好高而恶下	好高但恶下	不好高但恶下	不好高不恶下	A	行军
驻军贵阳否、贱阴否	贵阳而贱阴	贵阳但不贱阴	不贵阳但贱阴	不贵阳不贱阴	A	行军
敌辞卑否、益备否	辞卑而益备	辞卑而不益备	辞不卑但益备	辞不卑也不益备	A	行军
敌辞强否、进驱否	辞强而进驱	辞强而不进驱	辞不强但进驱	辞不强也不进驱	A	行军
敌受挫否、请和否	受挫而请和	受挫但不请和	不受挫而请和	不受挫也不请和	C	行军
见利否、进否	见利而进	见利而不进	不见利也进	不见利也不进	B	行军
亲附否、罚行否	亲附而罚行	亲附而罚不行	未亲附而罚行	未亲附而罚不行	B、C	行军
令之以文否、齐之以武否	令之以文，齐之以武	令之以文，不齐之以武	不令之以文，齐之以武	不令之以文，不齐之以武	A	行军

续表

两仪	A象	B象	C象	D象	选择	篇章
令素行否、教其民否	令素行以教其民	令素行而不教其民	令素不行以教其民	令素不行也不教其民	A、C	行军
卒强否、吏强否	卒强吏也强	卒强吏弱	卒弱吏强	卒弱吏也弱	B、C	地形
怒否、服否	怒而服	怒而不服	不怒而服	不怒也不服	B	地形
愤然否、擅自出战否	愤然而擅自出战	愤然但不擅自出战	不愤然但擅自出战	不愤然也不擅自出战	A	地形
软弱否、威严否	软弱但有威严	软弱而缺少威严	不软弱也有威严	不软弱但无威严	B	地形
以强否、击强否	以强击强	以强击弱	以弱击强	以弱击弱	C	地形
料敌否、制胜否	料敌制胜	料敌而不制胜	不料敌但制胜	不料敌也不制胜	A	地形
战道胜否、主曰战否	战道胜主曰战	战道胜主曰不战	战道不胜主曰战	战道不胜主曰不战	B、C	地形
进求名否、退避罪否	进求名退避罪	进求名退不避罪	进不求名退避罪	进不求名退不避罪	D	地形
厚否、能使否	厚而能使	厚而不能使	不厚但能使	不厚而不能使	B	地形
爱否、能令否	爱而能令	爱而不能令	不爱但能令	不爱而不能令	B	地形
知天否、知地否	知天知地	知天不知地	知地不知天	不知天也不知地	A	地形
我得否、彼得否	我得彼得	我得彼不得	我不得彼得	我不得彼也不得	A	九地
我往否、彼往否	我彼皆可以往	我可以往而彼不可以往	我不可以往也彼可以往	我彼皆不可以往	A	九地
疾战否、存亡	疾战则存	疾战而亡	不疾战而存	不疾战则亡	A、D	九地
合于利否、动止	合于利则动	合于利也止	不合于利而动	不合于利而止	A、D	九地、火攻
先夺否、其所爱否	先夺其所爱	先夺其所不爱	后夺其所爱	后夺其所不爱	A	九地
修整否、戒备否	修而戒	修而不戒	不修而戒	不修也不戒	C	九地
求否、得否	求而得	求而不得	不求而得	不求也不得	C	九地
能伸否、能屈否	能伸能屈	伸而不屈	屈而不伸	不伸也不屈	A	九地
深浅、专散	深则专	深则散	浅则专	浅则散	A、D	九地
前狭否、后险否	前狭后险	前狭后不险	前不狭后险	前不狭后不险	A	九地
巧否、能成事否	巧能成事	巧而不能成事	不巧而能成事	不巧而不能成事	A	九地
被敌人包围否、拼死战斗否	被敌人包围而拼死战斗	被敌人包围也不拼死战斗	未被敌人包围拼死战斗	未被敌人包围也不拼死战斗	A	九地
陷入绝境否、听从指挥否	陷入绝境而听从指挥	陷入绝境也不听从指挥	未陷入绝境听从指挥	未陷入绝境不听从指挥	A	九地
火攻看天时干燥否、放火选风起之日否	火攻看天时干燥，放火选风起之日	火攻看天时干燥，放火未选风起之日	火攻未看天时干燥，放火选风起之日	火攻未看天时干燥，放火未选风起之日	A	火攻
以火佐攻否、以水佐攻否	既以火佐攻也以水佐攻	以火佐攻但不以水佐攻	不以火佐攻但以水佐攻	不以火佐攻也不以水佐攻	B、C	火攻
战胜攻取否、巩固战果否	战胜攻取也能巩固战果	虽然战胜攻取但未能巩固战果	虽未能战胜攻取但能巩固战果	未能战胜攻取也未能巩固战果	B	火攻

续表

两仪	A象	B象	C象	D象	选择	篇章
明主否、良将否	既有明主也有良将	有明主无良将	无明主有良将	无明主也无良将	A	火攻
主怒否、兴师否	怒而兴师	怒而不兴师	不怒而兴师	不怒也不兴师	A	火攻
将愠否、致战否	愠而致战	愠而不致战	不愠而致战	不愠也不致战	A	火攻
明君慎战否、良将警战否	明君慎战良将警战	明君慎战良将不警战	明君不慎战良将警战	明君不慎战良将不警战	A	火攻
明君否、贤将否	既有明君也有贤将	有明君无贤将	无明君有贤将	无明君也无贤将	A	用间

　　孙武在"作战篇"中论述了速战速决的好处，他说："凡用兵之法，驰车千驷，革车千乘，带甲十万，千里馈粮，则内外之费，宾客之用，胶漆之材，车甲之奉，日费千金，然后十万之师举矣。其用战也贵胜，久则钝兵挫锐，攻城则力屈，久暴师则国用不足。夫钝兵挫锐，屈力殚货，则诸侯乘其弊而起，虽有智者，不能善其后矣。故兵闻拙速，未睹巧之久也。夫兵久而国利者，未之有也。故不尽知用兵之害者，则不能尽知用兵之利也。"他提出"兵久而国利者，未之有也"。本书运用四象圆思维读这段文字，具体以"兵久而国利"来展开四象圆思维探析，发现有四种情形：兵久而国利、兵久而国不利、兵速而国利、兵速而国不利。对于侵略方或进攻者，特别是进入他国境内进行战争的，他们会实现"兵速而国利"的情形，主张速战速决。但对于被侵略方或被进攻者而言，他们可以发挥主场优势，采取持久战，消耗敌方财力，挫伤敌方士气，并积极努力争取内外的支持，从而实现"兵久而国利"的情形。毛泽东主席选择了以"持久战"来应对日本侵略者的"速战"，并发表了著名的《论持久战》，领导我国人民战胜了日本侵略者。强者用速战，弱者用持久战。弱者创造条件让战争变为持久战，因为敌强我弱是一对矛盾，矛盾在运动变化，敌强有变成敌弱的可能，我弱有变成我强的可能，这一过程需要时间。在这个时间内，我方要动用一切资源令自己化弱为强，创造条件让敌强变成敌弱，从而让战争态势发生变化，而最终赢得胜利。读书，尤其是读经典，要辩证务实地读，不要把它们读死，而要把它们读活。

　　本书用四象圆思维读《孙子兵法》中的名言，"知彼知己者，百战不殆；不知彼而知己，一胜一负；不知彼，不知己，每战必殆"，从而得出"知己和知彼"的四象圆图，如图6-25所示。孙武和老子、庄子一样，在自觉地运用四象圆思维观察和分析万事万物。孙武在"地形"中继续阐述说："知吾卒之可以击，而不知敌之不可击，胜之半也；知敌之可击，而不知吾卒之不可击，胜之半也。"知己知彼，虽然可以"胜乃不殆"，但要做到"胜乃不穷"，主将还必须知天知地，拥有第二个四象圆思维。孙武认为，"知敌之可击，知吾卒之可以击，而不知地形之不可以战，胜之半也"。

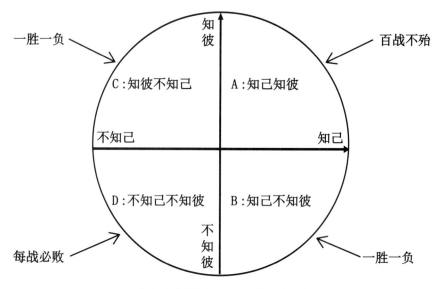

图 6-25 《孙子兵法》中 "知己知彼" 的四象圆思维图

6.14 用四象圆思维读《管子》

《管子》是记录春秋时期齐国管仲及管仲学派的言论和事迹的论文汇编，是托管仲之名编辑而成的重要著作，成书于战国时期（公元前 475—前 221 年）至秦汉时期，具有整合诸子百家思想的特性。在《管子》中，可以找到道、儒、墨、法、兵、纵横等 6 家的观点。它以黄老道家之道为基础，以其开放性在理论上解决了儒、法、墨诸家之间的分歧。管仲，姬姓管氏，名夷吾，字仲，谥敬，他因成功辅佐齐桓公成为春秋第一霸主，被尊为 "春秋第一相"，中国古代著名经济学家、哲学家、政治家、军事家。

本书认为管子是整合家，或者杂家，他提倡 "道、德、义、礼、法"。在先秦诸子中，管子和商子都是伟大的经济学家。管子提出的 "劳动分工" "贸易战" "消费拉动经济" 等，均领先世界上的其他经济学家。他认为，市场是商品流通的地方，是人民交换财富的地方，而不是创造财富的地方。市场虽然不能创造财富，但可以降低交换财富的成本，从而创造价值。他说："市者可以知治乱，可以知多寡，而不能为多寡，为之有道。"

本书用四象圆思维读《管子》，归纳了 63 个两仪四象：4 个选择了四种情形，占 6.3%；2 个选择三种情形，占 3.2%；16 个选择了两种情形，占 25.4%；41 个选择一种情形，占 65.1%。如表 6-17 所示。

表 6-17 四象圆思维读《管子》的归纳汇总

两仪	A象	B象	C象	D象	选择	篇章
仓廪实虚、知礼节否	仓廪实则知礼节	仓廪实而不知礼节	仓廪虽虚但知礼节	仓廪虚则不知礼节	A	牧民
衣食足否、知荣辱否	衣食足则知荣辱	衣食足而不知荣辱	衣食不足但知荣辱	衣食不足而不知荣辱	A	牧民

两仪	A象	B象	C象	D象	选择	篇章
国有财否、远者来否	国有财而远者来	国有财而远者不来	国无财而远者来	国无财而远者不来	A	牧民
顺逆民心、政之兴废	顺民心而政之兴	顺民心而政之废	逆民心而政之兴	逆民心而政之废	A、D	牧民
顺民四欲否、刑罚跟进否	顺民四欲刑罚跟进	顺民四欲刑罚不跟进	逆民四欲刑罚跟进	逆民四欲刑罚不跟进	A	牧民
严刑罚否、信庆赏否	严刑罚又信庆赏	严刑罚但不信庆赏	不严刑罚但信庆赏	不严刑罚也不信庆赏	A	牧民
能予否、取否	能予而取	能予而无取	不予而取	不予也无取	B	形势
怀否、威否	既怀且威	怀而无威	威而无怀	无怀无威	A	形势
地博否、国富否	地博而国富	地博而国贫	地小而国富	地小而国贫	B	权修
地辟否、国富否	地辟而国富	地辟而国贫	地不辟而国富	地不辟而国贫	B	权修
外可以应敌否、内可以固守否	外可以应敌，内可以固守	外可以应敌，内不可以固守	外不可以应敌，内可以固守	外不可以应敌，内不可以固守	D	权修
给爱利否、明智礼否	给爱利又明智礼	给爱利但不明智礼	不给爱利但明智礼	不给爱利也不明智礼	A	权修
有成绩否、给俸禄否	有成绩给俸禄	有成绩不给俸禄	无成绩但给俸禄	无成绩不给俸禄	A、B、C、D	权修
业绩多否、俸禄多否	业绩多俸禄多	业绩多而俸禄少	业绩少而俸禄多	业绩少而俸禄少	A、B、C、D	权修
教训成俗否、刑罚省否	教训成俗而刑罚省	教训成俗而刑罚多	教训不成俗而刑罚省	教训不成俗而刑罚多	A	权修
德当其位、能当其官否	德当其位能当其官	德当其位能不当其官	德不当其位能当其官	德不当其位能不当其官	A	立政
德之厚薄、位之尊卑	德厚而位尊	德厚而位卑	德薄而位尊	德薄而位卑	B、C	立政
见贤否、能让否	见贤而让	见贤而不让	见不贤而让	见不贤而不让	A	立政
公法行废、私曲行止	公法行而私曲也行	公法行而私曲止	公法废而私曲行	公法废而私曲止	B、C	五辅
直否、能否	直且能（既直也能）	直而无能	能而无直	无直无能	A	宙合
正否、直否	正直（正且直）	正而不直	直而不正	不正不直	A	宙合
应变否、失否	应变而失	应变而不失	不变而失	不变而不失	B	宙合
德盛否、义尊否	德盛义尊	德盛而义不尊	德不盛而义尊	德不盛而义不尊	A、D	枢言
制人否、为人制否	制人而为人制	制人而不为人制	为人制而不制人	不能制人也不为人制	B、C、D	枢言
时否、义否	既时且义	时而不义（时而无义）	义而无时	无时无义	A	枢言
忠之多少、欲之多少	多忠多欲	多忠少欲	少忠多欲	少忠少欲	B	枢言
罚严否、令行否	罚严令行	罚严而令不行	罚不严而令行	罚不严令不行	A、D	重令
大小利、大小害	大利也大害	大利而小害	小利而大害	小利也小害	B、C	法法
仁否、正否	仁且正	仁而不正	正而不仁	不仁不正	B	法法

续表

两仪	A象	B象	C象	D象	选择	篇章
扬美否、扬恶否	扬美（善）也扬恶	扬美蔽（隐）恶	蔽美扬恶	蔽美蔽恶	C	法法
同心否、同力否	同心同力	同心不同力	同力不同心	不同心也不同力	A	兵法
地大否、耕否	地大而耕	地大而不耕	地小而耕	地小而不耕	B	霸言
富否、强否	富而强	富而不强	贫而强（强而不富）	贫而不强（贫而弱）	A、B	制分
修义否、从令否	修义从令	修义而不从令	不修义而从令	不修义也不从令	A	君臣
上惠其道否、下敦其业否	上惠其道下敦其业	上惠其道下不敦其业	上不惠其道下敦其业	上不惠其道下不敦其业	A	君臣
务德否、守节否	务德且守节	务德而不守节	守节而不务德	不务德也不守节	A	君臣
治官否、化民否	治官化民	治官不化民	化民不治官	不治官也不化民	A	君臣
有善有过、归己归人	有善归己	有善归人	有过归己	有过归人	A、B、C、D	小称
重粟米否、敬珠玉否	重粟米且敬珠玉	重粟米而贱珠玉	贱粟米而敬珠玉	贱粟米也贱珠玉	C	侈靡
以大否、胜大否	以大胜大	以大胜小	以小胜大	以小胜小	C	侈靡
化故否、从新否	化故从新	化故不从新	不化故而从新	不化故也不从新	A	侈靡
当生否、生否	当生则生	当生则死	当死则生	当死则死	A、D	白心
任法否、任智否	任法且任智	任法而不任智	任智而不任法	不任法也不任智	B、C	任法
爱人否、私赏否	爱人而私赏	爱人而不私赏	不爱人而私赏	不爱人也不私赏	A、B	任法
富与贫、贵与贱	富且贵	富而贱	贫但贵	贫而贱	A、B、C、D	任法
慕古否、留今否	慕古也留今	慕古而不留今	不慕古但留今	不慕古也不留今	D	正世
民富否、易治否	民富则国易治	民富则国难治	民贫则国易治	民贫则国难治	A、D	治国
粟多否、国富否	粟多而国富	粟多而国贫	粟少而国富	粟少而国贫	A	治国
仓廪实虚、民有无积	仓廪实且民有积	仓廪实但民无积	仓廪虚但民有积	仓廪虚而民无积	D	治国
兴利否、除害否	兴利除害	兴利但不除害	除害但不兴利	不兴利也不除害	A	治国
修心否、正形否	修心正形	修心但不正形	不修心但正形	不修心也不正形	A	内业
使物否、为物使否	使物也为物使	使物但不为物使	不使物但为物使	不使物也不为物使	B	内业
喜否、怒否	既喜也怒	喜而不怒	怒而不喜	不喜不怒	D	内业
其所欲否、施于人否	其所欲而施于人	其所欲而勿施于人	非其所欲而施于人	非其所欲勿施于人	D	小问
易之先后、难之先后	易难并先	先易后难	先难后易	易难并后	B、C	禁藏
国有余藏否、民有余食否	国有余藏民有余食	国有余藏民无余食	国无余藏民有余食	国无余藏民无余食	A	禁藏
爱否、利否	爱利并举	爱而不利	利而不爱	不爱也不利	A、B、C	版法解
兼听否、独断否	兼听而独断	兼听而不独断	不兼听而独断	不兼听也不独断	A	明法解
重公否、重私否	公私并重	重公而轻私	重私而轻公	公私并轻	C	明法解

续表

两仪	A象	B象	C象	D象	选择	篇章
谷之轻重、物之轻重	谷和万物并重	谷重而万物轻	谷轻而万物重	谷和万物并轻	B、C	乘马数
物之多少、物之贵贱	物多也贵	物多则贱	物寡则贵	物寡也贱	B、C	国蓄
抛售囤积、价之升降	抛售而价涨	抛售则价跌	囤积则价涨	囤积而价跌	B、C	国蓄
价格高低、财货聚散	价高而货聚	价高而货散	价低而货聚	价低而货散	A、D	揆度

6.15　用四象圆思维读《鬼谷子》

《鬼谷子》，又名《捭阖策》，是由鬼谷子思想的研究者根据鬼谷子言论整理而成。它侧重于权谋策略及言谈辩论技巧，它集中了古代中国人心理揣摩、演说技巧、政治谋略、军事外交、经商谈判的精华，被广泛运用于内政、外交、战争、经贸及公关等领域。它是一种讲求行动的实践哲学，其方法论是顺应时势，知权善变，具有极完整的领导统驭、智谋策略体系。鬼谷子，王氏，名诩，别名禅，战国时期传奇人物，属于整合家或杂家，偏兵家和纵横家，被尊为"纵横家鼻祖""王禅老祖"。弟子五百，著名的有张仪、苏秦、孙膑、庞涓、尉缭子、李牧、白起、白圭、吕不韦、毛遂等。

《鬼谷子》可以被理解为"太极生两仪"在外交、社交、经商领域中的运用，如《鬼谷子》的开篇"捭阖"在第一段就云："观阴阳之开阖以命物，知存亡之门户，筹策万类之终始，达人心之理，见变化之朕焉，而守司其门户……变化无穷，各有所归。或阴或阳，或柔或刚，或开或闭，或弛或张。是故圣人一守司其门户，审察其所先后，度权量能，校其伎巧短长。"

本书用四象圆思维读《鬼谷子》，归纳了 34 个两仪四象：1 个选择了四种情形，占 2.9%；2 个选择三种情形，占 5.9%；3 个选择了两种情形，占 8.8%；28 个选择一种情形，占 82.4%。如表 6-18 所示。

表6-18　用四象圆思维读《鬼谷子》

两仪	A象	B象	C象	D象	选择	篇章
开否、合否	既开也合	开而不合	合而不开	不开不合	A、B、C	捭阖
度权否、量能否	度权量能	度权而不量能	不度权而量能	不度权也不量能	A	捭阖
嗜好否、欲望否	嗜好欲望并举（嗜欲）	有嗜好无欲望	有欲望无嗜好	无嗜好也无欲望	A	捭阖
捭否、阖否	有捭有阖	捭而不阖	阖而不捭	无捭无阖	A	捭阖
纵否、横否	有纵有横（纵横）	有纵无横	有横无纵	无纵无横	A	捭阖
观往否、验来否	观往验来	观往而不验来	不观往而验来	不观往且不验来	A	反应
知古否、知今否	知古也知今	知古而不知今	知今而不知古	不知古也不知今	A	反应

续表

两仪	A象	B象	C象	D象	选择	篇章
自知否、知人否	自知且知人	自知但不知人	不自知但知人	不自知也不知人	A	反应
方否、圆否	有方有圆（方圆并蓄）	方而不圆	圆而不方	不方不圆	A	反应
远近、亲疏	远而亲	远而疏	近而亲	近而疏	A、D	内揵
就之否、用之否	就而用	就而不用	不就而用	不就也不用	B	内揵
见其类否、为之否	见其类而为之	见其类而不为之	不见其类而为之	不见其类而不为之	C	内揵
得其情否、说之否	得其情而说之	得其情而不说之	不得其情而说之	不得其情而不说之	C	内揵
阳阴、亲疏	阳而亲	阳而疏	阴而亲	阴而疏	A、B、C、D	内揵
阳之亲疏、阴之亲疏	阳亲且阴亲	阳亲而阴疏	阳疏而阴亲	阳阴皆疏	B	内揵
合否、结否	合而结	合而不结	不合而结	不合也不结	B	内揵
立功否、建德否	立功建德	立功而未建德	未立功而建德	未立功也未建德	A	内揵
远近、可见否	远而可见	远而不可见	近而可见	近而不可见	D	抵巇
远近、可知否	远而可知	远而不可知	近而可知	近而不可知	A	抵巇
飞否、箝否	飞而箝之（飞箝）	飞而不箝	不飞而箝	不飞也不箝	A	飞箝
立势否、制事否	立势而制事	立势而不制事	不立势而制事	不立势也不制事	A	飞箝
智否、能否	智能（既智也能）	智而不能	能而不智	不智也不能	A	飞箝
气否、势否	有气有势	有气无势	有势无气	无气无势	A	飞箝
实往否、实来否	实往实来	实往而空来	空往而实来	空往而空来	C	飞箝
量权否、揣情否	量权也揣情	量权但不揣情	不量权但揣情	不量权也不揣情	A	揣
摩之以其类否、摩之以其欲否	摩之以其类，摩之以其欲	摩之以其类，不摩之以其欲	不摩之以其类，摩之以其欲	不摩之以其类，不摩之以其欲	A	摩
智者用其所短否、用愚人之所长否	智者用其所短，用愚人之所长	智者用其所短，不用愚人之所长	智者不用其所短，用愚人之所长	智者不用其所短，不用愚人之所长	C	权
智者用其所拙否、用愚人之所工否	智者用其所拙，用愚人之所工	智者用其所拙，不用愚人之所工	智者不用其所拙，用愚人之所工	智者不用其所拙，不用愚人之所工	C	权
言其利与害、从其所长与避其所短	言其有利，从其所长	言其有利，避其所短	言其有害，从其所长	言其有害，避其所短	A、D	权
同欲恶、相亲疏	同欲相亲	同欲相疏	同恶相亲	同恶相疏	B、C、D	谋
亲之内外、疏之内外	内亲而内疏	内亲而外疏	外亲而内疏	外亲也外疏	B、C	谋
道之阴阳、取之阴阳	阴道而阴取	阴道而阳取	阳道而阴取	阳道而阳取	B	谋
用赏否、用刑否	刑赏并用（刑赏）	赏而不刑	刑而不赏	不赏也不刑	A	符言
用赏贵信否、用刑贵正否	用赏贵信用刑贵正	用赏贵信用刑不贵正	用赏不贵信用刑贵正	用赏不贵信用刑不贵正	A	符言

6.16　用四象圆思维读《荀子》

荀子，即荀况，字卿，两汉时因避汉宣帝名讳"询"称"孙卿"，先秦时代百家争鸣的集大成者。按照现代话术，荀子就是先秦诸子思想的整合家，就是大师中的大师。他三次担任齐国稷下学宫的祭酒，两度出任楚兰陵令。晚年蛰居兰陵县（今山东省临沂市）著书立说，收徒授业，整理传承了《诗经》《尚书》《礼经》《乐经》《周易》《春秋》6部经典，为传播保存中华思想文化做出了巨大贡献。他尊王道，也称赞霸力；崇礼义，又讲法治；在"法先王"的同时，又主张"法后王"。荀子认为人性本恶，强调后天的学习。他反对宿命论，还提出了人定胜天，万物都循着自然规律运行变化等朴素唯物主义观点。

《荀子》，是战国时期荀子和弟子们整理和记录他人言行的哲学著作。今存32篇，除少数篇章，大部分是荀子自己所写。他的文章擅长说理，组织严密，分析透辟，善于取譬，常用排比句增强议论的气势，语言精练，有很强的说服力和感染力。

《荀子》内蕴含了大量的两仪圆思维和辩证思维，如"不苟"云"欲恶取舍之权：见其可欲也，则必前后虑其可恶也者；见其可利也，则必前后虑其可害也者；而兼权之，孰计之，然后定其欲恶取舍"等。本书用四象圆思维读《荀子》，归纳了141个两仪四象：14个选择了四种情形，占9.9%；9个选择三种情形，占6.4%；23个选择了两种情形，占16.3%；95个选择一种情形，占67.4%。如表6-19所示。

表6-19　用四象圆思维读《荀子》的归纳汇总

两仪	A象	B象	C象	D象	选项	篇章
博学否、知明否	博学而知明	博学而不知明	不博学但知明	不博学也不知明	A	劝学
扶否、直否	扶而直	扶而歪	不扶而直	不扶而歪	C	劝学
锲否、舍否	锲而舍之	锲而不舍	不锲而舍之	不锲不舍	A、B	劝学
入乎耳否、著乎心否	入乎耳著乎心	入乎耳未著乎心	未入乎耳但著乎心	未入乎耳未著乎心	A	劝学
问否、告否	问而告	问而不告	不问而告	不问也不告	B	劝学
师良师否、崇礼法否	师良师崇礼法	师良师不崇礼法	不师良师但崇礼法	不师良师不崇礼法	A	劝学
隆礼否、察辩否	隆礼且察辩（知明）	隆礼而未察辩	不隆礼而察辩	不隆礼也未察辩	B、C	劝学
观气色否、言否	观气色而言	观气色但不言	不观气色而言	不观气色也不言	C	劝学
全之否、尽之否	全之尽之	全之但不尽之	不全之但尽之	不全之也不尽之	A	劝学
能定否、能应否	能定能应	能定但不能应	能应但不能定	不能定也不能应	A	劝学
是我非我、当与不当	是我而当	是我而不当	非我而当	非我而不当	A、B、C	修身
隆师否、亲友否	隆师而亲友	隆师而不亲友	不隆师而亲友	不隆师也不亲友	A	修身
受谏否、能诫否	受谏而能诫	受谏而不能诫	不受谏而能诫	不受谏也不能诫	A	修身
谄谀者与谏争者、亲疏	谄谀者亲	谄谀者疏	谏争者亲	谏争者疏	A、D	修身

续表

两仪	A象	B象	C象	D象	选项	篇章
以善先人否、以善和人否	以善先人以善和人	以善先人不以善和人	不以善先人以善和人	不以善先人不以善和人	A、D	修身
以是非、为是非	以是为是（是是）	以是为非（是非）	以非为是（非是）	以非为非（非非）	A、B、C、D	修身
保利否、弃义否	保利弃义	保利而不弃义	不保利而弃义	不保利也不弃义	A	修身
闻之多少、见之多少	多闻多见	多闻少见	多见少闻	少闻少见	A、B、C、D	修身
由礼否、得师否	由礼且得师	由礼而未得师	不由礼而得师	不由礼也未得师	A、B、C	修身
役物否、役于物否	既役物也役于物	役物而不役于物	不役物而役于物	不役物也不役于物	B、C	修身、正名
身劳否、心安否	身劳而心安	身劳而心不安	身不劳而心安	身不劳而心不安	A	修身
利多否、义多否	利多也义多	利多而义少	利少而义多	义少且利少	C	修身
劳苦之事则争先否、饶乐之事则能让否	劳苦之事则争先，饶乐之事则能让	劳苦之事则争先，饶乐之事则不能让	劳苦之事则不争先，饶乐之事则能让	劳苦之事则不争先，饶乐之事则不能让	A、D	修身
守法否、行否	守法而行	守法而不行	不守法而行	不守法也不行	A	修身
笃志否、躬行否	笃志而躬行	笃志而不躬行	不笃志而躬行	不笃志也不躬行	A	修身
趋利否、避害否	趋利避害	趋利而不避害	不趋利但避害	不趋利也不避害	C	修身
行道理否、勇否	行道理也勇	行道理不勇	不行道理也勇	不行道理也不勇	A	修身
做好事、求人知否	虽做好事但求人知	做好事而不求人知	不做好事而求人知	不做好事也不求人知	B	修身
对人施恩否、求报答否	对人施恩但求报答	对人施恩而不求报答	不对人施恩而求报答	不对人施恩也不求报答	B	修身
贫穷否、志广否	贫穷而志广	贫穷而志不广	不贫穷而志广	不贫穷但志不广	A	修身
富贵否、体恭否	富贵而体恭	富贵而体不恭	不富贵而体恭	不富贵且体不恭	A	修身
安燕否、血气惰否	安燕而血气惰	安燕而血气不惰	不安燕而血气惰	不安燕且血气不惰	B	修身
劳倦否、容貌枯否	劳倦而容貌枯	劳倦而容貌不枯	不劳倦而容貌枯	不劳倦而容貌不枯	B	修身
怒否、过夺否	怒而过夺	怒不过夺	不怒也过夺	不怒不过夺	B	修身
喜否、过予否	喜而过予	喜不过予	不喜也过予	不喜不过予	B	修身
宽否、慢否	宽而慢	宽而不慢	不宽而慢	不宽而不慢	B	不苟
坚强否、暴否	坚强而暴	坚强而不暴	不坚强而暴	不坚强也不暴	B	不苟
位尊否、志恭否	位尊而志恭	位尊而志不恭	位不尊而志恭	位不尊而志不恭	A	不苟
怨天否、怨人否	怨天也怨人	怨天而不怨人	怨人而不怨天	不怨天也不怨人	A、B、C、D	荣辱、法行
先义后义、先利后利	先义先利	先义而后利	先利而后义	后义也后利	B、C	荣辱、王霸
有才能否、谨慎否	有才能而又谨慎	有才能而不谨慎	无才能而谨慎	无才能也不谨慎	A	荣辱
身生死、名有无	身生而有名	身生而无名	身死而有名	身死而无名	C	荣辱

两仪	A象	B象	C象	D象	选项	篇章
有师否、有法否	有师有法	有师无法	有法无师	无师无法	A、D	荣辱、儒效
心术正否、相貌好否	心术正且相貌好	心术正但相貌不好	心术不正但相貌好	心术不正且相貌不好	A、B、C、D	非相
饥否、欲饱否	饥而欲饱	饥而不欲饱	不饥而欲饱	不饥而不欲饱	A、B	荣辱、性恶
寒否、欲暖否	寒而欲暖	寒而不欲暖	不寒而欲暖	不寒而不欲暖	A、B	荣辱、性恶
劳否、欲休否	劳而欲休	劳而不欲休	不劳而欲休	不劳而不欲休	A、B	荣辱、性恶
尊后王否、道上古否	既尊后王也道上古	尊后王而不道上古	舍后王而道上古	舍后王也不道上古	C	非相
度己以绳否、接人用抴否	度己以绳接人用抴	度己以绳接人不用抴	度己不以绳接人用抴	度己不以绳接人不用抴	A	非相
贤否、能容否	贤而能容	贤但不能容	不贤但能容	不贤而不能容	A	非相
渊博否、正直否	渊博而正直（博而正）	渊博而不正直	正直而不渊博	不渊博也不正直	A	非相
才多否、志大否	才多且志大	才多但志小	才少而志大	才少且志也小	A	非十二子
言与默、当否	言而当	言而不当	默而当	默而不当	A、C	非十二子
言之多少、合礼法否	多言但合礼法	多言而不合礼法	少言而合礼法	少言而不合礼法	A、B、C	非十二子
厚敦否、合群否	厚敦也合群	厚敦而不合群	不厚敦但合群	不厚敦也不合群	A	非十二子
能否、云能否	能而云能	能而云不能	无能而云能	无能而不云能	C	非十二子
信任他人否、被他人信任否	信任他人也被他人信任	信任他人不被他人信任	不信任他人却被他人信任	不信任他人也不被他人信任	A、B	非十二子
佚否、惰否	佚而惰（佚且惰）	佚而不惰	不佚而惰	不佚也不惰	B	非十二子
劳否、慢否	劳而慢	劳而不慢	不劳而慢	不劳而不慢	B	非十二子
宗原否、应变否	宗原应变	宗原而不应变	不宗原而应变	不宗原不应变	A	非十二子
知否、问否	知而好问	知而不问	不知而好问	不知也不问	A	儒效
良法否、治否	有良法而治	有良法而乱	无良法而治	无良法而乱	B	王制
大节是否、小节是否	大节是而小节也是	大节是而小节非	大节非而小节是	大节非而小节也非	A、B、C、D	王制
民来否、地来否	民来地也来	民来而地不来	民去而地来	民去而地也去	C	王制
吾民怨否、敌民怨否	吾民怨且敌民怨	吾民怨但敌民不怨	吾民不怨但敌民怨	吾民不怨且敌民不怨	A	王制
同求否、同道否	同求也同道	同求而异道	异求而同道	异求而异道	B	富国
同欲否、同知否	同欲也同知	同欲而异知	异欲而同知	异欲而异知	B	富国

续表

两仪	A象	B象	C象	D象	选项	篇章
欲多否、物丰否	欲多也物丰	欲多而物寡	欲少而物丰	欲少而物寡	B	富国
教否、诛否	教而诛	教而不诛	不教而诛	不教而不诛	B、C	富国
利否、利之否	利而利之	利而不利之	不利而利之	不利而不利之	A、B、C	富国
爱否、用之否	爱而用之	爱而不用之	不爱而用之	不爱而不用之	A、B、C	富国
下富否、上富否	下富则上富	下富而上贫	下贫而上富	下贫则上贫	A、C、D	富国
开源否、节流否	开源节流	开源而不节流	节流而不开源	不开源也不节流	A	富国
治近否、治远否	治近也治远	治近而不治远	治远而不治近	不治近也不治远	A、B、C	王霸
宽惠否、有礼否	宽惠而有礼	宽惠而无礼	不宽惠而有礼	不宽惠而无礼	A	君道
隆礼否、至法否	隆礼至法	隆礼而不至法	不隆礼而至法	不隆礼也不至法	A	君道
知否、仁否	既知且仁	知而不仁	仁而不知	不知也不仁	A、B、C、D	君道、正论
从命否、利君否	从命而利君	从命而不利君	逆命而利君	逆命而不利君	A、B、C、D	臣道
从道否、从君否	从道也从君	从道不从君	从君不从道	不从道也不从君	B	臣道、子道
忠信否、谀否	忠信而谀	忠信而不谀	不忠信而谀	不忠信而不谀	B	臣道
谏争否、谄否	谏争而谄	谏争而不谄	不谏争而谄	不谏争而不谄	B	臣道
柔否、屈否	柔而屈	柔而不屈	不柔而屈	不柔而不屈	B	臣道
宽容否、乱否	宽容而乱	宽容而不乱	不宽容而乱	不宽容而不乱	B	臣道
隆礼尊贤，重法爱民否	既隆礼尊贤又重法爱民	隆礼尊贤不重法爱民	不隆礼尊贤重法爱民	不隆礼尊贤不重法爱民	A	强国
尚贤否、使能否	尚贤使能	尚贤而不使能	不尚贤而使能	不尚贤也不使能	A	强国
忠信否、楛否	忠信而楛	忠信而不楛	不忠信而楛	不忠信而不楛	B	强国
强本否、节用否	强本节用	强本而不节用	不强本而节用	不强本也不节用	A	天论
杀人者死否，伤人者刑否	杀人者死伤人者刑	杀人者死伤人者不刑	杀人者不死伤人者刑	杀人者不死伤人者不刑	A、D	正论
见侮否、为辱否	见侮为辱	见侮不辱	不见侮为辱	不见侮不辱	A、B	正论
义势、荣辱	义荣	义辱	势荣	势辱	A、B、C、D	正论
内外、荣辱	内荣	内辱	外荣	外辱	A、B、C、D	正论
义之荣辱、势之荣辱	义荣势荣	义荣势辱	义辱势荣	义辱势辱	A、B、C、D	正论
欲否、得否	欲而得	欲而不得	不欲而得	不欲也不得	A、B	礼论
始善否、终善否	终始俱善	始善而终不善	终善而始不善	终始均不善	A	礼论
敬始否、慎终否	敬始慎终	敬始而不慎终	慎终而不敬始	不敬始也不慎终	A	礼论
本性否、人为否	本性和人为相合	本性而无人为	人为而无本性	无本性也无人为	A	礼论
事生死、如生死	事生如生	事生如死	事死如生	事死如死	C	礼论
道志否、乐心否	道志乐心	道志而不乐心	不道志但乐心	不道志也不乐心	A	乐论
乐行否、志清否	乐行而志清	乐行而志不清	乐不行而志清	乐不行而志不清	A	乐论

两仪	A象	B象	C象	D象	选项	篇章
知人之性否、知物之理否	知人之性知物之理	知人之性不知物之理	不知人之性不知物之理	不知人之性知物之理	A	解蔽
尽伦否、尽制否	尽伦尽制	尽伦而不尽制	不尽伦而尽制	不尽伦也不尽制	A	解蔽
圣否、王否	既圣又王（圣王）	圣而不王（圣人）	王而不圣（王者）	不圣也不王	A、B、C、D	解蔽
宣与隐、成与败	宣而成（公开而成）	宣而败	隐而成	隐而败	A、B、C、D	解蔽
上明暗、下化否	上明而下化	上明而下不化	上暗而下化	上暗而下不化	A	解蔽
名定否、实辨否	名定而实辨	名定而实不辨	名不定而实辨	名不定而实不辨	A	正名
道行否、志通否	道行而志通	道行而志不通	道不行而志通	道不行而志不通	A	正名
制名否、指实否	制名而指实	制名而指虚	不制名而指实	不制名而指虚	A	正名
同状否、同质否	同状也同质（同所）	同状而异质	异状而同质	异状而异质	A、B、C、D	正名
状变否、质变否	状变而质变	状变而质不变	状不变而质变	状不变而质不变	B	正名
欲否、求否	有欲也有求（欲求）	有欲无求	无欲有求	无欲无求	A	正名
欲可去否、求可节否	欲可去求可节	欲可去求不可节	欲不可去求可节	欲不可去求不可节	C	正名
重理否、重物否	重理也重物	重理而轻物	轻理而重物	轻理也轻物	D	正名
养其欲否、纵其情否	养其欲而纵其情	养其欲而不纵其情	不养其欲而纵其情	不养其欲也不纵其情	A	正名
势列之位否、养名否	势列之位而养名	势列之位而不养名	无势列之位而养名	无势列之位而不养名	C	正名
好利否、欲得否	好利而欲得	好利而不欲得	不好利而欲得	不好利而不欲得	A	性恶
积善否、息否	积善而息	积善而不息	不积善而息	不积善而不息	B	性恶
可做否、肯做否	可做也肯做	可做而不肯做	不可做而肯做	不可做而不肯做	A、B	性恶
礼恭否、意俭否	礼恭而意俭	礼恭而意不俭	礼不恭而意俭	礼不恭而意不俭	A	性恶
重身否、重货否	重身也重货	重身而轻货	轻身而重货	轻身而轻货	C	性恶
口能言之否、身能行之否	口能言之身能行之	口能言之身不能行之	口不能言之身能行之	口不能言之身不能行之	A、B、C	大略
口言善否、身行善否	口言善身行善	口言善身行恶	口言恶身行善	口言恶身行恶	B	大略
先事否、虑事否	先事虑事	先事而不虑事	后事虑事	后事而不虑事	A、C	大略
先患否、虑患否	先患虑患	先患而不虑患	后患虑患	后患而不虑患	A、C	大略
义否、利否	义利并举	有义无利	有利无义	无义无利	A	大略
多知否、有亲否	多知而有亲	多知而无亲	少知而有亲	少知而无亲	B	大略
博学否、有方否	博学而有方	博学而无方	不博学而有方	不博学而无方	B	大略
好多否、有定否	好多而有定	好多而无定	好少而有定	好少而无定	B	大略
益上之誉否、益下之忧否	益上之誉益下之忧	益上之誉损下之忧	损上之誉益下之忧	损上之誉损下之忧	B	大略
能否、居否	能而居之	能而不居	不能而居之	不能而不居	C	大略

续表

两仪	A象	B象	C象	D象	选项	篇章
有益否、厚受否	有益而厚受	有益而薄受	无益而厚受	无益而薄受	C	大略
贵师否、重傅否	贵师而重傅	贵师而轻傅	贱师而重傅	贱师而轻傅	A、D	大略
从义否、从父否	从义也从父	从义而不从父	不从义而从父	不从义也不从父	B	子道
从命否、亲安否	从命而亲安（荣）	从命而亲危（辱）	不从命而亲安	不从命而亲危	A、C	子道
内人之亲否、外人之亲否	内人之亲外人之亲	内人之亲外人之疏	内人之疏外人之亲	内人之疏外人之疏	C	法行
身善否、怨人否	身善而怨人	身善而不怨人	身不善而怨人	身不善而不怨人	C	法行
有否、施否	有而施	有而不施	无而施	无而不施	B	法行
少而学否、老而教否	少而学老而教	少而学老而不教	少而不学老而教	少而不学老而不教	A、D	法行
忠诚否、能干否	忠诚也能干	忠诚而不能干	不忠诚而能干	不忠诚也不能干	A、B、C	哀公
忠信否、倦否	忠信而倦	忠信无倦	不忠信而倦	不忠信而无倦	B	尧问
为善与恶、得福与殃	为善得福	为善有殃	为恶得福	为恶有殃	A、B、C、D	尧问
志修否、德厚否	志修德厚	志修而德不厚	志不修而德厚	志不修而德不厚	A	尧问

6.17　用四象圆思维读《吕氏春秋》

《吕氏春秋》，又名《吕览》，是战国末年（公元前239年前后）秦国丞相吕不韦组织属下门客集体编撰的杂家（道、儒、墨、法、兵、纵横等）著作，是中国历史上第一部有组织按计划编写的文集。《吕氏春秋》具有很强的包容性，它对先秦各家各派着重审视其优长，汲取其精粹，力图超出门户之见，用平等的眼光对待各家，对各家思想都进行了改造、发展与摒弃。

本书用四象圆思维读《吕氏春秋》，归纳了57个两仪四象：5个选择了四种情形，占8.8%；2个选择三种情形，占3.5%；13个选择了两种情形，占22.8%；37个选择了一种情形，占64.9%。如表6-20所示。

表6-20　用四象圆思维读《吕氏春秋》

两仪	A象	B象	C象	D象	选择	篇目
重者轻者、为重轻	重者为重	重者为轻	轻者为重	轻者为轻	B、C	本生
重生轻生、重物轻物	重生也重物	重生而轻物	轻生而重物	轻生也轻物	B、C	本生
利于性否、取之否	利于性则取之	利于性则舍之	害于性则取之	害于性则舍之	A、D	本生
上为天子而骄否、下为匹夫而惽否	上为天子而骄，下为匹夫而惽	上为天子而骄，下为匹夫而不惽	上为天子而不骄，下为匹夫而惽	上为天子而不骄，下为匹夫而不惽	D	本生
贵富否、贵生否	贵富也贵生	贵富而不贵生	不贵富而贵生	不贵富也不贵生	B、C	本生

两仪	A象	B象	C象	D象	选择	篇目
其所谓是非、是非	其所谓是而是	其所谓是而非	其所谓非而是	其所谓非而非	A、B、C、D	重己
是非、其所谓是非	是其所谓是	是其所谓非	非其所谓是	非其所谓非	B、C	重己
智与愚、用公与私	智而用公	智而用私	愚而用公	愚而用私	B、D	贵公
务其归之否、务其所以归否	务其归之，务其所以归	务其归之，不务其所以归	不务其归之，务其所以归	不务其归之，不务其所以归	C	功名
食能以时否、身有灾否	食能以时身有灾	食能以时身无灾	食不能以时身有灾	食不能以时身无灾	B	尽数
罪己否、罪人否	罪己也罪人	罪己而不罪人	罪人而不罪己	不罪己也不罪人	B、C	论人
学生认可师之志否、老师认可学之志否	学生认可师之志，老师认可学之志	学生认可师之志，老师不认可学之志	学生不认可师之志，老师认可学之志	学生不认可师之志，老师不认可学之志	A、B、C、D	诬徒
其治厚薄者、其乐治厚薄	其治厚者其乐治厚	其治厚者其乐治薄	其治薄者其乐治厚	其治薄者其乐治薄	A、D	制乐
积否、抟否	积且抟（必积必抟）	积而不抟	抟而不积	不积也不抟	A	决胜
以利否、为利否	以利为利	以利为不利	不以利为利	不以利为不利	C	异宝
以人之所喜否、为己之所喜否	以人之所喜为己之所喜	以人之所喜为己之所恶	以人之所恶为己之所喜	以人之所恶为己之所恶	C	异宝
其知弥精否、其所取弥精否	其知弥精其所取弥精	其知弥精其所取弥粗	其知弥粗其所取弥精	其知弥粗其所取弥粗	A、D	异宝
审知今否、可知古否	审知今则知古	审知今但不知古	不审知今但知古	不审知今也不知古	A	长见
知古否、知后否	知古则可知后	知古但不知后	不知古但知后	不知古也不知后	A	长见
尊贤否、尚功否	尊贤尚功	尊贤不尚功	不尊贤而尚功	不尊贤也不尚功	A	长见
亲亲否、尚恩否	亲亲尚恩	亲亲但不尚恩	不亲亲但尚恩	不亲亲也不尚恩	A	长见
荣否、利否	既荣耀又得利	荣而无利	利而无荣	无荣无利	A	应同、召类
名否、利否	名利双收	有名无利	有利无名	无名无利	A、B、C、D	应同、召类
患其家之富否、不患其国之大否	患其家之富，不患其国之大	患其家之富，不患其国之不大	患其家之不富，不患其国之大	患其家之不富，不患其国之不大	D	务本
欲荣否、愈荣否	欲荣而愈荣	欲荣而愈辱	不欲荣而愈荣	不欲荣而愈辱	B	务本
欲安否、益安否	欲安而益安	欲安而益危	欲危而益安	欲危而益危	B	务本
远之近之、远近	远之而远	远之而近	近之而远	近之而近	B、C	首时
有汤武之贤否、有桀纣之时否	有汤武之贤，有桀纣之时	有汤武之贤，无桀纣之时	无汤武之贤，有桀纣之时	无汤武之贤，无桀纣之时	A、B、C	首时
患之多少、怨之多少	多患多怨	多患少怨	少患多怨	少患少怨	A	慎大
胜之其难否、持之其难否	胜之其难持之其难	胜之其难持之非其难	胜之非其难持之其难	胜之非其难持之非其难	C	慎大
察己否、知人否	察己知人	察己但不知人	不察己但知人	不察己也不知人	A	慎大
察古今、知古今	察古而知古	察古而知今	察今而知古	察今而知今	C	慎大

续表

两仪	A象	B象	C象	D象	选择	篇目
和否、矜否	和而矜	和而不矜	不和而矜	不和但不矜	B	审分
成否、处否	成而处	成而不处	不成而处	不成而不处	B	审分
制于物否、肯为使否	制于物肯为使	制于物无肯为使	不制于物肯为使	不制于物无肯为使	D	审分
静否、宁否	既静又宁	静而不宁	不静而宁	不静不宁	A	君守
知否、为否	有知有为	有知无为	无知有为	无知无为	A、D	任数
去骇否、从骇否	去骇从骇	去骇从不骇	去不骇从骇	去不骇而从不骇	A、B	审应
目视于有形否、耳听于有声否	目视于有形，耳听于有声	目视于有形，耳听于无声	目视于无形，耳听于有声	目视于无形，耳听于无声	D	精谕
见其人否、知其志否	见其人而知其志	见其人却不知其志	未见其人而知其志	未见其人而不知其志	C	精谕
足高否、气强否	足高气强	足高气弱	足低气强	足低气弱	A	精谕
自责责人、以义以人	自责以义	自责以人	责人以义	责人以人	A、B、C、D	举难
以人之小恶否、亡人之大美否	以人之小恶，亡人之大美	以人之小恶，不亡人之大美	不以人之小恶，亡人之大美	不以人之小恶，不亡人之大美	A	举难
仁否、节否	仁且节（仁节）	仁而不节	节而不仁	不仁不节	A	召类
自骄否、自智否	自骄也自智	自骄而不自智	自智而不自骄	不自骄也不自智	A	骄恣
观其事否、观其志否	观其事也观其志	观其事而不观其志	不观其事而观其志	不观其事也不观其志	C	观表
仁于人否、仁于物否	仁于人也仁于物	仁于人而不仁于物	仁于物不仁于人	不仁于人也不仁于物	A、B、C	爱类
土地足否、民足否	土地足且民也足	土地足而民不足	土地不足而民足	土地不足且民也不足	B	贵卒
极否、反否	极而反	极而不反	不极而反	不极而不反	A	博志
盈否、亏否	盈而亏	盈而不亏	不盈而亏	不盈也不亏	A	博志
顺否、倒否	既顺且倒	顺而不倒	倒而不顺	不顺也不倒	A	似顺
可以战否、战否	可以战而战	可以战而不战	不可以战而战	不可以战而不战	A、B、C、D	处方
可信否、信否	可信而信	可信而不信	不可信而信	不可信而不信	B、C	士容
织否、衣否	织而衣	织而不衣	不织而衣	不织也不衣	C	上农
耕否、食否	耕而食	耕而不食	不耕而食	不耕也不食	C	上农
肌泽否、有力否	肌泽且有力	肌泽无力	肌不泽但有力	肌不泽又无力	A	审时
言之难易、行之难易	言易且行难	言易而行易	言难而行难	言难且行易	A	不苟

第 7 章

四象圆思维的现代运用

7.1 四象圆思维与人生智慧

人生是人类从出生至死亡所经历的过程。我们需要智慧伴随，才能顺利走完一生。四象圆思维可以提升我们的人生智慧，使我们成为一个既有智又有慧的对人类社会有价值有意义的人。人的一生需要修炼，修炼是修身还是修心？四象圆思维告诉我们，人生的修炼目标是图 7-1 中的 A 情形，对修身和修心进行统筹兼顾，做一个身心合修之人，使自己成为一个身心俱佳的人。而做一个图 7-2 中的 A 情形的人，便会成为一个富而好礼的中国人。

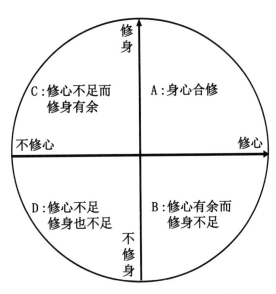

图 7-1 人生修炼的"修身-修心"四象圆图

图 7-2　人生修炼的"富贫-礼仪"四象圆图

人的一生要面临很多二选一的情况，诸如："是知识重要还是能力重要？""是学历重要还是经验重要？""是选择重要还是努力重要？""是情商重要还是智商重要？"这些都是没有标准答案的选择题，每个人的选择不一样，同一个人在不同时期，选择也是不一样的。遇到这种二选一的问题，人们往往会回答：不好说，很难说，有四种情形，要就个人而言，就具体情形而言，总之要把这个话题具体化。当把这个话题改成：对目前的你来讲，是知识重要还是能力重要？不同的人会形成四种情形：知识和能力都重要，知识重要，能力重要，知识和能力都不重要。

在讨论这个问题之前，我们先来看一下一个人拥有知识和能力的情况。如图 7-3所示。

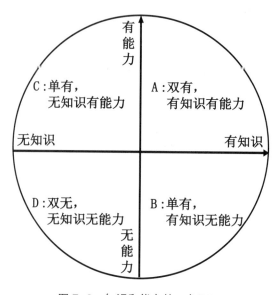

图 7-3　知识和能力的四象圆图

A是双有情形，毛泽东主席就是A情形的典型代表。B是单有情形，知识超过能力，被形容为纸上谈兵、眼高手低。战国时期的赵括就是B情形的典型代表。C也是单有情形，能力超过知识，C情形的人一般是能干的大老粗。被毛泽东主席评价为"只识弯弓射大雕"的成吉思汗，是C情形的典型代表。朱元璋、刘邦也是C情形的。他们在开创事业的过程中，从C到达了A。D是双无情形，每个人在进入小学读书前都处在D情形。

进入小学读书后，人开始了由D到B的征程。再在读书过程中，不断地学以致用，并参与社会实践，以提升能力，从而进入A情形。有些人，没法通过读书获得知识，于是直接或者较早地参加社会工作以获得能力，踏上由D到C的征程，进入C情形后，通过请家庭教师、自学或者采取在职深造的机会获得知识，从而进入A情形。在当今的社会，从C情形到达A情形是比较容易的，因为知识是公有的，通过互联网随时都可以获得知识。从B情形到达A情形，相对来说比较难，也需要更多的时间，承担的风险也比较大。因为把知识转化为能力，需要平台，需要实践，这个平台就是自己所在的家庭、工作单位等。需要自己在这个平台中去解决问题，才能实现"知识向能力的转化"。应届毕业生在工作后的前三年，多半处在B情形，他们在这个时期，需要通过实践和磨炼，把所学转化为能力。实践的失败成本由所在的公司买单。应届毕业生对其进入职场时的第一个用人单位——如果用人单位给予了他工作的机会和解决问题的机会，他就要怀着感恩的心态，感谢用人单位让他实现了从拥有知识到拥有能力的跨越。

对目前的你来讲，是知识重要还是能力重要？有五种回答。

处在A情形的黄一说：知识和能力都不重要，因为我所拥有的知识和能力都能够让我胜任目前的工作。

处在B情形的黄二说：能力重要。因为我刚刚毕业两年，对于目前的岗位，我大学所学的知识足够胜任，而能力是我所欠缺的。缺什么，补什么。

处在C情形的黄三说：知识重要。因为我从事这份工作已有多年，最近几年，能力考评都在公司排名前几位。而行业的新知识是我所欠缺的。

处在D情形的黄四说：知识和能力都重要。我刚刚进入这个行业，且只有大专文凭，这个岗位对专业文化要求高，知识和能力都是我欠缺的。

处在圆上的黄五说：很难说，不好说。一般来说，有四种情形。具体来说，这要取决于我做什么岗位（做什么事情）。如果让我从事医药销售工作，我处在A情形，知识和能力都不重要，因为我在医药行业从事销售工作已有两年，而且销售业绩还不错。如果让我从事医药销售经理工作，我处在B情形，能力很重要。如果让我从事人力资源招聘工作，我处在D情形，知识和能力都很重要。如果让我从事医疗器械销售工作，我处在C情形，医疗器械知识对我很重要。

对目前的你来说，是情商重要还是智商重要？本书建议把"情商和智商"作为两仪，两仪生四象，就产生了四种情形，如图7-4所示。处在A情形的，情商和智商都足够；处在B情形的，要修养情商；处在C情形的，要提升智商；处在D情形的，不要选择路径1，而要选择路径2或者路径3达到A情形。

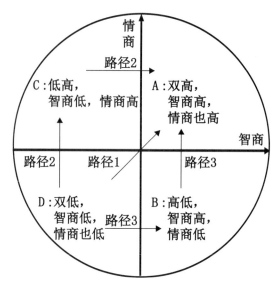

图 7-4 情商和智商的四象圆图

唐朝（唐玄宗时期）的李筌，以果敢为横坐标，以智谋为纵坐标，把人分为四种：把A称为通才，把B、C称为偏才，把D称为庸人。他认为，通才，可以为大将军，担负国家之安危。司马光在邵雍的启发下，首创才德模型，并著有《才德论》。对目前的你来讲，是该先修德还是先提高才能？本书以四象圆图来解答这个提问，如图7-5所示。A情形是人生修身的目标，在一个家庭、一个企业、一个组织、一个国家，处于A情形的人越多越好。如果自己不小心处在B情形，那么就要努力提升才能；如果自己不小心处于C情形，那么就要努力增进品德修养；如果自己不小心是D情形，那就要在两条路径里选择到达A情形的路径，从D进入C再到达A、从D进入B再到达A。俗话说，缺什么补什么。缺德，就要补德；缺能，就要补能。即使不缺德也不缺能，但如若不随着环境的变化和岗位的提升而变化和提升，德和能也会跟不上。这样在A中的人，就会进入其他三种情形。因此，目前是A的人要给自己的才和德提出更高的要求，进德修能，从而为人类社会做出更大的贡献。

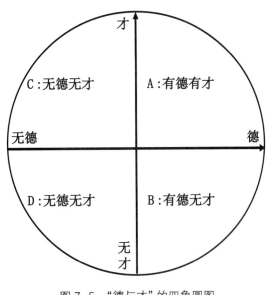

图 7-5 "德与才"的四象圆图

7.2 四象圆思维与齐家智慧

齐家，是指治家，即管理好家庭或家族，使其家中成员亲爱和睦，通力合作把家庭或家族发展好，使得家业兴旺发达。古人云：修身齐家治国平天下。按照现代管理话术，修身为自我管理，齐家为团队管理，治国为企业组织管理，平天下可以被理解为集团组织管理（现代国家管理）。四象圆图在齐家中的具体运用，不胜枚举。图7-6、图7-7是四象圆思维在婚姻中的运用，对男方的四象情形和女方的四象情形进行组合，就有16种婚姻情形，如表7-1所示。图7-8是四象圆思维在亲子教育中的运用。

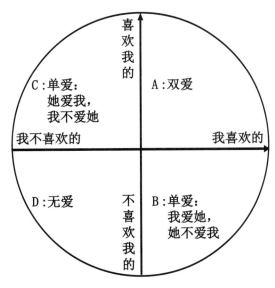

图 7-6 "我爱与她爱"的四象圆图

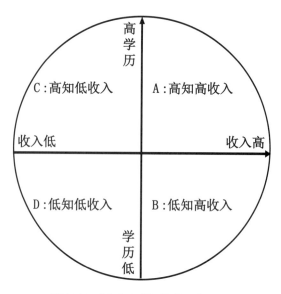

图 7-7 "收入与学历"的四象圆图

表 7-1 男女双方婚姻的 16 种情形

16 种情形							
组合	详情	组合	详情	组合	详情	组合	详情
A男-D女	强弱联合	A男-C女	强潜联合	A男-B女	强豪联合	A男-A女	强强联合
B男-D女	豪弱联合	B男-C女	豪潜联合	B男-B女	豪豪联合	B男-A女	豪强联合
C男-D女	潜弱联合	C男-C女	潜潜联合	C男-B女	潜豪联合	C男-A女	潜强联合
D男-D女	弱弱联合	D男-C女	弱潜联合	D男-B女	弱豪联合	D男-A女	弱强联合

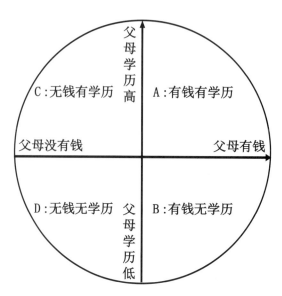

图 7-8 亲子教育中的四象圆思维

　　我们中国文化对于齐家，强调忠于家庭，孝顺父母。忠是指忠于家庭，孝是指孝顺长辈。在图 7-9 中，A象限的"忠孝两全"是中国人齐家的梦想和奋斗目标。

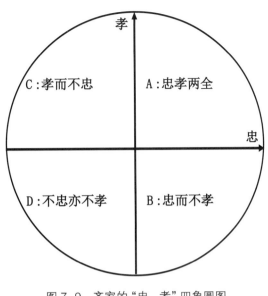

图 7-9 齐家的"忠-孝"四象圆图

7.3 四象圆思维与职场智慧

职场指一切可以就职的场所，包括所有机关、企事业单位。在职场中，职场政治能力和其他个人能力都至关重要。其他个人能力表现为时间掌控能力、知识水平、现场问题解决能力，职场政治能力表现为判断自身所处环境的能力。四象圆图在提升职场智慧的具体运用上，指不胜屈。

在职场上，也有"知识和能力"的四象圆图。每个人在职场上，经常会遇到如图7-3 所示的四种情形。比如黄德华在 1995 年 7 月下海，应聘某外资企业的医药代表岗位，对处于这个岗位上的黄德华而言，他处在 D 情形，没有销售能力，也没有医药知识。黄德华以自己的勤奋和努力说服面试官，表示在工作后一定会努力学习产品所在领域的医药知识，在公司的产品考试中，成绩排名不会最后。黄德华获得了公司的录用，果不其然，在公司培训期间，产品知识考试成绩排在第 12 位（有 31 名同事参加考试）。黄德华通过自身的发奋学习，在医药代表岗位，从 D 到达了 B。经过 3 个月试用期的锻炼，虽然产品知识过关了，销售能力在提升，但销售业绩未能达到公司试用期的要求。幸好，当年的上司邓礼光先生看到黄德华的销售业绩逐月上升，销售能力也有大的进步，决定延长黄德华的试用期。在第 4 个月、第 5 个月，黄德华的销售业绩依然没有达到公司要求，销售能力虽有提高，但未能转化为相对等的销售业绩。在实地的共同拜访过程中，邓礼光先生发现黄德华与当年的他很相像，客户关系质量不差，目标客户数达到 120 个，远超公司 30 个的要求，于是在第 6 个月月初，让黄德华转正为公司正式员工。在接下来的 12 个月里，黄德华的销售业绩蒸蒸日上，整年完成计划的 188%，销售业绩为全亚洲（公司亚洲分部）第一名。这个时候的黄德华，在医药代表的岗位上，处在A情形，其医药知识和销售能力足以胜任医药代表岗位，而且成为顶级的医药代表。一般而言，一位员工处在A情形的时间不会太长，要么被公司转去其他岗位，要么被公司提升，否则他就会被其他公司挖走。销售业绩优秀的黄德华被公司提拔为公司杭州办事处销售经理，对处于这个岗位上的黄德华而言，他又处在D情形，既没有管理知识，也没有管理直线下属的能力。黄德华努力参加公司给予的管理培训，买了很多销售管理类的书籍自学，向其他销售经理学习，更为重要的是，在管理实践中，不断地提高管理技能，努力从D情形到达C情形。在担任销售经理的第二年，黄德华带领的销售团队虽然销售业绩名列公司第一名，但员工流失率比较高。为了进一步丰富管理知识，黄德华参加了清华大学MBA研修班，让自己从C情形进入了A情形。在这一过程中，黄德华从杭州办事处销售经理，晋升为大区销售总监。后来转岗为大区市场总监，黄德华从A情形进入了C情形，进入C情形后不久，黄德华进入浙江大学参加EMBA学习，从C情形进入A情形。

如果一个人处在D情形，他把进入A情形当成目标，想直接从D情形进入A情形，这是不现实的，阻力太大，因为他要同时解决两个问题：增加岗位知识和提升岗位能力。一般而言，可采取两种迂回策略：一是，从D情形到B情形再到A情形；二是，从D情形到C情形再到A情形。

"知识和能力"的四象圆图，在企业招人方面，也有指导作用。一般而言，A情形的应聘者是企业招人的首选。其次是处于B情形或C情形的应聘者。喜欢招有工作经验的应聘者的企业，会想当然地认为有经验的面试者是C情形，其实有经验或者有经历并不等于有能力。中小型企业在B和C两种情形中，一般会选择招聘C情形的应聘者。那些中大型企业或者重视培训的企业，一般倾向招聘B情形的应聘者。他们坚信企业有训练机制，能在较短的时间内把招聘的B情形员工变成A情形员工。

是重视做人还是重视做事？一般来说，要具体情形具体分析。四象圆图告诉我们，除了圆还有四种情形：A既要重视做人，也要重视做事；B重视做人而不重视做事；C重视做事而不重视做人；D既不重视做人，也不重视做事。就人的修身而言，本书提倡选择A情形。

是讲礼还是讲理？四象圆图告诉我们，除了圆还有四种基本情形：A讲礼也讲理，B讲礼而不讲理，C讲理而不讲礼，D既不讲礼也不讲理。就人的修身而言，本书提倡选择A情形。

本书用"能力与听话"的四象圆图来剖析职场智慧。我们以能力为横坐标，以听话为纵坐标，那就有四种情形：A有能力也听话，B有能力不听话，C无能力但听话，D无能力不听话。请问，在现实职场中，这四种人谁最吃香呢？

很多人认为A最吃香，其次是B，再次是C，最后是D。事实上，几千年的实践证明：C最吃香，在职场上最顺风得水；其次是D；再次是A；最后是B。

为什么呢？这是由人性决定的。H在组织中当领导，如果他用A，那么当A的能力越来越强，H就会感到不安全，A的存在就会显得H能力不如A，这就是对H的威胁。A都不用，那B就更不能用了。黄德华在外企杭州大区当领导时，当年用了A型李某、B型厉某，结果呢？6年之后，A和B都离开了。如果队伍中有大量的C、D存在，领导H就永远处在能力强的位置，他就会感觉职场很安全。

假设你是领导，从人性、从自身利益最大化的角度来看，你会选择哪种人做你的下属呢？大量的历史实践证明，在和平年代，都是选择C！在和平年代，C的生存质量是最高的，比A还要高。就连皇帝选接班人也这个样子的。唐太宗李世民选了听话但能力弱的C型李治，清朝乾隆皇帝也选择了C型嘉庆帝。只有在乱世，或一个组织在成立初期，既有能力也听话的A才能首先胜出，其次是有能力但不听话的B胜出。但如果B当了领导却不改变自己待人接物的态度，其就会在某个时候因莫须有的罪名而失去领导职位；如果他是创业者，他所创立的企业，也会很快倒闭消亡。

想要成长乃至长青，组织就要想方设法让A最吃香，其次是B，再次是C，最后是D。这种情形一般会出现在一个组织的创立初期，出现在民营企业的最初两代。那些明智而成功的企业，都会有各自独特的防止职业经理人因人性而使用C的绝活般的机制。

如果职场上的某员工处在A情形，那么A需要韬光养晦，不要过度展示自己的实力，而要把自己的工作成就归于领导，让自己变成领导眼中的C情形员工。如果是处在B情形，那么不仅要适度隐藏自己的实力，还要变成领导眼中的"听话者"。从A到C，会比从B到C容易得多。如果某员工处在D情形，那自己的首要任务是做通自己的思想工作：听领导的话，变成C情形，适度提升自己的能力，但在能力方面与领导保持一定的差距。

另外，利用四象圆思维也可以提高研究生的学习智慧。一个研究生，在导师的硕博学生团队里，属于哪一种情形呢？在导师眼里，又属于哪一种情形呢？学生自己认为的情形和导师眼中的学生情形，会有差距。比如W研究生认为自己是A情形，G导师却认为W是C或D情形。学生家长和导师对学生处在哪一个情形，也会存在认知上的差距。比如，W家长认知的W是B情形，导师认为W是D情形。如何化解这些认知差异？要不要化解这些认知差异？这是硕博研究生学习生涯的一大挑战。学生要有这样的理念：人进入社会，是我们适应社会，不是社会适应我们。如果我的某些行为让世界误会了我，那么我就会调整自己的行为，让自己在导师眼中的情形和自身认知中的情形一致，只有如此才会对自己有利。

对于硕博学生团队，导师一般喜欢哪一种情形的学生呢？由于学生再有能力也威胁不了导师，导师不会因为学生能力强而感到职场不安全。所以导师最在乎学生能否带给他短期和长期利益。大多数导师喜欢的学生依次是：A，C，B，D。如果一个学生在导师眼中处在D情形，那如何成为导师眼中的A呢？大量的实验表明，成功的路线图是：D—C—A。即先把自己从D转变为C，最后到达A。在现实生活中，选择"D—

B—A"路线失败率很高,因为在很多情况下,还未能从D到达B,就被导师停止了实验,或者因导师的打压而放弃了。

在职场中,是能力重要还是态度重要?作为领导,选用"能力强"的下属还是"态度好"的下属?如果自己不小心处在"能力弱且态度不好"的情形,那怎么办?这需要借助"能力-态度"的四象圆图来分析回答,没有标准答案。"能力-态度"的四象圆分析与"能力-听话"的四象圆分析异曲同工,这里就不再展开阐述。

7.4 四象圆思维与企业管理

7.4.1 四象圆思维与现代管理工具

在西方有很多经典的管理学的四象限分析工具,均可以用四象圆思维图进行解析,做到中西贯通。本书举包括波士顿矩阵在内的七个例子来进行阐述。

波士顿矩阵,又称市场增长率-相对市场份额矩阵、波士顿咨询集团法、四象限分析法、产品系列结构管理法等。它是由美国著名的管理学家、波士顿咨询公司创始人布鲁斯·亨德森于1970年创作的。如图7-10所示。它将企业所有产品从销售增长率和市场占有率角度进行再组合。在坐标图上,以纵轴表示企业销售增长率,以横轴表示市场占有率,各以10%和20%作为区分高、低的中点,从而将坐标图划分为四个象限,依次为"明星产品""问题产品""金牛产品""瘦狗产品"。其目的在于通过对产品所处不同象限的划分,使企业采取不同决策,以保证其不断地淘汰无发展前景的产品,保持"问题""明星""金牛"产品的合理组合,实现产品及资源分配结构的良性循环。

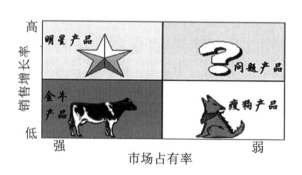

图7-10 西方的波士顿矩阵图

我们可以将波士顿矩阵转化为四象圆图,如图7-11所示,本书称之为"中国式的波士顿矩阵分析"。中国式的波士顿矩阵分析有两个特点:第一,强调公司或者产品的管理者,要站在圆(无极)上思考问题并做到统筹兼顾;第二,更为重视公司或产品在这四个象限内的流动,即用发展的眼光来管理公司或产品的生命周期,努力让更多的产品或公司停留在金牛象限。阻止产品或公司从金牛象限进入瘦狗象限,或延长其进入瘦狗象限的时间，防止问题产品进入瘦狗象限，引导瘦狗产品进入问题象限。

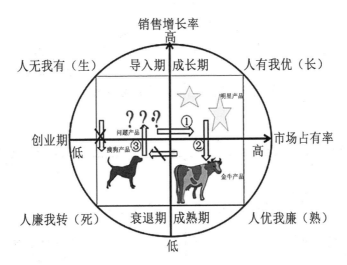

图7-11　中国式的波士顿矩阵图

　　SWOT分析和波士顿矩阵分析一样，是起源于西方的分析工具，是当今世界管理学和管理实践的主流分析工具，如图7-12所示。它的分析方法和波士顿矩阵的分析方法一样，可以用四象圆图来解读，从而变成中国式的SWOT分析，如图7-13所示。本书的使命就是实现古今中外的融合，实现我国优秀传统文化的创造性转化和创新性发展。

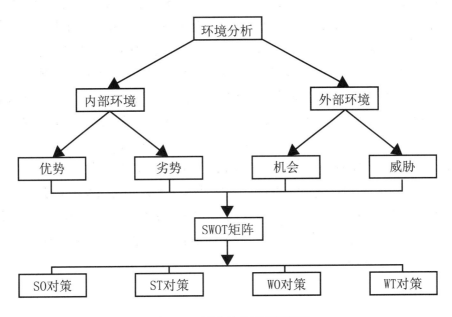

图7-12　西方的SWOT矩阵图

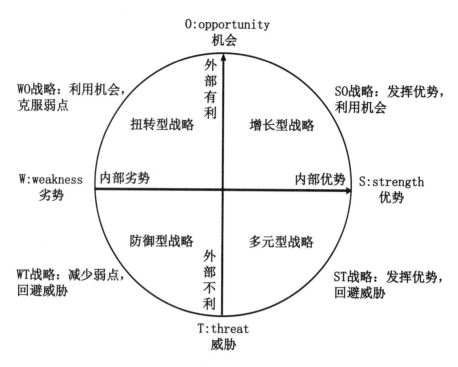

图 7-13　中国式的SWOT矩阵图

时间管理是指通过事先规划和运用一定的技巧、方法与工具，实现对时间的灵活及有效运用，从而实现个人或组织的既定目标的过程。西方人的时间管理常采取"四象限法则"，这个法则是把要做的事情按照紧急、不紧急、重要、不重要的排列组合分成四个象限。如图 7-14 所示。首先要解决第一象限的事情。第一象限和第二象限通常难以区分，第二象限对人们的欺骗性是最大的，它很紧急的事实造成了它很重要的假象，耗费了人们大量的时间。依据紧急与否是很难区分这两个象限的，要区分它们就必须借助另一个标准，即看这件事是否重要。也就是按照自己的人生目标和人生规划来衡量这件事的重要性。如果它重要，那它就处于第一象限；如果它不重要，那它就处于第二象限。其次，要解决第四象限的事情。第一象限的事情重要而且紧急，由于时间原因人们往往不能做得很好。而第四象限的事情不仅很重要，而且会有充足的时间去准备，有充足的时间去做好。可见，投资第四象限，它的回报才是最大的。最后，要放弃第三象限。处在第三象限的都是既不重要也不紧急的琐事，但它们往往使人们难以脱身，所以人们经常会跌进第三象限而无法自拔。例如，玩游戏、看娱乐视频等，人们往往会陷入这些事中很难脱身。

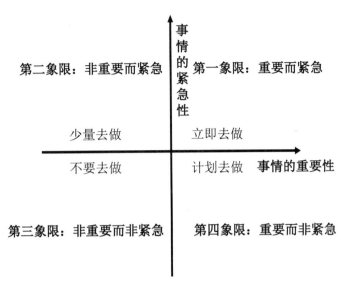

图 7-14 西方式时间管理四象限图

本书用四象圆思维来解读西方的时间管理的四象限法则，就得到了中国式的时间
管理图，如图 7-15 所示。两仪（两个指标、两个维度）没有变化，唯一变化的是外面
的圆（无极），这个圆的出现，就要求人们站在圆上，从全局上统筹时间，并要看到事
态的变化，及时调整策略。

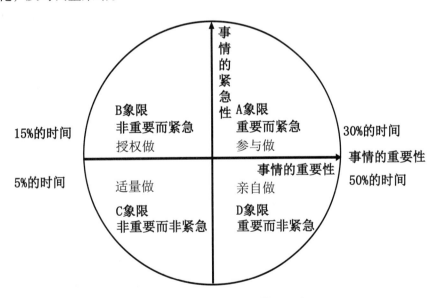

图 7-15 中国式的时间管理圆图

SPAN（strategy positioning analysis）方法，是IBM的业务领先模型（business leadership
mode）关于市场细分的方法，通常被用于在市场洞察阶段，它对公司业务从市场吸引
力、市场竞争力两个维度进行分析，根据分析结果采取不同的策略。市场吸引力主要
考虑市场规模、市场增长、市场利润（竞争状况）、战略价值等；市场竞争力主要考察
产品差异化能力、成本优势、资本优势、队伍优势等。分析结果主要分为四种情况：

保持吸引力大且竞争力强的业务，放弃吸引力小且竞争力弱的业务，继续投入吸引力大但竞争力弱的业务，收获竞争力强吸引力小的业务，如图7-16所示。它为公司选定细分市场，并为公司在此基础上进行产品规划提供决策依据，可被用于衡量产品、产品线、细分市场、销售渠道等，实际操作更加灵活有效。

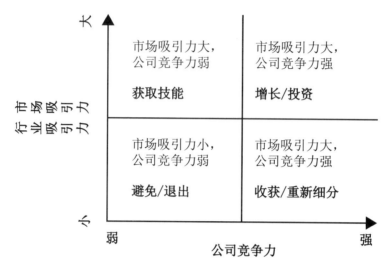

图7-16　西方式的SPAN分析图

本书用四象圆思维来解读西方的SPAN方法，就得到中国式的SPAN四象圆分析图，如图7-17所示。两仪（两个指标、两个维度）没有变化，唯一变化的是外面的圆（无极），这个圆的出现，就要求人们站在圆上，从全局上统筹战略，并要看到事态的变化，及时调整策略。

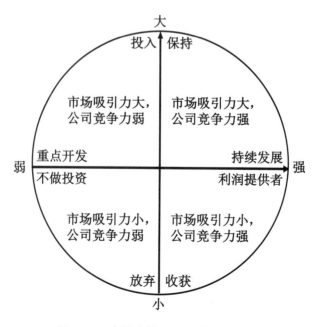

图7-17　中国式的SPAN四象圆分析图

　　美国心理学家戴维斯研究了士气与生产率的关系。他认为士气与生产率的关系可能出现四种情况：高士气，高生产率；高士气，低生产率；低士气，高生产率；低士气，低生产率。它和四象圆思维的关系如图7-18所示。

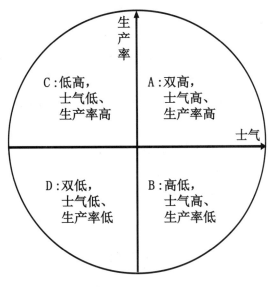

图7-18　"士气-生产率"的四象圆图

　　士气高，生产率也高。这是由于员工在组织里既获得了满足感，又体会到组织目标与个人需要的一致性，正式组织与非正式组织的一致性，从而无所顾忌地去实现组织目标。

　　士气高，生产率低。这是由于员工在群体里虽然获得了满足感，但组织目标却不能与个人的需要相联系，于是出现了所谓的"和和气气地怠工"的现象，缺乏紧张工作的气氛。如果出现高士气的群体与组织目标相抵触，则可能构成生产的障碍。这种"高昂的士气"被视为虚假的、不积极的、和气的士气，管理者要加以去除。

　　士气低，生产率高。这是由于管理者过分强调物质条件和金钱刺激，使员工暂时获得了某些物质，从而暂时达到较高生产率。管理者绝不能因此就认为士气低落没关系，要在满足物质需求的同时，注重员工的心理需求。

　　士气低，生产率也低。这是由于员工在群体内得不到满足，而且组织目标与个人的需求也不能产生联系，员工对生产没有兴趣，于是出现了"当一天和尚撞一天钟"的现象。

　　由此可见，高昂的士气虽不一定能提高组织的绩效，但要想持久地提高组织绩效，提高士气是不可缺少的重要条件。带来高绩效的高昂士气，必须具备三个基础：共同的目标、可实现的目标、与个人目标的一致性。士气高昂而销售绩效低落，那是团队目标与个人目标不一致。士气低落而销售业绩高，那是暂时的物质激励在起效，这样的业绩难以持久，因为团队目标与个人的心理目标不一致。

弗雷德里克·赫茨伯格是美国的行为科学家、心理学家、管理教育专家，研究激励理论的知名学者。他提出了著名的"激励–保健因素理论"，即"双因素理论"。他修正了传统的"满意–不满意"的观点，认为满意的对立面是没有满意，不满意的对立面是没有不满意，满意、没有满意、不满意和没有不满意有本质的差异。激励因素会产生满意和没有满意，保健因素会产生不满意和没有不满意。举例来说，给予赞赏、责任和发展的机会，属于激励因素，员工会感到满意；不表扬、不授权，缺失激励因素，员工会感到没有获得满足感，但不会感到不满意。工作有底薪也有安全感，工作环境很好，属于保健因素，员工感到没有不满意感；但若光让干活却无报酬，缺失保健因素，员工会感到不满意。

本书用四象圆图来解读赫茨伯格的双因素理论，以激励因素的有无为横坐标，以保健因素的有无为纵坐标，相应地以"没有满意–满意"为横坐标，"不满意–没有不满意"为纵坐标，那就有四种情形，如图7-19所示。如果以"激励因素的多少、保健因素的多少"为横纵坐标，那么A、B、C、D分别为：双多、激多保少、保多激少、双少。

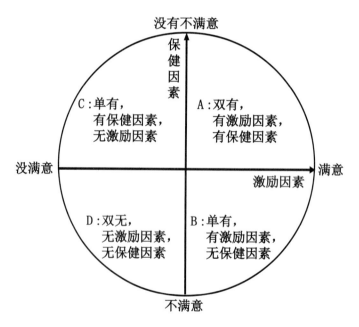

图7-19 四象圆图解析赫茨伯格双因素理论

保健因素会引发不满且不会产生激励作用，但保健因素能使人们免受消极因素影响，降低人们的不满水平。而激励因素能够引发积极主动行为并产生激励作用。薪金既可以是保健因素，也可以是激励因素。一般来说，足够和有竞争力的底薪是保健因素，而与绩效有关的佣金、奖金及职务提升，被认为是激励因素。只有那些激励因素得到满足，才能激发人的积极性。对于销售人员来说，如果保健因素缺失，会引发销售人员高度的不满意，使其进入B或D情形。这样势必产生较高的员工流失率，并使员工消极怠工，前者引发销售队伍高度不稳定，后者引发销售效率明显下降。假如他们的工资没有达到平均水平，他们向其他公司转移的趋势自然会高；如果换工作不太容易，那么，怠工率则会急剧上升。怠工并不意味着一定要打电话谎称生病，销售人员仅仅是少花些时间在工作上便能做到。比如，在路上的时间多些，与客户沟通的时间少些。这种现象一旦变成趋势，销售效率就会急剧下降，造成恶性循环。故销售人员产生不满情绪时，销售管理者需要重新审视保健因素，改变保健因素，消除不满，维持原有的销售效率。但是不要寄希望于提高销售效率，因为提高销售效率，需要激励因素发挥作用。在销售队伍管理过程中，既要满足销售队伍的保健因素，防止不满情绪滋生，又要注意避免保健因素作用的边际递减效应，因为销售员的满意度起初会随着保健因素的增加而增加，但是增加到某个点后，又会随着保健因素的增加而降低。销售经理要善于把保健因素转化为激励因素，如销售队伍的佣金与奖金，与其销售绩效挂钩。

情景领导模型是行为学家保罗·赫塞在 1969 年创立，并由保罗·赫塞与肯尼思·布兰查德共同予以发展的西方主流领导理论模型。它是以被领导者为中心的领导实用技能，能根据情境的不同，通过对被领导者准备度的判断，使领导者适时地调整自己的领导风格，达到实施影响的最佳效果，从而使领导者带领被领导者取得良好的工作绩效，提高被领导者的满意度，并实现团队成长。它以员工的"能力–意愿"（成熟度）为两轴，把员工状态分为四个阶段（准备度）：第一阶段为R1，员工没能力，且没意愿；第二阶段为R2，员工没能力，但有意愿；第三阶段为R3，员工有能力，但没意愿；第四阶段为R4，员工有能力，且有意愿。然后以领导者的"关注任务行为"和"参与度行为"为两轴，得到四个象限情景式领导模型，如图 7–20 所示。

中国化的情景式领导，就是在上图的基础上，加了一个圆，要求管理者具备四种领导风格，遇到什么样的部属，就运用什么样的领导风格。如图 7–21 所示。

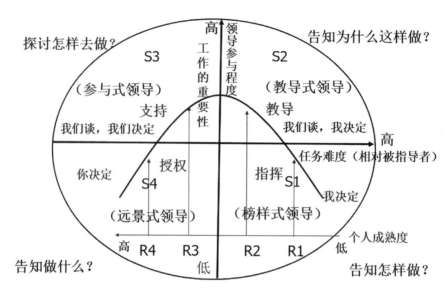

图 7-20 西方的情景领导模型

图 7-21 中国式的情景领导模型

其他类似的例子不胜枚举。由此可见，所谓的西方现代管理工具，均可用四象圆思维进行解读。西方的工具，其背后的智慧或者来自我们中华民族，或者可以用我们中华民族的智慧去解读，或者可以从中看到我们中华民族的智慧影子。这就是我们要对中华优秀传统文化保持自信的根基所在。

7.4.2 四象圆思维与计划职能

计划职能是指管理者预测未来、确定目标、制定实现这些目标的行动方针的过程，它涉及原因与目的、活动与内容、人员安排、时间安排、空间安排及手段与方法的选择等问题，制定战略及决策亦属于计划职能。四象圆图分析在计划职能中运用非常普遍，本书选择以战略分析与决策为例进行阐述。比如，图7-22是以市场机会为横坐标、以企业能力为纵坐标的分析决策图。公牛集团公司以"行业内有没有龙头企业"为横坐标，以"技术是否有创新的可能"为纵坐标，演绎出四种情形，如7-23所示。他们分析后，选择C象限为公司的战略切入点。

图 7-22　企业发展战略四象圆图

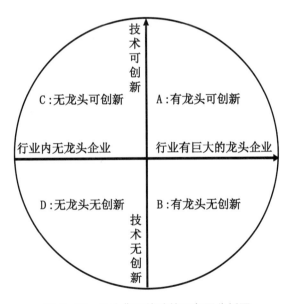

图 7-23　公牛集团战略的四象圆分析图

　　比如企业发展道路选择。本书以"企业强弱"为横坐标，以"职工富贫"为纵坐标，那么就得到了如图7-24所示的四种情形。草根创业者和内部创业者，他们的企业发展道路是不一样的。那些草根创业者的企业，一般来说，处在"企弱员贫"的D情形。如果创业者把企业目标定为企强员富的A情形，那是不现实的，因为在激烈的市场竞争环境中，在资源有限的情形下，创业者要同时解决两个问题：企业由弱变强、员工由贫变富。草根创业者的明智做法是选择从①到②的发展路线：目标是B，梦想是A。遗憾的是，很多创业者选择了从③到④的发展路线。在从D到C的征途中，很多初创企业倒闭关门了。而那些内部创业者的企业，在创办初期，就处在C情形，因为它有母公司的内部输血。内部创业的企业，它的发展路线就是④，直接从C到A。如果在母公司输血过程中，未能进入A象限，一旦母公司因不可抗拒的因素而停止了输血，内部创业者的企业就会走路线⑤，很快进入D象限，从而走向倒闭。

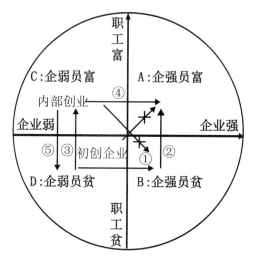

图7-24　现代企业发展道路的四象圆图

　　本书以"员工薪资"为横坐标，以"企业文化"为纵坐标，那么就得到如图7-25所示的四种情形。草根创业者和内部创业者，他们的企业发展道路是不一样的。那些草根创业的企业，一般来说，处在"穷而奋发"的C情形。有的创业者要打造奋发的企业文化，把企业目标直接定为"富而奋发"的A情形，即选择路线①。遗憾的是，很多草根创业者走了发展路线②，从C进入D象限，没过多久就倒闭关门了。也有不少草根创业者因业绩不错，获得了市场的融资，有了钱，他们就把大部分钱用来改善员工薪资，有了较高的薪资收入后，员工失去了奋发的斗志，从而不自觉地选择了发展路线③，直接从C到B，没过多久，企业也关门了。那些内部创业者，要把初创企业定位为A情形，企业一上来就要打造富而奋发的企业文化。因为内部创业者有母公司的输血。如果在母公司输血过程中，进入了B象限，一旦母公司因不可抗拒的因素停止了输血，企业就会很快走上路线④，进入D象限，从而走向倒闭。

图 7-25　现代企业发展道路选择的四象圆图

　　比如客户分类管理。我们运用四象圆思维进行客户分类，制定销售拜访策略，合理分配销售访问的时间和精力，提高客户管理的水平。如图 7-26、图 7-27 所示。图 7-26 显示，针对 A 类客户，采取加强防御的销售拜访策略，访问次数排在第一；针对 C 类客户，采取加强进攻的销售拜访策略，访问次数排在第二；针对 B 类客户采取坚持维护的销售拜访策略，访问次数排在第三；针对 D 类客户，采取坚持观察的策略，访问时间次数排在第四。图 7-27 是浙江工业大学 MBA 专业的陶静运用四象圆思维分析法进行客户精确管理的图示。

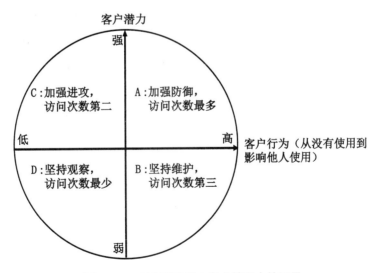

图 7-26　四象圆思维在客户管理中的运用

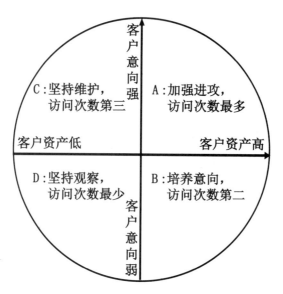

图 7-27　"客户资产 - 客户意向"的四象圆图分析

7.4.3　四象圆思维与组织职能

组织职能是指，所确定任务由谁来完成，以及如何管理和协调这些任务的过程。管理者要根据组织的战略目标和经营目标来设计组织结构、配备人员和整合组织力量，以提高组织的应变力。四象圆图在组织职能中的具体运用，数不胜数。

比如岗位与员工匹配管理。获得浙江工业大学 MBA 学位的解围提供了一个四象圆思维在组织管理中的应用案例。宁波慈溪某银行国际部 2015 年国际结算业务量达 20 亿美元，占全市银行业国际业务总结算量的 20%，外汇利润额达 300 万美元，与世界上的 100 多家银行建立了代理关系，与环球电信通信联盟 SWIFT 清算系统实现了联网，以国际化、现代化的手段为广大客户提供了最新的金融服务。他以商务英语知识为横坐标，以岗位工作能力为纵坐标，对该银行国际部的全体工作人员进行了分类，如图 7 28 所示。

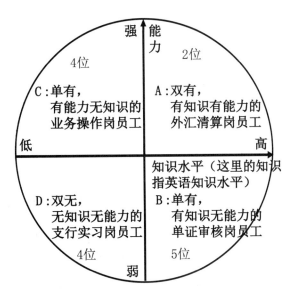

图 7-28　四象圆思维图在人力资源管理中的运用

　　经过分析后，A情形的员工只有两位，一旦这两位员工离职，那么国际部的业务水平将急剧下降。HR部门和国际部的共同使命，就是要使A情形的员工在较短的时间内增加，想方设法让B情形员工转为A情形员工，让C情形员工也转为A情形员工。如图 7-29 所示。

　　国际业务部首先对单证审核岗的员工（B情形员工）进行有针对性的培训，所有单证审核岗员工必须加练业务技能并定期参与考核，因为单证审核岗的员工已经拥有完善的外汇业务知识和高超的英文水平，提高业务操作能力相对比较容易。一旦该岗位员工适应了银行的业务操作系统，就可以在下午帮助业务操作员工办理业务，从而提高业务办理的效率。D情形员工旁听业务培训。

　　其次是让既有业务能力又有专业知识的外汇清算岗的员工对业务操作岗的员工（C情形员工）进行外汇制度的培训，并专门为其开设英语教育课程。由于英文水平的提高需要比较长的时间，很难在较短时间内达到效果，故HR部门与国际部制定了鼓励在职学习银行商务英语拿证书的政策。2016 年国际部员工分布如图 7-29 所示。A情形员工达到 6 位，消除了A情形只有 2 人可以胜任的隐患。2 位C情形员工变成了A情形员工，2 位B情形员工进入了A象限，1 位D情形的员工进入了B象限。既实现了年初按照四象圆图分析所设定的员工发展目标，也完成了银行对国际部的业务目标要求。

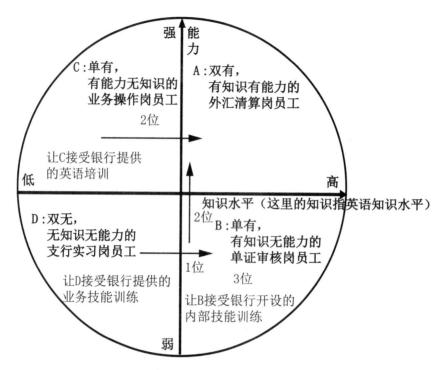

图 7-29 四象圆思维图在人力资源管理中的动态运用

比如，企业文化管理。本书以"对组织人的关心"为横坐标，以"对工作绩效的关心"为纵坐标，就有了图 7-30。我们由此对企业文化进行分类并做出正确选择。

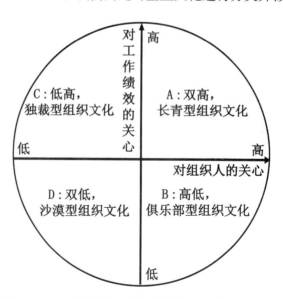

图 7-30 四象圆思维在企业文化分析和选择上的运用

吉姆·柯林斯的《从优秀到卓越》很受企业界欢迎，他把企业组织类型分为四种，演绎出四象圆图，如图 7-31 所示。B 象限的新兴组织，优势在于其创造力、想象力、大胆的尝试及富有幻想的激情。这之后，公司会招聘很多获得 MBA 学位的学生，以及从一流公司物色主管，结果，各种手续、议程、核对清单等一系列琐事不断增加。专业管理人员最终占据领导地位，他们在整顿秩序的同时，扼杀了企业家精神，大量的时间被浪费在无用的会议上。企业成为C或D情形的企业。要避免这种情况，企业需要打造训练有素的企业文化，建立框架下的自由，并赋予职工责任。本书以"责任与自由"为两仪，外加无极，就演绎出四象圆图，如图7-32所示。那些卓越公司的企业文化类型就是双有的A情形。一手抓责任，一手抓自由，这样的公司能够做到责任和自由的统筹兼顾。

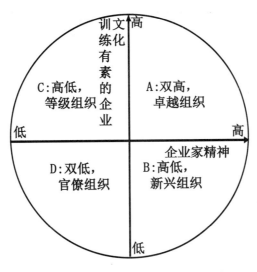

图7-31　用四象圆思维分析企业组织类型

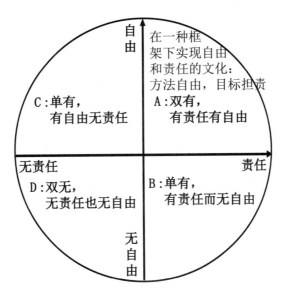

图7-32　四象圆思维分析企业文化类型

　　比如员工的培训管理，如图7-33所示。在培训中对A员工给予表扬和奖励，将他们评为优秀培训学员。一般而言，A类员工的比例为20%～30%。

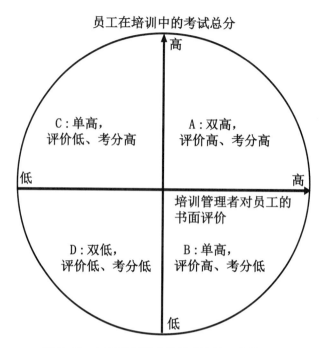

图 7-33　四象圆思维在培训考核管理中的运用

如银行业的人力资源管理策略，如图 7-34 所示。A 类支行，采取增加客户经理策略；B 类支行，谨慎增加客户经理；C 类支行，不必增加客户经理；D 类支行，减少客户经理。

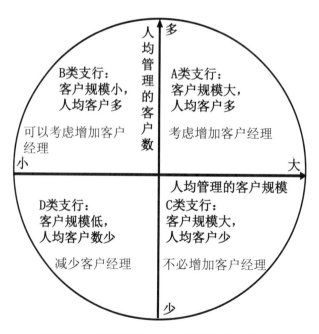

图 7-34　四象圆思维在人力资源管理中的运用

7.4.4 四象圆思维与领导职能

领导职能是指管理者为组织结构中的各个职位配备合适的人员，例如公务员的选拔、聘任、考评、培训。近年来人员配备职能被扩展为选人、用人、评人、育人、留人等，还包括激励和引导组织成员，以使他们为实现组织目标做贡献。为使领导工作有成效，管理者要了解个人和组织行为的动态特征、激励员工及进行有效的沟通，只有通过有成效的领导，组织的目标才有可能实现。

四象圆图在领导职能中的具体运用，举不胜举。比如领导风格运用。我们以"员工熟练度"和"工作的重要性"为两仪，就有四种情形，针对每种情形，我们管理者要采取不同的领导方式，如图7-35所示。A情形是员工熟练度高，工作很重要，管理者对其应采取参与式领导风格；B情形是员工熟练度高，工作的重要性低，管理者应对其采取授权式领导风格；C情形是员工熟练度低，工作重要性高，管理者应对其采取教练式领导风格；D情形是员工熟练度低，工作的重要性也低，管理者采取的领导风格应是指令式的。

图7-35 因人因事的中国式领导风格

银行业的客户经理管理策略，如图7-36所示。我们以操作能力和营销能力为两仪，演绎出四种情形，管理者站在圆上，针对四种情形的客户经理采取不同的管理对策：重用双强的A，提高B的营销能力，提高C的操作能力，对于D则灵活对待。一般而言，不要招聘D情形的客户经理进入公司。如果现有客户经理处在D象限，可以辞退他们，直接让他们出局；也可以提高他们的操作能力，让他们进入B象限；还可以提高他们的营销能力，让他们进入C象限。如果经过管理者的努力，他们依然待在D象限，那就辞退他们或换掉他们的岗位。

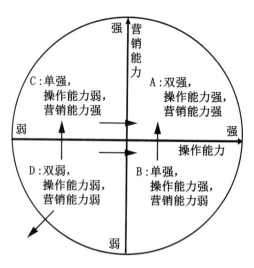

图 7-36　四象圆思维在银行业的客户经理管理策略中的运用

7.4.5　四象圆思维与控制职能

控制职能是管理者要对组织的运行状况加以监督，通过控制实际与计划的偏差，采取有力的行动纠正偏差，保证计划的实行，确保原来的目标得以实现。

四象圆图在控制职能中的具体运用，不可胜数。比如员工考核分类管理。图 7-37是以价值观认可度、目标达成度为两仪而演绎的四象圆图。美国通用电气公司的情况是：A类员工的占比为 20%，为优秀员工，应给予提升；70% 为 B 类员工，应嘱咐管理者在来年关注 B 类员工的发展，带领他们进入 A 象限；C 类员工的占比为 5%，应引导C 类员工进入 A 象限；D 类员工亦为 5%，应引导 D 类员工要么进入 C 象限，要么进入 B象限，如果他们没有进展，就予以辞退。阿里巴巴公司也采取类似的控制策略，只是A 类员工的占比为 30%，B 类员工的占比为 60%。

图 7-37　四象圆思维与员工控制管理

营销队伍的过程管理与绩效管理，如图 7-38 所示。A 情形是公司的目标，卓越的管理者要努力做到 A 情形，A 类管理者要两手一起抓，既坚持过程导向，也坚持绩效导向；B 类管理者在坚持过程导向的同时，要意识到绩效导向也是必备的，从而努力提升绩效管理能力，从而成为 A 类管理者；C 类管理者要提高过程管理能力，提高管理控制能力，改变管理控制策略，努力发展为 A 类管理者；D 类管理者，要么出局，要么进入 B，要么进入 C，最后进入 A。

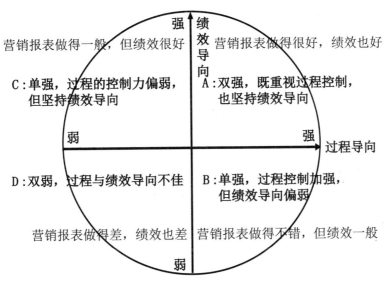

图 7-38　营销队伍的过程和绩效管理的四象圆图

7.5　四象圆思维与历史上各朝代国家的管理

国家是一个特殊的大组织，四象圆图在国家管理领域有很强的指导作用。比如制定与分析国家发展路线。以国家的强弱为横坐标，以人民的富贫为纵坐标，就有四种情形，如图 7-39 所示。从图中，我们可以看到西汉的发展路线是：西汉初期，处在 D 象限；经过汉文帝、汉景帝的治理，西汉进入了 C 象限；在汉武帝的治理下，西汉进入了 A 象限；由于穷兵黩武，汉武帝晚年，西汉进入了 B 象限；再经过汉昭帝、汉宣帝的治理，西汉重新进入 A 象限；在汉元帝的治理下，西汉进入了 C 象限；在汉成帝的治理下，进入了 D 象限；从此，西汉停留在 D 象限直到灭亡。北宋建立初期，也处在 D 象限，它的发展路线也是从 D 到 C，遗憾的是北宋未能进入 A 象限。秦、隋、元三个朝代，建立初期是在 B 象限，未能进入 A 象限，最后灭亡。唐朝建立初期就在 B 象限，它的发展路线就是从 B 进入 A，唐太宗晚期，唐朝就进入了 A 象限。

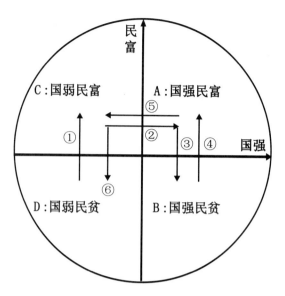

图 7-39　国强弱-民富贫的四象圆图

本书以"物质文明"为横坐标，以"精神文明"为纵坐标，就会演绎出如图 7-40 所示的四种情形，我们可以用图来考察各个国家或各个朝代所处的情形，以及发展道路，并从中悟出选择智慧。

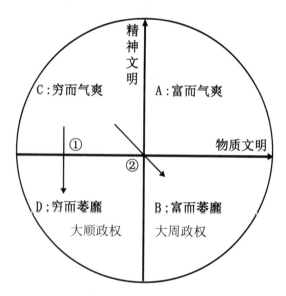

图 7-40　"物质文明-精神文明"的四象圆图

《明史》记载，1644 年 3 月 19 日，李自成进京后下令："敢有伤人及掠人财物妇女者杀无赦！"彼时京城秩序尚好，店铺营业如常，"有二贼掠缎铺，立剐于棋盘街。民间大喜，安堵如故"。但从 3 月 27 日起，农民军开始，四处抄家，规定助饷额为"中堂十万，部院京堂锦衣七万或五万三万，道科吏部五万三万，翰林三万二万一万，部属而下则各以千计"。刘宗敏制作了 5000 具夹棍，"木皆生棱，用钉相连，以夹人无不骨碎"。城中恐怖气氛遍布，人心惶惶，李自成手下士卒抢掠，臣将骄奢，"杀人无虚日，大抵兵丁掠抢民财者也"。大顺军于占领区设官治事，首为追饷。4月29日李自成称帝，4月30日退出燕京，大顺政权只维持了42天左右。李自成创立的大顺王朝从C象限进入D象限，仅仅花了42天。

从图上看，李自成的大顺王朝走的是路线①，张士诚的大周政权走的是②。

运用四象圆思维可以提高国家治理的决策分析质量，也可以帮助大众深刻理解当今世界的主要国家的治理模式，乃至能客观地自行评价它们的优劣势。如图7-41所示。它是由"经济计划市场"和"政治权威自由"为两仪而演绎出的四象圆图。日本和德国是A的代表，美国是B的代表，朝鲜是C的代表，1993年以前的印度是D的代表。

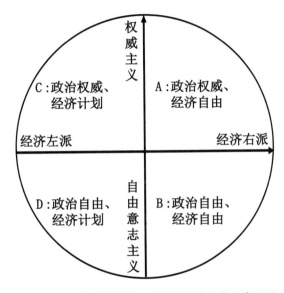

图7-41　经济计划市场-政府权威自由的四象圆图

本书以公有制和私有制作为两仪，两仪生四象，并用它们来观察世界主要国家，则有如图7-42所示的情形。A是成熟国家的常态。在中华人民共和国成立初期，C象限的国家主要有美国、日本、英国、法国、加拿大、澳大利亚、印度、巴西等，B象限的国家主要有苏联、南斯拉夫等。那我们新中国选择什么样的经济体制呢？一个新弱国要变成强国，在公有制与私有制的四象圆图中，应当选择哪个象限呢？毛泽东主席等老一辈革命家为新中国选择了B象限的经济体制。由于吸取了中华民族8000多年的智慧，毛泽东主席将公有制细分为全民所有制和多层次的集体制，没有采取苏联一刀切式的公有制，避免了苏联的很多失误。新中国成立70多年后的今天，中国进入了A象限。新中国在中国共产党的领导下，从新兴弱国成功变成了新兴强国，并有卓越能力统筹公有制和私有制，让它们各得其所。

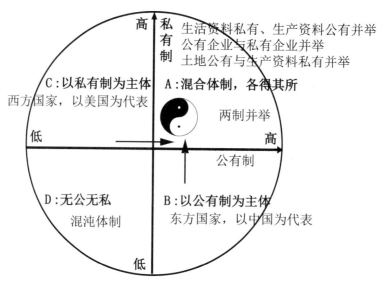

图 7-42 公有制-私有制的四象圆图

中国人自古就把计划和市场作为经济发展的两种手段。计划经济，中国自古有之；市场经济，中国自古有之。计划经济和市场经济，对于我们中华民族而言，并不陌生。市，中国古代进行商品交易的固定场所。商代甲骨文有"市日"。《管子·乘马》云："市者，货之准也。"《管子·问》云："市者天地之财具也。而万人之所和而利也。"管子认为，市场是商品供求的状况的标志，市场是交换财富的地方，市场不能创造财富，但能节省交换财富的成本。孔子在《周易·系辞下》中就市场的起源写道："日中为市，致天下之民，聚天下之货，交易而退，各得其所。"关于市中交易和官吏的职责，秦朝法律中的《金布律》《关市律》等有很详细的规定。

计划，古之"计画"，为"计虑、计策、谋划"之意。如《战国策·秦策三》："昭王新说蔡泽计画，遂拜为秦相，东收周室。"又如《史记·韩长孺列传》："及杀故吴相袁盎，景帝遂闻诡、胜等计画，乃遣使捕诡、胜，必得。"《管子》一书中的"乘马"是指经济谋划，"国轨"是指国家经济统计，"国薄"是指国家整体的经济统计谋算。这些都属于计划经济范畴。国家统筹经济发展，包括国家控制物价，从管子辅佐齐桓公开始。管子是计划经济、国有经济的开山之祖。管子认为，经济权益由国家统一掌握，这样的国家强大无敌。凡将治国，不懂得轻重之术，就不能组织经济之"笼"来控制民间；不能够调节民利，就不能讲求通过管制经济来实现国家大治。人太富了，利禄就驱使不动；太穷了，刑罚就威慑不住。法令的不能贯彻，万民的不能治理，是由于社会上贫富不均。因此国家要发挥调节功能，把贫富差距控制在合理范围之内。他在《管子·海王》中提出，官方专营山海资源，并征盐和铁税。他在"国蓄"中说，国家能控制粮食，掌握货币，依靠国家的有余控制民间的不足，人民就没有不依附于国家的了。他在《管子·乘马数》中提出，对粮食要单独定价。粮食，是人民生命的主宰；货币，是人民的交易手段。所以，善于治国的君主，掌握他们的流通手段，控制主宰他们生命的粮食，就可以最大限度地使用民力了。管子还说，善治国者总是在民间物资不足时，把库存的东西（低于市场价格）供应出去；而在民间物资有余时，把市场的商品（高于市场价格）收购起来。民间物资有余，就肯以低价卖出，故国家应以低价（但高于市场价格）收购；民间物资不足，就肯以高价买进，故国家应该以高价（但低于市场价格）售出。用低价收购，用高价抛售，国家不但有 10 倍的盈利，而且物资财货的价格也可以得到调节与稳定。今称之为国家财政宏观调控。由此，管子创建了经济的"轻重理论"。轻重理论主要讲商品流通、货币流通和价格的关系，被世人誉为中国古代的货币价格学说。《管子·轻重》主张国家对货币实行垄断与严格控制，国家利用市场供求和价格规律，对内调控经济运行，对外开展商业贸易竞争。管子说，商朝的伊尹是最早搞贸易战和奉行经济强国战略的先贤。

用四象圆思维认识社会经济，以计划经济为横坐标，以市场经济为纵坐标，那么就会有四种情形：既有计划经济也有市场经济、以计划经济为主导、以市场经济为主导、既无计划经济也无市场经济。如图 7-43 所示，A 是成熟国家的常态，B 是弱者变强的象限，C 是强者恒强的象限。在新中国成立初期，C 象限的国家主要有美国、日本、英国、法国、加拿大、澳大利亚、巴西等，B 象限的国家主要有苏联、南斯拉夫、印度等。那我们新中国选择什么样的经济发展手段呢？

一个新弱国要变成强国，在计划经济与市场经济的四象圆图中，应选择哪个象限呢？毛泽东主席等老一辈革命家为新中国选择了 B 象限的经济发展手段。在这个象限，经济发展不是赢者通吃，而是合作共赢。毛泽东主席等国家领导人吸取了中华民族的8000 多年的历史实践智慧，将计划经济细分为国家计划和各省、区、市计划，并坚持大计划、小市场策略，没有采取苏联一刀切式的计划经济，避免了苏联的很多失误。毛泽东时代中国实行的并非纯而又纯的标准式的计划经济，而是"大计划、小自由，大计划、小市场"的计划经济。对于占据国民经济主要部分的农业，并没有实行严格的计划控制，而是实行间接计划。中国是社会主义阵营中没有奉行高度集中的苏联式中央计划经济体制的少数国家之一。当时波兰的著名经济学家奥斯卡·兰格指出：中国是一个例外，它并没有像其他社会主义国家一样制订事无巨细的计划。经过数次权力下放，打破中央集权，到 20 世纪 70 年代，中国实际上构建了相当分权的计划经济体制。今天的中国，进入了 A 象限。新中国在中国共产党的领导下，从新兴弱国成功变成了新兴强国，并有卓越能力统筹计划经济和市场经济，让它们并蓄并各得其所。

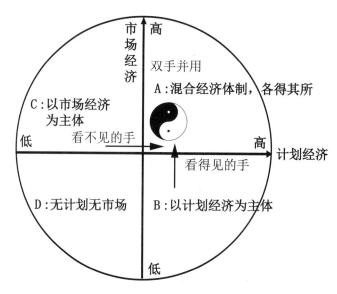

图7-43 计划经济与市场经济的四象圆图

在1978年之前，相对其他省、区、市而言，浙江处于D象限，计划少市场也少。那一年，杭州、宁波和温州的GDP分别为28亿元、20亿元、13亿元，有差别，但差别不大，基本上属于一个档次。1978年以后，我国实行计划与市场并行的发展策略。温州随即进入C象限；杭州在1992年以后也进入了C象限；宁波虽然也采取市场经济，但国家计划性投资依然占大头，本书认为彼时宁波依然处在B象限。1992年，杭州、宁波、温州的GDP分别为298亿元、212亿元、233亿元，温州的GDP超过宁波，温州模式成为全国性话题，名声响彻世界。1995年以后，杭州加强计划经济手段，进入A象限；宁波在实行计划经济的同时，加强市场经济手段，也进入A象限；而温州则以"温州模式"为自豪，稳居C象限。1999年，杭州、宁波、温州的GDP分别为1225亿元、1170亿元、1042亿元，宁波在这一年反超温州，重新回到浙江经济第二的位置。进入A象限的杭州、宁波运用计划与市场双手来发展经济，而温州运用"看得见的手"相较杭州和宁波为少。在2017年，杭州、宁波、温州的GDP分别为12556亿元、9850亿元、5485亿元，杭州的经济规模为温州的2倍之多，宁波的经济规模为温州的1倍多，宁波和温州的经济规模拉开了很大的距离，温州模式光环不再。宁波和温州的差距至今还在拉大，在2021年，杭州、宁波、温州的GDP分别为1.81万亿元、1.46万亿元、0.76万亿元。此时温州的经济规模和杭州、宁波已经不在同一个档次了。根本的原因是杭州、宁波经济转型升级为A情形，而温州依然是C情形，温州"看得见的手"（运用计划经济手段）过于弱小。

当今世界有两个人口超级大国：印度和中国，它们同属于亚洲，是邻国，成立时间接近。1950年，人均GDP分别为：中国37美元，印度52美元。1973年，中国为157美元，印度为143美元。中国在1978年进行改革，在不放弃计划经济和公有制的同时，加强市场经济和私有经济的发展。印度1993年进行改革，在坚持私有制的同时，放弃计划经济手段，加强市场经济手段。本书以公有制和私有制为横坐标、计划经济和市场经济为纵坐标，那就得到如图 7-44 所示的 4 种经济体制模式。

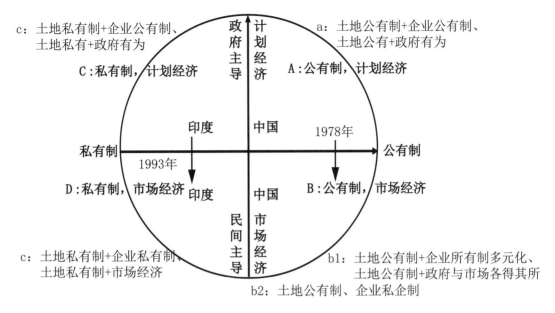

c：土地私有制+企业公有制、土地私有+政府有为

C：私有制，计划经济

a：土地公有制+企业公有制、土地公有+政府有为

A：公有制，计划经济

政府主导

计划经济

中国

印度

私有制

1993年

公有制

1978年

D：私有制，市场经济

印度

中国

B：公有制，市场经济

民间主导

中国市场经济

c：土地私有制+企业私有制、土地私有制+市场经济

b1：土地公有制+企业所有制多元化、土地公有制+政府与市场各得其所

b2：土地公有制、企业私企制

图 7-44 "公私制-计划市场"四象圆图分析中印经济的发展差异

在 1947—1993 年，印度采取的是 C 象限经济体制：私有制+计划经济（土地私有制+企业公有制、土地私有+政府有为）。在 1949—1978 年，中国采取的是 A 象限经济体制：公有制+计划经济（土地公有制+企业公有制、土地公有+政府有为）。也就是说，印度的起点是 C 象限，中国的起点是 A 象限。中国从 1978 年开始的改革开放是从 A 象限走向 B 象限，但不是 b2，而是 b1（处在 A 和 B 之间）。b1 具有土地公有制+企业所有制多元化或土地公有制+政府与市场各得其所的特征。而印度在 1993 年的改革是走向 D 象限（土地私有制+企业私有制、土地私有制+市场经济）。在 2021 年，中国人均 GDP 为 12.551 万美元，印度人均 GDP 为 2238 美元，中国的人均 GDP 为印度的近 6 倍。从 1950 年中国人均 GDP 低于印度，1973 年两国人均 GDP 非常接近，经过 40 多年的发展，中国的 GDP 和人均 GDP 都远超印度。其中关键性的原因有很多：从经济体制和发展模式来看，两者的起点不一样——中国处在 A 象限，印度处在 C 象限；两者的发展方向和目标也不一样——中国处在 B 象限（b1），印度处在 D 象限。虽然都进行了改革开放，但起始点不一样，发展路径不一样，其结果也就注定不一样。

我们同样可以用四象圆思维来看到"国富民富""国强民强""民富国强""国富民强"等社会状态，可以选择社会发展目标，拟定社会发展路线。它们之间的关系不是相克的关系，而是对立统一的关系，在四象圆图中，都属于第一象限情形。比如，以"国家财富"为横坐标，以"公民财富"为纵坐标，则有四种情形：国富民富、国富民贫、国贫民富、国贫民贫。如图 7-45 所示。

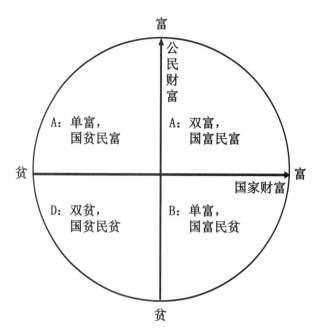

图 7-45 "国家财富－公民财富"的四象圆图

对国民如何进行宏观管理呢？本书以四象圆思维来分析探讨毛泽东主席的管理智慧，以"信仰－技能"为两仪，就会演绎出四象，如图 7-46 所示。一个卓越的管理者，要站在圆上，对具体对象施以具体措施：对 A 类人民，要大胆地信任和重用；对于 B 类人民，加强技能训练，让人民有技能专长；对于 C 类人民，进行思想信仰教育，让人民信仰社会主义；对于 D 类人民，针对他们的具体禀赋，或先进行思想教育，使其成为 B 类，或先进行技能训练，使其成为 C 类。让 D 类人民越来越少，让 A 类人民越来越多。

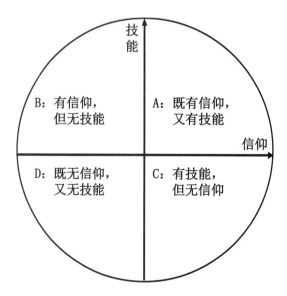

图 7-46 "信仰－技能"的四象圆图

本书运用四象圆思维解析中国式的组织管理模式，用四象圆思维看《亮剑》这部电视剧当中军队的组织管理。以作战意愿和作战能力为两仪，外加无极，就可以把士兵分为四种类型，如图 7-47 所示。在该剧中，中国共产党军队设有两个管理者：政委和将领。政委擅长做思想工作，让无心作战或作战意愿低的士兵变成有心作战或作战意愿强的士兵；将领擅长作战，训练士兵作战很有一套，能让无力作战或作战能力弱的士兵变成有力作战或者作战能力强的士兵。因此，政委和将领既分工又通力合作，中国共产党的"有心有力"的士兵大幅度增加，"有心有力"的士兵多，作战取胜就有希望。

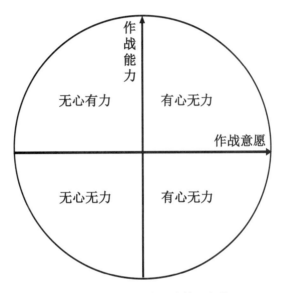

图 7-47　四象圆思维在军队管理中的运用

孟子说，贤者在位，能者在职。在现实社会组织中，位和职往往是一个，即职位。孟子的观点，2000 年来一直未能在组织中实现。而中国人民解放军在组织中设立两个平级的管理者，一个是政委，一个是将领，贤者为政委，能者为将领，各司其职，荣辱与共，而既贤又能者为更高一级的统帅，从而提高了中国共产党军队的作战能力和作战意愿。这种组织管理模式在和平时期演变成"书记和省长（市长、县长）"模式。书记抓党建等思想信仰建设，省长（市长、县长）抓经济、科技等业务发展。毛泽东主席的组织管理智慧被现代企业所运用，阿里巴巴公司的市场营销组织管理亦采取"销售经理+人力资源经理"模式。

第 8 章

四象圆思维在性格领域的运用

8.1 黄氏TOPK理论与四象圆思维的关系

黄氏TOPK模型就是四象圆思维在性格领域中的具体运用。它以支配力为横坐标，从左到右即从弱到强；以自制力为纵坐标，从下往上即从弱到强；外面有个圆圈。每个象限都可以进一步用小十字进行划分，也就是在每个象限里，再来个横坐标和纵坐标，那么每个象限又可以被分成 4 个小象限。这样就把人的性格类型分成了 16 种，如图 8-1 和表 8-1 所示。

这里的支配力，是指一个人希望运用威权控制或支配别人的权力。这并不是说此人目前的职务有此权力，这是一种由其精神或个性衍生形成的，并且自然地向他人展现的力量。这里的自制力，是指一个人自我约束的力量或程度，它能够说明一个人是很正经、很正式的，还是不拘小节。每个人都有这四种性格，只是比例不同而已。每个人都可以站在圆上，根据环境的变化，自觉地调整自己的性格以适应环境。

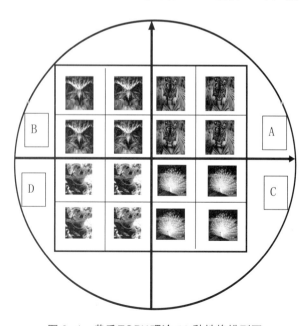

图 8-1 黄氏TOPK理论16种性格模型图

A象限是双强象限：支配力强，自制力也强。这个象限的人，思维方式排在第一位的是知觉，行为方式排在第一位的是直接做，即知觉第一，行动第一。本书用老虎来比喻，老虎的英文单词是tiger，故这个象限可被称为T象限，这个象限的人的性格被称为T型性格。T型性格可以被分为T1、T2、T3、T4四种。

B象限是弱强象限（单强象限）：支配力相对弱，自制力相对强。这个象限的人，其思维方式排在第一位的是逻辑，行为方式排在第一的是想，即爱思考、擅长分析，本书用猫头鹰来比喻这个象限的人。猫头鹰的英文单词是owl，故这个象限可被称为O象限，这个象限的人的性格可被称为O型性格。O型性格可以被分为O1、O2、O3、O4四种。

C象限是强弱象限（单强象限）：支配力相对强，自制力相对弱。这个象限的人，其思维方式排在第一的是直觉，行为方式排在第一的是言语。即直觉第一，言语第一。本书用孔雀来比喻，孔雀的英文单词是peacock，故这个象限也称P象限，把这个象限的人的性格称为P型性格。P型性格可以被分为P1、P2、P3、P4四种。

D象限是双弱象限：支配力弱、自制力亦弱。这个象限的人，其思维方式排在第一的是感觉，行为方式排在第一的是倾听。即感觉第一，倾听第一。本书用考拉来比喻，考拉的英文单词是koala，故这个象限又被称为K象限，这个象限的人的性格被称为K型性格。K型性格可以被分为K1、K2、K3、K4四种。

表8-1 黄氏TOPK性格16种类型

类型	16种性格	主性格	次性格	备注
老虎	老虎王	老虎	老虎	T1
	思考型的老虎	老虎	猫头鹰	T2
	演讲型的老虎	老虎	孔雀	T3
	倾听型的老虎	老虎	考拉	T4
猫头鹰	有魄力的猫头鹰	猫头鹰	老虎	O1
	猫头鹰王	猫头鹰	猫头鹰	O2
	有激情的猫头鹰	猫头鹰	孔雀	O3
	有耐心的猫头鹰	猫头鹰	考拉	O4
孔雀	果敢的孔雀	孔雀	老虎	P1
	分析的孔雀	孔雀	猫头鹰	P2
	孔雀王	孔雀	孔雀	P3
	温柔的孔雀	孔雀	考拉	P4
考拉	冲动的考拉	考拉	老虎	K1
	挑剔的考拉	考拉	猫头鹰	K2
	炫耀的考拉	考拉	孔雀	K3
	考拉王	考拉	考拉	K4

人类的四个行为：做、想、说、听。老虎主张做得到，猫头鹰主张看得见，孔雀主张讲清楚，考拉主张听明白。这四个动作，每个人都会。但每个人的习惯性动作，都是不一样的。每个人的四个动作的先后顺序也是不一样的。老虎型的人，习惯性地

把"做"排在第一,四选一的时候,他们选择"做";而猫头鹰型的人,习惯性地把"想"排在第一,四选一的时候,他们往往选择"想";孔雀型的人,习惯性地把"说"排在第一,四选一的时候,他们往往选择"说";考拉型的人,习惯性地把"听"排在第一,四选一的时候,他们往往选择"听"。

四个动物的英文单词的首个字母组合起来就是TOPK。为什么不是TOKP?因为TOPK的排列与我国传统文化中的八字形思维相关。《周易·说卦传》曰:"数往者顺,知来者逆。"来者逆,往者顺。故图8-2所示的黄氏TOPK模型性格顺序图,采取的是"先逆时针,再顺时针"走向,从而构成一个完整的"8"字。

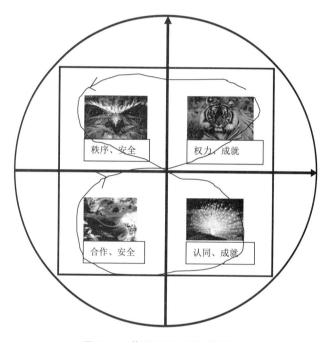

图 8-2　黄氏 TOPK 模型顺序图

本团队的黄清诚在2014年根据中国传统文化和黄氏TOPK理论,创作了具有中国特色的黄氏TOPK性格圆图,如图8-3所示。这张图已经获得浙江省版权局审核,著作号为浙作登字11-2014-F-4882。在图中,T象限为黄色,O象限为蓝色,P象限为红色,K象限为绿色。它可以帮助国人快速识别他人的性格类型。因为每个人对私人物品,如衣服、小饰品、家装等,都会选择自己喜欢的颜色。如果他经常穿红色的衣服,根据图8-3,我们就可以初步判断他为孔雀性格。黄氏TOPK理论模型在《销售队伍管理》《创业搭档管理》《二十五史与家国兴衰》等著作中都有较为详细的阐述,这里因篇幅关系,就不再详述。

图 8-3　杭州黄氏 TOPK 性格圆图

8.2　用黄氏TOPK理论读中华先秦经典

《列子·仲尼》记载："子夏问孔子曰：'颜回之为人奚若？'子曰：'回之仁贤于丘也。'曰：'子贡之为人奚若？'子曰：'赐之辩贤于丘也。'曰：'子路之为人奚若？'子曰：'由之勇贤于丘也。'曰：'子张之为人奚若？'子曰：'师之庄贤于丘也。'子夏避席而问曰：'然则四子者何为事夫子？'曰：'居！吾语汝。夫回能仁而不能反，赐能辩而不能讷，由能勇而不能怯，师能庄而不能同。兼四子之有以易吾，吾弗许也。此其所以事吾而不贰也。'"子夏问孔子说："颜回的为人怎样？"孔子说："颜回的仁慈之心胜过我。"又问："子贡的为人怎样？"孔子说："端木赐的辩才胜过我。"又问："子路的为人怎样？"孔子说："仲由的英勇胜过我。"又问："子张的为人怎么样？"孔子说："颛孙师的庄重严肃胜过我。"子夏离开座位问道："那么这四个人为什么要来做您的学生呢？"孔子说："坐下！我告诉你。颜回能仁慈却不能狠心，端木赐能辩论却不能沉默，仲由能勇敢却不能怯弱，颛孙师能庄重却不能随和。把四人的长处合起来交换我的长处，我也是不干的。这就是他们拜我为师而不三心二意的原因。"

用黄氏TOPK理论分析这段文字，可以得知：颜回是考拉型，仁慈是考拉型的优点，不能狠心是考拉型的缺点；子贡是孔雀型，能言善辩是孔雀型的长处，不能沉默是孔雀型的不足；子路是老虎型，勇敢是老虎型的优点，不能怯弱是老虎型的缺点；颛孙师是猫头鹰型，庄重是猫头鹰型的长处，不能随和是猫头鹰型的短处。光有他们四个人的长处还不够，还需要克服他们的短处。孔子能与黄氏TOPK模型中的T型、O型、P型、K型的人相合。按照黄氏TOPK理论和目前所能阅读到的有关孔子的文献资料来看，孔子的天生性格类型是孔雀型，但他会站在黄氏TOPK圆上与人相处，属于"圣智"之人，这也是他伟大的地方。

《中庸》云："唯天下至圣，为能聪明睿知，足以有临也；宽裕温柔，足以有容也；发强刚毅，足以有执也；齐庄中正，足以有敬也；文理密察，足以有别也。"只有天下崇高的圣人，才能做到聪明智慧，能够居于上位统治天下；宽宏大量，温和柔顺，能够包容天下；奋发勇健，刚强坚毅，能够决断天下大事；威严庄重，忠诚正直，能够博得人们的尊敬；条理清晰，详辨明察，能够辨别是非邪正。用黄氏TOPK理论读这段文字，本书认为，子思认为的五种人分别为O型（聪明睿智）、K型（宽裕温柔）、T型（发强刚毅）、O型（齐庄中正）、O型（文理密察）。

《论语》中有孔子对其弟子的性格评价。他在"颜渊"中对子路有评价，他说，根据单面的供词就可以判决诉讼案件的，大概就只有子路吧。"颜渊"亦云"子路无宿诺"，即子路从不拖延履行承诺。子路办事情果敢快速，执行力很强。孔子在"公冶长"中认为子路勇敢过人，并根据他的性格推荐其担任官职。"公冶长"记载，孔子根据性格岗位匹配原则推荐官职，他认为：仲由可以在一个具备千辆兵车的大国负责军事。冉有可以在一个千户规模的大邑或一个具备兵车百辆的大夫封地担任总管。公西华可以穿上礼服，站在朝廷上，和宾客会谈，办理交涉。"先进"云："季氏富于周公，而（冉）求也为之聚敛而附益之。"《论语·雍也》记载，孔子认为子路做事果断（"由也果"），端木赐（子贡）为人通达（"赐也达"），冉有有才能（"求也艺"），他们三人均是政才。根据这些素材，按照黄氏TOPK理论模型可知，知兵的子路是老虎型，理财的冉有是猫头鹰型，协谈的公西华是考拉型，通达的子贡是孔雀型。

《论语·泰伯》云："恭而无礼则劳；慎而无礼则葸；勇而无礼则乱；直而无礼则绞。"本书用黄氏TOPK理论来读这段话就是，恭而无礼是考拉型的缺点，慎而无礼是猫头鹰型的缺点，勇而无礼是老虎型的缺点，直而无礼是孔雀型的缺点。《论语·先进》云："柴也愚，参也鲁，师也辟，由也喭。"用黄氏TOPK理论解读这段话就是，愚笨的高柴和迟钝的曾参是内向型性格，要么为猫头鹰型，要么为考拉型；偏激的颛孙师为孔雀型；鲁莽的子路为老虎型。

《论语·先进》中有"闻斯行诸之答"的记载。有一天，子路对孔子说："听到什么就行动起来吗？"孔子说："你有父亲兄长在，你怎么能听到这些道理就去实行呢？"过了一会儿，冉有也来问："听到什么就行动起来吗？"孔子说："应该听到后马上就去实行。"公西华问道："先生，子路问是否闻而后行，先生说有父兄在。冉有问是否闻而后行，先生说应该闻而即行。我弄不明白，请教先生。"孔子说："冉有做事犹豫，所以要激励他的勇气。子路胆量过人，所以我让他谦退。"我们古人把这段文字提炼为孔子因材施教，本书认为孔子采取的是因格施教，采取的是适应性格的指导方式。性格不同，指导的内容也不同。冉有跟子路同样有政治才华，同属政事科，但两个人的性格完全不一样：子路较果敢、果决，冉有比较迟缓、严谨。因此，孔子对子路、冉有的指导内容也有所不同。按照黄氏TOPK理论，子路为老虎型，冉有为猫头鹰型。子路有老虎型的缺点——急躁，需要抑制子路急躁的缺点，所以孔子对子路说，要请教父兄才可以去做。冉有有猫头鹰型的缺点——过于稳重，需要抑制他的过于稳重的缺点，故孔子对冉有说，听到了就马上去做，鼓励他去实践。

《论语·先进》还记载了孔子询问四位学生志向时的情况。子路、曾皙、冉有、公西华陪孔子坐着。孔子说："假如有人了解你们，那么你们打算怎么做呢？"子路不假思索地回答说："一个拥有上千辆兵车的国家，夹在大国之间，受到外国军队的侵犯，接着又遇上饥荒。如果让我治理这个国家，三年工夫，我就可以使人人勇敢善战，而且还懂得做人的道理。"孔子听了，微微一笑。"冉有，你怎么样？"冉有回答说："一个纵横六七十里或者五六十里的国家，如果让我去治理，等到三年，就可以使老百姓富足起来。至于修明礼乐，那就只有等待贤人君子了。""公西华，你怎么样？"公西华回答说："我不敢说能做什么，愿意学习罢了。宗庙祭祀的工作，或者是诸侯会盟及朝见天子的时候，我愿意穿戴好礼服礼帽做一个小小的司仪。""曾皙，你怎么样？"曾皙弹瑟的声音逐渐稀疏了，接着铿的一声，他放下瑟，直起身子回答说："我和他们三个人的才能不一样。"孔子说："那有什么关系呢？不过是各自谈谈自己的志向罢了。"曾皙说："暮春时节，春天的衣服已经穿上了。和几个成年人、几个孩童到沂水里游泳，在舞雩台上吹吹风，一路唱着歌儿回来。"孔子长叹一声说："我赞同曾皙的想法呀！"用黄氏TOPK理论来读这段文字，本书认为子路是老虎型、冉有是猫头鹰型、公西华是考拉型、曾皙是孔雀型、孔子是孔雀型。《论语·先进》里对子路、冉有和公西华的性格记载和《论语·公冶长》里的记载高度重合。

没有完美的性格类型，但可以通过对性格的优势进行组合以拥有完美的性格。《论语·宪问》记载了孔子谈论如何拥有完美的性格的过程，原文是："子路问成人，子曰：'若臧武仲之知，公绰之不欲，卞庄子之勇，冉求之艺，文之以礼乐，亦可以为成人矣。'"子路问怎样算完美的人，孔子说："如果具有臧武仲的智慧，孟公绰的清心寡欲，卞庄子的勇敢，冉有的才艺，再加上知礼懂乐的修养，就可以算完人了。"黄德华认为：智为土，不欲为水，勇为金，艺为木，礼乐为火，金木水火土，为完人也。即掌握TOPK理论并能灵活运用者，为完人也。

孟子曾经评价过伯夷、伊尹、柳下惠和孔子，他在《孟子·万章》中说："'伯夷，目不视恶色，耳不听恶声。非其君，不事；非其民，不使。治则进，乱则退。横政之所出，横民之所止，不忍居也。思与乡人处，如以朝衣朝冠坐于涂炭也。当纣之时，居北海之滨，以待天下之清也。故闻伯夷之风者，顽夫廉，懦夫有立志。伊尹曰："何事非君？何使非民？"治亦进，乱亦进。曰："天之生斯民也，使先知觉后知，使先觉觉后觉。予，天民之先觉者也。予将以此道觉此民也。"思天下之民匹夫匹妇有不与被尧舜之泽者，若己推而内之沟中——其自任以天下之重也。柳下惠，不羞污君，不辞小官。进不隐贤，必以其道。遗佚而不怨，厄穷而不悯。与乡人处，由由然不忍去也。"尔为尔，我为我，虽袒裼裸裎于我侧，尔焉能浼我哉？"故闻柳下惠之风者，鄙夫宽，薄夫敦。孔子之去齐，接淅而行；去鲁，曰："迟迟吾行也。"去父母国之道也。可以速而速，可以久而久，可以处而处，可以仕而仕，孔子也。孟子曰：'伯夷，圣之清者也；伊尹，圣之任者也；柳下惠，圣之和者也；孔子，圣之时者也。'"

用黄氏TOPK理论读孟子的这段话，则能发现：伯夷是猫头鹰型，具有清廉和是非分明的优点；伊尹是老虎型，具有当下奋进和敢于担当的优点；柳下惠是考拉型，具有忍辱和包容的优点；孔子是孔雀型，具有与时俱进和灵活变化的优点。

《墨子·贵义》有云："嘿则思，言则诲，动则事，使三者代御，必为圣人。"沉默之时能思索，出言能教导人，行动能从事义，使这三者交替进行，一定能成为圣人。用黄氏TOPK理论解读这段文字就是，墨子认为，如果一个人拥有TOP的优点，即老虎的行动、猫头鹰的思考、孔雀的演讲（激励），就会成功。

《商君书·垦令》有云："重刑而连其罪，则褊急之民不斗，很刚之民不讼，怠惰之民不游，费资之民不作，巧谀、恶心之民无变也。五民者不生于境内，则草必垦矣。"加重刑罚处罚措施，建立连坐机制，使他们互相监视，如果一个人犯了罪，其他人一起受处罚。那么那些气量小、性格暴躁的人就不敢打架斗殴，凶狠强悍的人便不敢争吵斗嘴，懒惰的人不敢到处游荡，喜欢挥霍的人不再会产生，善于花言巧语、心怀不良的人就不敢再进行欺诈。这五种人在国内不存在，那么荒地就一定能得到开垦了。用黄氏TOPK理论读这段文字，我们会发现商鞅就性格类型的缺点对人进行了分类，依次是O型（褊急）、T型（很刚）、K型（怠惰）、P型（费资）、P型（巧谀）。重刑连坐，可以让人在外力逼迫下，减少自身性格的缺点。

《鬼谷子·权》云："辞言五，曰病、曰怨、曰忧、曰怒、曰喜。故曰病者，感衰气而不神也；怨者，肠绝而无主也；忧者，闭塞而不泄也；怒者，妄动而不治也；喜者，宣散而无要也。"在外交辞令中有五种情况：一是病态之言；二是幽怨之言；三是忧郁之言；四是愤怒之言；五是喜悦之言。一般地说来，病态之言是中气衰弱，说话没精神。幽怨之言是伤心痛苦，心神无主。忧郁之言是心情郁结，不能畅言。愤怒之言是轻举妄动，不能控制自己说的话。喜悦之言是说话自由散漫，没有重点。根据黄氏TOPK理论，幽怨是猫头鹰型的缺点，忧郁是考拉型的缺点，愤怒是老虎型的缺点，喜悦是孔雀型的特点。游说的病技，就是黄氏TOPK理论中不同性格类型的缺点而已。

《管子·戒》云："鲍叔之为人也好直，而不能以国诎，宾胥无之为人也好善，而不能以国诎。宁戚之为人也能事，而不能以足息。孙在之为人也善言，而不能以信默臣闻之。"鲍叔牙为人正直，但不能为国家而牺牲其正直；宾胥无为人善良，但不能为国家而牺牲其善良；宁戚能干，但不能适可而止；曹孙宿能言善辩，但不能在被人取信以后及时沉默。鲍叔牙正直——这是猫头鹰型的优点，但不能受委屈（不能做到能屈能伸）——这是猫头鹰型的缺点；宾胥无友善——这是考拉型的优点，但不能受委屈——这是猫头鹰型的缺点；宁戚务实能干——这是老虎型的优点，但不能受委屈——这是猫头鹰型的缺点；曹孙宿擅长演说——这是孔雀型的优点，但不能受委屈——这是猫头鹰型的缺点。本书根据黄氏TOPK模型，判断鲍叔牙为O2型、宾胥无为K2型、宁戚为T2型、曹孙宿为P2型。

8.3 黄氏TOPK理论在创业搭档领域的运用

创业者可以通过组合方式优化自己的性格，但这依然是个大挑战。在短时间内，把四种性格的优点组合成新的自我，不是很容易的事，何况还要创办企业、养家糊口。因此，创业者在组合自己的性格优点的同时，一个现实的做法就是组合创业班子，找个性格合适的搭档来一起创业。没有完美的个人，但可以有完美的创业搭档团队。什么样的创业搭档团队，是完美的呢？本书认为，若有四个创业者，他们分别是T、O、P、K类型，他们的价值观类似，能力互补，那么这个创业搭档团队就是完美的，俗称白金团队。清华大学出版社出版的《创业搭档管理》一书把TOPK三元组合称为黄金法则，把TOPK二元组合称为白银法则。如果想要知道更多、更明确的内容，大家可以阅读《创业搭档管理》一书。如图8-4所示。

图8-4 西天取经班子的TOPK组合和观音的"皇"者智慧图

创业搭档的TOPK组合原则，就是创业者要创办伟大的企业，就要组织四种性格类型的创业搭档一起创业。性格不同的人在一起，容易产生冲突，如果他们志同道合，这种冲突还相对容易解决，否则容易上升到价值观层面。因此，这里就需要一种智慧，团结的智慧（和的智慧），要有一位团结能力很强的创业者。其中一位创业者，比如老虎创业者，他必须团结其他三种性格类型的创业搭档。中文的"王"是三横一竖：这三横长短不一，本书将三横比喻为三种不同的性格；另外一种性格的创业者是为一竖，必须把其他三种不同性格类型的创业搭档团结在一起（俗称串起来、串在一起），无论有多大的难处或多大的荣誉，大家都不散伙。只有如此，才能写成一个"王"字。而团结其他的创业搭档的创业者就拥有王的智慧。如果他明白这个道理，自觉地运用王的智慧，那么他就可以成为皇。这就是创业搭档的TOPK组合原则的中国文化基础。《西游记》中的观音，就是具有"皇"的智慧的化身，她会团结四种不同性格的创业者，让他们齐心协力去西天取经。而唐僧在团结四种不同性格的方面，就不如观音，观音在无极（TOPK圆上）。

为什么创业搭档团队（或创业班子），需要进行TOPK组合？这是创业活动本身的内在要求。创业需要在不确定的环境下，不停地进行决策，这就需要老虎型人才；初创企业因刚刚起步、竞争力不强而前景不够明朗，这就需要孔雀型人才；企业生产产品、提供服务需要安全管理、质量管理、财务管理，需要建立规章制度，这就需要猫头鹰型人才；初创企业有10个以上员工，就需要行政协调，这就需要考拉型人才。TOPK组合的创业班子，可以完全胜任创业活动，并获得创业成功。

如果创业者是老虎型，再找老虎型创业者来做搭档，创业搭档团队就不会发生质的变化，只是增加数量而已。一群老虎，虽然执行力强，果敢奋拼，嗷嗷叫声震山谷，但容易走极端，容易发生争斗与内战。性格相同，如果存在上下级关系，其冲突会很少；但不存在上下级关系，或者能力相当的时候，冲突往往不减反增。清朝的曾国藩说："性同才异，相援相赖；性同势均，相竞相害。"这里的"性"，是指人的性格。他的意思是：性格相同，才能不同，大家会相互援助、相互依赖；但是性格相同，双方彼此的势力相当的话，他们往往会相互竞争、相互残害。创业搭档都是企业的创始人，都是企业的所有者，那么地位是平等的。在这种情形下的性格的相同，对于创业者而言，往往会带来"同而不继"的后果。而孔子告诫大家："小人同而不和，君子和而不同。"差劲的创业者，他们找性格相同的搭档一起创业，结果就是"一山难容二虎"，性同势均的创业班子，容易因不团结而失败。那些明智的创业者会找不同性格的搭档一起创业，并将团结作为第一要务，结果获得了成功。

老虎型创业者的明智的做法，是找价值观吻合度高的非老虎型的人来做创业搭档。找谁呢？找孔雀型？找猫头鹰型？找考拉型？这个话题没有标准答案，要看创业者自身的性格成熟度，以及对性格的驾驭能力。还要看创办企业所在的行业和市场竞争环境。如果是高科技领域，那先找猫头鹰型的创业搭档；如果创办的企业在短时间内拥有了100多个员工，就需要找考拉型的创业搭档；如果创办的企业是新兴行业，前途未卜，那就要找孔雀型的创业搭档。

8.4　黄氏TOPK理论在接班人领域的运用

和创业搭档团队的选择一样，接班人团队的选择也要灵活务实地遵循黄氏TOPK理论。黄氏TOPK理论在下一代的培养和挑选中也会发挥指导作用。

很多的老当家在交班时，会有意无意地在晚辈里寻找自己。老当家越成功，这种现象越突出。即领导者乐于选择与自己具有相同性格特质的人作为接班人。但是在那些成功的长寿公司里，领导者遴选企业接班人以企业未来发展需求和竞争形势需要为导向，其继任者与其性格特质往往有很大差异。未来企业发展需要什么性格类型的领导者，他们就遴选什么性格类型的领导者。比如，企业打算未来大幅度缩减规模，这时所选择的接班人必须展示出在必要时刻能够做出果断抉择的决心和魄力，也就是这个接班人要有T型特质，或者具备T型风格。在这种情况下，那些强烈渴望赢得众人爱戴的接班人，如P型、K型接班人就不是最佳人选。如果一个企业因为污染环境而遭受政府和舆论的抨击，在这种情况下，就要求领导者拥有丰富的公共关系阅历和灵活的政治手腕，善于与政府进行谈判，与媒体打交道。P型、K型接班人将是最佳人选。如果企业将来要开发更新的产品或服务项目，那些懂得技术的、具有创新能力和胆量的领导者将是较佳的接班人人选。如O1、O3型。

那些成功继任的企业领导人，会在工作中不断地调整自己的领导风格，以适应公司的发展状态和所处的环境。他们发现，一个能够将自身特征（领导风格、性格、协调性等）与企业发展周期、行业结构匹配得较好的企业，其业绩会比那些匹配性较差的企业好。他们还发现：一个具有前瞻性的经营者，一般在选择继任者时，往往希望出现一个与自己性格有差异的候选人。此称"基于性格的继任现象"。最著名的成功例子就是通用电气公司雷吉·琼斯选杰克·韦尔奇。功成名就的琼斯（O1型）在1980年退休时，力荐了最不像他自己的"黑马"韦尔奇（T3型），从而促成了通用电气公司进入长达20年的巅峰期。琼斯说："一家公司的总裁继任人应该和他的前任的作风有所不同，尤其当前任执掌了8年以上时，公司需要做出一些改变，才不会失去成长的动力。"性格不同的人，即使他们看到的问题是相似的，他们解决问题的方式也是不相同的。琼斯和韦尔奇都看到了通用电气公司所处的环境正在发生变化，以及通用电气公司必须根据变化的环境做出反应。琼斯是O1型领导者，他注重形式和被动，他的大部分决策是根据别人提供的信息和数据做出的；而T3型的韦尔奇则是百无禁忌地敢作敢为，根据现实做出判断。

《二十五史与家国兴衰》一书认为，崇祯皇帝的性格类型是多变的猫头鹰型，他遇到老虎型的努尔哈赤、老虎型的皇太极和老虎型的多尔衮，是他失败的根源所在。假设他具有秦始皇的才能和性格类型（T2型），那么明朝就不仅不会灭亡，反而会实现复兴，开拓的疆土面积将远超明太祖和明成祖时期。

2008年在美国上映的电影《功夫熊猫》也体现了这种思想。《功夫熊猫》是一部以中国功夫为主题的美国动作喜剧电影，它讲述了一只笨拙的熊猫立志成为武林高手的故事。龟仙人是武功的创立者，权力的缔造者，是第一代；它的徒弟浣熊长老属于权力的继承者，是第二代；浣熊长老，有很多徒弟，徒弟熊猫阿宝成为它的继任者，是第三代。这三代的性格差异是：龟仙人，睿智而理性；浣熊长老，果敢而务实；熊猫阿宝，执着（有耐心）而憨厚。

按照黄氏TOPK理论，龟仙人是O1型，浣熊长老是T2型，熊猫阿宝是K1型。浣熊长老的另外五个徒弟：娇虎和金猴是T型，仙鹤是P型，灵蛇是O型，螳螂是P型。三代掌门人的性格类型，在黄氏TOPK性格圆图的圆内移动起来了，如图8-5所示。

图8-5　美国电影《功夫熊猫》中蕴藏的性格类型移动智慧

我们把某个组织中所有一把手的性格类型标注在黄氏TOPK性格圆图中，会发现一个奇特的规律：在其他要素相差无几的情况下，当继任者的性格类型，在黄氏TOPK性格圆图内移动，而没有长期停留在某个象限，或者没有长期局限在某两个象限内移动时，这个组织（家族企业乃至政权）就容易走向辉煌或持续辉煌；在黄氏TOPK性格圆图内长期没有移动时，这个组织就容易衰落，乃至灭亡或破产。领导性格类型，四象在田，移动长青。我们称之为"基于性格移动的继任学说"。

唐朝马周有个接班学说，其大意是：假设汉高祖之后，由汉武帝接班，汉朝就会灭亡。原文是："汉文帝惜百金之费，辍露台之役，集上书囊以为殿帷，所幸慎夫人衣不曳地。至景帝以锦绣纂组妨害女功，特诏除之，所以百姓安乐。至孝武帝虽穷奢极侈，而承文景遗德，故人心不动。向使高祖之后，即有武帝，天下必不能全。"简而言之，P型汉高祖、T型汉高后执政后，再来个T型汉武帝，西汉就会衰亡。马周的假说，用黄氏TOPK模型来解读就是，T型帝王的接班者，如果还是T型，很有可能导致亡国。帝王性格类型没有移动，他们的执政风格完全相同，如果具有相同的执政风格的帝王执政过久，则国家必然百病丛生，病入膏肓，难以救活。虽然刘邦是P型，但汉高后吕雉是T型，T型的吕太后和T型的汉武帝因性同势同而必有相争。西汉建立王朝不久，需要休养生息，时势需要的是O型的皇帝，而不是T型皇帝，因为T型的皇帝，必然会发动战争、开疆辟土，从而争夺更大的生存空间。

清朝曾国藩的转移之道，与黄氏基于性格移动的继任学说，有异曲同工之妙，证实了黄氏TOPK模型在接班人选择上的实际意义。他云："所谓转移之道，何也？我朝列圣为政，大抵因时俗之过而矫之，使就于中。顺治之时，疮痍初复，民志未定，故圣祖继之以宽。康熙之末，久安而吏弛，刑措而民偷，故世宗救之以严。乾隆、嘉庆之际，人尚才华，士骛高远，故大行皇帝敛之以镇静，以变其浮夸之习。一时人才循循规矩准绳之中，无有敢才智自雄，锋芒自逞者。然有守者多，而有猷有为者，渐觉其少。大率以畏葸为慎，以柔靡为恭……无如风会所趋，势难骤变。"

章太炎也有个接班之说，他在其著作《秦政记》云："武王既殁，成王幼弱，犹有商、奄之变。周继世而得胡亥者，国亦亡；秦继世而得成王者，六国亦何以仆之乎？如贾生之《过秦》，则可谓短识矣。"周武王死后，周成王年幼，那时尚且有商、奄的叛乱。周朝继承王位的如果是胡亥，也一定要亡国。秦朝继承皇位的如果是周成王，六国又怎么能够把秦朝推翻呢？贾谊责怪秦始皇，实在可以说是见识短浅。秦始皇为T1型，胡亥为P型，周武王为T4型，周成王为O型。首次统一且统一时间不长，中国需要睿智偏理性的接班者，而不是花里胡哨的享受型的接班者。在T1型的秦始皇之后，秦朝需要的接班者的性格类型是O型，而非P型，也非K型。秦朝的皇帝性格类型应该移动到O象限，而不是P象限。

战国时期的齐国人邹衍（子姓邹氏，时称邹夫子），提出了"五德转移"学说，他认为，天地有五行，人类社会也是按照五德（即五行之德）转移的次序进行循环的。"五德转移"是仿照自然界的五行相克，即土克水、木克土、金克木、火克金、水克火的规律进行的。他的意思是，有德者居之，无德者失之。这个德以木、火、土、金、水五行来代表，叫五德。你是火德，德衰，便有水德克你；你是水德，德衰，便有土德来灭你；依此类推。他认为虞、夏、殷、周的历史是一个胜负转化的发展过程，按照土、木、金、火、水、土依次相胜而具有阶段性，又按照始于土、终于水、徙于土的循环往复而具有周期性，阴阳的矛盾运动推动着"五德转移"。《史记·孟子荀卿列传》云："五德转移，治各有宜。"《史记·封禅》记载："秦始皇既并天下而帝，或曰：'黄帝得土德，黄龙地螾见。夏得木德，青龙止于郊，草木畅茂。殷得金德，银自山溢。周得火德，有赤乌之符。今秦变周，水德之时。昔秦文公出猎，获黑龙，此其水德之瑞。'"唐朝李白的《邹衍谷》诗云："燕谷无暖气，穷岩闭严阴。邹子一吹律，能回天地心。"唐朝陈子昂的《邹子》诗云："大运沦三代，天人罕有窥。邹子何寥廓，漫说九瀛垂。兴亡已千载，今也则无推。"

《二十五史与家国兴衰》认为，将邹衍的"五德转移"学说用于解释朝代更替不可取，但其转移的观念，可以被用在组织的一把手的继任接班领域。一把手前任、现任、继任的性格类型是相同还是相异的？《二十五史与家国兴衰》认为，组织的一把手的性格类型要转移，转移是有规律可循的。遵循规律，组织就容易长青；没有遵循规律地移动或者长期滞留在某个象限，这个组织就容易灭亡。传业者要知道自己的性格类型，也要知道接班人的性格类型。除非特殊情况，一般来说，应选择与自己性格象限相邻的性格象限的接班人（同异并重）。另外，K型接班人一般是过渡性的，执政时间不能过长，其执政时间在3～10年。要根据组织未来的情形，寻找符合组织未来所需要的性格类型的接班人，而不仅仅是在黄氏TOPK性格圆图的圆内随意移动。自觉运用黄氏TOPK理论比不自觉运用，组织传承的成功率要高很多。

下面具体来讲一下。

接班人的性格类型要移动，但不能机械地移动，要灵活务实地根据天时、地利等内外环境因素综合考虑。就性格类型而言，人们都喜欢选择自己的同类或者听话的人来接班。类我者接班，领导者性格类型就不会移动，而一般来说，领导者性格类型不移动的组织失败率高。K2型的嘉庆帝选择K2型的道光帝来接班，世人评曰："瞻彼大清，嘉道中衰。"O1型的康熙帝选择了O1型的雍正帝来接班，初看清朝皇帝没有实现性格类型的移动，但晚年康熙帝的性格类型其实是O4型，从这个角度来说，清朝皇帝的性格类型还是实现了转移，从O4移到了O1，这是O象限内的小范围移动。

但性格类型移动了，不等于就会成功。有些"奠基人"或者"中兴主"最终选择了听话者来接班。如P型乾隆帝选择听话的K型嘉庆帝来接班，唐太宗李世民（T型）选择听话的李治（K型）来接班，O型的朱元璋选择听话的朱允炆（K型）来接班。虽然两任掌舵人的性格类型实现了转移，但他们都是失败者，首先是建文帝，其次是唐高宗，再次是嘉庆帝。

在帝国、大型企业或者竞争很激烈的中小型企业，K型接班人很难长期胜任最高领导者岗位，作为过渡性领导人来接班是可以的。比如T型秦昭帝选择了K型的秦孝文帝接班，是成功的。即使把秦孝文帝守孝期间主政计算在内，秦孝文帝的主政时间也只有一年多一点，但这一年时间对大秦而言非常重要，他做了不少增强人心感召力和凝聚力的大事。K型接班人是否成功，和他的接班团队有关，如果接班团队符合VCAT和TOPK原则，那么他就会获得成功，如孙权、晋康帝、魏宣武帝等。K型接班人是否成功，还与他所在的王朝的发展阶段有关。如果王朝处在上升时期或者成熟时期，他就会获得成功：如周康王，他处在西周的上升时期，又有符合白银法则的OK型接班团队；如顺治帝福临，他处在大清的上升时期，又有符合黄金法则的TOK型接班团队。

选择类我者接班，必须为其选好搭档，构成符合白银法则甚至黄金法则的团队。日本某企业的创始人是T型性格，他的长子的脾气与他一样，顽固而好胜。他经常和长子意见不统一，于是逐渐讨厌起长子来，甚至见到长子就很恼火。他的次子很听从他的指示，孜孜不倦地做好自己的工作，创始人觉得次子和自己合得来一些。于是就再创办了一个子公司，让次子去负责经营管理，以锻炼和提升他的经营管理能力，为今后接他的班打好基础。T型的创一代准备选择K型的企二代来接班。K型的次子经营了五年，子公司却依然连续亏损。次子意识到自己不具备哥哥那样的企业家气质，于是向T型的父亲提出，他和哥哥作为搭档一起接班，哥哥为一把手，他协助哥哥领导企业。T型的父亲，看到扶不起的"阿斗"次子，也只好同意次子的请求。兄弟俩分工合作，一个负责市场销售，一个负责研发行政，一个主外，一个主内，分工明确，同心同德，家族企业取得长足发展。T型的创一代，最终选择了TK组合的企二代兄弟搭档来接班，虽然没有实现性格类型移动，但同样获得了成功。日本这家企业最终选择了类我者和听话者作为搭档共同接班。

选择不类我者来接班，实现了性格类型的转移，接班成功的为多数。比如K型的顺治帝选择了O型的康熙帝，K型的汉景帝选择了T型的汉武帝，O型唐睿宗选择了P型的唐玄宗等。但失败的也不少，如O型的汉宣帝选择了K型的汉元帝，汉宣帝自己长叹一声说："乱我家者，太子也！"这里的太子是指汉元帝刘奭，西汉衰落自汉元帝始。

我们认为选择接班人，在性格类型方面，既要考虑组织的内外形势，又要考虑接班人的年龄和任期，在这个基础上，采用既类我又不类我的原则来选择接班人。也就是说，选择相邻象限的候选人来接班。性格类型移动的奥妙在于，下一代能弥补上一代领导人由自身优势极大化而引发的劣势，消除思维盲点和思维定式，适应新时代、新形势下的市场竞争环境。

8.5 黄氏TOPK理论在销售领域的运用

假设销售员为P型性格，他以往的销售技巧，是按照自己的P型性格与客户打交道。如果他懂得适应性销售技巧，那么他就会根据客户的性格类型，调整自己的销售方式。如图8-6所示。如果客户是老虎型性格，就用老虎型语言和他交谈；如果客户是猫头鹰型性格，就用猫头鹰型语言和他交谈；如果客户是孔雀型性格，就用孔雀型语言和他交谈；如果客户是考拉型性格，就用考拉型语言和他交谈。按其性格，谈其所要，清华大学出版社出版的《销售队伍管理》称之为"适应性销售技巧"，也称"销售领域（或人际沟通、人际交往）中的白金法则"。

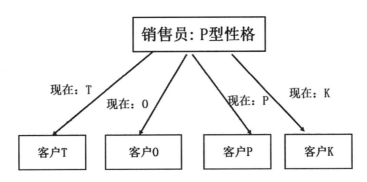

图8-6 黄氏TOPK理论：根据客户性格而转换自身性格的工具

一般来说，遇到老虎型客户，销售员需要调整自己的控制力，当这类客户觉得销售员的控制力与他相当时，就会与之进行有意义的讨论。遇到猫头鹰型客户，销售员要用证据来支持自己所说的话，不应试图控制他们。此外，尊重他们是关键！销售员要压低身体，与他们的眼睛和头部保持同高。遇到考拉型客户，销售员要热情友好，想方设法赢得其信任。可多与他们分享社会经历。遇到孔雀型客户，与他们交谈时必须保持热情，并设法让他知道你喜欢他。多与他们分享奇特的新闻与故事。

接下来，本书就黄氏TOPK理论各类型的客户，按照访问的七大流程来具体阐述适应性销售技巧。

8.5.1 访问老虎型客户

（1）开场白。开门见山，销售员要直陈拜访目的和需占用的时间，请对方允许。其交谈的兴趣点是问题的解决方案、效益，切忌离题或绕圈。

（2）询问方式。要直截了当，每提一个建议都要问："您觉得可以吗？"

（3）说服。在说服阶段，要诱之以利，多展示产品的功效，运用FAB陈述法：这……（特性），意味着……（优势），将给你带来的真正利益是……（利益）。比如：该款真空吸尘器具备高速电机（特性），轻轻松松地就能产生双倍的功效（优势），不但可以为你节省15～30分钟的清洁时间（利益），还免去了你推动笨重吸尘器的不便（利益）。

（4）遇到异议。要把利弊得失摊开，大家摆观点，对事不对人，不必过于担心针锋相对。

（5）达成协议（成交）。要爱憎分明，如果走关系、套交情，效果反而不好。

（6）缔结。在缔结阶段，老虎型客户经常会替销售员缔结，销售员直接要求老虎型客户采用自己推销的产品，也会获得其反应。只要是以尊敬的措辞来要求，以结果为导向，来缔结和他的讨论即可。

（7）拜访后的跟进。要及时尽快兑现承诺，出现问题按合约办。在礼节方面，点到为止。如果动用上级关系让其购买，往往会适得其反。

8.5.2 访问猫头鹰型客户

（1）开场白。简单寒暄，不要过度调笑，采用正式礼节。其兴趣点是问题的解决方案、新资讯、过程、细节而非结果，故要提供书面材料，细细讲解一遍。这之后，他甚至还会再看一遍。

（2）询问方式。顺着思路往下问，不要离题，他喜欢精致深刻的问题，和他一起思考，有问必答。注意提问与回答的逻辑性。

（3）说服。在说服阶段，要说之以理，多展示权威机构对企业和产品的评价与鉴定等证据，运用FABE陈述法：这……（特性）具有……（优势），它将给你带来的真正利益是……（利益），这些都被……所证实（证据）。比如，在如今的市场上，这辆车具备最高质量的自动锁死装置（特点），而其他车辆没有（优势），这一点已经通过了××机构测试（证据），它能提供您正在寻找的安全保障（利益），您同意吗？（赞同。）

（4）遇到异议。要清楚自己的缺陷。通过提供新信息、新思路改变对方的观点，但不要代替他做判断。不要否定，不要下断言，要先讲"因"再讲"果"。

（5）达成协议（成交）。该签时会签，可用时间表催促，或说服对方暂时搁下一些次要问题。

（6）缔结。在拜访的缔结阶段，不要施压于他，一定要让他有足够的时间去斟酌衡量证据及考虑所有的观点，让他有时间进行分析与思考。通常他对摘要式的缔结有着比较好的反馈，对这类客户可以以安全为导向来降低风险。

（7）拜访后的跟进。不用太多关怀，别占他太多时间。如果了解到结果与其预期不符，应及时处理，解释原因，与对方一起回顾原来的思路，拿出实际行动。对方不会把责任都推给销售员。如果动用上级关系让其购买，这种人会分析结果，并从技术上提意见，后续挑毛病，走着瞧。

8.5.3　访问孔雀型客户

（1）开场白。不要直奔主题，插入笑话、闲话，直至挑起气氛，然后很随便地转入主题。其兴趣点在于和别人不一样的东西、新鲜事物，而不是技术细节。

（2）询问方式。能触及对方的快乐和痛苦，最好是引对方发牢骚，之后顺着往下问。

（3）说服。在说服阶段，要赞之以词，大力宣传产品的独特之处，包括其新颖之处、名人使用经验等。运用FABD陈述法：这……（特性）……（优势），它将给你带来的真正利益是……（利益），如果你购买的话，你将成为使用这个产品的先行者（差异性价值）。比如怡神保含带有甲基的维生素 B_{12}（特性），它能够直接参加神经细胞的核酸、蛋白质和髓鞘中的磷脂合成（优势），从而直接修复损伤的神经，缓解病人的麻木与疼痛（利益）。如果现在就开始坚持对所有周围神经病变的患者采用怡神保治疗，你就可以成为对这个新治疗方案有发言权的专家（差异性价值）。

（4）遇到异议。一定不要伤感情；有时搁一搁也就忘了；苦肉计能奏效。

（5）达成协议（成交）。打铁趁热。酒后签单，他事后不舒服一下也就算了。但若不签，就可能会失去这单生意。能用情打动。

（6）缔结。在拜访的缔结阶段，可以尽量地说明并提出意见，但是必须先确定该论点真的是他们所同意的。此外，在缔结时，行动阶段十分重要，应以认同为导向来再次强调产品特有的利益。

（7）拜访后的跟进。要不时问候，送些新颖的小礼品。如果动用上级关系让其购买，这种人会不快乐，会逃避。

8.5.4　访问考拉型客户

（1）开场白。销售员要先谈点他个人所关心的或者两个人有共同语言的话题，让对方充分信任自己。其兴趣点在于人，尤其是熟人。要把自己的兴趣告诉他，试探他的反应，反应不对立即换话题，直至他打开话匣子。不要怕试探，需要什么都懂一点。

（2）询问方式。不能直接问，要通过暗示。他的戒备心很强，尤其是在初次见面时，要设法让他慢慢放松。他说话通常小心翼翼，不直接亮他的观点。要常用"你说对了"这样的句式，切忌"交浅言深"。

（3）说服。在说服阶段，要动之以情，使他们认识到购买、使用产品和服务的便利性。可运用FABC陈述法。这……（特性）……（优势），它将给你带来的真正利益是……（利益），你的朋友购买后，认为这个产品的使用非常方便（证实）。比如：ART具有一天服用一次的特点（特点），阿尔茨海默病患者每天只要早上或晚上服用一粒ART即可（优势），这种服用方法不但会节约医生的医嘱时间，而且会节约病人家属给病人服药的时间，从患者及其家属的角度来看，ART的服用非常简单方便（利益），这一点已经得到了您朋友的证实（证实）。

（4）遇到异议。当他说不满意A时，要提防他实际不满意的是B。如果你不能领会，他会继续提不痛不痒的问题，说话模棱两可。

（5）达成协议（成交）。不能逼得太急，除非关系到了，但可以用"万一"话术来催促。

（6）缔结。在拜访的缔结阶段，对于这类客户同意的论点/感兴趣的地方，可以反复重述，以帮助他们做决定。但是态度要温和平静，不要对他们施加压力，可以以利益为导向。

（7）拜访后的跟进。一定要不断维持关系。一定要言而有信，否则会信用破产。出问题一定要说明原因，以便能给别人交代。如果动用上级关系让其购买，这种人会愿意接受上级的观点。

对于销售对谈的五个阶段——初次接触、询问、交流、诱导、缔结：老虎型客户能十分地快速进行，快速经过所有的阶段做出决定；孔雀型客户会轻松进行对谈，决定也很快速，对其要着重留意初期阶段和诱导阶段；猫头鹰型客户会耗时较久才做出决定，对其要着重留意交流阶段和行动阶段；考拉型客户在所有的阶段都进行缓慢，而且需要业务代表的协助来做决定。

适应性销售技巧，源于我国优秀的传统文化。鬼谷子认为要先判断对方是谁（阳性性格还是阴性性格，外向性格还是内向性格），再运用对方的性格与之交往游说。如果对方是内向性格，就用内向性格语言和他交谈。如果对方是外向性格，就用外向性格语言和他交谈。《鬼谷子·捭阖》云："捭阖之道，以阴阳试之。故与阳言者依崇高，与阴言者依卑小。以下求小，以高求大。"遇阳，以阳说之；遇阴，以阴说之。方可做到"若声之与响"和"若光之与影也"。韩非子在"说难"篇中认为，进说技巧（沟通技巧）在于了解进说对象的心理，以便我的说法能适应他。如何做到这一点呢？韩非子说："凡人之大体，取舍同者则相是也。"《周易·乾·文言文》云："同声相应，同气相求，火就燥。云从龙，风从虎。圣人作而万物睹。本乎天者亲上，本乎地者亲下。则各从其类也。"本书认为进说技巧是与其同好恶。

颜阖将被请去做卫国太子的师傅，他向卫国贤大夫蘧伯玉求教，蘧伯玉教之以"象而比之"的"类同而补足"的智慧。《庄子·人间世》云："彼且为婴儿，亦与之为婴儿；彼且为无町畦，亦与之为无町畦；彼且为无涯，亦与之为无涯；达之，入于无疵。"蘧伯玉说：他如果像个天真的孩子，你也姑且跟他一样像个无知无识的孩子；他如果同你不分界限，那你也就跟他不分界限；他如果跟你无拘无束，那么你也姑且跟他一样无拘无束……慢慢地将他的思想疏通引入正轨，便可进一步达到没有过错的地步。《庄子·在宥》云："世俗之人，皆喜人之同乎己而恶人之异于己也。"《庄子·寓言》云："与己同则应，不与己同则反。同于己为是之，异于己为非之。"《庄子·渔父》云："同类相从，同声相应，固天之理也。"《吕氏春秋·诬徒》云："人之情，爱同于己者，誉同于己者，助同于己者。"《吕氏春秋·应同》云："类同相召，气同则合，声比则应……成齐类同皆有合。"《吕氏春秋·精谕》亦云："同恶同好，志皆有欲，虽为天子，弗能离矣。"

如何做到"同"呢？鬼谷子在"反应"篇中说："因其言，听其辞……言有象，事有比。"鬼谷子在"反应"篇中还说："欲开情者，象而比之，以牧其辞，同声相呼，实理同归。"孟子认为模仿就可以做到"同"，《孟子·告子》云："子服尧之服，诵尧之言，行尧之行，是尧而已矣；子服桀之服，诵桀之言，行桀之行，是桀而已矣。"在模仿学习过程中，要记住鬼谷子的"人之有好也，学而顺之；人之有恶也，避而讳之"。人之优点，学而习之；人之缺陷，避而弃之；人之缺点，偶尔用之。

那么如何判断对方的性格呢？鬼谷子认为，用表扬或褒奖的方式可获得对方的欢喜或信任，从而获悉其天生的性格类型。人在最高兴或最恐惧的时刻，会展现出其天生的性格类型。鬼谷子在"飞箝"篇中说："乃就说其所重，以飞箝之辞钩其所好，以箝求之。"在"揣"中说："揣情者，必以其甚喜之时，往而极其欲也。其有欲也，不能隐其情。必以其甚惧之时，往而极其恶也。其有恶也，不能隐其情。"在对方甚喜时加喜，利用其兴奋点激励之；在对方甚惧时加惧，利用其薄弱处掌控之。鬼谷子还说："摩之以其类，焉有不相应者；乃摩之以其欲，焉有不听者。"

8.6 黄氏TOPK理论在营销领域的运用

营销，是营造产品容易推销的氛围，让销售更容易进行。营销采取的是一对多的方式，包括产品、公司logo等，都有可能成为营销的手段。

有效的品牌外貌就好比"7秒钟商业广告"。产品能吸引顾客的注意力，因为其外观会给消费者愉悦的视觉冲击，从而给予消费者信心，建立其对产品有利的整体形象。这是建立品牌形象的简单高效的实体途径。第一笔生意的成交，85%受产品外观的影响；同一产品的第二笔生意的成交，85%受产品质量和内涵的影响。

其中，颜色具有先声夺人的功能，它能在第一时间抓住消费者的心智及其消费欲望，在这短短7秒内，色彩的影响因素占比为67%！品牌色彩，反映品牌的个性。品牌存在于消费者的认知中，是各种可感知要素形成的具有区分性的组合。它有颜色，有形状，有性格，有声音，有故事。有时候激情如火，有时候平静如水，或者聚众闹事，或者顾影自怜。品牌颜色是品牌标识，是外化，是区分，是内在的投射，是性格及其精神的感召，是一把打开消费者心灵的无形钥匙。品牌颜色是视觉营销中的关键一环，国际流行色协会的调查数据表明，在不增加成本的基础上，通过改变颜色设计，可给产品带来10%～25%的附加值。这就是色彩的力量！

品牌色彩，与消费者的性格心理有关。心理学家发现人类的性格心理的基准颜色有四种：红、黄、绿、蓝。这四个心理基色，也称"性格四基色"。消费心理学家认为，logo与包装的颜色会影响消费者的购买欲望与决定，如果logo与包装的颜色契合他们的心理颜色，产品的喜爱度将大幅度提升，消费者的购买欲望也将大幅度增强，从而在无声中加速了消费者做出购买决定的过程。

美国西北大学Thomas Madden教授在2000年就消费者对颜色的喜欢与厌恶进行了调研，调研数据如表8-2所示，满分为7分。表8-2的数据表明，在中国大陆，消费者喜欢的色彩，排在前六位的是：蓝色、白色、黑色、红色、绿色、金色。

表8-2　消费者对颜色的喜欢与厌恶评分

中国大陆		中国香港		中国台湾	
颜色	分数	颜色	分数	颜色	分数
蓝色	5.81	白色	5.84	蓝色	6.27
白色	5.65	蓝色	5.37	白色	6.23
黑色	5.26	黑色	5.21	紫色	5.18
红色	5.16	红色	5.21	黑色	4.82
绿色	5.13	黄色	5.05	绿色	4.82
金色	4.55	紫色	5.00	黄色	4.64
黄色	4.16	金色	4.84	棕色	4.59
橙色	4.13	绿色	4.58	橙色	4.36
紫色	3.87	棕色	4.11	红色	4.32
棕色	3.48	橙色	3.89	金色	4.31

在性格类型领域：白色对应的是外向性格，在黄氏TOPK模型中对应老虎型和孔雀型；黑色对应的是内向性格，在黄氏TOPK模型中对应猫头鹰型和考拉型。产品商标和公司logo的设计都会采用各种各样的颜色，这些颜色的使用可以参考图8-3黄氏TOPK性格圆图。黄氏TOPK理论认为，红色是孔雀型的心理基色，黄色是老虎型的心理基色，绿色是考拉型的心理基色，蓝色是猫头鹰型的心理基色。品牌色彩一般取决于公

司的一把手，如果一把手的性格类型是老虎型的，那么他一般会选择黄色系的颜色为品牌色彩，以此类推。而那些卓越公司的一把手，他们不会基于自身的心理基色，而是基于客户或者竞争对手的心理基色来决定公司的品牌色彩。

对于含有黄、蓝、红、绿色彩元素的logo，本书认为其设计者具备王者风范。基于"性格四基色"设计品牌的做法，即采取了基于四种客户的心理基色来设计公司品牌色彩的策略，本书称之为视觉营销中的"黄氏TOPK色彩白金法则"。基于三种客户的心理基色设计品牌色彩的做法，本书称之为"黄氏TOPK色彩黄金法则"。基于两种客户的心理基色设计品牌色彩的做法，本书称之为"黄氏TOPK色彩白银法则"。基于一种客户的心理基色设计品牌色彩的做法，本书称之为"黄氏TOPK色彩铜法则"。黄氏TOPK色彩白金法则把持四种心理基色的客户都囊括在内，能够获得四种客户的认可，至少不会招致四种客户厌烦。对于那些客户是大众的公司或产品，本书建议它们采取黄氏TOPK色彩白金法则。谷歌、微软、eBay、腾讯、盘石等公司均采用了黄氏TOPK色彩白金法则，腾讯公司的品牌如图8-7所示。

图8-7　黄氏TOPK模型在品牌设计中的应用

色彩本身带有一种潜在的力量，这种力量可以在情感方面影响消费者对品牌的看法。品牌色彩在市场竞争中呈现相克相生的有趣现象，如图8-8所示。黄氏TOPK理论认为，黄色和绿色处在对角线，红色和蓝色亦处在对角线，处在对角线上的两个颜色是相克的，也就是黄绿相克，红蓝相克。如：华为采用以红色为主的品牌色彩，其竞争对手中兴则采用以蓝色为主的品牌色彩；德力西采用以红色为主的品牌色彩，其竞争对手正泰则采用以蓝色为主的品牌色彩，只是正泰公司在蓝色主体上，又加了红色的点；三一重工采用以红白为主的品牌色彩，其竞争对手徐工集团则采用以蓝黑为主的品牌色彩。可口可乐的品牌色彩从1885年起就一直以红白为主，而百事可乐在1898—1944年品牌色彩也以红白为主，百事可乐此时采取的是模仿策略。而在1945年及以后，百事可乐采取相克策略，主动放弃红白品牌色彩，采用与红相克的蓝为主品牌色彩。可口可乐的品牌是两种颜色的组合，而百事可乐的品牌则是三种颜色的组合，且蓝色是红色的相克色彩，因此，从公司品牌色彩来看，百事可乐技高一筹。

为什么公司的品牌色彩是相克的，反而会相生呢？前面我们讲过，红色的品牌会吸引心理基色为红色的客户，但会导致心理基色为蓝色的客户反感或厌恶。华为公司首先吸引的是心理基色是红色的客户，心理基色是红色的客户一般是华为公司的忠诚客户。而那些心理基色为蓝色的客户，在有自主选择公司及其商品的机会时，就会主动选择或者趋向于选择那些品牌色彩为蓝色的公司及其商品，所以就会选择中兴公司。

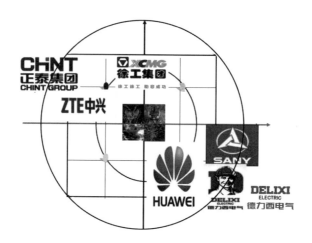

图 8-8　基于竞争对手的品牌色彩而进行的品牌色彩设计

日本富士与美国柯达堪称全球品牌营销界的两大翘楚，是运用企业在市场竞争中相克相生原则的典范。富士胶卷的包装都以绿色为主，而柯达胶卷的包装多以黄色为主，绿富士 PK 黄柯达，是企业界的传奇，如图 8-9 所示。柯达在 1935 年采用背景黄色加红色的 logo 的设计，这符合黄氏 TOPK 色彩白银法则设计策略。胶卷盒的外包装也以黄色系为主。黄色是性格类型为老虎型的人的心理基色，这类人具有勇敢、快速、实用、高效等特质。从 2006 年开始，柯达公司的 logo 中黄色减少或者消失，公司品牌色彩设计策略从黄氏 TOPK 色彩白银法则，变成了黄氏 TOPK 色彩铜法则，白银变成了铜。柯达的品牌色彩的变迁也暗示了柯达衰落的命运。富士采取的是"以黑色为主，加一红点"的品牌色彩设计策略。黑色不属于人的心理基色，在黄氏 TOPK 模型里，可以作为猫头鹰型和考拉型客户第二喜欢的颜色，它是白色的相克颜色。红色是黄氏 TOPK 模型中孔雀型的人的心理基色。由此可见，富士的品牌色彩采用了相克颜色融于一体的品牌色彩设计策略。富士在包装盒上采取"绿色为主，蓝黑为辅"的品牌色彩策略，采用黄氏 TOPK 色彩白银法则。此外，富士的"绿蓝"是柯达的"黄红"的相克颜色。

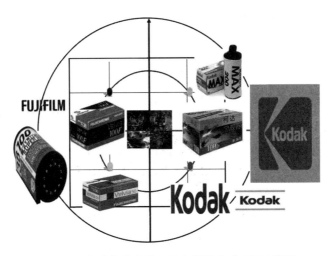

图8-9　柯达与富士的品牌色彩的黄氏TOPK模型

8.7　黄氏TOPK理论在销售队伍管理中的运用

古今中外都认为领导就是运用影响力激励员工去实现组织目标与使命的人，因此，大家都把领导力理解为影响他人的能力，或是激励别人跟随的能力。激励人的前提，是领导必须懂人，懂人是我们人类数千年来最难的学问。对一个人的认识，有很多切入点，比如人的价值观、行为风格、能力、心理动机等。

适应性领导力，是黄氏TOPK理论在管理中的具体运用，是指管理者要适应他人的性格类型，从而让他人自愿跟随自己的能力。适应性领导力就是按照他人的行为风格与之交往的能力。它主要运用了人类潜意识的依从原理中的"喜欢与熟识"原理。它与情景领导力不同，情景领导力是指针对员工不同的生命周期，使用不同的领导方式；它与环境领导力不同，环境领导力是指领导处在不同的环境条件下，使用不同的领导策略。适应性领导力是指，对不同行为风格的员工，使用不同的领导方式。它基于员工的行为风格来改变领导的行为风格，所谓的行为风格，就是人们习惯了的行为方式，即性格。

在西方，适应性领导力被称为待人如人愿的权变领导力，或者施其所欲的领导力，被誉为"领导的白金法则"。作为管理者，每个人都有自己的行为风格，有自己擅长的，也有自己不擅长的。管理者要了解自己的行为风格，知道下属的行为风格，采取施其所欲的因人而异的策略，来领导下属，让下属产生共振共鸣和熟悉喜欢的体验，这样做才会百战百胜。

黄氏TOPK性格圆图有外圆和内圆，四个象限的外顶角连成外圆，四个象限的各自中心点连成内圆。那些遇事靠悟性调整行为风格的人，属于内圆型。而那些事先自觉调整行为风格的人，属于外圆型。处在内圆上的人，为事后采用适应性领导力者；处在外圆上的人，为事前采用适应性领导者。如图8-10所示。比如，观音站在外圆上，因人而异地自觉地施展其领导力。

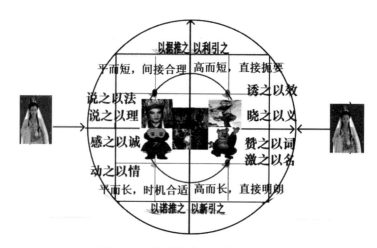

图 8-10　向观音学习适应性领导力

本书认为，四种性格类型的领导特质如下。

T型领导（老虎型领导），也称指挥型领导。他们的口号是"我们现在就去做，用我们的方式去做"。他们做事当机立断，大部分根据事实进行决策，敢于冒风险，在做决策前，会寻找几个替代方案。更多地关注现在，忽视未来与过去。对事情非常敏感，但对人不敏感，属于工作导向型，注重结果而忽视过程，工作节奏非常快，很容易与下属起摩擦。

O型领导（猫头鹰型领导），也称分析型领导。他们非常崇尚事实、原则和逻辑，他们的口号是"我们的证据在这里，所以我们要去做"。他们做事情深思熟虑，有条不紊，意志坚定，很有纪律性，能很系统地分析现实，把过去作为预测未来事态的依据。追求周密与精确，没有证据极难说服他们。对事情非常敏感，而对人不敏感，也属于工作导向型，但注重工作证据，决策速度比较缓慢，为人很严肃，难以通融。遇到快速变化的环境时，很容易与下属起摩擦。

P型领导（孔雀型领导），也称社交型领导。他们的口号是："这是我们的梦想，我们要积极去做。"他们热情奔放，精力旺盛，有语言天赋，擅于演讲，其思维天马行空。做事比较直观，喜欢竞争，对事情不敏感，但对人很敏感且很感兴趣，容易接近。他们更关注未来，把他们的时间和精力放在完成他们的梦想上，而不关注现实中的一些细节。行动虽然迅速，但容易不冷静。喜欢描绘蓝图，而不愿意给员工实在的指导与训练。员工得到的是激励，而得不到具体指导。决策时主要依据自己的主观和别人的观点，与员工谈工作时，思维跳跃，员工经常跟不上。

K型领导（考拉型领导），也称参与型领导。他们的口号是："这是团队的力量，我们要同舟共济。"他们总喜欢与别人一道工作，营造人与人相互尊重的气氛。他们的决策速度非常慢，决策时总是寻求与相关人员达成一致意见，他们总是试图避免风险。

办事情不紧不慢，对事情不敏感，而对人的感情很敏感。是关系导向型，很会从小处打动人，为人随和真诚。非常擅于倾听，也很少对员工发怒，员工很喜欢找他们倾诉。但他们优柔寡断。

适应性领导力，以中华传统文化中的"欲开情者，象而比之"智慧为指导原则，具体请见图8-11所示。

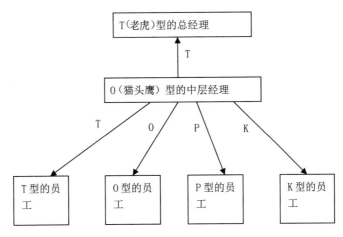

图8-11　基于对方行为风格的适应性领导力模型

对老虎型下属，领导应该运用老虎风格，直接下达命令，给予明确且较高的目标，并给予其范围内的权利。同时采取补足原则，适时帮助其协调人际关系。对老虎型上司，下属也应该开门见山地汇报，先讲结果，注意效率。

对猫头鹰型下属，领导应以商量的方式下达任务，在下达前倾听他的汇报，欣赏其思路，鼓励其行动，并分配需要分析和计划的工作给他做。适时帮助他协调人际关系。对猫头鹰型上司，下属也要运用猫头鹰风格，下属应该解释工作思路，列举事例、数据说服之。做好执行工作，并认真汇报过程。

对于孔雀型下属，领导要运用孔雀风格，领导以描述前景的方式下达目标，经常阐述梦想的好处，适时赞扬与认可，并给予其表达的机会，吩咐其做"有趣与新颖"的事情。同时采取补足原则，定期追踪其任务完成的过程。对孔雀型上司，下属应该多为上司喝彩，多让上司讲话，多鼓掌，行动时富有激情，调节团队气氛。采取补足原则，注意到数据的运用。

对考拉型下属，领导应该时刻关注对方感受，和下属建立个人友谊，沟通时选择考拉熟悉的场合与环境，先聊些已经发生的事、熟悉的人，并鼓励他多说。提供建设性意见，给予明确的目标，并与其保持目标的一致性。同时采取补足原则，定期关心其任务的进程，并适时参与进去协助他。对考拉型上司，下属应该把领导当普通人看，多体谅领导作为人的感受，沟通时声音平缓，并耐心地倾听上司讲。

举例来说，领导面对面地给下属鼓劲加油。具有适应性领导力的领导会这样做。遇到T型的下属，即老虎型下属，他可以采取单刀直入的鼓劲风格。他会说："这就是问题的症结所在，这就是事情的来龙去脉，这就是我们成功的关键。让我们步入正轨，果断地着手解决这个问题。这是一个超越自我和挑战自我的机会，而你敢于开拓，这就是我把这件事交给你的原因所在。"对于猫头鹰型下属，他会采取这种鼓劲策略：有理有据，合乎逻辑。猫头鹰型领导会说："我们掌握的两份报告和三套数据，表明这个事实很严峻，所以我们最好深入理解问题的实质，然后符合逻辑地找出解决的办法，而你足智多谋。"对于孔雀型的下属，他可以采取这种鼓劲策略：向他们表明，迎接挑战当然不容易，可也正是因为这样，迎接挑战会使人脱颖而出。孔雀型的领导会说："这是一个极好的机会，而不是退缩不前的时候，这儿的每一双眼睛都会看着我们，让我们好好地表现一下，我们准能行。"对于考拉型下属，他可以采取这种鼓劲策略：心平气和地向他们表明，面对目前的形势，需要团结集体的力量，人多力量大，齐心协力才会更安全，坚持就是胜利。考拉型的领导会说："这是一个验证我们是否团结的时刻，这是需要每个人都出力的时刻，包括我在内。来！我们一起干！"

参考文献

[1] 方韬.山海经[M].北京:中华书局,2016.

[2] 杨天才,张善文.周易[M].北京:中华书局,2022.

[3] 饶尚宽.老子[M].北京:中华书局,2013.

[4] 顾迁.尚书[M].北京:中华书局,2016.

[5] 王秀梅.诗经[M].北京:中华书局,2015.

[6] 郭丹,方勇,王世舜,等.四书五经[M].北京:中华书局,2019.

[7] 刘利,纪凌云.左传[M].北京:中华书局,2008.

[8] 孙通海.庄子[M].北京:中华书局,2013.

[9] 李小龙.墨子[M].北京:中华书局,2012.

[10] 石磊.商君书[M].北京:中华书局,2013.

[11] 陈秉才.韩非子[M].北京:中华书局,2014.

[12] 陈曦.孙子兵法[M].北京:中华书局,2022.

[13] 李山.管子[M].北京:中华书局,2013.

[14] 许富宏.鬼谷子[M].北京:中华书局,2019.

[15] 安小兰.荀子[M].北京:中华书局,2013.

[16] 张双棣,张万彬,殷国光,等.吕氏春秋[M].北京:中华书局,2013.

[17] 张应杭,蔡海榕,黄寅.中国传统文化概论[M].杭州:浙江大学出版社,2004.

[18] 曾仕强.大易管理:中国式管理真谛[M].北京:东方出版社,2005.

[19] 曾仕强.中国式管理[M].北京:中国社会科学出版社,2005.

[20] 黎鸣.人性与命运[M].北京:中国档案出版社,2006.

[21] 黄德华.TOPK行为风格理论的应用价值[J].人力资源,2010,5(319):16-19.

[22] 黄德华.家族企业赢在接班人的TOPK圆盘[J].人力资源,2010,7(321):23-25.

[23] 黄德华,张大亮.销售队伍管理[M].北京:清华大学出版社,2014.

[24] 黄德华.创业搭档管理[M].北京:清华大学出版社,2020.

[25] 黄德华,黄清诚,黄德胜.二十五史与家国兴衰[M].杭州:浙江大学出版社,2022.

后　记

自从有人类以来，人性就没有改变，改变的是人性的表现形式；自从人类分散在地球各地繁衍以来，人性也没有改变，只是人的思维方式和价值取向有所不同。只有研读人类的古籍，观摩人类的历史，才会更好地开悟，才会获得智慧的力量，在当下活得更好，并为人类的未来创造更好的生存环境，留下更有价值和意义的智慧。让中华民族同各国人民创造的多彩文明一道，为人类提供正确的精神指引，为人类文明新形态实践提供有力的理论支撑，这就是本书的使命和价值。

许多人对本书的出版有直接的贡献，因此本书是许多同人的智慧结晶。对于这些贡献，本书尽最大努力在参考文献中进行标明，加以致谢。那些引发创作灵感却无法标注的，本团队在此表示最衷心、最虔诚的感谢。

感谢50多年来遇到的老师、同学、学生、校友、老乡、宗亲、企业家、读者朋友，是他们热心的交流给予了我很多启发。黄清诚承担了第6章第7节至第17节的创作，以及第2章、第3章、第4章的部分创作；徐敏承担了第6章第1节至第6节的创作，以及第5章、第7章的部分创作。非常感谢他们的辛勤创作和用心探讨，衷心感谢他们贡献智慧！衷心感谢浙江大学出版社的创造性工作和努力，正因为他们的努力，这本书才得以和读者见面。

衷心感谢浙江大学黄先海教授、清华大学陈劲教授、浙江大学吴晓波教授、浙江工业大学虞晓芬教授、浙江工商大学陈衍泰教授、浙江中医药大学黄文秀教授的署名联袂推荐，诚挚感谢东方文化爱好者深圳市博曼帝克家具有限公司黄淑军先生（高安翰溪20世黄征寿之孙）、杭州泛嘉科技有限公司杨隐峰先生、浙江固力建筑集团有限公司金喜龙先生、上湖黄剑华先生、武汉冷骏峰先生的热情建议和鼎力相助！

非常感谢本书的读者，衷心感谢读者抽出时间与精力来学习阅读本书！本团队殷切盼望能够随时随地听到读者的呼声。由于这是原创性的关于中国国学及其运用的著作，虽然很多知识点的获得是站在前人基础上的结果，但本书的系统和结构与市场上的国学书籍完全不一样，本书提炼的中华文化五指结构和四象圆思维前所未有。虽然本人花费了15年时间，本团队也用了8年之久，我们尽了"洪荒之力"去集体创作和完善，但因为本书是真正的完全创新和与众不同之作，预计会有很多遗漏，甚至不够严谨的地方，欢迎读者和同行给予批评指正。欢迎通过电邮1248960031@qq.com 来与我们共同探讨东方文化范式下的管理哲学与中国国学话题。

最后，本书的出版，首先献给我的 29 世祖黄庭坚和其他祖先，其次献给我的祖父黄征洪、大祖母傅秋英、祖母范翠英、外祖父吴起金、外祖母左先英，最后献给已经逝世的母亲吴画梅（族名吴有梅，高安清溪吴氏 25 世）。本人正是因为秉持读书为要和创新不息的信念，受到不断吹拂的家风的滋养，以及敬爱的母亲大人在艰难岁月对本人用功读书的始终勉励，才有今天从事文字创作和学术研究的基础，以及本书的面世。

黄德华

2023 年 10 月于杭州老和山下